開智高等学校

〈収録内容〉

※データのダウンロードは 2025 年 3 月末日まで。
※データへのアクセスには、右記のパスワードの入力が必要となります。 ⇒ 570878

〈合格基準点〉

	【単　願】第 1 回			【併　願】第 1 回			【併　願】第 2 回		
	Tコース	Sコース	Dコース	Tコース	Sコース	Dコース	Tコース	Sコース	Dコース
2024年度	—	—	160点	—	—	170点	—	—	170点
2023年度	—	—	170点	—	—	185点	—	—	185点
2022年度	—	—	164点	—	—	179点	—	—	179点
2021年度	—	—	151点	—	—	160点	—	—	162点
2020年度	203点	171点	152点	227点	206点	174点	227点	206点	174点
2019年度	209点	179点	159点	225点	202点	174点	225点	202点	174点
2018年度	205点	175点	145点	220点	185点	155点	220点	185点	155点

本書の特長

実戦力がつく入試過去問題集

- 問題 ………… 実際の入試問題を見やすく再編集。
- 解答用紙 …… 実戦対応仕様で収録。
- 解答解説 …… 詳しくわかりやすい解説には、難易度の目安がわかる「基本・重要・やや難」の分類マークつき（下記参照）。各科末尾には合格へと導く「ワンポイントアドバイス」を配置。採点に便利な配点つき。

入試に役立つ分類マーク

基本 確実な得点源！
受験生の90%以上が正解できるような基礎的、かつ平易な問題。
何度もくり返して学習し、ケアレスミスも防げるようにしておこう。

重要 受験生なら何としても正解したい！
入試では典型的な問題で、長年にわたり、多くの学校でよく出題される問題。
各単元の内容理解を深めるのにも役立てよう。

やや難 これが解ければ合格に近づく！
受験生にとっては、かなり手ごたえのある問題。
合格者の正解率が低い場合もあるので、あきらめずにじっくりと取り組んでみよう。

合格への対策、実力錬成のための内容が充実

- 各科目の出題傾向の分析、合否を分けた問題の確認で、入試対策を強化！
- その他、学校紹介、過去問の効果的な使い方など、学習意欲を高める要素が満載！

解答用紙ダウンロード 解答用紙はプリントアウトしてご利用いただけます。弊社ＨＰの商品詳細ページよりダウンロードしてください。トビラのＱＲコードからアクセス可。

UD FONT 見やすく読みまちがえにくいユニバーサルデザインフォントを採用しています。

開智高等学校

普通科
生徒数　1760名
〒339-0004
埼玉県さいたま市岩槻区徳力186
☎048-793-1370（高校企画広報室）
東武アーバンパークライン東岩槻駅
北口　徒歩15分

国際社会に貢献する心豊かな創造型・発信型リーダー・スペシャリストを育てる

URL	https://www.kaichigakuen.ed.jp

真の国際人を育てる21世紀の進学教育

昭和58年（1983年）、埼玉第一高等学校創立。平成9年（1997年）、中高一貫教育校として開智中学校を創立。平成11年（1999年）度より、埼玉第一高等学校を開智高等学校に改称した。中学からの入学者は「中高一貫部」、高校からの入学者は「高等部」として分かれ別々に活動を行う。

21世紀の国際社会で活躍していくためには、与えられた問題を答えられるだけではなく、問題発見能力や創造的な学力が求められる。その力を育てるために、徹底した知識学習を基盤に、探究・発信型学習に力を入れている。

文教地区に建つ近代的校舎・施設

さいたま市岩槻区の緑豊かな文教地区に位置する。校舎はすべて冷暖房完備で、5階まで吹き抜けになっている開放的な中高一貫部棟や高等部専用校舎、体育館が3つ、大小グラウンドが5つある。その他にも温水プール、すべてのホームルーム教室に設置のプロジェクターなど、充実した設備が整っている。

徹底した知識学習と柔軟な教育システム

一貫部とは合流せず、１年次は入試の結果でTコース・S1コース・S2コースに分かれるが、同じ教科書を使用し進度も同じである。２年次からは理系・文系に分かれ１年次の成績を踏まえてクラス編成され、１年次と同様に授業が行われる。３年次には本人の意志を尊重し、大学進学に向けたクラス編成となる。

豊かな体験を通して人間性を高める

生徒一人ひとりが主体的に参加できる行事が用意されている。Spring Seminar、Summer Seminar、Contemporary Issuesで探究型の学習を体験する。

［運動部］陸上競技、硬式野球、ハンドボール、硬式テニス、ソフトボール、サッカー、剣道、ダンス、卓球、バドミントン、バスケットボール、水泳、女子バレーボール
［文化部］茶道、書道、軽音楽、吹奏楽
［同好会］ソフトテニス、文芸、管弦楽、クイズ

進学実績も急上昇さらなる飛躍へ

2023年3月高等部卒業生は3人に1人が国立大学に合格しており、私立大学合格者に於いては、GMARCH合計合格者数が全国第2位、現役の大学合格率は90%以上である。また医学部合格者も年々増加傾向で他県からの本校希望者も多くなっている。

［2023年　合格大学］
東京大学1名、北海道大学3名、東北大学3名、東京工業大学2名、筑波大学5名、千葉大学5名、早稲田大学40名、慶應大学20名、上智大学12名、東京理科大学33名、国際基督教大学2名、学習院大学23名、明治大学91名、青山学院大学31名、立教大学36名、中央大学47名、法政大学63名、国立医学部医学科6名、私立医学部医学科20名

2024年度入試要項

試験日　1/22（第1回）
1/23（第2回）
1/24（第3回）
試験科目　国・数・英

2024年度	募集定員	受験者数	合格者数	競争率
単願/併願	220	184/1150	178/1133	1.0/1.0

※定員は、Tコース50名・S1コース100名・S2コース70名

過去問の効果的な使い方

① **はじめに**　入学試験対策に的を絞った学習をする場合に効果的に活用したいのが「過去問」です。なぜならば，志望校別の出題傾向や出題構成，出題数などを知ることによって学習計画が立てやすくなるからです。入学試験に合格するという目的を達成するためには，各教科ともに「何を」「いつまでに」やるかを決めて計画的に学習することが必要です。目標を定めて効率よく学習を進めるために過去問を大いに活用してください。また，塾に通われていたり，家庭教師のもとで学習されていたりする場合は，それぞれのカリキュラムによって，どの段階で，どのように過去問を活用するのかが異なるので，その先生方の指示にしたがって「過去問」を活用してください。

② **目的**　過去問学習の目的は，言うまでもなく，志望校に合格することです。どのような分野の問題が出題されているか，どのレベルか，出題の数は多めか，といった概要をまず把握し，それを基に学習計画を立ててください。また，近年の出題傾向を把握することによって，入学試験に対する自分なりの感触をつかむこともできます。

過去問に取り組むことで，実際の試験をイメージすることもできます。制限時間内にどの程度までできるか，今の段階でどのくらいの得点を得られるかということも確かめられます。それによって必要な学習量も見えてきますし，過去問に取り組む体験は試験当日の緊張を和らげることにも役立つでしょう。

③ **開始時期**　過去問への取り組みは，全分野の学習に目安のつく時期，つまり，9月以降に始めるのが一般的です。しかし，全体的な傾向をつかみたい場合や，学習進度が早くて，夏前におおよその学習を終えている場合には，7月，8月頃から始めてもかまいません。もちろん，受験間際に模擬テストのつもりでやってみるのもよいでしょう。ただ，どの時期に行うにせよ，取り組むときには，集中的に徹底して取り組むようにしましょう。

④ **活用法**　各年度の入試問題を全問マスターしようと思う必要はありません。できる限り多くの問題にあたって自信をつけることは必要ですが，重要なのは，志望校に合格するためには，どの問題が解けなければいけないのかを知ることです。問題を制限時間内にやってみる。解答で答え合わせをしてみる。間違えたりできなかったりしたところについては，解説をじっくり読んでみる。そうすることによって，本校の入試問題に取り組むことが今の自分にとって適当かどうかが，はっきりします。出題傾向を研究し，合否のポイントとなる重要な部分を見極めて，入学試験に必要な力を効率よく身につけてください。

数学

各都道府県の公立高校の入学試験問題は，中学数学のすべての分野から幅広く出題されます。内容的にも，基本的・典型的なものから思考力・応用力を必要とするものまでバランスよく構成されています。私立・国立高校では，中学数学のすべての分野から出題されることには変わりはありませんが，出題形式，難易度などに差があり，また，年度によっての出題分野の偏りもあります。公立高校を含め，ほとんどの学校で，前半は広い範囲からの基本的な小問群，後半はあるテーマに沿っての数問の小問を集めた大問という形での出題となっています。

まずは，単年度の問題を制限時間内にやってみてください。その後で，解答の答え合わせ，解説での研究に時間をかけて取り組んでください。前半の小問群，後半の大問の一部を合わせて50％以上の正解が得られそうなら多年度のものにも順次挑戦してみるとよいでしょう。

英語

英語の志望校対策としては，まず志望校の出題形式をしっかり把握しておくことが重要です。英語の問題は，大きく分けて，リスニング，発音・アクセント，文法，読解，英作文の5種類に分けられます。リスニング問題の有無(出題されるならば，どのような形式で出題されるか)，発音・アクセント問題の形式，文法問題の形式(語句補充，語句整序，正誤問題など)，英作文の有無(出題されるならば，和文英訳か，条件作文か，自由作文か）など，細かく具体的につかみましょう。読解問題では，物語文，エッセイ，論理的な文章，会話文などのジャンルのほかに，文章の長さも知っておきましょう。また，読解問題でも，文法を問う問題が多いか，内容を問う問題が多く出題されるか，といった傾向をおさえておくことも重要です。志望校で出題される問題の形式に慣れておけば，本番ですんなり問題に対応することができますし，読解問題で出題される文章の内容や量をつかんでおけば，読解問題対策の勉強として，どのような読解問題を多くこなせばよいかの指針になります。

最後に，英語の入試問題では，なんと言っても読解問題でどれだけ得点できるかが最大のポイントとなります。初めて見る長い文章をすらすらと読み解くのはたいへんなことですが，そのような力を身につけるには，リスニングも含めて，総合的に英語に慣れていくことが必要です。「急がば回れ」ということわざの通り，志望校対策を進める一方で，英語という言語の基本的な学習を地道に続けることも忘れないでください。

国語

国語は，出題文の種類，解答形式をまず確認しましょう。論理的な文章と文学的な文章のどちらが中心となっているか，あるいは，どちらも同じ比重で出題されているか，韻文(和歌・短歌・俳句・詩・漢詩)は出題されているか，独立問題として古文の出題はあるか，といった，文章の種類を確認し，学習の方向性を決めましょう。また，解答形式は，記号選択のみか，記述解答はどの程度あるか，記述は書き抜き程度か，要約や説明はあるか，といった点を確認し，記述力重視の傾向にある場合は，文章力に磨きをかけることを意識するとよいでしょう。さらに，知識問題はどの程度出題されているか，語句(ことわざ・慣用句など)，文法，文学史など，特に出題頻度の高い分野はないか，といったことを確認しましょう。出題頻度の高い分野については，集中的に学習することが必要です。読解問題の出題傾向については，脱語補充問題が多い，書き抜きで解答する言い換えの問題が多い，自分の言葉で説明する問題が多い，選択肢がよく練られている，といった傾向を把握したうえで，これらを意識して取り組むと解答力を高めることができます。「漢字」「語句・文法」「文学史」「現代文の読解問題」「古文」「韻文」と，出題ジャンルを分類して取り組むとよいでしょう。毎年出題されているジャンルがあるとわかった場合は，必ず正解できる力をつけられるよう意識して取り組み，得点力を高めましょう。

出題傾向の分析と 合格への対策

●出題傾向と内容

本年度の出題数は，第1回，第2回ともに大問5題で例年通りだった。問題形式に違いがあるので，小問数にはばらつきがある。

出題内容は，①が広い範囲からの6問の小問群，②は第1回が速さ，割合の問題，第2回が放物線と直線に関する問題，③が第1回は確率，第2回は場合の数，④は第1回が2次関数のグラフと，ひし形，平行四辺形の面積を考える問題，第2回は放物線のグラフと，面積，回転体の体積の問題，⑤が第1回は空間図形の計量，第2回は証明と平面図形，空間図形の問題。例年通り答だけでなく，考え方を示す出題があり，証明問題もあって，記述力も問われている。

学習のポイント

考え方の記述を採点する問題もあるので，しっかりと過程を書き表す解答作成を普段から心がけ，しっかりと鍛えておこう。

●2025年度の予想と対策

出題数，出題内容，採点方法など，いずれについても大きな変化はないと思われる。前半の問題では，計算力，基本的な文章題への対応力，図形に関する知識などが問われ，後半の問題では，関数・グラフと図形の融合問題，平面図形・立体図形の問題などで思考力や応用力が問われるだろう。また，やや高度な内容が含まれる問題では，誘導形式での出題により，前問が次問のヒントになる工夫がなされるだろう。

まず，教科書の内容を確実に身につけ，そして標準レベルの問題集で応用力・思考力・記述力を鍛えよう。また，工夫して計算する方法を確実に実践できるように，徹底的に練習しよう。

▼年度別出題内容分類表 ……

※第1回をA，第2回をBとする。

出題内容			2020年	2021年	2022年	2023年	2024年
数と式		数の性質	AB		AB	A	AB
		数・式の計算	AB	AB	AB	AB	AB
		因数分解	AB	AB		B	AB
		平方根	AB	AB	AB	AB	AB
方程式・不等式		一次方程式		AB	A	B	AB
		二次方程式		AB	B	AB	AB
		不等式					
		方程式・不等式の応用			B		
関数		一次関数	AB	AB	AB	A	B
		二乗に比例する関数	AB	AB	AB	AB	AB
		比例関数	AB		A	AB	
		関数とグラフ	AB	AB	AB	AB	AB
		グラフの作成			A	A	
図形	平面図形	角度	AB	A	AB		
		合同・相似		AB	A		B
		三平方の定理	A	AB	AB	AB	B
		円の性質	AB	A	AB	A	
	空間図形	合同・相似	B				
		三平方の定理	AB	B	B	B	A
		切断		B			
	計量	長さ	AB	A	A	AB	AB
		面積	AB	AB	B	AB	AB
		体積	A	B	B	B	AB
	証明				A		B
	作図						
	動点			B			
統計		場合の数	A	A	AB	AB	AB
		確率	B	B	AB	A	A
		統計・標本調査					
融合問題		図形と関数・グラフ	AB	AB	AB	AB	AB
		図形と確率				A	
		関数・グラフと確率					
		その他					
その他			A				

開智高等学校

出題傾向の分析と合格への対策

●出題傾向と内容

本年度は，第1回，第2回ともに読解問題，対話文問題1題，資料読解問題1題，長文読解問題2題，英作文1題の計6題が出題された。

読解を中心とした出題だが，読解問題に文法問題が含まれる総合問題となっている。また他教科の問題が英語で出題されるこの学校特有の読解問題も含まれている。要約された文に適語を補充する問題があり文を正確に理解する力が求められる。

英作文問題では作るべき英文の内容を自分で考えなければならない問題があり，よく練られた出題となっている。解答者にとっては手間のかかる問題といえる。

✔学習のポイント

語彙，文法に関して中学範囲の基礎事項全般をしっかり身につけた上で，読解問題も含めた応用問題にも取り組もう。

●2025年度の予想と対策

読解問題が多く出題される傾向は今後も大きな変化はないと予想される。文法問題，英作文も出題されるため読解力だけでなく正確な文法知識も必要となる。実践的な英語の総合力が問われる傾向は今後も維持されると予想される。

対策としては，基本事項を踏まえて応用力の強化に努めるべく，難度が高めの文法問題に数多くあたるとよいだろう。発音問題が今後出題される可能性もあるので，正確な発音，アクセント，意味の語彙力もつけておきたい。やや長めの英文を精密に読んで読解力を鍛え，慣れてきたら制限時間を決めて速読の練習もしておこう。

▼年度別出題内容分類表 ……

※第1回をA，第2回をBとする。

	出題内容	2020年	2021年	2022年	2023年	2024年
話し方・聞き方	単語の発音					
	アクセント					
	くぎり・強勢・抑揚					
	聞き取り・書き取り					
語い	単語・熟語・慣用句	AB	AB	A	AB	AB
	同意語・反意語					
	同音異義語					
読解	英文和訳(記述・選択)					
	内容吟味	AB	AB	AB	AB	AB
	要旨把握	AB	AB	AB	AB	AB
	語句解釈		AB	AB	AB	AB
	語句補充・選択	AB	AB	AB	AB	AB
	段落・文整序					
	指示語		A	A		
	会話文	AB	AB	AB	AB	AB
文法・作文	和文英訳					
	語句補充・選択		AB			
	語句整序	AB	AB	AB	AB	AB
	正誤問題					
	言い換え・書き換え					
	英問英答	AB				
	自由・条件英作文	AB	AB	AB	AB	AB
文法事項	間接疑問文	A	A		A	AB
	進行形			B		
	助動詞	B	B		A	AB
	付加疑問文					
	感嘆文					
	不定詞	B	B	B	B	AB
	分詞・動名詞		A		AB	
	比較	B				
	受動態				A	
	現在完了			A		
	前置詞	AB	AB	AB	AB	AB
	接続詞	AB	B	AB	AB	AB
	関係代名詞	AB	A	AB	AB	AB

開智高等学校

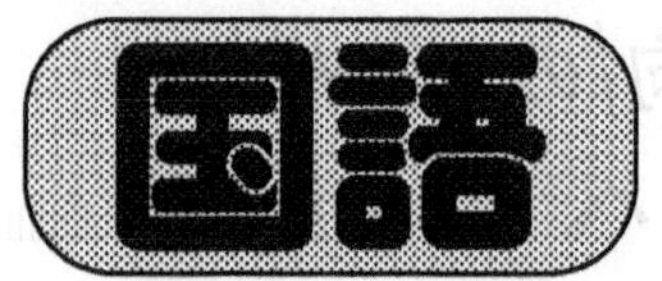

出題傾向の分析と合格への対策

●出題傾向と内容

第1回・第2回ともに，論理的文章，文学的文章，古文が1題ずつの計3題の大問構成であった。第1回・第2回とも文学的文章は，心情の読み取りが中心であった。

論理的文章では，脱語補充や内容吟味などの読解問題を中心に出題された。論説文は難易度がやや高く，長文の傾向にある。

古文では，主語，口語訳，大意など，幅広い問題が出された。

知識問題では，漢字の書き取り，語句の意味などが出された。

選択肢は紛らわしいものも少なくない。

学習のポイント

時間配分を考えて解く習慣を身につけよう。現代文・古文が同時収録されたテスト形式の問題集をこなしてみよう。

●2025年度の予想と対策

来年度以降も，論理的文章と文学的文章，古文の3題による大問構成が続くと思われる。

論理的文章では，指示語や接続語に注意して文脈をたどり正確に筆者の考えをとらえることが，文学的文章では，場面の状況や登場人物の心情がどのように表現されているか読み取ることが必要である。教科書以外の文章も進んで読むようにしよう。記述対策もしておきたい。

古文については，問題集などを用いてさまざまな文章と設問に慣れておくとよい。漢字や文学史，語句の意味などの知識問題は，知識を整理して正確に身につけておこう。和歌・短歌・俳句などの韻文の知識も充実させよう。

▼年度別出題内容分類表 ……

※第1回をA，第2回をBとする。

出題内容			2020年	2021年	2022年	2023年	2024年
内容の分類	読解	主題・表題					
		大意・要旨	AB	AB	AB	A	AB
		情景・心情	AB	AB	AB	AB	AB
		内容吟味	AB	AB	AB	AB	AB
		文脈把握	AB	AB	AB	AB	AB
		段落・文章構成					
		指示語の問題	AB	A			B
		接続語の問題	AB	AB	AB		
		脱文・脱語補充	AB	AB	AB	AB	B
	漢字・語句	漢字の読み書き	AB	AB	AB	AB	AB
		筆順・画数・部首					
		語句の意味	AB	AB	AB	AB	AB
		同義語・対義語					
		熟語					
		ことわざ・慣用句	A				B
	表現	短文作成					
		作文(自由・課題)					
		その他					
	文法	文と文節					
		品詞・用法	B				
		仮名遣い		A	A	A	
		敬語・その他					
	古文の口語訳		AB	AB	AB	AB	AB
	表現技法		B	B	AB	A	B
	文学史		B	A		A	AB
問題文の種類	散文	論説文・説明文	AB	AB	AB	AB	AB
		記録文・報告文					
		小説・物語・伝記	AB	B	AB	B	AB
		随筆・紀行・日記		A		A	
	韻文	詩					
		和歌(短歌)	B		A		
		俳句・川柳					
	古文		AB	AB	AB	AB	AB
	漢文・漢詩						

開智高等学校

2024年度 合否の鍵はこの問題だ!!

（第１回）

数学 3

3場合の数，確率の問題　　身近なジャンケンがテーマではあるが，グー，チョキ，パーだけでなく，オーライとウィッシュという2つの手を付け加えた5手ジャンケンがテーマで，問題文にかかれた規則を理解することから始まる。問題文に与えられた規則を理解することから解き始める問題はしばしばみられるが，誰もが知っているジャンケンが元になっているので，規則の理解はしやすかっただろう。また，オ，カ，キ，クの最後の4題だけの出題であれば難しかったかもしれないが，導入形式になっており，問題文の流れに従えば，答えにたどり着ける人が多いだろう。あとは決められた試験時間の中での1問なので，どれだけ短時間で処理できるかが大切になるだろう。確率の問題なので，2人であれば$5^2=25$通り，3人であれば$5^3=125$通りがすべての手の出し方であることがスタート。まずは2人のジャンケンで私がグーで勝つ確率をイで求めることになるが，チョキで勝つ，パーで勝つことも同じ確率であることに気づきたい。私が勝つ確率と開くんが勝つ確率も同じ，あいこになるのは私も開くんも勝たない確率であることに気づきたい。3人でも「同様に」求められるところが多いことを使いたい。私1人がパーで勝つ確率をオで求めたあと，カで私1人が勝つ確率が簡単に求められること，私ともう1人の2人で勝つ確率が，だれか1人だけが負ける確率と等しいこと，あいこになるのは，3人とも勝たないことと同じであること，など，問題文の意味を上手に読みこなすことで効率的に問題を解いていきたい。

英語 Ⅳ 問2

Ⅳ問2の語句整序問題は日本語訳がなく，簡単にはいかない問題である。

②は前提として与えられた文頭と並べ換えの語句から，日本語訳が「彼の絵は私たちに重要なことを考えさせるメッセージを持っている」となることを推測する。

まず，与えられた主語・動詞は his pictures have である。have は他動詞だからその目的語 messages「メッセージ」を続けておく。

　his pictures have <u>messages</u>　…　①

次に，まだ英訳していない日本語の部分，「私たちに重要なことを考えさせる(メッセージ)」を作る。「メッセージ(複数形)」につながることから，この文の主語を仮に they とし「それらは私たちに重要なことを考えさせる」とする。

　[(they)] make us think about important things　…　②

最後に①と②をつなげて1つの文にするのだが，ここで関係代名詞を使う。①と②で同じ人(もの)を表わす語を探すと，messages ＝(they)である。messages は「もの」だから，関係代名詞 who ではなく that を用いる。この仮に決めた方の主語，they が関係代名詞 that になる。関係代名詞は②の最初に置く。

　[that] make us think about important things　…　③

messages ＝ that(they)だったのだから，that の先行詞は messages とわかる。そこで先行詞 messages の後ろに that を並べ，①の後に③が続く形の文にする。

　his pictures have <u>messages</u>　｜　[that] make us think about important things

　↓ 先行詞　　　↓ 関係代名詞を使った③

英語の問題だからといっても英語だけを見るのではなく，日本語訳にも目を向ける姿勢がカギだ。

国語 ① 問8

★ なぜこの問題が合否を分けるのか

本入試において，いくつかの記述問題がある中，大問のまとめとなる問題である。筆者が述べた色に対する内容に関して，本文全体を踏まえてまとめる必要がある。他の問と重なる部分もあるが，本文全体が理解できているかどうか，筆者の主旨をまとめて文章に書けるかどうかが問われている。

★ こう答えると合格できない

本問は文章全体を概観する必要があり，目視で見ているだけでは必要な部分を見落としがちになる。よって線を引いたり，また余白などを用いて端的にまとめる事を勧める。それによって，見落とすことが少なくなるはずだ。加えて上述のように，他の問と重なる部分もあるので，選んだ解答を参考にしながら，まとめておくのも良いだろう。

★ これで合格！

端的にまとめる際は，できれば1文，長くても2文でまとめられるようにしよう。文章に段落番号は振られていないが，自分で振ってもよい。①段落は筆者の主張であるが，その中，「今のように好みと流行で服の色を自由に決められるということが，長い歴史をかけて，身分標識としての色の威力との葛藤をくりかえしながら，つくり上げられたものだといってもよい」という箇所に端的に出ている。その後，②段落～⑰段落は，古代から現代までの歴史を通じて，服の色はどのように変化してきたか，特に統制と自由を繰り返しながら発展してきたことを述べている。奈良時代，身分や位によって服の色を統一的に整えていたものが，平安時代以降，個性によって色の選択を求めるようになった。しかし近代では，再び画一的な服色の統制がなされるようになり，現在の様々な職種の制服の型につながる。しかし筆者は，「現代社会において，今一度人間が職業や身分による服色の定めを乗り越えようとする現象は活発になってくるのは必然である」と考えている。それは，歴史の上から見て，統制と自由を繰り返していることからの想定ではあるが，最後の⑱段落では個性を色で表現することで，人間社会がより豊かなものになるとして締めくくっている。以上のように，各ポイントに絞って，過不足なく記述しよう。

2024年度

★★★★★★★★★★★★★★★★★★★★★★★

入　試　問　題

2024年度

開智高等学校入試問題(第1回)

【数　学】（50分）〈満点：100点〉

【注意】(1) 電卓，定規，コンパス，分度器は使用してはいけない。

(2) 分数は既約分数に直し，無理数は分母を有理化し，根号内はできるだけ簡単に，比はもっとも簡単な整数値にして答えること。

(3) 【考え方】に記述がなく，答えのみの場合は得点にはなりません。

1 次の各問いに答えなさい。

(1) $12a^2-27$を因数分解しなさい。

(2) $x^2-2x-2024=0$を解きなさい。

(3) $\sqrt{1.08}\times\left(\dfrac{1}{\sqrt{27}}-\sqrt{2}\right)+\dfrac{1}{10}(3\sqrt{2}+\sqrt{3})^2$を計算しなさい。

(4) A，Bは自然数で，A＜Bとする。このとき，A以上B以下の自然数の個数を，AとBを用いて表しなさい。

(5) 大小2個のサイコロを同時にふるとき，出た目の和が素数になる確率を求めなさい。

(6) 正方形に内接する円と外接する円の面積比を求めなさい。

2 次の[ア]～[カ]を埋めなさい。

(1) 60分の番組を，1.5倍速で見たら，[　ア　]分かかる。

(2) A分の番組を，B倍速で見たら，A×([　イ　])分かかる。

(3) 10,000円の商品を，3割引で買うと，[　ウ　]円である。

(4) A円の商品を，B割引で買うと，A×([　エ　])円で計算できる。(整数値に直さなくてよい。)

(5) 税込価格702円の品物で，消費税が8%かかっているとき，税抜価格は[　オ　]円である。

(6) 税込価格A円の品物で，消費税がB%かかっているとき，税抜価格はA×([　カ　])円で計算できる。(整数値に直さなくてよい。)

3 次の[ア]～[ク]を埋めなさい。

開くん　：世の中には，「5手ジャンケン」というものがあるらしいよ。

智ちゃん：何それ？やりたいからルールを教えて！

開くん　：グー，チョキ，パーの他に，あと2つ手があるんだ。今回は，親指だけを立てた「オーライ」と，親指，人差し指，小指の3本を立てた「ウィッシュ」の2つを加えるよ。

智ちゃん：勝ち負けの条件は？

開くん　：同じ手どうしならあいこだよ。あとは右の表をみて。「パーはグーに勝つ」を「パー→グー」のように表現しているよ。

智ちゃん：私と開くんの2人で5手ジャンケンを1回するとき，2人とも5種類の出し方があるから，組み合わせは全部で[ア]通りあるね。このとき，私がグーで勝つ確率は[イ]で，私が勝つ確率は[ウ]だわ。

開くん　：あいこになる確率は[エ]だよ。

校長先生：面白いことをしているのう。ワシもまぜてくれんか？

智ちゃん：校長先生！ 3人で5手ジャンケンをするとき，ルールはどうなるのかしら？

開くん　：普通のジャンケンと同じで，3人とも同じ手ならあいこ，2人が同じ手，1人がちがう手を出せば，勝ち負けが決まるよ。例えば，パーが2人，グーが1人なら，パー2人の勝ち。ややこしいのは，3人がすべてちがう手を出しても，あいこになるときとならないときがあるんだ。

校長先生：例えば，グー，チョキ，パーのときはあいこじゃが，パー，グー，ウィッシュの場合はパーの勝ち，パー，チョキ，ウィッシュの場合は，チョキの勝ちじゃ。

開くん　：両方の相手に勝った人が，ジャンケンの勝者ってことだよ。片方に勝っても，もう片方に負けたらダメ。

智ちゃん：この3人で5手ジャンケンを1回するとき，私1人だけがパーで勝つ確率は，[オ]，私1人だけが勝つ確率は[カ]，私が勝つ確率は[キ]，あいこになる確率は[ク]よ。

4 2次関数$y=ax^2$…①上に2点A(2, −4)，B(−2, −4)がある。このとき，次の各問いに答えなさい。

(1) aの値を求めなさい。

(2) 原点をOとする。y軸上に点Cを，四角形OACBがひし形となるようにとるとき，Cの座標を求めなさい。

(3) (2)のとき，①上に点Pをとり，x軸上に点Qをとる。平行四辺形AQBPの面積と四角形OACBの面積が等しくなるとき，点Qの座標をすべて求めなさい。

5 図のような，1辺の長さが6の正八面体ABCDEFについて，次の各問いに答えなさい。

(1) 正八面体ABCDEFの体積を求めなさい。

(2) 線分BDの中点をGとする。点Gから平面ABCに垂線をおろすとき，その垂線の長さを求めなさい。

(3) 正八面体ABCDEFの内接球の体積を求めなさい。

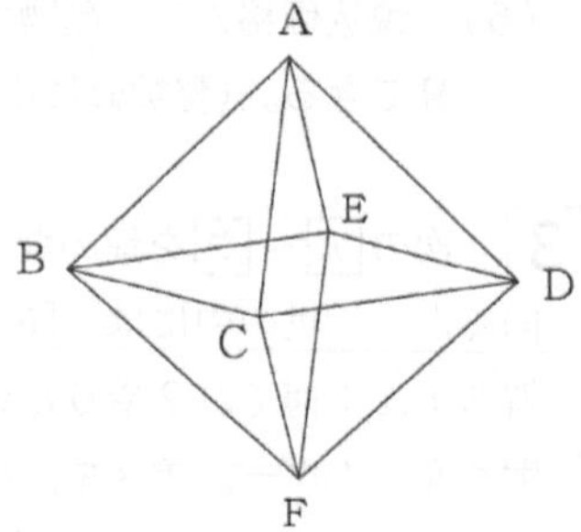

【英　語】 (50分) 〈満点：100点〉

Ⅰ 以下の設問に答えなさい。

1. In the diagram, a circle is inscribed in a square with sides of 6 cm. Use π to denote pi.
   (1) What is the area of the circle in cm^2?
   (2) What is the area of the shaded region in cm^2?

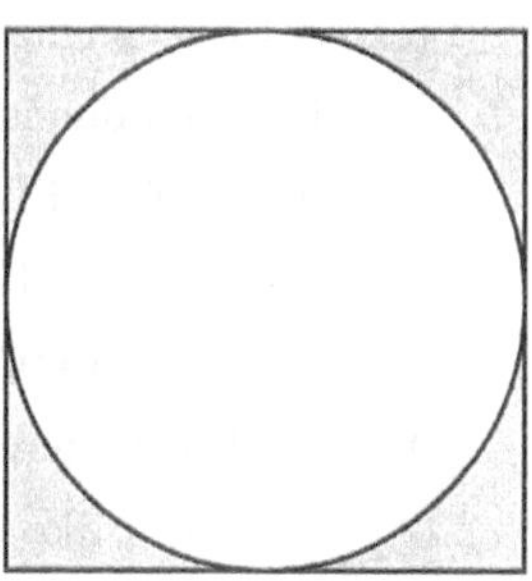

2. 次の(　　)に入る日本の伝統芸能は何か。漢字で正しく答えなさい。
   (　　) is a traditional form of Japanese comedic theater that originated in the medieval period. It is often performed alongside Noh plays and is characterized by its humorous and satirical content, as well as exaggerated physical actions and gestures. It typically features short, laughable sketches that provide comic relief and contrast with the more serious tone of Noh performances.
3. 次の(　　)に入る自然現象は何か。漢字で正しく答えなさい。
   (　　) are natural events that occur when there is a sudden release of energy in the Earth's crust. This release of energy creates seismic waves that can shake the ground.
4. 次の空所に入る地名を漢字で正しく答えなさい。
   The (　　) Peace Memorial, also known as the Atomic Bomb Dome, is a powerful symbol of peace in (　　) City. It stands as a reminder of the devastating impact of the atomic bomb that was dropped during World War Ⅱ. The dome represents the desire for a world without nuclear weapons and serves as a place for reflection on the importance of peace.

Ⅱ 以下の設問に答えなさい。

A　それぞれの対話を読み，Questionに対する答えとして最も適切なものを，ア～エのうちから1つずつ選びなさい。

(1) A：What time does the museum open?
B：It opens at 9:00 a.m.
A：Oh, we're here early then.
B：Yeah, we've got half an hour to wait.
Question：What time did they arrive at the museum?
ア　8:00 a.m.　　イ　8:30 a.m.　　ウ　9:00 a.m.　　エ　9:30 a.m.

(2) A：Do you have a moment to chat?
B：Sure, what's up?

A：I want to discuss the upcoming event details.

B：Go ahead.

Question：What is the purpose of this conversation?

ア To ask for directions. イ To make a plan for the weekend.

ウ To talk about an event. エ To exchange greetings.

(3) A：Excuse me, how much is this necklace?

B：That one is $75, but a 20% off sale starts tomorrow.

A：Perfect, I'll come back tomorrow then.

Question：How much will the necklace cost during the sale?

ア $15.00. イ $55.00. ウ $60.00. エ $90.00.

(4) A：Do you have any favorite hobby?

B：Yes, I like to play ballgames on my holidays.

A：I prefer to spend my free time indoors.

Question：What is Mr. B's favorite hobby?

ア Reading novels. イ Cooking.

ウ Painting and sketching. エ Playing tennis.

(5) A：Can you lend me your notes from yesterday's lecture?

B：Sure thing, I'll email them to you.

A：Thanks, I was feeling sick and couldn't attend.

B：No worries.

Question：What will B do for A?

ア Attend the lecture. イ Take notes for A.

ウ Share notes with A. エ Give a presentation.

(6) A：I'm planning a trip to Europe next summer.

B：That sounds amazing! Where in Europe are you going?

A：I'll be visiting the Eiffel Tower and the Leaning Tower of Pisa.

B：I haven't been to either of those. I've been to Turkey. Anyway, enjoy your trip.

Question：Which two countries is A planning to visit in Europe?

ア France and Spain. イ France and Italy.

ウ Turkey and Italy. エ France and Turkey.

(7) A：I can't find my phone anywhere. Can you call it for me?

B：Sure, let me dial your number.

A：Thanks, I appreciate it.

B：No problem.

Question：What will B do for A?

ア Look for the phone. イ Call the phone.

ウ Buy a new phone. エ Help with work.

(8) A：Are you comfortable with public speaking?

B：Yes, I've given presentations in front of large audiences.

A：That's great. You'll need this to enhance your slides.

B：Thank you.

Question：What will B use to enhance their slides?

ア A cookbook. イ A raincoat.

ウ A magnifying glass. エ A projector.

B それぞれの対話を読み，空所に入るものとして最も適切なものを，ア～エのうちから1つずつ選びなさい。

(9) A：My cell phone is dead. Can I borrow your phone?

B：Sorry. I left it at my office. (　　　)

A：I just remembered that I have to call my customer to change our appointment at once.

B：Then, you should get back to the office as quickly as possible.

ア I'm using it now. イ The line is busy now.

ウ I'll call you back later. エ Can't you wait until we finish lunch?

(10) A：How was your speech in class today?

B：(　　　) When I got to class, I realized that I had left my notes at home.

A：Does that mean you didn't give your speech?

B：No. My teacher told me to do it without notes. I did my best, but I forgot to say many things.

ア It was fantastic. イ I'm satisfied with what I did.

ウ It was terrible. エ Couldn't be better.

(11) A：Yamada Dental Clinic.

B：Hi. This is Machida. I'm sorry, but I'm not going to be able to make it to my appointment with Dr. Yamada today.

A：I see. (　　　)

B：Yes, please. Monday would be best, if possible.

ア Would you like to come in another day?

イ What time will you be able to come today?

ウ Do you have your insurance card?

エ You should have left your home earlier.

(12) A：Mr. Kaneko is leaving our branch tomorrow.

B：Really? Why so suddenly?

A：(　　　) I heard he got promoted to the new department chief.

B：I see. I won't tell anyone.

ア Mind your own business. イ Give me a break.

ウ Let's call it a day. エ Just between you and me.

(13) A：Good morning. What can I do for you?

B：Good morning. I need to rent a car.

A：(　　　)

B：From tomorrow to next Saturday.

A：I can assist you with that. Let me get the details.

ア　How long do you need the car for?

イ　Can I take your order?

ウ　Are you looking for a hotel?

エ　Do you have a reservation?

(14)　A：Did you get the groceries I asked you to buy on your way home from work?

B：(　　　)

A：What? This is the second time this week. Do we have to go out for dinner again?

B：I promise I'll remember next time.

ア　Of course, I did.

イ　Oh, no! I'm sorry, I forgot again.

ウ　Let's order pizza delivery.

エ　I would rather not go out for dinner today.

(15)　A：Can you help me with this heavy box?

B：(　　　) I'm happy to lend a hand.

ア　Absolutely.　　イ　Maybe.　　ウ　Doubtful.　　エ　Unlikely.

Ⅲ　以下の英文や資料を読み，設問の答えとして最も適切なものを，それぞれア～エの中から選びなさい。

問1　What does Jack want to decide?

ア　A course to run and how to make an announcement.

イ　A good name for the marathon.

ウ　Where to hold the event and its timetable.

エ　What to discuss at the next meeting.

問2　How will you reply to Jack's second text message?

ア　No, the poster is excellent.

イ　Thank you for your help.

ウ　Then I'll talk to a friend of mine at Kaichi University of Arts.

エ　You can be a good artist. Never give up.

問3　The purpose of this notice is to find students who ＿＿＿＿.

ア　are able to host students from Indonesia

イ　have experience studying in Indonesia

ウ　are anxious to experience a different culture

エ　want to make presentations on nursing homes in Japan

問4 During the study tour, the Japanese students are going to ________.

ア get a modern medical treatment in Indonesia

イ use only English in meeting with the students in Indonesia

ウ visit a nursing home and learn how the elderly are treated

エ meet with some Japanese doctors working in JICA

問5 The tour will be a good opportunity because all of the students will ________.

ア be able to visit a college and a school in Indonesia

イ have a chance to learn about advanced technology in Indonesia

ウ observe endangered animals in Indonesia

エ be able to experience Indonesian cooking habits

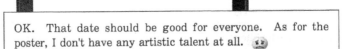

Yeah, I think it's a great idea to organize a charity marathon for our community this winter. Do you have any idea where we should run? Also, we have to think about an effective way to increase the impact of advertising and encourage as many people as we can to join. Why don't we have a meeting on this agenda with all the members?

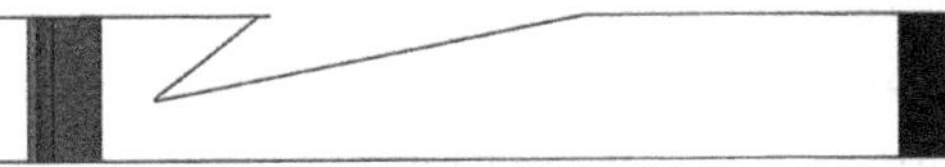

Thank you for your opinion, Jack. Let's talk about it as soon as we can. I'm afraid everybody is busy this weekend preparing for the history exam next week. So, how about next Thursday, after school? As for the advertisement, it would be a good idea to make a poster decorated with many colorful pictures and illustrations. Can you handle it?

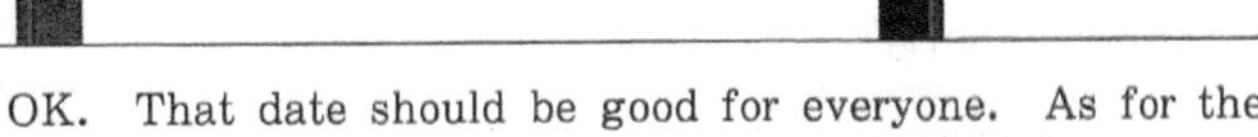

OK. That date should be good for everyone. As for the poster, I don't have any artistic talent at all.

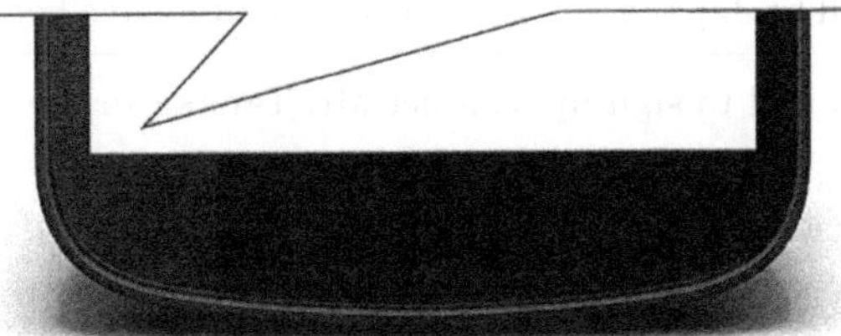

Study Tour Program in "The Emerald of the Equator" Indonesia

Our high school will have a tour program in Indonesia next March. It includes three primary aspects: meeting with Japanese people working abroad; cultural exchange with Indonesian students; and experiencing Jamu, a traditional style of medicine.

The tour is planned for third- and fourth-year students. The participants need to make presentations in English. Therefore, we are looking for students with a high English score who challenge themselves.

Program Schedule

March 15	Welcome party at the hotel Orientation by a staff member
March 16	Visit The Sukarno Center with a guide Lectures by JICA members in Jakarta
March 17	Visiting unique buildings designed by the architect Andra Matin Sightseeing in Jakarta with students studying at Bandung Institute of Technology
March 18	Exchange program at Global Jaya School Experience local-style lunch with the students Two presentations on history and culture (1) Indonesian students (2) Japanese students
March 19	Study tour at Panti Werdha Budi Mulia Explanation about the facility and services at the nursing home
March 20	Jamu Treatment Experience (1) Consultation by a doctor (2) Jamu Treatment Farewell party

●Meeting place with college students will be the school cafeteria

●Meeting language will be Japanese. The college students have been learning Japanese.

For more information and to sign up, contact Mr. Tanaka in the English teachers' office by October 13.

Ⅳ 次の英文を読んで，後の設問に答えなさい。

There is an art superhero named Banksy. But he has a secret: nobody knows who he really is! He's like *Batman, but instead of fighting bad guys, he fights for art and encourages people to think with his creativity. Banksy's true identity is a big secret, and that adds a lot of excitement to his art adventures.

Banksy's art is all about surprise and magic. He travels to different cities all (a) the world and does something amazing — he paints really cool pictures on walls, buildings, and even bridges. But he doesn't use (①) paintbrushes. He has special stencils that help him make his art quickly. This way, he can finish his art (b) anyone even knows he's there!

What's really amazing about Banksy's art is that it's not just pretty pictures. It's like he's telling stories with his art. His pictures have ②[about / that / us / who / messages / think / make] important things. He might paint something that shows how we're hurting the planet (c) being careless with our environment. Or he might draw something so that we can think about how we treat each other, like being kind and fair. His art is like a secret code that helps us to see the world in a new way.

But here's the tricky part: (③) Banksy's art is often on walls and buildings outside, it doesn't last forever. Sometimes, people don't like his art, and they paint over it. Other times, the weather washes it away. But before his art (④), it becomes famous! One of his most famous artworks is called "Balloon Girl." It's a picture of a young girl reaching out for a heart-shaped balloon. It's like a secret message about ⑤[like / love and / how / is / happiness / important].

Banksy's art is so cool because it's like a puzzle that forces us to ask questions and talk about big ideas. Some people think his art is amazing, (d) others aren't sure what to make of it. But one thing is for sure — he's changed how people see art, and that's why he is like an art superhero!

(注) *Batman バットマン(アメリカの漫画の主人公)

問1 空所(a)~(d)に入る最も適切な語を，次のア~キから1つずつ選び，記号で答えなさい。同じ記号は2回以上使用してはいけません。

ア by　イ after　ウ before　エ for　オ over　カ during
キ while

問2 下線部②，⑤の[ ]内の語句を正しく並べかえなさい。ただし，それぞれ余分な語が1つずつある。

問3 空所(①)，(③)，(④)に入る最も適切な語句を，次のア~エからそれぞれ1つ選び，記号で答えなさい。

(①) ア special　イ important　ウ normal　エ excited
(③) ア since　イ so　ウ as a result　エ for example
(④) ア reads　イ disappears　ウ makes　エ brings

問4 以下の説明に当てはまる語を本文中から抜き出しなさい。

"It's the collection of things that make you unique and special. This includes your name, where you're from, and what you like."

V 次の英文を読んで，後の設問に答えなさい。

If you are afraid of insects, this might be difficult reading. A fossil found on a beach in England shows that the biggest bug that ever lived was the size of a small vehicle. The fossil is of a giant millipede. This monster creature could have had hundreds of legs. Although the name "millipede" means "one thousand legs" in Latin, few species actually have 1,000 feet. There is one species that can have 1,300 legs. The fossil hunters in England said (①) they found is "definitely the biggest bug that ever lived". They said the millipede was around 2.7 meters long and weighed over 50kg. This would have been a scary sight. It would need a huge amount of insect spray to keep it away.

The scientists found the fossil by chance. A lecturer at the University of Cambridge's department of earth sciences said they found a rock on the beach. It had recently fallen from a cliff. He said: "It was a complete fluke of a discovery. It was an incredibly exciting find." He explained that the fossil dates back over 326 million years. This was 100 million years before the Age of the Dinosaurs. The researchers believe that the millipede had a high-nutrient diet (②). They said: "While we can't know for sure (①) they ate, there were a lot of nutritious nuts and seeds at the time." They may also have eaten frogs and lizards, but not humans (or any of our ancient ancestors).

問1　空所(①), (②)に入る最も適切な語句を，それぞれ次のア～エから選び，記号で答えなさい。

(①)　ア when　イ which　ウ that　エ what

(②)　ア if it was so hard
イ while it was so hungry
ウ because it was so huge
エ though it was so small

問2　以下は本文をまとめたものです。(1)～(8)に適する語を，ア～チの中から選び，記号で答えなさい。同じ記号は2回以上使用してはいけません。

If you don't (1) insects, reading this will be (2). A new fossil shows that a millipede was the biggest bug that ever lived. It was the size of a (3). It was 2.7 meters long and weighed over 50 kg. The word "millipede" means "one thousand legs," but not many millipedes have 1,000 feet. Seeing it would have been (4).

The scientists found the fossil on a beach by (5). They said it was "an incredibly exciting (6)". The fossil is 326 million years old. That's 100 million years older than the dinosaurs. The scientists are not sure about its food. It probably ate (7) of nuts and seeds (8) at the time. It may have eaten frogs and lizards, but not humans.

ア hate	イ bike	ウ accident	エ reasonable	オ certain
カ like	キ event	ク hard	ケ plenty	コ hardly
サ frightening	シ car	ス sufficient	セ discovery	ソ amount
タ invention	チ available			

Ⅵ 以下の設問に答えなさい。

1．(　　　)内の日本語を[　　]の語を用いて英語に直しなさい。その際，[　　]内の語も含み英語6語になるようにしなさい。(don'tなどの短縮形は1語と数える)

A：May I take your order?

B：Yes, please. I'd like Today's Salad and the Salmon Steak Meal.

A：The Meals all come with a green salad.

B：Oh, OK. I'll just take the Salmon Steak Meal, then.

A：Certainly.(どんな種類のドレッシングがよろしいでしょうか。[would]) like for the salad?

B：Italian, please.

2．[　　]内の単語を用いて自然な会話文になるように6語の英文を作りなさい。

([　　]内の単語は1語と数え，またdon'tなどの短縮形も1語と数える)

A：May I see your passport?

B：Here you are.

A：What's the purpose of your visit?

B：Visiting my friend.

A：[　going　]?

B：At his dormitory in Chicago.

A：Are you a college student?

B：Yes, I am.

A：How long will you be staying?

B：Just ten days.

イ　どうして喜ばれないのだろう
ウ　どれほど喜んだらいいだろう
エ　どんなにお喜びになるだろう
オ　何とかして二人で喜びあおう

問3　傍線部③「うち後ろむき」、④「心得ず」の主語、および⑤「君」の指す人物の組み合わせとして最も適切なものを次の中から選び、記号で答えなさい。

ア　③　恵心僧都　④　恵心僧都　⑤　母
イ　③　恵心僧都　④　母　⑤　恵心僧都
ウ　③　恵心僧都　④　母　⑤　母
エ　③　母　④　恵心僧都　⑤　母
オ　③　母　④　恵心僧都　⑤　恵心僧都

問4　傍線部⑥「地獄の業」とあるが、母はなぜそのように言ったのか。理由として最も適切なものを次の中から選び、記号で答えなさい。

ア　母は、息子が自分の来世の幸福のためだけに仏道修行に励んでいると思って喜んでいたが、息子がいろいろなことに手を出して修行をおろそかにしていることに気づいたから。
イ　母は、息子が仏道修行を重ねることによって順調に昇進していくことを願い、将来を楽しみにしていたが、息子は自分の利益を優先して生活していることがはっきりしたから。
ウ　母は、息子が仏道に励んでいるので、今の生活が厳しくても来世では救われると信じていたが、息子が来世でなく現世の自分を救おうとするような行為をしてしまったから。
エ　母は、息子を仏門に入れて来世で幸福になれると思っていたが、そのために現実の世界では貧しい暮らしを強いられ、息子がそれをなかなか助けてくれなくて苦しかったから。
オ　母は、自分の経済状況が非常に苦しかったものの、誰かの世話になるようなことは望んでいなかったが、息子にかわいそうだと思われて援助されることを屈辱的に感じたから。

問5　傍線部⑦「ありがたかりける母の心」とあるが、なぜ「ありがたかりける」というのか。理由として最も適切なものを次の中から選び、記号で答えなさい。

ア　現世より後世の幸福を願い、息子が仏道に没頭する要因になったから。
イ　自分が苦しい生活から解放されたことに感激して長く泣き続けたから。
ウ　自分と考え方が違ってしまった息子とは一切会わないと決心したから。
エ　息子が自分の生活を心配してくれていたことを実は感謝していたから。
オ　息子のふるまいも含め、現世は地獄であると強く思いこんでいたから。

問6　文章の作者である鴨長明の作品として適切なものを次の中から一つ選び、記号で答えなさい。

ア　『新古今和歌集』　イ　『太平記』
ウ　『徒然草』　エ　『土佐日記』
オ　『方丈記』

この母、世のわたらひ絶え絶えしきさまなり。(生活もやっとの様子だった。)「②**いかに悦ばれん**」と思ふほどに、これをうち見て、③**うち後ろむきて**、さめざめと泣かる。いと④**心得ず**(理解できず、)、「⑤**君**、うれしさのあまりか」と思ふあひだに、とばかりありて(しばらくして、)、母のいふやう、「法師子を持ちては、我、後世を助けらるべきことゝこそ、年ごろは頼もしくて過ぎしか。(法師になった子供を持つと、後世を助けてもらえると、長年頼もしく思って過ごしてきた。)c**まのあたり**、かかる⑥**地獄の業**を見るべきことかは。夢にも思はざりき」(このような地獄に堕ちる業を見ることになるとは。夢にも思わなかった)といひもやらず、泣きにけり。(と言い終えずにまた泣いた。)

これを聞きて、僧都発心して、遁世せられけり。(悟りを開こうと思い立ち、俗世間をお離れになった。)⑦**ありがたかりける母の心**なり。

(鴨長明『発心集』)

注1 「恵心僧都」…平安時代中期の天台宗の僧、源信。『往生要集』という仏教書を書き残し、後世に影響を与えた。僧都とは、僧正に次いで地位の高い僧。

注2 「導師」………法事などで中心となって儀式を執り行う僧。

問1 波線部a～cの意味として最も適切なものをそれぞれ次の中から選び、記号で答えなさい。

a 「志」
- ア 周囲への優しさ
- イ 出世を望む意欲
- ウ 母に対する思い
- エ 仏に対する思い
- オ 道を極めたい心

b 「布施」
- ア 極楽浄土の様子が描かれた絵図
- イ 謝礼として僧に渡す金銭や品物
- ウ 僧が読経で使用する高級な経文
- エ 地位の高い僧が身につける衣服
- オ 貧しい母のために渡された金品

c 「まのあたり」
- ア 予想どおり
- イ 正直なところ
- ウ 想像するに
- エ まったく
- オ 目の前で

問2 傍線部①「孝養することもなくて」、②「いかに悦ばれん」の解釈として最も適切なものをそれぞれ次の中から選び、記号で答えなさい。

① 「孝養することもなくて」
- ア 親孝行することもできず
- イ 母と暮らすこともできず
- ウ 母を供養することもなく
- エ 深く学習することもなく
- オ 仏道修行することもなく

② 「いかに悦ばれん」
- ア どうしたらお喜びになるのか

たのか。「最初は、〜いまは、〜」という形式を用いて、七十字以上八十字以内で説明しなさい。

問6 傍線部⑤「ぐいっと首を掉りたてた気もち」とあるが、ここではどのような気持ちを表しているか。最も適切なものを次の中から選び、記号で答えなさい。

ア 強気だが実は困っている弟を励ますため、やさしそうに見せたい気持ち。

イ 強気でいる弟に負けないように、自分も気丈にふるまおうと思う気持ち。

ウ 強気になった弟をなだめるため、落ち着いているように見せたい気持ち。

エ 取り乱してしまった弟を説得するために、少し怖そうに見せたい気持ち。

オ ふざけている弟を叱りつけるため、自分はまじめになろうとする気持ち。

問7 傍線部⑥「かわいそうがっている……と云いあてられたのはこたえた」とあるが、その理由として最も適切なものを次の中から選び、記号で答えなさい。

ア 弟が、姉である自分に強く当たることによって不安を解消しようとするだけの、まだ幼い人間にすぎないと気づかされたから。

イ 弟に自分の心のうちを読まれたことは今までに一度もなかったのに、今回はとうとうすべて見通されたような気がしたから。

ウ げんは、つねに弟をあわれむことで自分が優位に立ってものごとを進めようとしていたが、それを弟に指摘され驚いたから。

エ 自分が本当は弟に対して愛情がなかったということが暴露されたため、置かれた状況からしてかなり気まずさを感じたから。

オ 病気の弟をあわれに思うだけで、弟の身になって気持ちを考え、心に寄りそったわけではなかったことに気づかされたから。

問8 傍線部⑦「写真は写してあるほうがいいと思いはじめた」とあるが、それはなぜか。理由を五十字以上六十字以内で説明しなさい。

3 次の文章を読んで後の問いに答えなさい。

注1恵心僧都(えしんそうず)、年たかくわりなき(生活もままならない)母を持ち給ひけり。a志は深かりけれども、いとこともかなはねば(経済的に苦しいので、)、思ふばかりにて、①孝養することもなくて、過ぎ給ひけるほどに、しかるべき所に仏事しける(あるところに法事の導師)注2導師に請(しょう)ぜられて(として招かれて、)、b布施(ふせ)など多く取り給ひたれば、いとうれしくて、すなはち、母のもとへあひ具してわたり給へり(ご持参なさった。)。

の碧郎のことを思いやり、二人の会話が病気の話題になるのを防ぐように、必死で話を続けたということ。

ウ　げんは、結核のため入院するべきであるという医師の診断が正しいと信じ、それについて碧郎が異論を唱える間を与えないように、声を張り上げて話したということ。

エ　げんは、結核のためすぐに入院するべきであるという診断が下された以上、医師からの指示を碧郎に伝えなければならないと思い、ひたすら説明を続けたということ。

オ　げんは、診断の場に居合わせたのが両親ではなく自分だったので、両親ならここで碧郎にどのような話をするだろうかと思案しながら慎重に説明を続けたということ。

問3　傍線部②「碧郎は自分の考えをかためていたと見える」とあるが、碧郎はどのように「自分の考えをかためて」いたのか。最も適切なものを次の中から選び、記号で答えなさい。

ア　自分が結核ですぐ入院する必要があるということを冷静に受け止め、入院までの時間をどう過ごすかなどということを悲観的にならずに考えていた。

イ　自分が結核で入院しなければならないということがどこか他人事のようであまり現実味が感じられず、姉と話しながら理解を深めようと考えていた。

ウ　自分が入院することになると費用などの面で父に多大な迷惑をかけてしまうことになるので、少しでもそうした悪影響を軽減する方策を考えていた。

エ　自分が入院することを申し訳なく思うと同時に、世話になったことに感謝し、入院までに残された時間をできる限り姉と二人で過ごそうと考えていた。

オ　自分が入院するということを頭では理解できていても心では納得できていないので、早く外へ出て新鮮な空気を吸って決意を固めようと考えていた。

問4　傍線部③「じれているほうがまだましだった」とあるが、なぜ「ましだった」のか。理由として最も適切なものを次の中から選び、記号で答えなさい。

ア　待たされることに慣れているため、これから入院までのあわただしい時間の流れをいったん断ち切るように、時間をつぶしたいと思ったから。

イ　待たされることに慣れているため、なまじすぐにアイスクリームが運ばれてきたとしても、すぐに食べてしまっていいものか迷ってしまうから。

ウ　待たされるのはじれったいが、いま二人にできることは特に何もなく、それならば二人でゆっくりと世間話でもしている方がいいと思ったから。

エ　待たされるのはじれったいが、かと言って、すぐにアイスクリームが運ばれてきて、食べ終わってしまえば、碧郎の入院の時が近づくだけから。

オ　待たされるのはじれったいが、待たされている間にげんも碧郎も入院するための段取りや心構えをしっかりと決めなければならなかったから。

問5　傍線部④「いまは違う」とあるが、何がどう「違う」ことになっ

「おこらないでくれよ、ねえさん。」

「癪に障るわよ。なによ？　死ぬみたいなこと云って。これから治そうっていう矢先にそんな**捨てばち**[c]云うなんて、腹が立つわ。」電車通りのはじで、げんは泣きそうになりながら文句を云った。その文句を碧郎ははっとやめさせた。

「腹が立ってるほうがましだろうよ。少くもかわいそうがられるよりはましだ。」そしてそのあといたずらっぽく云った。「ねえさん、お金ある？　写真うつすだけ。」

⑥**かわいそうがっている……と云いあてられたのはこたえた**。金文字で＊＊写真館とあるドアを押した。

やはり他人が一枚はいるのはいいことかもしれない。いやに重々しく飾りつけた応接間へ通され、勿体ぶった技師が出て来て紙の大きさや枚数をきめていると、げんもおちついてきた。碧郎はよその新郎新婦の写真や着飾った一家の写真や、すましかえった見合用らしいのやをアルバムから拾って笑ったが、げんは碧郎の云うように⑦**写真は写してあるほうがいいと思いはじめた**。なるほど治って写すことはあっても、それはきっと長い長いさきの話になるだろうと思った。

（幸田文『おとうと』）

注1　「バラック」…災害後の焼け跡などに建てられた急造の粗末な建物。

注2　「震災」………関東大震災（一九二三年）のこと。

注3　「先生とあれだけ渡りあった」……診察後、医師から入院を言い渡されたとき、碧郎は、自分が生きられる可能性が高いのか低いのかを医師に問いつめていた。

注4　「駿河台」……東京都千代田区の地名。

問1　波線部a～cの意味として最も適切なものをそれぞれ次の中から選び、記号で答えなさい。

a　「愕然として」

ア　呆気にとられて
イ　怒りを感じて
ウ　とても驚いて
エ　落胆しきって
オ　不審に思って

b　「いじらしかった」

ア　あわれでみすぼらしかった
イ　虚勢を張っているようだった
ウ　けなげでかわいそうだった
エ　純粋でかわいらしく感じた
オ　まだまだ幼いように見えた

c　「捨てばち」

ア　意地の悪いこと
イ　怒りを増すこと
ウ　縁起が悪いこと
エ　自分勝手なこと
オ　投げやりなこと

問2　傍線部①「げんの舌はぺらぺらととめどなく廻りだした」とあるが、これはどういうことか。説明として最も適切なものを次の中から選び、記号で答えなさい。

ア　げんは、結核という診断が下され、入院費もかなり高額であることがわかったため、碧郎のことだけでなく父親のことも心配になり、自然に早口になったということ。

イ　げんは、結核と診断されて大きなショックを受けているはず

碧郎はいま、結核の伝染ということによってすべてのものから除けものにされてしまっている。結核による遮断が行なわれているのである。彼もげんもそのことは最初に診断されたときすでに、自分たちのまわりの世界が急にひどく狭められた、と感じとって承知していたのである。それでもそのときはまだよかったのだ。結核というものを世間が嫌って、遮断の垣根をはりめぐらそうとしているのだ、という感じだった。むろん伝染のことも承知している。だから世間が伝染を恐れて逃げたがる、そのゆえにつくられる垣根というふう解釈していた。世間のほうでこしらえる垣根と思っていたのである。あの人からこの人、この人からその人へと、碧郎およびその家族の知人友人がみな外側へまわって、碧郎と結核とから逃げていようとしてつくる垣根だと思っていたのだ。ところが④**いまは違う**。結核への遮断の垣根は、そんなただ広くのんきなものではないとわからせられたのだ。伝染への遮断の垣根は、実は彼のからだの皮膚一重を境にしてぎっしりと建てこめられた垣根なのだ。あの人この人が建てまわす垣根なら、まだゆとりもあろうというものである。自分のからだ一つを残して皮膚一重のぐるりにぎっしりと建てつらねられた遮断の垣根であることを悟った以上、彼には身じろぎ一つの自由も許されていないことに気がついたのだ。伝染ということは、彼に身じろぎ一つ許さないほどきつい遮断で彼を縛ってしまっていた。伝染の負け目を感じて、彼はまったく孤立させられた。げんは彼の気もちをおしはかって、きっとそう感じているだろうと察した。だが碧郎は、電車の動揺なんかでへたばるものかという調子で、電車といっしょに揺れて立っている。電車を降り家へ帰り、自分の机に寄りかかって一人になったとき、彼には失望感だけしか残るまい、とげんは思う。どうしてやったらいいか。……げんだって失望にぐんと重くのしかかられているのだった。

電車を降りたところに写真館があった。古くからある写真屋さんで、お金持ちなのか家の構えはりっぱだった。碧郎は、「記念に撮っておこう」と云う。そんな考えはb**いじらしかった**。死をそんなにはっきり考えているのだかどうだかはわからないけれど、「病み窶れてからじゃいやだよ。病み呆けた十九歳の若さ、なんていうのじゃたまらないからね。いずれ寝たきりにされちまえば、病人づらになっちまうにきまってる。こうして立って歩いているうちがいいよ。今ならまだ二本の足で歩いてらあ」というのが彼の主張なのだ。

「なにもそんな、もう立って歩けないようなこと云わなくてもいいじゃないの？　治療すれば済むことなのに、いやに気が弱くなったものね。」

彼は穏やかに、姉をあわれむ眼つきで見た。「ねえさん案外頭にぶいね。気が弱いどころか、いまおれ、気が強いてっぺんなんだよ。いいかねえさん、おやじのことだって考えなけりゃ。……写真の一枚くらいあったほうがよかろ？　おなし病人でもきょうは立っている病人だし、あすは寝かされてる病人だもの、そのあとは何年かかって治るって云うんだい？　死んだほうがましだあ。おれのほうでさきへ捨てらあ、肺病なんか。……気は強いんだよ。」

むかむかっとどなりたくなったのを我慢して、そのかわりげんも⑤**ぐいっと首を掉りたてた気もち**だった。「そんなに云うならいいわよ、写したいだけ写しておけばいいんだわ。要するにわがままよ。自分の気が済むようにしたいってことなんでしょ？」

「それがねえ、この陽気でしょ、もし途中で喀血するなんてことになると大変ですよ。弟さん大ぶよくないんです。それにあの気象だからな、ああいう青年は敏感に病気の重さ軽さを反映しちまうんでね。注3先生とあれだけ渡りあったのは、きっとそれをよく承知してるからと思えます。何と云ってもひどいショックを受けてますからね、喀血なんかの危険はあるんですよ。」

　いまや姉は完全に保護者の責任を取らなくてはならないのだった。碧郎を説くよりほかなかった。碧郎の前へ行くと、①**げんの舌はぺらぺらととめどなく廻りだした**。碧郎がじいっとげんの眼を見つめれば見つめるほど、ぺらぺらは速く廻転した。弟は冷淡に聞き流していて、「ねえさん入院費やなんか訊いて来たの？」と云った。a**愕然として**げんは医局へ取って返し、特等室・一等室と階級のある療養費を順々に書きとめたが、それはげんの予想をはるかに超えた高額なのだった。附属するその他一切のかかりを考えると入院は一家にとって容易ならぬ一大事であり、父の資力は追っつかなさそうだった。

　そのひまに②**碧郎は自分の考えをかためていたと見える**。彼は車寄せの木蔭にすでに出て待っていた。

「ねえさん、行こうや。入院は入院でいいから、とにかく歩こう。おれはもう娑婆を歩けないことになるかもしれねえからな、つきあってくれてもいいだろう？」……娑婆なんてことを云った！　「なんだい、ねえさんのほうがへんな顔していやだな。」

　げんは碧郎に連れられて行った。

　二人は注4駿河台の坂の上にいる。坂はずっと伸びてさがっていた。学生がぞろぞろ歩いていた。みな姉と弟とには無関係な人波だった。降りきったところはいっそう人波が繁かった。そこに時々きょうだいの行く喫茶店があった。街のお茶の飲みおさめという気が二人に通った。こんだテーブルの中にやっと席を見つけて腰かけた。口のなかが熱くねばこく、冷たくあまいものがほしかった。アイスクリームをあつらえた。待たされた。待つ間がじれったかったが、③**じれているほうがまだましだった**。じれもしないで待っていれば、何かに追いつかれて取返しがつかなくなりそうな気がした。

　でも、アイスクリームが運ばれて来て匙ですくったとき、碧郎はふと手を控えて見つめてしまった。

「ねえさん、おれ、これ食えないや。」

「なぜ？　気もちが悪いの？」

「おれ結核だあ。伝染するだろ、人にうつすよねえ！」

　げんも匙を置いた。弟はりっぱに見えた。姉は、……なすところを知らなかった。

　いちど伝染という負け目を感じたら、それこそもうどこにも身を置く席はまったくなくなったと知らされるのである。碧郎はアイスクリームの匙を境にして、はっきり伝染の負け目を憚りだした、と思えるのである。ふらふらと歩いて、それでもちゃんと帰りの電車へ乗るべき停留所へ来て立った。電車を待っているのが大儀そうだった。彼はもはや吊革の環へも憚るらしく、手をかけない。動揺をこらえて一しょう懸命に足を踏みしめているのがわかる。それでもげんは、「あたしに掴まったらどう」とは云えない。きっと弟はむっとして、「そんな心配いらねえや」ぐらいは云うだろう。はらはらしながら黙って見ているのが、弟を庇ってやるただ一つの手段みたいなものである。

注1「律令国家」…法に基づいて支配する国のあり方。
注2「裳」………腰から下にまとった古代の衣服の総称。
注3「奴婢」………律令制における賤民の一つ。人格を認められず、財産として売買等の対象となっていた。
注4「賤民」………律令制において身分的に卑しい存在とされたもの。
注5「下達」………上の者の考えや命令等を下の者に伝えること。
注6「穢」…………不潔や不浄等の理想的でない状態を指す。死や疫病、出血、犯罪等が穢れとされた。
注7「歩揺」………髪飾り、簪（かんざし）の一種。
注8「参内」………宮中に出仕すること。
注9「権門」………権力や権勢のある家柄や役人。

問1　二重傍線部A～Dの漢字の読みを、ひらがなで答えなさい。

問2　波線部a～eのカタカナをそれぞれ漢字に直しなさい。なお、文字は楷書で一画ずつ丁寧に書くこと。

問3　傍線部①「身分表識の役割」とあるが、ここでいう役割とはどのようなものか。三十字以上四十字以内で説明しなさい。

問4　傍線部②「統一的身分体系」とあるが、ここでいう身分体系を説明している二十字程度の箇所を、傍線部②より前から探し出し、最初の八字を抜き出して答えなさい。

問5　傍線部③「これぐらい強力な身分表識はないといってよい」とあるが、どういうことか。分かりやすく説明しなさい。

問6　傍線部④「有無をいわさず」の言葉の意味として最も適切なものを次の中から選び、記号で答えなさい。

ア　あるかないかに関わらず
イ　正しくても間違っていても
ウ　高い身分でも低い身分でも
エ　出来ていても出来ていなくても
オ　納得していても納得していなくても

問7　傍線部⑤「庶民が朝廷の雑務に従うとき」とあるが、本来庶民が公務につくときにはどのような上着を着なくてはならなかったか。最も適切なものを次の中から選び、記号で答えなさい。

ア　赤色の上着　　**イ**　青色の上着
ウ　紫色の上着　　**エ**　黄色の上着
オ　黒色の上着

問8　傍線部⑥「色のもつ魔力と魅力」とあるが、本文中で筆者はそれをどのようなものと説明していたか。本文全体を踏まえて説明しなさい。

2

げんは、結核の疑いがある弟の碧郎（へきろう）とともに高名な医師のいる病院を訪れたが、医師の診断はやはり結核で、すぐに入院するよう言い渡された。以下はそれに続く文章である。これを読んで後の問いに答えなさい。

処方ができたと云（い）ってげんだけ医局へ呼ばれ、院長の伝言が伝えられた。このバラック[注1]病院は狭くてあき病室がないこと、震災[注2]の焼失から免れた山の手の病院へ電話で紹介しておいたから即刻入院すること、寝台車はいつでも用意のあることなどであった。
「いったんうちへ帰ってからにしたいと思いますが。」

にも、次第に強くなってきたという事情もあったにちがいない。

したがって、平安後期に成長し、鎌倉時代に幕府という新しい公権力をつくった武士の世界では、貴族以上に公服の色は自由であった。室町時代まで、武士内上下関係を服色で画一規定することはまずなかったといってよい。

もちろん、中世の社会そのものは、種々の独自の身分秩序をつくり出し、それに対応する服の色も生じ、新しい被差別民である非人が柿色の衣を着せられ、寺社所属の特権集団である神人が黄衣で神威を誇示することもあった。又武士が多元的な中世を克服して幕藩体制という統一的権力秩序を作り上げた江戸時代には、武服である直垂・大紋・素襖などの着用にさいし、将軍は江戸紫、世子は緋、会津・黒田・越前各家は萌黄などという定めも生まれた。

しかし、逆にいえば、色で身分表示をするのは、せいぜいこうした特殊身分か、式服程度に閉じ込められたということでもある。服の型にかんしては機能の問題もあるから、身分による差は残ったし、どの身分でも、式服・執務服・遊着による型のちがいはあった。が、いかに士農工商の身分差が大きいといっても、古代のような画一的な色の割りふりはもはやできなかった。

それは日本社会が制度や法そのもので身分秩序を維持できるような段階に到達したからでもあるが、同時に色を個性と人格の表現として大切にしようとする人間の営みが、それを認めないことには、権力秩序自体が問題にされるほど強まった結果でもあったと思われる。

近代になると、他の近代社会同様、日本でも官吏・軍隊・警察官・車掌・学生等々、職業・身分ごとに、恰も古代に戻ったかと思わせるほど、画一化された服色の体系が出現する。近代になると、古代のように王権が創り出すのではなくて、貨幣と資本の発達の中から、民衆と社会じしんが従来なかったほど複雑多様な職種の分化をうみ出す。この結果逆に人々は内側から社会を画一的にまとめる秩序を必要と感じるようにもなる。

そこで、これを組織する企業体・公共機関・国家の側は、色による身分表示という人間の根元的生理を今一度蘇生させ、人々の職種や身分への内発的な帰属意識を、規格化された能率の良さに効果的に管理・転化しながら、職種・身分ごとに服の型と色を統一しようとし、成功したのである。

だが、そうだとすれば、近代社会をもうかなり習得した現代社会において、今一度人間が職業や身分による服色の定めを乗り越えようとする現象が活発になってくるのは必然であると、私は思う。又、然りとすれば、服色を身分から切り離す原動力が、歴史を通して、個性と人格の豊かな発露を色にeタクす人間の努力にあったことを想い起こしたい。

流行を追わず、四季の移ろいと心持ちの起伏を上手に交錯させながら、エゴに陥らぬ個性と人格をのびのびと服の色に表現できたら、どんなに人間社会は豊かなものになるだろうか。自分にそんなことができないのを承知の上で、こんな結論に辿りついてしまったことを恥かしく思いながらも、⑥**色のもつ魔力と魅力**を再発見できたことを喜びとして筆を擱く。

(『服色と身分と個性』義江彰夫)

係者がそれを注5下達するにふさわしい上下の関係にあるかどうかを調べ合っていたのでは目的は遂行できない。

しかし、色の差異は、何の教育を受けなくても、だれしもcメイリョウに了解できる。しかも、未開社会以来、人間はどんな社会でも、その社会独特のシンボリックな意味を色に与えている。聖なるものは何色、恐るべき死の世界は何色、注6穢なるものは何色などというように。あの藤の木古墳の冠や靴や注7歩揺(ほよう)の黄色の輝きひとつとっても容易に想像のつくことだ。だから、日本古代でも、社会内の色彩シンボリズムの存在をそれなりに踏まえながら、②統一的身分体系にふさわしい色彩の位階体系を中国を手本にして創造することに成功したなら、③これぐらい強力な身分表識はないといってよい。

しかも、それが身体をすっぽり包む衣服の色だとなれば文字通り色そのもので人間を色別けし、序列化できるわけだ。朝堂院に天皇以下文武百官が居並ぶときの黄金・紫・緋・緑・縹と流れる色の序列は、まさに律令国家の身分秩序を④有無をいわさず体得させる効果を発揮したはずである。律令国家の繁雑なまでの服色の規定は、これだけの意味を担っていたのである。この定めがけっこう当時具体化されたことはまえに述べたが、それは、律令国家がいま述べたことをいかに自覚的に深く捉え、成功させる力をもっていたかを物語っている。逆にいえば、呪術や未開思考に縛られたこの時代の地方豪族や民衆は、国際関係の緊張を逆手にとって中国何千年の文明と権力の叡智(えいち)をdドクセンできた律令国家を前にして、公的な場で、独自の色彩シンボリズムを対置させて、この見事な色彩の秩序を乗り越えることなどとうていできなかったということでもある。

しかし、以上はあくまでも人々が国家に仕える限りでのことである。すでに奈良時代でも、それ以外の日常生活や社会生活の場では、民衆はむろん貴族でさえこれとは違う色の服を着こなしていた。そして平安時代以降になると、次第に公務執行の場でさえ定めどおりでない色の服を用いることが生じてきた。当時の絵巻物を見ると、⑤庶民が朝廷の雑務に従うとき、時にかなりまちまちの形や色の服を着ているのがわかる。貴族男性のばあいは禁色直衣勅許(きんじきのうしちょっきょ)といって、天皇の許可がおりると、公服では禁色とされた二藍(ふたあい)(濃青紫色)その他の色で染めた私服＝直衣を着けたままで注8参内(さんだい)できるようになった。女官のばあいには、源氏物語絵巻などに鮮(あざ)やかに描かれた女房装束、俗にいう十二単(ひとえ)によくD窺えるように、一定の定めはあったけれど、朝服では考えられないほど広い選択幅で、複雑かつ思い思いの色に身をうずめられるようになった。

『枕草子』が、大納言伊周(これちか)の参内時の直衣姿の色合せのよさを「桜の直衣のすこしなよらかなるに、こきむらさきの紋の指貫、しろき御衣ども、うへにはこき綾のいとあざやかなるをいだしてまゐり給へる」とこまやかに描き、賞讃(しょうさん)しているのは、王朝人が服の色を個性表現としていかに重んじていたかを示すよい例である。

このような変化が生まれてくるのは、ひとつは、庶民を含めて人間の文明化がすすんで、身分表識をつねに服色で表示しなくともある程度保持することが可能になったからであろう。と同時に、権力による統一的・画一的な身分編成の不自由を嫌い、公権力の場の中にさえ私的・個人的自由の発想の場を僅(わず)かなりともつくりたいという願望が、庶民はもちろん、私的注9権門の様相を呈するようになった貴族の中

【国　語】（五〇分）〈満点：一〇〇点〉

1 **次の文章は、1988年に大学生向けに書かれたものである。日本史を専門とする筆者が、「色」をテーマにして説明している。文章を読んで、後の問いに答えなさい。**

服の色といえば、諸君は当然のことながら好みや流行で決めるものと思うだろう。しかし、高校までに制服生活の体験のある諸君は、服の色が、型とともに、どこの学校の生徒であるかを表示する①**身分表識の役割**をもっていることも気付くにちがいない。この点は歴史をA**遡れば**遡るほど人間社会の中で重大な意味をもっていた。別の言い方をすれば、今のように好みと流行で服の色を自由に決められるということは、長い歴史をかけて、身分表識としての色の威力とのB**葛藤**をくりかえしながら、つくり上げられたものだといってもよい。

中国をまねて日本に強大な古代国家ができた奈良時代、この注1律令国家は、律令の一部衣服令を通して、公務にC**携**わる時に着用する服の色と形を、全国民を対象に統一的規準で身分によって別々に設定した。色と形の両方を服の種類に応じてすべて語るゆとりはないし、冠・上着・下着・袴・注2裳・靴・靴下などひとつの服の構成要素についてそれらの色をいちいち扱うのも無理だから、通常公務服に限り、一番目立ちかつ重要な上着の色について説明しよう。

天皇と皇太子は不明な点もあるが、平安初期以後の制からみて、各々黄櫨染（渋い黄金色）・黄丹（赤黄色）と考えられる。官人公務服は朝服といい、親王と内親王（天皇の子）は深紫。諸王と女王（他の皇族）は一位が深紫で二位以下一番低い五位まで浅紫。一般官人は男女ともに一位が深紫、二位・三位が浅紫、四位が深緋（赤色）、五位が浅緋、六位が深緑、七位が浅緑、八位が深縹（青色）、初位が浅縹。無位つまり一般民衆と家人・注3奴婢などの注4賤民の公務服は制服とよばれ、前者は黄、後者は橡墨（黒色）を押し付けられた。

何とまあ繁雑なと思われるだろうが、奈良時代はじめの服装を描いた著名な高松塚古墳の壁画や、正倉院の遺品、あるいは当時の実際の記録などを見ると、けっこうこの通り行われていたことがわかる。この時代天皇以下文武百官は朝堂院という広大な空間に集まったが、この際天皇は一番奥に高くそびえたつ大極殿で黄金に輝く衣服をまとい、皇族・貴族の官人は高い位の者ほど天皇に近く、八位や初位の者は何百米も離れた最後方にという順で、深紫から浅縹までの朝服を着分けて、整然と居並んでいたということになる。何ともa**ソウカン**である。

卑弥呼の邪馬台国から大和王権をへて奈良時代にでき上った律令国家は、古代社会の歩みの中で発達してきた様々な身分関係を、天皇を頂点とする統一的で重層的な上下の体系に強力に編成し直すことではじめて維持することができた権力である。だからこの統一的な身分体系を、どのような方法で表示し、維持するかは、律令国家を確立し、安定させるための鍵であった。

正一位以下三十階に及ぶ位階制度や官人・庶人・五色の賤民などという抽象的概念はもちろん必要だけれど、文字も書けず、抽象思考にb**シュウジュク**していない多くの古代人に、文字と言葉でいくら説明を重ねても、それだけではその意味はすぐにはわからない。たとえわかったとしても、国家の重大命令を迅速に執行しようというとき、関

2024年度

開智高等学校入試問題(第2回)

【数　学】(50分)〈満点：100点〉

【注意】(1)　電卓，定規，コンパス，分度器は使用してはいけない。

(2)　分数は既約分数に直し，無理数は分母を有理化し，根号内はできるだけ簡単に，比はもっとも簡単な整数値にして答えること。

(3)　【考え方】に記述がなく，答えのみの場合は得点にはなりません。

1　次の各問いに答えなさい。

(1)　b^3-b^2-2bを因数分解しなさい。

(2)　$x^2+2x-9=0$を解きなさい。

(3)　$\dfrac{1}{1-\sqrt{2}+\sqrt{3}}$の分母を有理化しなさい。

(4)　1から5の数字がそれぞれ書かれた5枚のカードから同時に2枚選ぶとき，2枚の数の積が偶数となる確率を求めなさい。

(5)　次の連立方程式を解きなさい。

$$\begin{cases} 2x+3y=4 \\ 3x-5y=-13 \end{cases}$$

(6)　図のように，点Oを中心とする半径$\sqrt{2}$の円周上に3点A，B，Cがある。線分AB上に点Oがあり，AC⊥BCである。さらに，点Cを中心とし，2点A，Bを通る円を描いたとき，2つの円の共通部分の面積を求めなさい。

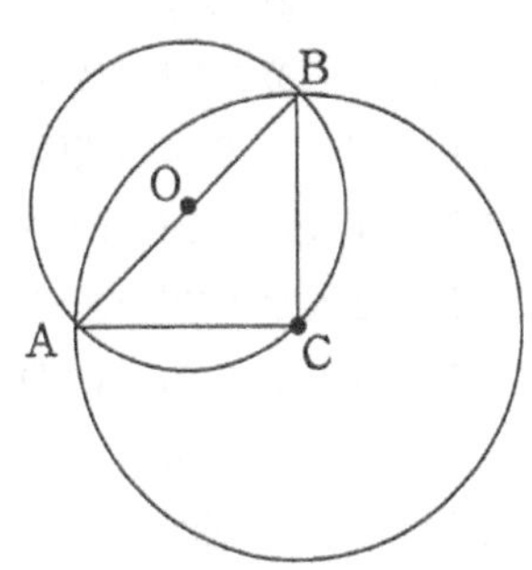

2　次の ア ～ サ を埋めなさい。

$y=x^2$上に2点A$(a,\ a^2)$，B$(b,\ b^2)$があるとき，直線ABの傾きは，[ア]，直線ABの切片は[イ]である。

$C_0(-1,\ 1)$，$C_1(2,\ 4)$とする。

直線C_0C_1の傾きは[ウ]，切片は[エ]，直線C_0C_1と垂直な直線の傾きは[オ]である。

$y=x^2$上の点を$C_2(c,\ c^2)$とする。

直線C_1C_2が，直線C_0C_1に垂直だとすると，$c=$[カ]で，直線C_1C_2の切片は[キ]である。

同様にして，$C_3(d,\ d^2)$が$y=x^2$上にあり，直線C_2C_3が直線C_1C_2に垂直だとすると$d=$[ク]，直線C_2C_3の切片は［ケ］である。

同様の規則で，すべての自然数nについて，点C_nは$y=x^2$上にあり，$C_nC_{n+1} \perp C_{n-1}C_n$であるとすると，$C_{10}$の$x$座標は［コ］，直線$C_9C_{10}$の切片は［サ］である。

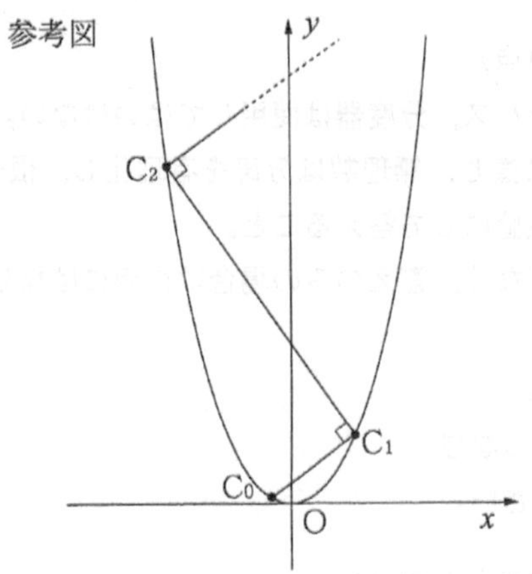

3 図のような7人がけのイスがあり，座席位置をA～Gとする。ここに座ろうとする人は，全員が次のルールに従って着席していく。

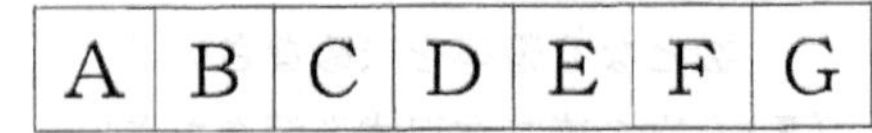

A	B	C	D	E	F	G

ルール

⓪ 両端(AとG)が両方とも空いているときは，どちらかに座る。

① 両端(AまたはG)のうち一方だけが空いているときは，そこに座る。

② 両端が両方とも埋まっているときは，両隣が空席となる位置を選んで座る。

③ ⓪～②をみたす席がないときは，片方の隣が空席となる位置を選んで座る。

④ ⓪～③で座れないときは，空いている席に座る。

(1) すべて空席の状態で，1人目に来た人が座る位置は何通りか。

(2) 1人がすでに座っている状態で，2人目に来た人が座る位置は何通りか。

(3) 2人がすでに座っている状態で，3人目に来た人が座る位置は何通りか。

(4) 3人がすでにA，D，Gに座っている状態で，4人目に来た人が座る位置は何通りか。

(5) すべて空席の状態から，1人ずつ順番に4人が座っていくとき，その座り方は何通りか。

(6) すべて空席の状態から，1人ずつ順番に7人が座っていくとき，その座り方は何通りか。

4 2次関数$y=ax^2$…①上に点A$(-2,\ 2)$がある。このとき，次の各問いに答えなさい。

(1) aの値を求めなさい。

(2) 点Aを通る傾き$\frac{1}{2}$の直線と2次関数①の交点のうち，Aと異なる点をBとする。原点をOとして，△OABの面積を求めなさい。

(3) **(2)**のとき，△OABをx軸の周りに回転させてできる立体の体積を求めなさい。

5 1辺の長さが1である正三角形ABCにおいて，辺AC上に点DをAD：DC＝2：1となるようにとる。また，直線BDに関して，点Aと対称な点をEとして，BCとDEの交点をFとする。このとき，次の各問いに答えなさい。

(1) △BEF∽△DCFであることを証明しなさい。

(2) AEの長さを求めなさい。

(3) BDを折り目として，平面ABDと平面CBDが垂直となるように折り曲げたとき，4点A, B, C, Dを頂点とする立体の面積を求めなさい。

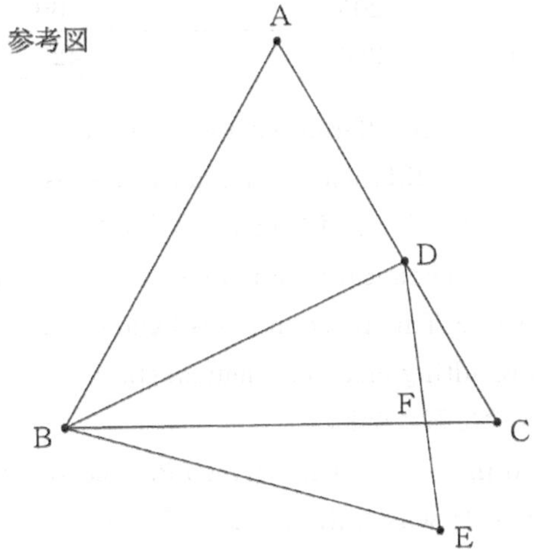

【英　語】（50分）〈満点：100点〉

Ⅰ 以下の設問に答えなさい。

1．The table below shows the deepest point for four lakes.

Lake	Average depth(m)	Deepest point(m)
Biwa	41	103
Chuzenji	95	163
Shikotsu	265	360
Tazawa	280	423

（1） Which lake has the biggest difference between the deepest point and average depth?

（2） Which lake has the least difference between the deepest point and average depth?

2．次の説明文は何についてのものか。漢字で正しく答えなさい。

Explanation: (　　　) is a chemical reaction between an acid and a base, leading to the formation of a salt and water. This reaction helps balance the acidic and basic properties of the substances involved, resulting in a more neutral state.

3．次の空所に入る地名を漢字で答えなさい。

(　　　) Castle, located in (　　　) City, Hyogo Prefecture, is a magnificent castle known for its white appearance. It was built in the 17th century and has been remarkably preserved. With its unique design, including narrow paths and defensive walls, (　　　) Castle represents Japan's feudal past and offers a glimpse into the country's rich history.

4．以下の英文は誰のことを言っているか。漢字で正しく答えなさい。

He was a prominent Japanese Buddhist monk, scholar, and artist who lived in the 9th century. He is best known for founding the Shingon school of Buddhism in Japan. He traveled to China to study Buddhism and returned to Japan with a deep understanding of esoteric Buddhism, which he then taught and promoted in Japan.

Ⅱ 以下の設問に答えなさい。

A　それぞれの対話を読み，Questionに対する答えとして最も適切なものを，ア～エのうちから1つずつ選びなさい。

（1） A：Do you know how to set up a tent?
B：Yes, I've gone camping several times.
A：The weather might change, so take this with you.
B：Sure thing.

Question：What should B take with them for changing weather conditions?

ア　A skateboard.　イ　A sled.　ウ　A swimsuit.　エ　A rain jacket.

（2） A：Can I get a large pepperoni pizza, please?
B：Our large pizzas are $12 each, and toppings are $1 each.
A：Add extra cheese and olives, please.

Question：How much will the pizza cost?

ア　$12.00.　　イ　$13.00.　　ウ　$14.00.　　エ　$15.00.

(3) A：What time is it now?

B：It's half past three.

A：The meeting is at 4:00 p.m. We still have time.

B：Sounds good.

Question：What time is this conversation taking place?

ア　2:30.　　イ　3:00.　　ウ　3:30.　　エ　4:00.

(4) A：I'm thinking about taking up a new hobby.

B：That's a great idea. What are you interested in?

A：I've always wanted to learn a musical instrument.

B：That sounds great.

Question：What hobby is A interested in taking up?

ア　Playing chess.　　イ　Playing the piano.

ウ　Playing soccer.　　エ　Singing songs.

(5) A：Have you traveled to many places?

B：Yes, I love traveling. I've been to some Asian countries.

A：Wow, that's impressive. I've explored some parts of South America.

B：Traveling broadens our horizons, doesn't it?

Question：Which country has Mr. B traveled to?

ア　America.　　イ　Nigeria.　　ウ　Brazil.　　エ　Indonesia.

(6) A：I just started learning a new language.

B：That's great! Which language are you learning?

A：I'm learning Spanish. I want to be fluent for my next vacation.

B：Speaking a new language is wonderful.

Question：Why is A learning Spanish?

ア　For work.　　イ　For a conversation with the locals.

ウ　For a school project.　　エ　For a job interview.

(7) A：I'm feeling a bit lost in this new city.

B：I've lived here for a while. I can be your guide in this city.

A：That would be great! I appreciate it.

B：It's my pleasure.

Question：What will B do for A?

ア　Give directions.　　イ　Show around the city.

ウ　Provide a map.　　エ　Cook a meal.

(8) A：I'm thinking about starting a small garden.

B：Gardening is so rewarding. Which plants do you want to grow?

A：I'd like to grow some vegetables and herbs to cut my food expenses.

B：That's a great idea. Fresh herbs make meals taste better.

Question：Why does A start gardening?

ア　To make the garden beautiful.　　イ　To eat what he grows.

ウ　To sell what he grows.　　エ　To start something new.

B　それぞれの対話を読み，空所に入るものとして最も適切なものを，ア～エのうちから1つずつ選びなさい。

(9)　A：Excuse me. How much is this hat? It doesn't have a price tag.

B：May I see it? (　　) Perhaps another customer dropped it.

A：Oh. That's too bad. I really liked it.

B：I'm sorry about that.

ア　Here is the price tag.　　イ　It's two thousand yen.

ウ　This is our recommendation.　　エ　This isn't the one we sell.

(10)　A：Why does it rain so much here in Yakushima?

B：It's because of this island's location. On this island, warm winds from the sea meet cold air coming from the mountains.

A：(　　)

B：Well, when the warm wind meets the cold air, it makes clouds. The rain comes from these clouds.

ア　How does that make rain?

イ　That's why this island is like a jungle.

ウ　It will rain tomorrow.

エ　It hasn't rained since last week.

(11)　A：Have you ever bought brand-name bags or wallets?

B：No, never.

A：(　　) I think brand-name goods are too expensive.

B：I think so too. Inexpensive bags are good enough.

ア　Me, too.

イ　That's a pity.

ウ　I haven't, either.

エ　I don't think so.

(12)　A：What's the big smile for? You seem really happy today.

B：I can't hide my feelings, you know. I won first prize in a tennis tournament.

A：(　　)!

B：Thanks so much.

ア　That's too bad

イ　I wish you good luck

ウ　Congratulations

エ　I hope you'll win

(13) A：Thanks for the party. I have to be going now.

B：So soon? (　　　)

A：I'd love to, but I have to get up early tomorrow.

ア Do you really have to go?

イ It's not that late, is it?

ウ It's getting dark.

エ Why don't you stay a little longer?

(14) A：Do you have time to talk about our Halloween party?

B：Sure. I'm going to make cookies that look like pumpkins.

A：Great! I think we should (　　　)

B：That's a nice idea! I'll call everyone tonight and tell them to wear their most interesting outfits.

ア have a costume contest.

イ get up early on that day.

ウ be careful not to eat too much.

エ study harder.

(15) A：You won't believe what my husband got me for my birthday.

B：What?

A：He got me the same thing as he did last year.

B：(　　　)

ア I envy you.

イ That's good to hear.

ウ When is your birthday?

エ At least he remembered your birthday.

Ⅲ 以下の英文や資料を読み，設問の答えとして最も適切なものを，それぞれア～エの中から選びなさい。

問1 What was Daniel's request?

ア To give him some information about their homework.

イ To tell him the news that happened in the past few years.

ウ To tell how many words should be written in his chart.

エ To write an essay for him.

問2 How will you respond to Daniel's second text message?

ア No, I don't think it's a good idea.

イ You don't have to write your essay now.

ウ You should read your essay more carefully.

エ Why don't you ask Mr. Yamauch by e-mail?

問3　Guests to the 2021 Forum are ＿＿＿＿＿.

ア　people living in Japan for a few years

イ　able to speak and understand Japanese

ウ　expected to guide Japanese college students around the city

エ　coming from many foreign countries

問4　Students who offer to help out during the Forum ＿＿＿＿＿.

ア　can take part in all of the events on Oct. 17th

イ　must have experience of staying in foreign countries in the past

ウ　should welcome the guests in English and enjoy sightseeing together

エ　have to arrange receptions and sessions at the civic center

Do you remember the essay assignment Mr.Yamauch gave us yesterday? The topic is "What was the biggest thing that happened to us in the last few years?" Right? But I'm not sure about the deadline because I seem to have left my datebook at school. Could you tell me when it is? Oh, I also need to know how many words must be written in the essay. Please get back to me as soon as you can.

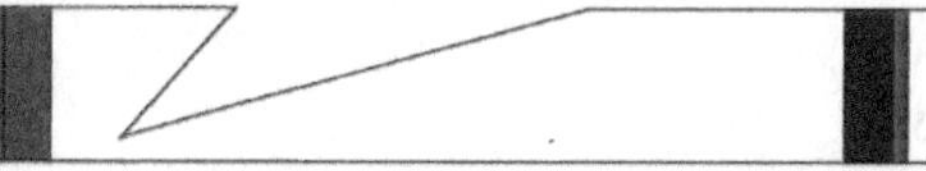

Hi, Daniel. OK, we are supposed to send our completed essay by attaching it to an e-mail to Mr.Yamauchi by Monday next week. As for the number of words, he said it should be between 500 and 600.

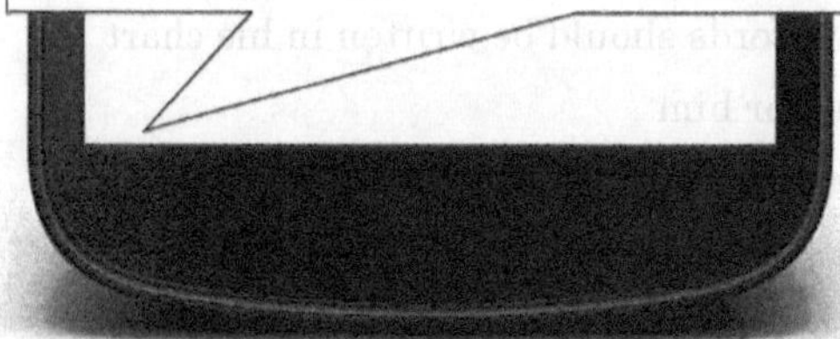

Thank you very much for the information. I think I have to write my essay right away. By the way, I'm thinking of using a graph or chart in it. I wonder if I should count the number of words used in it along with the body.

ENGLISH SPEAKERS WANTED!
Seeking student guides
for the Global Refugee Forum 2021

Our city will host the Global Refugee Forum 2021 next October. The Forum is scheduled from Saturday, October 15th to Tuesday, October 18th. We expect a variety of participants from more than thirty countries, most of whom are visiting Japan for the first time.

We are now looking for college students who are interested in showing the foreign participants around the city. We need not less than 20 students who are eager to guide our guests. As thanks for cooperation, volunteers are invited to one of the lectures delivered at the Forum.

Global Refugee Forum 2021: Schedule

Day	Time	Event
Day 1 (Oct.15)	13:00	Registration
	14:00	Arrival of foreign participants
	19:00	Reception
Day 2 (Oct.16)	10:00 − 12:30	City tour (guided by volunteer college students)
	12:45 − 13:45	Lunch at a local Japanese restaurant (with students)
	16:30 − 18:30	Keynote Address
Day 3 (Oct.17)	9:30 − 12:30	Lectures & Session 1
	14:00 − 17:00	Lectures & Session 2
	19:30 − 21:30	Cultural Exchange Evening (traditional Japanese dances, arts and cafts)
Day 4 (Oct.18)	9:30 − 11:30	Closing Ceremony

● Parties, lectures, and sessions will be held at the Civic Center.
● The activities in the Forum will take place in English. The guests are non-native English speakers with a good command of English.

To sign up, click here before 10 p.m. August 25th. ⇒Foreign Affairs Division of the City Hall

問5 Students who participate ＿＿＿＿.

ア are invited to a lecture at the Forum
イ will study the mother tongues of their guests beforehand
ウ will be paid for each guest they guide
エ must register at 13 p.m. Oct. 15th

Ⅳ 次の英文を読んで，後の設問に答えなさい。

*Yawning is very interesting, and scientists are trying to find out the secret (①) why we do it. One reason we yawn is because our bodies need more oxygen. When we yawn, we take a big breath of air, and that extra oxygen can wake up our brain and body. Think of it as a way to stretch your insides!

Yawning isn't just about oxygen, though. Sometimes we yawn (a) we're tired. It's like our body is sending us a signal that it's time for a break and some rest. You know how your computer sometimes needs (b) restart when it's been running for a while? Yawning might be a bit like that for our bodies — a way ②[brain / break / to / a little / make / our / give].

Now, here's a really cool thing: *contagious yawning. Have you ever noticed that when you see someone yawn, you start yawning too? It's almost like a yawning chain reaction! Scientists are trying to understand (c) this happens. They think it might be because our brains are connected to other people's brains in a way. It's like our brain is saying, "If my friend is yawning, maybe I ③[ready / rest / get / should / to / already] too."

But guess (④)? Yawning isn't just a human thing. Some animals yawn too! Dogs, cats, and even birds have been caught in the act of yawning. And just like with humans, scientists aren't sure why animals yawn. It might have something to do with their body needing more oxygen or maybe they yawn when they're preparing to go to bed.

So, while we've learned a lot about yawning, there's (⑤) a bit of a mystery to it. Think of it like a puzzle that scientists are still putting together. Next time you feel a yawn coming on, remember that your body might be asking for a bit more oxygen or signaling that it's time for a rest — or maybe you're just catching a yawn wave (d) your friends or even your pet!

(注) *yawning　あくび　　*contagious　人にうつりやすい

問1　空所(a)～(d)に入る最も適切な語を，次のア～キから1つずつ選び，記号で答えなさい。同じ記号は2回以上使用してはいけません。

ア but　イ why　ウ when　エ in　オ too　カ from
キ to

問2　下線部②，③の[　　]内の語句を正しく並べかえなさい。ただし，それぞれ余分な語が1つずつある。

問3　空所(①)，(④)，(⑤)に入る最も適切な語を，次のア～エからそれぞれ1つ選び，記号で答えなさい。

(①) ア after　イ above　ウ by　エ behind
(④) ア who　イ what　ウ which　エ when
(⑤) ア still　イ until　ウ never　エ along

問4　以下の説明に当てはまる語を本文中から抜き出しなさい。

"a super-smart and powerful computer inside your head"

V　次の英文を読んで，後の設問に答えなさい。

Many people around the world monitor how many steps they walk every day. This is due to studies that suggest 10,000 steps a day is sufficient to help us stay healthy and live longer. A new study says just 4,000 steps a day could be the magic number for us to live well into old age. Researchers from the Johns Hopkins University of Medicine analyzed 17 studies that looked at (①) people walked during the week. The scientists concluded that 4,000 steps per day reduced the risk of dying from diabetes, cardiovascular diseases and other life-threatening conditions. Study author Dr. Seth Shay Martin said 4,000 steps is roughly a 30- to 45-minute walk, or about three to four kilometers.

The study is published in the European Journal of Preventive Cardiology. The research looked at health and exercise data from more than 225,000 adults worldwide over seven years. They had an average age of 64. Some people were in good health, while others suffered from heart problems. Dr. Martin said his conclusion that 4,000 steps were beneficial was a minimum amount. He said: "I wouldn't want people to see the suggested step count as a magical number that must be strictly followed. It's not necessary to adhere to that exact number. More is better." He added that walking an additional 1,000 steps per day is associated with a roughly 15 percent lower risk of premature death. He said (②).

問1　空所(①)，(②)に入る最も適切な語句を，それぞれア～エから選び，記号で答えなさい。

(①)　ア　how far　イ　how long　ウ　how many　エ　how soon

(②)　ア　some people could follow the exact number
イ　people should think about premature death
ウ　people should add at least one walk to their daily schedule
エ　some people must regard the steps as a magic number

問2　以下は本文をまとめたものです。(1)～(8)に適する語を，ア～チの中から選び，記号で答えなさい。同じ記号は2回以上使用してはいけません。

Many of us (1) how many steps we walk every day. Research says 10,000 help us to live longer. A new study says 4,000 steps is (2). Researchers said 4,000 steps lowered the risk of (3) heart disease. Taking 4,000 steps is the (4) as a 30-minute walk, or walking about four kilometers.

Researchers (5) data from 225,000 adults over seven years. The adults had an average age of 64. The lead researcher said 4,000 was not a "magic number". He said the more steps you (6), the better. Walking an extra 1,000 steps per day could (7) the risk of an (8) death by 15 percent.

ア	looked	イ	same	ウ	lately	エ	cut	オ	illness
カ	check	キ	enough	ク	scientists	ケ	examined	コ	early
サ	about	シ	told	ス	danger	セ	getting	ソ	take
タ	shorter	チ	additional						

Ⅵ 以下の設問に答えなさい。

1.(　　)内の日本語を[　　]の語を用いて英語に直しなさい。その際,[　　]内の語も含み英語6語になるようにしなさい。(don'tなどの短縮形は1語と数える)

A:Good afternoon. How can I help you, sir?

B:I've got a terrible pain in my knees. It's especially bad when I bend them down.

A:I see. It's been cold these couple of days, and that's really bad for aches and pains.

B:Yes, it is.(何か私にできることはありますか。[anything]) to stop the pain?

A:Well, I always recommend these hot compresses on the areas.

B:OK. And they really work well?

A:Yes, but I also recommend you see your doctor.

2.[　　]内の単語を用いて自然な会話文になるように6語の英文を作りなさい。
([　　]内の単語は1語と数え,またdon'tなどの短縮形も1語と数える)

A:How much does my tea and cheese cake come to?

B:It's 1,200 yen.

A:OK…Oh, no!

B:What? Don't say you don't have enough money, Kazuo?

A:I'm really sorry, but I've forgotten my wallet again. [　some　]?

B:Give me a break! I paid for you last time, too.

A:I promise I'll pay you back tomorrow.

問3　傍線部③「たとへば」とあるが、何の例をあげようとしているか。最も適切なものを次の中から選び、記号で答えなさい。

ア　句のさび　　**イ**　閑寂なる句

ウ　賑やかなる句　　**エ**　静かなる句

問4　傍線部④「今一句をあぐ」の訳として最も適切なものを次の中から選び、記号で答えなさい。

ア　今一句をあなたに贈ろう

イ　今一句をあなたが読みなさい

ウ　今一句を例として示そう

エ　今一句を褒めてみせよう

オ　今一句をあげて批評します

問5　傍線部⑤「白きかしら」を五字以内で訳しなさい。

問6　傍線部⑥「先師」とは筆者の俳諧の師のことである。『野ざらし紀行』や『おくのほそ道』などの著者であるこの師の名前を次の中から選び、記号で答えなさい。

ア　正岡子規　　**イ**　与謝蕪村　　**ウ**　小林一茶

エ　松尾芭蕉　　**オ**　松永貞徳

問6　傍線部⑤「今となっては異空間としか思えないあの場所に、未だに括りつけられている人たちがいる」とは、どういうことか。説明しなさい。

問7　傍線部⑥「シャールが胸元のショールを投げつけてきた」とあるが、御厨はなぜこのような行動をとったのか。その理由として最も適切なものを次の中から選び、記号で答えなさい。

ア　大人の理論で璃久を説教しようとする柳田を止めるため。
イ　柳田の説教には間違いがあると気づき、訂正するため。
ウ　これ以上説教が続けば、璃久が泣き出すと思ったため。
エ　柳田の説教が長引くと感じて、切り上げさせようとしたため。
オ　先に自分が説教するのが筋であり、順番を守らせようとしたため。

問8　傍線部⑦「『バカ!』」とあるが、このときの璃久の心情を説明しなさい。

3　**次の文章は、筆者である向井去来とその知り合いが俳諧について語っている場面である。読んで、後の問いに答えなさい。**

注1野明（やめい）言はく（が言うことには、）、「句の注2さびはいかなるもの（どのようなものなのでしょうか。）①**にや**。」注3去来言はくは、「さびは句の色なり。（句の色合いである。）閑寂なる句を②**いふにあらず**。③**たとへば**、老人の甲冑（かっちう）を帯し（を身に着けて）、戦場に働き、錦繍（きんしう）を飾り御宴にはべりても（美しい衣装を着飾って高貴な宴席に列しても、）、老いの姿あるがごとし。賑（にぎ）やかなる句にも、静かなる句にもあるものなり。④**今一句をあぐ**。

注4花守（はなもり）や⑤**白きかしら**をつき合わせ　　去来

⑥**先師**言はく（亡くなった師が言うことには、）、『さび色よくあらはれ、喜び候ふ。（喜ばしいことです。）』となり。（とのことであった。）」

（向井去来『去来抄』）

注1「野明」……京都嵯峨の人で、筆者の去来と親しい人だった。
注2「さび」……俳諧理念の一つ。
注3「去来」……この文章の筆者。野明と同じ師についていた。
注4「花守」……春の季語で、桜の花の番人の意味。桜の管理や鳥が花をつついて散ることがないように監視する役目を担った。

問1　傍線部①「にや」の後には言葉が省略されている。省略されている言葉として最も適切なものを次の中から選び、記号で答えなさい。

ア　あり　　**イ**　あれ　　**ウ**　あらむ　　**エ**　あらめ

問2　傍線部②「いふにあらず」の訳として最も適切なものを次の中から選び、記号で答えなさい。

ア　言うのである　　**イ**　言うべきである
ウ　言うまでもない　　**エ**　言うのではない
オ　言うはずがない

いつしか璃久は天井を仰ぎ、声をあげて盛大に泣き始めた。

(古内一絵『金のお米パン』)

注1「智子」………璃久のクラス担任。
注2「震災」………2011年に起きた東日本大震災のこと。
注3「計画停電」…電力需要が供給を上回ると予測されるときに、突然の大規模な停電を避けるために意図的に一定期間実施する停電のこと。
注4「シャール」…御厨の別名。御厨は同性愛者であり、女装をしている。「シャール」という名前で呼ばれているが、同級生の柳田は以前と同様に「御厨」と本名で呼んでいる。璃久と会った際に自身のことを「おかま」ではなく、「ドラァグクイーン」だ、と伝えた。ジャダは配送業のアルバイトをしながら、御厨のお店で売る衣装の刺繍などを担当している男である。御厨と同じく同性愛者で、ジャダも本名ではない。

問1　二重傍線部A~Cの言葉の意味を端的に説明しなさい。

問2　傍線部①「璃久の母親は細い指を頬に当て、不安げに柳田と智子を見返した」とあるが、ここでの璃久の母親について最も適切なものを次の中から選び、記号で答えなさい。

ア　自分には非はなく、学校に責任があるはずだと二人を責め立てている。
イ　家庭での息子の様子を思い返して、原因を探し出そうと努めている。
ウ　過去のことを思い返してはみたものの、原因が分からず戸惑っている。
エ　震災当時のことを思い出して、当時の不安ととまどいを改めて感じている。
オ　自分の作った料理のことを思い返し、嘘をついていないと二人に訴えている。

問3　傍線部②「それは、璃久が母親の料理を食べなくなった時期に符合する」とはどういう意味か。説明しなさい。

問4　傍線部③「ティーカップを支える両手が、小さく揺れた」とあるが、ここでの璃久の心情として最も適切なものを次の中から選び、記号で答えなさい。

ア　御厨が重い病気であることを知り、彼の死を意識してしまい不安になっている。
イ　御厨の病気が治らないことに衝撃を受け、自分にできることは何かと考えている。
ウ　御厨のつらい状況を知ったことで、そのあまりの理不尽さに憤っている。
エ　御厨が倒れている姿を見て驚いたものの、無事に介抱できて安心している。
オ　御厨の境遇に思いをはせて、戸惑いから抜け出せなくなっている。

問5　傍線部④「ホームルームで見たビデオで、一気に記憶が引き戻された」とあるが、ここでの璃久の記憶として適切でないものを次の中から一つ選び、記号で答えなさい。

ア　震災の激しい被害　　　　イ　炊き出しに頼る生活
ウ　大人たちの言い争いの声　　エ　祐太との思い出
オ　仮設住宅での生活

連絡を喜び、「集会所の炊き出しもあるから大丈夫」と、C**気丈な**メッセージを送ってきた。

「でも、大丈夫なはずなんてない」

璃久が拳を固く握りしめる。

あんなに美味しかったお母さんの料理を祐太は食べられなくなったのだ。

「大丈夫なわけない」

「おい、ちょっと待てよ」

悔しげに繰り返す璃久を、思わず柳田は遮った。

「だからって、お前までが母ちゃんの料理を食べずにいる理由にはならんだろう。そんなことして、一体なんになるっていうんだよ。第一、復興の遅れなんてものは、大人の責任だ。お前ら子供がとやかく騒いだところで……おわっ!」

身を乗り出して説教していると、いきなり、顔にベールのようなものをかぶせられる。⑥**シャールが胸元のショールを投げつけてきた**のだ。

香水の匂いが鼻を衝き、おかまの残り香に、柳田は「おえぇぇぇ」とえずいた。

「でも、先生の言うことにも一理あるわ」

シャールの凛とした声が明るい部屋に響く。

ハナミズキの丸い葉っぱが鮮やかに茂る中庭からの日差しが部屋を満たし、頭にターバンを巻いた化粧気のないシャールは、スフィンクスのように堂々として見えた。

「ねえ、璃久君」

シャールが厳かに璃久に向き直る。

「あなたがこんなことをしていることを、祐太君は知ってるの?」

璃久は黙って首を横に振った。

「やっぱりね……」

小さく微笑み、シャールは続ける。

「じゃあ、あなたが祐太君の立場で、東京にいる大事なお友達がこんなことをしていることを知ったら、あなたは一体、なんて言うかしら」

じっと俯いている璃久の肩に、シャールはそっと手をかけた。

「あたしは確かにおかまで苦労も多いけど、だからって、柳田先生にまでおかまになってもらいたいとは思わないわ」

途端にそれまで黙っていたジャダが、「きゃーはっはっは」とひきつけを起こしたように笑い出す。

「こんなオッサンが女装したら、気持ち悪いだけじゃん。どこにも需要なんてないわよ」

「お前の女装にこそ、需要があるとでも思ってるのか!」

「なんだと、オッサン、やんのか、こらぁ!」

ジャダが制帽をかなぐり捨て、角刈り頭をむき出しにした瞬間、璃久が突如、

⑦**「バカ!」**

と甲高い声を放った。

柳田もジャダも、驚いて璃久を見る。

「きっと……、そう言う」

床に敷かれたペルシャ絨毯の上に、涙の雫がぱたぱたと散った。

「バカ、ふざけるな……つまんない同情なんてするなって、言う……」

東北の広葉樹林には東京では見たことのない昆虫がたくさんいて、璃久はとびきり楽しい時間を過ごした。やがて山の中腹の白樺林の中で、お昼の時間を迎えることになった。散々はしゃいで興奮した後で、誰もが空腹の絶頂だった。

「でも、僕……。そのとき、お弁当をひっくり返しちゃって……」

丸太の上に腰掛けて弁当の蓋をあけた途端、勢い余って中身を地面にぶちまけてしまったのだ。その途端、それまで仲良く話していたクラスメイトたちまでが、いっせいに眼をそらした。

周囲にはお店などどこにもない。皆、璃久のドジのために、自分のお弁当を取られるのが嫌だったのだろう。

恥ずかしくて、悲しくて、悔しくて、璃久は泣きそうになった。

けれどそのとき、たったひとり、自分の弁当を真っ直ぐに差し出してくれた少年がいた。

一緒に食べるっちゃ――！

あのときの祐太の笑顔と、分けてもらった弁当の美味さを、璃久は今でも昨日のことのように思い出すことができる。

祐太の母は料理がとても上手だった。自分の母が作るスクランブルエッグ状の卵焼きしか知らなかった璃久は、このとき初めて、綺麗な渦を巻く出汁巻き卵の味を知った。鰤(ぶり)の照り焼きも、ふっくらと炊かれた花豆も、本当に美味しかった。

また会おう――。固く約束して祐太と別れた。

けれど結局、それ以降、祐太と会うことはなかった。

次の年の春に震災が起こり、璃久の家族は再び東京に戻ることになったからだ。

「本当のことを言うと、東京にきてからずっと、祐太君のことは忘れていました……」

だが、④**ホームルームで見たビデオで、一気に記憶が引き戻された。**

震災直後のあの心細さ。公民館の冷たい床。立ち込めるカレーの匂い。

水のこと、食べ物のこと、ガソリンのことで、大人たちは度々(たびたび)言い争いをしていた。璃久たちには帰る家があったけれど、宮城野区の海岸沿いには津波で家が半壊してしまった人たちもたくさんいた。大人たちの切羽詰まった表情や声は、小学生だった璃久を慄(おのの)かせた。

⑤**今となっては異空間としか思えないあの場所に、未だに括(くく)りつけられている人たちがいる。**

気仙沼市の映像が映ったとき、真っ先に祐太の笑顔が脳裏に浮かんだ。

いてもたってもいられず、璃久はすぐに仙台時代のクラスメイトに連絡を取った。中学生になった璃久には、彼らと簡単に連絡を取り合える手段があった。携帯の無料アプリ、LINEだ。

その連絡網を辿(たど)りに辿り、ついに璃久は、祐太の近況を突きとめた。

津波被害の大きかった気仙沼市は仮設住宅の建設と用地が追いつかず、最後まで順番待ちをしていた祐太の家族は、結局、岩手県一関市に建てられた仮設住宅に移住することになっていた。

住み慣れた町から遠く離れた慣れない土地での暮らしに、祐太の母は〝心の病気〟にかかってしまい、家事も仕事もこなすことができずにいるという。

それでもLINE上での祐太は明るかった。久しぶりの璃久からの

母親が混乱した様子で、日誌に眼を落とす。

「このビデオに出てきた仮設住宅は、宮城県だと、気仙沼市、石巻市、南三陸町、女川町です」

「その辺に住んでいる知り合いは、主人の知人含めて、誰もいなかったはずですが……」

智子と璃久の母親がテーブルの上で額を突き合わせているとき、柳田の胸ポケットの携帯が震えた。

眼を走らせると、当の璃久からの着信だ。

「失礼」

ふと胸に嫌な予感を覚え、柳田は智子たちに目配せしてから応接室を出た。

廊下に出て通話ボタンを押した途端、璃久の切羽詰まった声が柳田の耳朶を打つ。

「先生、注4シャールさんが倒れてる——!」

(中略　柳田が御厨の店にかけつけたところ、璃久とジャダが御厨を介抱していた。璃久が御厨のお店を訪れたとき、御厨は重い持病の影響で体調を崩し、倒れてしまっていた。)

「こんなの不公平だ……」

璃久は唇を噛みしめて下を向く。

「シャールさんはおかま……じゃなくて、なんとかクイーンなだけでも大変なのに、そのうえ病気だなんて、こんなの酷すぎる」

③<u>ティーカップを支える両手が、小さく揺れた</u>。

「優しいのね……」

震える璃久の肩を、シャールがそっと抱き寄せる。

「でもね、この世の中に、なにもかもから自由な人なんてどこにもないわ。誰だって、自分の荷物は自分で背負わなきゃいけないのよ」

穏やかに諭すシャールの声を聞くうちに、柳田はB<u>**はたと**</u>、先の応接室での璃久の母親の話を思い出した。

「おい、三ツ橋」

柳田は璃久に向き直る。

「お前、一体誰に気兼ねして、ちゃんとした料理を食べようとしないんだ。もしかして、仮設にお前の友達がいるのか?」

まさか東北から引っ越してきたこと自体を気兼ねしているわけではないだろう。もし璃久がそれを気にしているなら、そこに自身の友人が残されていると考えるほうが妥当だ。

璃久はしばらく黙り込んでいたが、やがて小さく頷いた。

「祐太君が、まだ仮設にいます」

「祐太君?　仙台の小学校で一緒だった友達か?」

璃久は首を横に振る。

「祐太君は、気仙沼の小学校です」

「気仙沼?　どこでその祐太君と知り合ったんだ」

柳田の問いかけに、璃久はぽつりぽつりと話し始めた。

小学二年の夏、璃久は数人のクラスメイトとくりこま高原で行なわれた昆虫採集に参加した。それは璃久にとって、学校や親元を離れて自主的に参加した初めてのイベントだった。人見知りをしない璃久は、そこで他校からやってきたたくさんの虫好きの小学生たちと知り合った。祐太はそのうちのひとりだった。

うになった生徒、三ツ橋璃久への対応に追われている。御厨は柳田の同級生で、昼は洋服店、夜はカフェとなるお店を営んでいる。柳田が御厨のお店に璃久を連れて行ったところ、璃久は御厨の作ったお米のパンとカレーを食べた。文章を読んで、後の問いに答えなさい。

翌日、璃久が夏期講習にいっている間に、柳田は注1智子と璃久の母親を応接室に呼び出した。昨夜一緒に食事にいった際、璃久が「カレーならいい」というようなことを呟いたと話すと、途端に璃久の母親が顔色を変えた。

「カレー……ですか……」

「なにか心当たりがありますか」

身を乗り出した柳田と智子に、母親は微かに頷いた。

実は璃久たち一家は父の転勤に伴い、仙台の宮城野区で一年ほど生活していたことがあるという。

「丁度、そのときに注2震災に遭ったんです」

震災直後、宮城野区でも停電と断水があり、その間、璃久たちは公民館の炊き出しに通っていた。

「ライフラインが復旧しても、しばらくは注3計画停電がありましたし、ガソリンもないし、近所のスーパーは品不足で、結局、公民館の炊き出しに頼る日が続いたんです」

だが、そこで出る料理がくる日もくる日もカレーや豚汁ばかりで、しまいには見るのも嫌になってしまった。

「だから、うちではここ数年、あまりカレーを作らなくなったんです。璃久はともかく、主人が嫌がりますので……」

①**璃久の母親は細い指を頬に当て、不安げに柳田と智子を見返した。**

「そういえば」

智子が日誌を手に取りめくり出す。

「ホームルームの時間に、〝進まぬ復興〟というビデオを生徒たちと一緒に見たことがあるんです」

パラパラとページをめくりながら、智子は日誌の内容に眼を走らせた。

「ほら、今、東京オリンピックの準備に人手が取られて、被災地復興のための建築資材や請負業者が大幅に不足しているという事態が発生していますでしょう?」

そのビデオの内容なら、柳田も覚えている。

オリンピックという国をあげての一大事業の陰で、地方都市の知事たちが、必死になって業者や資材を探す交渉をしていた。しかし、手間がかかり、おまけに賃金の低い建築現場では、なかなか請負業者が決まらない。そこには、未だ隣人の声がA**筒抜け**の狭い仮設住宅に暮らしている高齢者の姿などが、たくさん映し出されていた。

「あった！　六月の最終週のホームルームです」

六月下旬――。②**それは、璃久が母親の料理を食べなくなった時期に符合する。**

柳田は、智子と璃久の母親と、それぞれ顔を見合わせた。

どうやら璃久は、そのときのビデオを見て、心になにか思うことがあったらしい。

「でも、私たちが住んでたのは仙台市で、当時のお友達にも仮設住宅で暮らしている地域の子はいなかったはずです」

イ　日本人は靴を船などの乗り物と同じだと考えているため、外部を移動するときだけ使うということ。
ウ　日本人は公共的な空間とそうでない空間とをはっきり区別するために履き物を利用するということ。
エ　日本人は公共的な場以外は靴を脱いで生活し、公共的な場のみ靴を履いて移動しているということ。
オ　日本人は室内では必ず靴を脱ぐので、靴が屋外と室内という空間の区別に関係しているということ。

問5　傍線部②「こうした感覚」とあるが、これはどのような感覚か。五十字以上六十字以内で説明しなさい。

問6　傍線部③「『下駄を預ける』という表現には、『相手を油断させる』という意味が隠されている」とあるが、なぜ「相手を油断させる」ことになるのか。その説明として最も適切なものを次の中から選び、記号で答えなさい。

ア　自分が、相手に対して境界を越えて自在に行き来することを保証することの表明になるから。
イ　自分が、定められた領域から自由に出入りできる能力を放棄していることの表明になるから。
ウ　自分が、生活上のあらゆることについて相手の決めた条件にしたがうことの表明になるから。
エ　自分が、何があっても絶対に領域の外部へ出て行くことはないということの表明になるから。
オ　自分が、古い表現などは使わずに、相手と良好な関係を築こうとすることの表明になるから。

問7　傍線部④「興味深い指摘」とあるが、筆者が「興味深い」といっているのはなぜか。その理由を、「日本人」「象徴」の二語を必ず用いて、六十字以上七十字以内で説明しなさい。

問8　本文の内容に合致するものを次の中から一つ選び、記号で答えなさい。

ア　黒田日出男は、日本人が履き物を履いたり脱いだりする行為は、内と外や浄と不浄など、境界を越えて別の領域に入るときの象徴的な行為であると説明している。
イ　「下駄を預ける」や「草鞋を脱ぐ」という表現には、自分がどこにも移動できないと見せかけて相手を油断させ、そのすきに乗じて何かをするという意味がある。
ウ　現代の日本では、室内で履き物を脱がなくてもよくなった反面、屋外で履き物を脱がなければならない行事があり、そのため欧米人には理解が難しくなっている。
エ　日本人が外と内のしきりを強く意識するようになったのは近代になってからのことで、履き物は古くからあった下駄からスリッパやサンダルに変わってきている。
オ　履き物を履くという行為は、日本人の生活の中でとくに必要に迫られるものではなかったが、帰宅したときに感じられる安心感を得るためには必要不可欠である。

2

次の文章は古内一絵の小説『金のお米パン』の一節である。中学一年生の学年主任をしている柳田は、突然ちゃんとした料理を食べなくなり、コンビニやファストフードで食事を済ますよ

であった」（黒田日出男「道で沓を脱いだ人々」『日本人とすまい1・靴脱ぎ』所収、リビング・デザインセンター、一九九六年）

履き物を脱ぐことが、わたしたちの生活の中では象徴的な行為であるというのである。さらに、「日々、われわれはなにげなしにはきものを履いたり脱いだりしている。しかしそれは、本来的に越境のための象徴的作法なのである」と黒田は結論している。履き物は、やはり「しきり」を越えることと深くかかわっているらしいのである。ということは、家の中に入る時に、履き物を脱ぐのは、やはり決定的な「しきり」を越えていく行為としてあるのではないか。

わたしたちにとって、もっとも大きな境界とは、この世とあの世との境界である。この大きな境界を越える時も、わたしたちはやはり履き物を脱ぐことになっている。「畳の上で死にたい」という言葉があるが、それは履き物を脱いだ状態である。履き物を脱ぐことで浄土に行くことができるのだろう。死ぬ時には、履き物を履いていないことが望ましい。しかし、棺桶の中には、履き物を入れる。この習慣がいつ頃からはじまったのかはわからないが、これは「三途の川」（「賽の河原」）などの浄土にいたる冥途の旅が待ちかまえているからだ。旅をするには履き物が必要という配慮から、棺桶の中にそれを入れる。しかしながら、「阿弥陀来迎図」を見ると、阿弥陀如来もその周辺にいる菩薩も履き物を履いてはいない。浄土では、再び履き物を脱ぐのだろう。浄土ということでは、履き物は、やはりどこかで浄不浄や汚れの感覚とかかわっており、それが、今日的には清潔感とかかわっているのだろう。

（柏木博『「しきり」の文化論』）

注1　「高足駄」…………歯の高い下駄。
注2　「柳田国男」………近代日本を代表する民俗学者。
注3　「褻にも晴にも」…「褻」は日常の状況のこと。「晴」は儀礼・祭・年中行事など特別な状況のこと。
注4　「博徒」……………賭博で生計を立てる者。ばくち打ち。
注5　「黒田日出男」……歴史学者。
注6　「道祖神」…………村境や峠などの路傍に祀られた守り神。

問1　波線部a～eのカタカナをそれぞれ漢字に直しなさい。なお、文字は楷書で一画ずつ丁寧に書くこと。

問2　空欄Aに当てはまる五字以内の語句を、すべてひらがなで答えなさい。

問3　空欄Bに当てはまる表現として最も適切なものを次の中から選び、記号で答えなさい。

ア　悪質で危険極まりないもの
イ　異質で受け入れがたいもの
ウ　均質でのっぺらぼうなもの
エ　等質で興味のわかないもの
オ　無機質で面白みのないもの

問4　傍線部①「靴はまるで、パブリックな空間を渡っていく船である」とあるが、それはどのようなことか。最も適切なものを次の中から選び、記号で答えなさい。

ア　日本人は外部と内部を無意識に感じとり、屋外にいるときは必ず履き物を利用しているということ。

一九六三年)と述べている。草履や草鞋が一般的な履き物だったのである。たしかに、下駄は、石ころだらけの道は歩けない。してみれば、下駄は、b**ホソウ**道路に合った履き物のようにも思える。

「下駄を預ける」とか「下駄を［　A　］」といった表現は、さほど古いものではないのかもしれない。とはいいつつも、「下駄を預ける」という表現は、「相手に一任する」といった意味をふくんでおり、わたしたちの履き物に対する古くからの感覚をどこかに残しているように思える。履き物を預けるというのは、室内領域を出て勝手にどこかに行くことはできないという状態だ。だから、③**「下駄を預ける」という表現には、「相手を油断させる」という意味が隠されている。**つまり履き物は、囲い込まれた室内という領域から、自らの主体性によって出ていくことのできる状態を保証するものといった意味がある。さらにいうなら、履き物は、自らの主体性で、ある境界(しきり)を自在に行き来することのできることを可能にするものだといえるだろう。

下駄よりも一般的な履き物である「草鞋」にかかわる表現としては、「草鞋を脱ぐ」というのがある。注4博徒などが、地域の親分などの家に一時、身をあずける(落ち着ける)といった意味だ。つまり、履き物が身を預けることとかかわっており、ある領域(縄張り)内からことわりなしには出ていかない状態であることを意味する。ある領域(縄張り)とは、やはり「しきり」のある領域であるから、履き物は「しきり」とかかわっていることになる。

また、「草鞋金剛」というのがある。これは、かかとの部分を意図的に未完成のままにした巨大な草鞋を、村境(これもしきられた場である)などに片方だけ吊しておくもので、悪病除けのまじないである。一説には、巨大な草鞋をはく大きな人がいるというc**イカク**であるともいう。それにしても、村境に片方だけの草鞋をまじないとして置くということも、履き物がしきり空間とかかわっているということなのだろう。

注5黒田日出男は履き物を脱ぐということについて、④**興味深い指摘**をしている。

「道を行く旅人がはきものを脱ぐのは、宿に着いたときだけではなかった。

すなわち、ある場合には象徴的に沓を脱ぐ行為がなされた。それが『沓掛』である。地名として有名なのは長野県の沓掛であるが、もとよりそこだけではない。地名事典を引けば、全国各地に『沓掛』が分布していることを確認できる。

『沓掛』とは、『元来、峠の入り口に祭る山の神や注6道祖神などに、馬の沓や草鞋を掛けてd**ホウノウ**し、祈願するe**シュウゾク**』に由来している地名なのである。つまり、『沓掛』は峠や山道を無事に通れるように神に祈願する行為として考えられる。

道というのは、決して［　B　］ではない。道にはさまざまな境・仕切りがある。国・郡の境、荘園や村の境、平地と山間部の境……といったように、さまざまな境界があった。そうした境を越えるとき、人々ははきものを脱ぎ、それを木に掛けるなどして無事な通過を祈願したのである。

草鞋を脱ぐことは、そうした道の境を越えるための象徴的行為なのであり、旅人は、それを行うことによって道を旅することができたの

【国　語】〈五〇分〉〈満点：一〇〇点〉

1 **次の文章を読んで、後の問いに答えなさい。**

わたしたちは、靴(履き物)を脱ぐことで、外部から内部に入ったと無意識に感じている。もちろん、現在では公共的な建物や商業的な建物では、室内でもほとんどが靴を脱がないようになっている。靴を脱がない室内空間は、いわばパブリックな場であるとわたしたちは認識している。住まいから一歩外に出ると、パブリックな空間である。それは道路からオフィスや商業施設などへとつながっている。そうしたパブリックな空間から帰ってくると、再び、靴を脱ぐ。住まいでは、ほとんどが靴を脱ぐ。したがって、ある住まいから他の住まいへ行くときも、途中のパブリックな空間は靴を履いて歩いていく。①**靴はまるで、パブリックな空間を渡っていく船である。**

わたしたちは、屋外にいても履き物を脱ぐことがある。たとえば、花見のゴザやそのほかの敷物の上では履き物を脱ぐ。現在では、花見は、段ボールの敷物というのが少なくない。それでも段ボールの上では履き物を脱いでいる。屋外に敷物を敷くことは、日本ばかりではなく、欧米でも行われる。敷物の上で食事をするピクニックのシーンを映画などで目にする。しかし、欧米では敷物の上で靴を脱ぐということはなさそうだ。わたしたち日本人にとっては、段ボールも畳に代わるものとして意識されているのである。敷物一枚であっても、それによってしきられた場所は、ただの屋外ではなく、座敷のようになる。

履き物を脱ぐことには、外の汚れを部屋(内)に持ち込まないという気持ちがａ**ビミョウ**に働いている。外よりは、土間の方が上位であり、清潔であり、土間よりも板の間の方が上位であり清潔である。そして板の間よりも畳の間の方が上位であり清潔だ。こうした感覚は、たとえば、近代になってからのことだが、板の間ではスリッパのような上履きを使うが畳の間ではそれを脱ぐといった習慣にもそうしたしきり意識を見ることができる。また、部屋にも座敷、廊下、台所、風呂、トイレなどに上下のしきり意識がある。現在でも、トイレではスリッパやサンダルを履き替える習慣を残している公共施設がある。トイレのスリッパやサンダルは、おそらく、古くからある下駄のような高足駄(たかあしだ)[注1]の習慣からきているのだろう。平安時代の絵巻物『餓鬼草紙(がきぞうし)』には、高足駄をはいて排泄(はいせつ)する場面が描かれている。この履き物は、歩くための履き物ではない。不浄な場所では特別な履き物を履くという感覚がそこには見られる。

ともあれ、外から内に入った時に、履き物を脱ぐことは、清潔感や汚れ、あるいは浄不浄感とかかわっている。靴を脱ぎ部屋に入り、スリッパを履き、そして畳の部屋ではスリッパも脱ぐ。さらに時としては、トイレで専用の履き物を履く。②**こうした感覚**は、欧米人にはなかなか理解できないかもしれない。

日本人にとっての履き物に対する意識は、いったいどのようなものなのだろう。履き物に関連するいくつかの言葉を見ておこう。

下駄は、明治以前ではさほど一般的な履き物ではなかったのかもしれない。たとえば、柳田国男[注2]は『明治大正史』でかつて下駄は「褻(け)[注3]にも晴にも一度でも公認せられたことの無い履物であつたが、其(その)普及は此(かく)の如く顕著であつたのは、やはり亦(また)足を汚すまいとする心理の表はれであつた」(『定本柳田国男集』第二四巻、筑摩(ちくま)書房、

MEMO

第1回

2024年度

解　答　と　解　説

《2024年度の配点は解答欄に掲載してあります。》

＜数学解答＞

1 (1) $3(2a+3)(2a-3)$ (2) $x=46,\ -44$ (3) $\frac{23}{10}$ (4) B－A＋1

(5) $\frac{5}{12}$ (6) 1：2

2 (ア) 40 (イ) $\frac{1}{B}$ (ウ) 7000 (エ) $1-\frac{B}{10}$ (オ) 650 (カ) $\frac{100}{100+B}$

3 (ア) 25 (イ) $\frac{2}{25}$ (ウ) $\frac{2}{5}$ (エ) $\frac{1}{5}$ (オ) $\frac{4}{125}$ (カ) $\frac{4}{25}$

(キ) $\frac{8}{25}$ (ク) $\frac{7}{25}$

4 (1) $a=-1$ (2) $(0,\ -8)$ (3) $(2\sqrt{2},\ 0),\ (-2\sqrt{2},\ 0)$ (考え方は解説参照)

5 (1) $72\sqrt{2}$ (2) $\sqrt{6}$(考え方は解説参照) (3) $8\sqrt{6}\,\pi$(考え方は解説参照)

○配点○

1 各4点×6　2 (ア)・(ウ)・(オ) 各3点×3　他 各4点×3　3 各3点×8

4 (1)・(2) 各4点×2　(3) 7点　5 (1) 4点　(2)・(3) 各6点×2　計100点

＜数学解説＞

1 (因数分解，2次方程式，平方根，自然数，確率，面積比)

(1) まず共通因数でくくってから公式を考える。$12a^2-27=3(4a^2-9)=3(2a+3)(2a-3)$

(2) $x^2-2x-2024=0$　$(x+44)(x-46)=0$　$x=-44,\ 46$

(3) $\sqrt{1.08}\times\left(\frac{1}{\sqrt{27}}-\sqrt{2}\right)+\frac{1}{10}(3\sqrt{2}+\sqrt{3})^2=\frac{1}{10}\sqrt{108}\times\left(\frac{1}{3\sqrt{3}}-\sqrt{2}\right)+\frac{1}{10}(3\sqrt{2}+\sqrt{3})^2=$
$\frac{1}{10}\left\{6\sqrt{3}\left(\frac{\sqrt{3}}{9}-\sqrt{2}\right)+(18+6\sqrt{6}+3)\right\}=\frac{1}{10}(2-6\sqrt{6}+21+6\sqrt{6})=\frac{1}{10}\times23=\frac{23}{10}$

(4) 1からBまでにはB個の自然数がある。1からA－1まではA－1個の自然数がある。したがって，A以上B以下の自然数の個数はB－(A－1)＝B－A＋1個。

(5) 大小2個のサイコロの目の出方は全部で6×6＝36通り，その中で出た目の和が素数になるのは，和が2になる(大の目，小の目)＝(1，1)，3になる(1，2)，(2，1)，5になる(1，4)，(2，3)，(3，2)，(4，1)，7になる(1，6)，(2，5)，(3，4)，(4，3)，(5，2)，(6，1)，11になる(5，6)，(6，5)の15通り。したがってその確率は$\frac{15}{36}=\frac{5}{12}$

(6) 正方形に内接する円の半径をrとすると，右の図のように正方形に外接する円の半径は$\sqrt{2}r$となる。面積はそれぞれπr^2と$(\sqrt{2}r)^2\pi=2\pi r^2$となり，円面積比は1：2である。

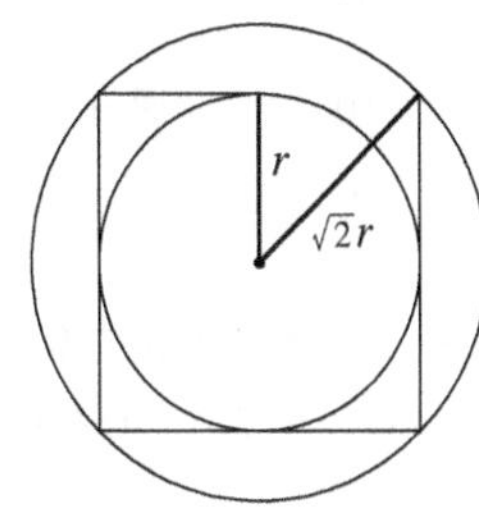

2 (速さ，割合)

(ア) 速さを1.5倍$=\frac{3}{2}$倍にしたら，番組を見るのにかかる時間は$\frac{2}{3}$倍になる。$60\times\frac{2}{3}=40$分。

(イ) B倍の速さでみたら，番組を見るのにかかる時間は$\frac{1}{B}$倍になる。$A\times\frac{1}{B}$分。

基本 (ウ) $10000\times\left(1-\frac{3}{10}\right)=7000$円

(エ) $A\times\left(1-\frac{B}{10}\right)$円

(オ) 税抜き価格をx円とすると$x\times\left(1+\frac{8}{100}\right)$円　$1.08x=702$より　$x=702\div1.08=650$円

(カ) 税抜き価格をx円とすると$x\times\left(1+\frac{B}{100}\right)=A$　$x\times\frac{100+B}{100}=A$　$x=A\times\frac{100}{100+B}$円

3 (場合の数，確率)

基本 (ア) 私の手の出し方5通りに対して，開くんの手の出し方もそれぞれ5通りあるので，$5\times5=25$通り。

(イ) 私がグーで勝つのは，(私，開くん)＝(グー，チョキ)，(グー，オーライ)の2通りなので，その確率は$\frac{2}{25}$

(ウ) オーライ，チョキ，パー，ウィッシュで勝つ組み合わせもそれぞれ2通りずつあるので，私が勝つ確率は$\frac{2\times5}{25}=\frac{2}{5}$

(エ) あいこになるのは2人が同じ手をだしたとき。手が5つあるのでその確率は$\frac{5}{25}=\frac{1}{5}$

(オ) 3人の手の出し方は全部で$5\times5\times5=125$通り。その中で私1人だけがパーで勝つのは，(開くん，校長先生)＝(グー，グー)，(グー，ウィッシュ)，(ウィッシュ，グー)，(ウィッシュ，ウィッシュ)の4通り。したがって，その確率は$\frac{4}{125}$

(カ) 私1人がグー，チョキ，ウィッシュ，オーライで勝つ組み合わせもそれぞれ4通りなので，私1人が勝つのは全部で$5\times4=20$通り　その確率は$\frac{20}{125}=\frac{4}{25}$

(キ) 校長先生1人がグーで負ける(＝私と開くんが2人で勝つ)のは(私，開くん)＝(パー，パー)，(ウィッシュ，ウィッシュ)の2通り。他の4つの手で負けるのも同様にそれぞれ4通りなので，校長先生1人が負けるのは$5\times2=10$通り。開くん1人が負ける(＝私と校長先生が2人で勝つ)のも同様に10通り。あわせて，私ともう1人が勝つのは$10\times2=20$通り。私が勝つのは$20+20=40$通りなので，その確率は$\frac{40}{125}=\frac{8}{25}$

やや難 (ク) 私1人が勝つのは20通り，開くん，校長先生が1人で勝つのも同様にそれぞれ20通りなので，だれか1人が勝つのは$20\times3=60$通り　校長先生1人が負ける(他の2人が勝つ)のは10通りなので，開くん1人が負ける，私1人が負けるも同様にそれぞれ10通りで，1人が負ける(2人が勝つ)のは$10\times3=30$通り　あいこは，誰も勝たないときなので，$125-60-30=35$　その確率は$\frac{35}{125}=\frac{7}{25}$

4 (2乗に比例する関数，図形と関数・グラフの融合問題)

(1) A(2，−4)が$y=ax^2$上の点なので，$-4=a\times2^2$　$a=-1$　放物線の式は$y=-x^2$となる。

(2) A，Bの中点をMとすると，$M\left(\frac{-2+2}{2},\ -4\right)=M(0,\ -4)$

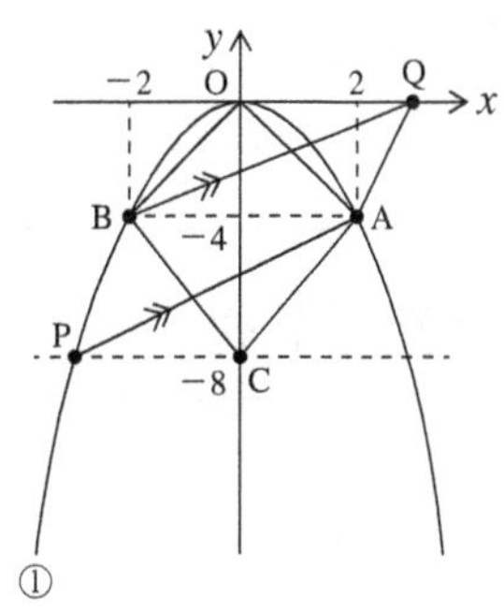

ひし形の対角線は中点で交わることから，MはOCの中点でもある。よって，C(0, −8)

(3) 点Qがx軸上にあるので，△OAB＝△QAB　よって，△ABC＝△ABPがいえるから，Pのy座標が−8とわかる。①上になるので，Pのx座標は$-8=-x^2$　$x=\pm 2\sqrt{2}$　P($\pm 2\sqrt{2}$, −8)　PとQの中点がM(0, −4)になるので，($2\sqrt{2}$, 0)，($-2\sqrt{2}$, 0)

5 (空間図形の計量，三平方の定理)

(1) AFを結ぶ直線が平面BCDEと交わる点は，BDとECの交点である。この点をGとする。正八面体ABCDEFの体積は，正四角錐A−BCDEの2倍　A−BCDEの体積は，正方形BCDEが底面，高さAGとして求めればよい。△BCDは直角二等辺三角形でBC＝6より$BD=6\sqrt{2}$　$BG=6\sqrt{2}\div 2=3\sqrt{2}$　△ABGは直角二等辺三角形なので三平方の定理により$BG^2+AG^2=AB^2$　$(3\sqrt{2})^2+AG^2=6^2$　$AG^2=36-18=18$　$AG=3\sqrt{2}$　$A-BCDE=6^2\times 3\sqrt{2}\times\frac{1}{3}=36\sqrt{2}$　正八面体の体積＝$36\sqrt{2}\times 2=72\sqrt{2}$

(2) $\triangle ABC=\frac{1}{2}\times 6\times 3\sqrt{3}=9\sqrt{3}$　一方，三角錐A−BCGの体積は$\frac{1}{3}\times\left(\frac{1}{2}\times 3\sqrt{2}\times 3\sqrt{2}\right)\times 3\sqrt{2}=9\sqrt{2}$　求める垂線の長さをxとして，$\frac{1}{3}\times 9\sqrt{3}\times x=9\sqrt{2}$　$x=\sqrt{6}$

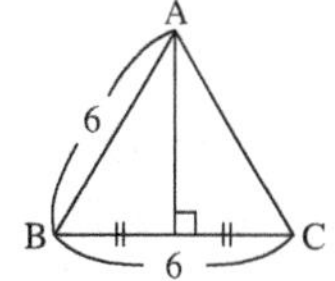

(3) (2)で求めた長さが内接球の半径　$\frac{4}{3}\pi(\sqrt{6})^3=8\sqrt{6}\pi$

★ワンポイントアドバイス★

4，5のような考え方を記述する問題が出題される。日頃から解き方，考え方をまとめる練習をしておかなければ，試験のときだけ記述する，というのは難しいだろう。

<英語解答>

Ⅰ 1. (1) 9π(cm^2)　(2) $36-9\pi$(cm^2)　2. 狂言　3. 地震　4. 広島

Ⅱ (1) イ　(2) ウ　(3) ウ　(4) エ　(5) ウ　(6) イ　(7) イ　(8) エ　(9) エ　(10) ウ　(11) ア　(12) エ　(13) ア　(14) イ　(15) ア

Ⅲ 問1 ア　問2 ウ　問3 ウ　問4 ウ　問5 ア

Ⅳ 問1 a オ　b ウ　c ア　d キ　問2 ② messages that make us think about　⑤ how important love and happiness is　問3 ① ウ　③ ア　④ イ　問4 identity

Ⅴ 問1 ① エ　② ウ　問2 (1) カ　(2) ク　(3) シ　(4) サ　(5) ウ　(6) セ　(7) ケ　(8) チ

Ⅵ 1 What kind of dressing would you　2 Where are you going to stay

○配点○
Ⅰ～Ⅴ　各2点×45　　Ⅵ　各5点×2　　　計100点

＜英語解説＞

Ⅰ　(長文読解・説明文：資料読解，内容吟味，語句補充)

1. (大意)　図では，円は1辺6cmの正方形の中に内接している。円周率を表すのにπを使え。

(1)　円の面積はcm^{2}ではいくつか。

直径は6cm，半径3cmの円の面積だから，$3\times3\times\pi=9\pi$ cm^{2}である。

(2)　濃く塗られた部分の面積はcm^{2}ではいくつか。

正方形の面積は$6\times6=36$cm^{2}である。円の面積は(1)より9πcm^{2}だから，濃く塗られた部分の面積は，$(36-9\pi)$cm^{2}である。

2. (大意)　狂言は中世に始められた日本の喜劇芝居の伝統的な形態である。それはしばしば能と一緒に演じられ，大げさな身体動作と身振りはもちろん，滑稽で風刺を含む内容が特徴だ。それは概して，喜劇的な息抜きと能の演技のより深刻な調子との対照を提供する，短くおかしい寸劇である。

3. (大意)　地震は地殻でエネルギーの突然の発散があるときに起こる自然現象だ。このエネルギーの発散は地表を揺らしうる地震の波を作り出す。

4. (大意)　原爆ドームとしても知られているヒロシマ・ピース・メモリアルは広島市の平和の影響力のある象徴だ。第二次世界大戦中に落とされた原子爆弾の痛烈な印象を忘れないように建っている。そのドームは，核兵器のない世界への願望を表し，平和の重要性の現れのための場所として役に立つ。

Ⅱ　(会話文：英問英答，内容吟味，語句補充)

A　(大意)　(1)　A：博物館は何時に開くの。／B：午前9時よ。／A：あら，それじゃ，私たちは早いわね。／B：そうね，半時間待たされるわ。

Q　「彼らは何時に博物館に着いたか」　9時まで半時間だから，「8時30分」である。

(2)　A：ちょっとおしゃべりできるかい。／B：いいよ，どうしたの。／A：今度の催しの詳細について話し合いたいんだ。／B：どうぞ。

Q　「この会話の目的は何か」　今度の「催しについて話すこと」である。

(3)　A：すみません，このネックレスはいくらですか。／B：それは75ドルですが，明日，20%引きセールが始まります。／A：すばらしい。それでは明日また来ます。

Q　「セールの間，ネックレスはいくらの値段か」　75ドルの20%引きだから，$75\times(1-0.2)=60$ドルである。

(4)　A：何かお気に入りの趣味があるかい。／B：うん，休みの日には球技をするのが好きだな／A：僕は自由時間を屋内で過ごすのが好きだな。

Q　「Bさんのお気に入りの趣味は何か」　球技が好きなのだから，「テニスをすること」である。

(5)　A：昨日の講義のノートを貸してくれるかい。／B：いいわよ，それらをメールで送るわ。／A：ありがとう，気分が悪くて出席することができなかったんだ。／B：心配ご無用よ。

Q　「BはAのために何をするだろうか」　それらを送る，つまり「Aとノートを共有する」のである。

(6)　A：私は今度の夏にヨーロッパへの旅行の計画を立てているの。／B：ヨーロッパのどこに行くつもりなの。／A：エッフェル塔とピサの斜塔を訪ねるつもりよ。／B：私はどちらにも行ったことがないわ。私はトルコへ行ったことがあるわ。ともかく，旅行を楽しんでね。

Q 「Aがヨーロッパで訪れる予定なのはどの2ヶ国か」 エッフェル塔がある「フランス」とピサの斜塔がある「イタリア」である。

(7) A：僕の電話がどこにも見つからないんだ。それに電話してくれるかい。／B：もちろん，あなたの番号をかけさせて。／A：ありがとう，感謝するよ。／B：お安い御用よ。

Q 「BはAのために何をするだろうか」 電話を見つけるために「電話する」のである。

(8) A：君は演説に自信があるかい。／B：ええ，大勢の大衆の前で発表したことがあるのよ。／A：素晴らしい。スライド写真の機能を高めるために，これが必要だろう。／B：ありがとう。

Q 「Bはスライドの機能を高めるために何を使うつもりか」 スライドを映す「映写機」である。

B (9) A：僕の携帯電話は使えないんだ。君の電話を貸してくれるかい。／B：ごめん。職場に置いてきたよ。昼食が終わるまで待ってくれないかい。／A：約束を変えるためにお客さんにすぐに電話しなければいけない，と思い出したんだ。／B：それじゃ，できるだけ早く職場に戻るべきだ。

(10) A：今日の授業中の演説はどうだったの。／B：ひどかったよ。授業に行ったとき，ノートを家に置いてきた，と気づいたんだ。最善を尽くしたけれど，たくさんのことを言い忘れた。

(11) A：ヤマダ歯科です。／B：マチダです。すみませんが，今日のヤマダ先生の予約に行かれそうもありません。／A：わかりました。別の日にいらっしゃりたいですか。／B：はい，お願いします。もしできれば，月曜日がよいです。

(12) A：カネコさんは明日，支店を離れる予定なんだ。／B：本当かい。なぜそんなに突然に。／A：ここだけの話だけれど。彼は新しい部長に昇進したそうだよ。／B：なるほど。誰にも言わないよ。

(13) A：おはようございます。ご用件は何でしょうか。／B：おはようございます。レンタカーが必要なんです。／A：どのくらいの期間その車が必要ですか。／B：明日から次の土曜日までです。

(14) A：仕事からの帰り道で買うように君に頼んだ食料品を買ったかい。／B：あら，いけない。ごめんなさい，また忘れたわ。／A：何だって。今週2回目だよ。また夕食に出かけないといけないのかい。／B：次は覚えておく，と約束するわ。

(15) A：この重い箱の手伝いをしてくれるかい。／B：もちろん。手を貸せてうれしいわ。

Ⅲ (会話文：内容吟味，語句補充)

(大意) やあ，チャリティー・マラソンを計画するのはすばらしい考えだと思うんだ。どこを走るべきか，何か考えがあるかい。広告の影響力を増し，できるだけ多くの人が参加することを促進するための効果的な方法を考えなくてはならないよ。この議題に関しての会議をするのはどうだい。／意見をありがとう，ジャック。次の木曜日の放課後はどうだい。広告についていえば，色とりどりの絵で飾られたポスターを作るのが良い考えだと思うんだ。君が対処してくれるかい。／わかった。その日付がみんなにとって良いだろうね。ポスターについていえば，僕は芸術的な才能が全くないんだよ。

問1 「ジャックは何を決めたいのか」 ア 「走る道と広告の仕方」(○) ジャックの最初のメッセージ第2文・第3文参照。 イ 「マラソンの良い名称」(×) ウ 「どこで催しをすればよいか，とその予定表」(×) エ 「次の会議で何を議論したらよいか」(×)

問2 「あなたはジャックの2番目のメッセージに何と答えるだろうか」 ア 「いや，そのポスターは素晴らしいよ」(×) イ 「手伝ってくれてありがとう」(×) ウ 「それじゃ，カイチ芸術大学の僕の友だちに相談するよ」 ジャックの最後のメッセージ最終文参照。「芸術的才能がない」というのは，ポスターを作る自信がないから引き受けられない，という意味で言っているのだと

考えられる。(○) エ「君は良い芸術家になれるよ。決してあきらめるな」(×)

(大意) 「赤道のエメラルド」インドネシアでの学習見学計画

インドネシアでの見学計画には，海外で働いている日本人に会うこと，インドネシア人の生徒との文化交流，医薬品の伝統的な様式のジャムウを経験すること，の3つの主要な側面があります。参加者は英語で発表する必要があります。自分自身に挑戦する英語の点数の高い生徒を探しています。

計画の予定

3月15日　ホテルで歓迎会／職員によるオリエンテーション

3月16日　ガイドとスカルノ・センターを訪問／ジャカルタのJICA職員による講演

3月17日　建築家アンドラ・マティンによって設計された類のない建物を訪問／バンドン工科大学で学んでいる学生とジャカルタ観光

3月18日　グローバル・ジャヤ・スクールでの交流計画／生徒との現地風の昼食体験／歴史と文化に関する2つの発表(1)インドネシアの生徒(2)日本の生徒

3月19日　パンテイ・ウエルダ・ブディ・ムリアでの見学／老人ホームでの施設と業務についての説明

3月20日　ジャムウ治療法体験(1)医師による相談(2)ジャムウ治療法／送別会

● 大学生との集合場所は学食になる予定です。

● 会議の言語は日本語になる予定です。大学生は日本語を学んでいます。

これ以上の情報と登録には，英語科職員室のタナカ先生に10月13日までに連絡してください。

問3 「この掲示の目的は(　　)生徒を探すことだ」 ア 「インドネシアからの生徒を接待することができる」(×) イ 「インドネシアで勉強した経験がある」(×) ウ 「異なる文化を体験することを切望する」 第1段落・第2段落参照。「3つの主要な側面」を経験する見学計画なのである。(○) エ 「日本の老人ホームに関して発表したい」(×)

問4 「学習見学の間，日本の生徒は(　　)予定だ」 ア 「インドネシアの最新式の医学治療を受ける」(×) イ 「インドネシアの生徒との会議では，英語だけを使う」(×) ウ 「老人ホームを訪れ，老人たちがどのように扱われるのか学ぶ」 「計画の予定」の「3月19日」参照。(○) エ 「JICAで働く何人かの日本人医師に会う」(×)

問5 「全ての生徒が(　　)予定なので，見学は良い機会だ」 ア「インドネシアの大学と学校を訪問することができる」「計画の予定」参照。「3月17日」の「ジャカルタ観光」の際，「バンドン工科大学」の学生との「集合場所は学食」であり(「計画の予定」の後の●1つ目)，「3月18日」には「グローバル・ジャヤ・スクール」を訪問する。(○) イ 「インドネシアの先進的な技術について学ぶ機会を持つ」(×) ウ 「インドネシアの絶滅の危惧にさらされた動物を観察する」(×) エ 「インドネシアの調理習慣を体験することができる」(×)

Ⅳ (長文読解・説明文：語句補充，語句整序，語句解釈)

(大意) バンクシーという芸術のスーパーヒーローがいるが，彼が本当は誰なのかを誰も知らない。バンクシーの本当の正体は大きな秘密である。バンクシーは世界中の様々な都市を旅し，壁や建物，橋にさえ絵を描く。しかし，彼は①普通の絵筆は使わない。彼の芸術を素早くするのを助ける特別なステンシルを持っている。この方法で，誰もが彼がそこにいることすら知るb前に彼は芸術を終えることができる。バンクシーの絵は彼が芸術で話しているようだ。彼の絵は②私たちに重要なことを考えさせるメッセージを持っている。環境の扱いにぞんざいであることcによって私たちがどれほど地球を傷つけているのかということを示す何かを彼は描くのかもしれない。しかし，扱いにくい部分がある。バンクシーの芸術はしばしば壁や建物の外側にある③からそれは永遠には長持ちしない。彼の芸術を好きではない人々がその上に絵を描く時もある。天気がそれを洗い流してしまう時もある。しかし彼の芸術は④消える前に有名になるのだ。彼の最も有名な絵画は「風船と少女」と呼ばれる。それはハート型の風船を取ろうと手を伸ばしている幼い少女の絵だ。それは⑤愛と幸福がどれほど重要かについての秘密のメッセージのようだ。彼の芸術をすばらしいと考える人々もいるdが一方，どう考えたら良いかわからない人々もいる。しかし，これだけは確かだ。彼は人々がどのように芸術を見るかを変え，そういうわけで彼はスーパーヒーローのような人なのだ。

重要 問1 (a) all over the world「世界中」 (b) before ～「～前に」 (c) by ～「～によって」 (d) while ～「だが一方で～」

やや難 問2 ② (His pictures have) messages that make us think about (important things.) that は関係代名詞。that make us think about important things が先行詞 messages を修飾している。ここでの make は使役動詞で，普通，〈使役動詞＋目的語＋原形不定詞〉の形をとり，〈(目的語)に～させる〉の意味。who が不要。 ⑤ (It's like a secret message about) how important love and happiness is(.) 間接疑問の how important love and happiness is が前置詞 about の目的語になった文。間接疑問文では疑問詞以降は平叙文の語順になる。like が不要。

問3 ① 第2段落最後から2文目・最終文参照。「特別なステンシルを持っている」から，normal「普通の」「絵筆は使わない」のである。 ③ 空欄③の直後に「バンクシーの芸術はしばしば壁や建物の外側にある」という原因があり，空欄③を挟んで「それは永遠には長持ちしない」という結果がある。したがって因果関係を示す接続詞 since「～だから」を用いるのが適切。

④ 「バンクシーの芸術」「の上に絵を描」いたり，「天気がそれを洗い流し」(第4段落第2文・第3文)たりすると，バンクシーの絵は disappears「消えてしまう」のである。

問4 「それはあなたを独特で特別にする物事の集まりだ。これは，あなたの名前やあなたの出身，あなたの好きなものを含む」 identity「正体，個性」(第1段落最終文)である。

Ⅴ (長文読解・説明文：語句補充，要旨把握)

(大意) もしあなたが虫が怖いなら，これは読むことが難しいかもしれない。イギリスの浜辺で見つかった化石は，今まで生きていた最大の虫は小さい乗り物の大きさだった，と示す。その化石は巨大なヤスデだ。millipede はラテン語で「1000本脚」を意味するが，実際に1000本脚だったのは数種しかいない。イギリスの化石ハンターは，彼らが見つけたものは「明らかに今まで生きていた最大の虫」だと言った。そのヤスデは2.7m程の長さで重さは50kgを超えていた。これは恐ろしい光景だっただろう。科学者たちはその化石を思いがけなく見つけた。ケンブリッジ大学地球科学科の講師は言った。「それは完全にまぐれ当たりの発見だった。信じられないくらいわくわくする発見だったんだ」②それはとても巨大だったのでヤスデは高栄養食をとっていた，と研究者は考える。彼らは言った。「それらが食べていた物を確かには知ることができないが，当時，たくさんの栄養のある木の実や種子があった」カエルやトカゲも食べたが，人間は食べなかったかもしれない。

やや難 問1 ① 関係代名詞 what = the thing(s) which である。第1段落第7文は the thing is "definitely the biggest bug that ever lived" と they found it をつなげた文であり，it が関係代名詞 which に変わり，the thing とともに，第2段落最後から2文目は we can't sure for the things と they ate them をつなげた文であり，them が関係代名詞 which に変わり，the things とともに，それぞれ関係代名詞 what になる。 ② 空欄②の直前には「ヤスデは高栄養食をとっていた」とあるから，空欄②には「高栄養食をと」らなくてはならない状況が書かれていると考えるのが適切である。

問2 「もしあなたが虫を(1)好きではないなら，これを読むことは(2)難しいだろう。新しい化石はあるヤスデは今まで生きていた最大の虫だった，と示す。それは(3)車の大きさだった。それを見ることは(4)恐ろしいほどだっただろう。科学者たちはその化石を浜辺で(5)偶然に見つけた。それは信じられないほどわくわくする(6)発見だった，と彼らは言った。科学者たちはその食べ物についてよくは知らない。それはおそらく当時(8)入手できた(7)多くの木の実や種を食べた。

Ⅵ (会話文：英作文)

1. A：注文をうかがってもよろしいですか。／B：お願いします。本日のサラダとサーモン・ステーキ料理にします。／A：料理にはグリーン・サラダがついています。／B：それでは，サーモン・ステーキ料理だけにします。／A：わかりました。サラダにはどんな種類のドレッシングがよろしいでしょうか。／B：イタリアンをお願いします。
〈what ＋名詞〉で「どんな～」という意味になる。〈what ＋名詞〉の後には一般的な疑問文の語順を続ける。what kind of ～? で「どんな種類の～」の意味。would like = want「～が欲しい」

基本 2. A：パスポートを見せていただけますか。／B：はい，どうぞ。／A：訪問の目的は何ですか。／B：友人を訪問することです。／A：あなたはどこに滞在する予定ですか。／B：シカゴの彼の寮です。
「～に」の意味の〈at ＋場所〉で答えているのだから，where「どこ」と聞いたのである。〈be going to ＋動詞の原形〉で「～するだろう」の意味。疑問文ではbe動詞を主語の前に出す。

★ワンポイントアドバイス★

会話文問題でよく出題される会話表現はまとめて覚えるようにしよう。日本語に直訳すると意味のわからない特殊な表現は，特に気をつけよう。

<国語解答>

1 問1 A さかのぼ(れば) B かっとう C たずさ(わる) D うかが(える)
問2 a 壮観 b 習熟 c 明瞭 d 独占 e 託 問3 (例) 制服を見ることで，その学生がどこの学校の生徒であるかを分かるようにする役割。 問4 天皇を頂点とする 問5 (例) 何の教育を受けていない人でも色の差異は分かるので，様々な身分関係を着用する衣服などの色分けで示すことで，誰にでもすぐに相手の身分や立場を判断できるということ。 問6 オ 問7 エ 問8 (例) 教育を受けていない人でも誰でもすぐに衣服などの色から身分を理解できるため強力な身分標識となる一方で，着用する衣服の色によって個性と人格の豊かな発露となる力もあること。

2 問1 a ウ b ウ c オ 問2 エ 問3 ア 問4 エ
問5 (例) 最初は，世間の人々が碧郎から遠ざかっていくだけで少しゆとりがあると感じていたが，いまは，碧郎は身じろぎ一つ自由も許されずに孤立させられているように感じている 問6 イ 問7 オ 問8 (例) 病気が治るとしても何年かかるかわからないので，十九歳の元気な碧郎の写真を残しておくことは意味のあることだと思ったから。

3 問1 a ウ b イ c オ 問2 ① ア ② エ 問3 エ 問4 ウ
問5 ア 問6 オ

○推定配点○
1 問1 各1点×4 問2 各2点×5 問3・問5・問8 各8点×3 他 各3点×3
2 問1 各2点×3 問5・問8 各8点×2 他 各3点×5 3 各2点×8(問2完答)
計100点

<国語解説>

1 (論説文―漢字の読み書き，内容吟味，語句の意味，大意)

問1 A 「遡る」とは，物事の過去や根本にたちかえること。 B 「葛藤」とは，相反する動機・欲求・感情などが存在し，そのいずれをとるか迷うこと。 C 「携わる」とは，ある物事に関係，従事すること。 D 「窺える」とは推察できる，感じ取ることができること。

問2 a 「壮観」とは，規模が大きくてすばらしい眺め。 b 「習熟」とは，そのことに十分に慣れ，上手になること。 c 「明瞭」とは，はっきりしていること。 d 「独占」とは，他者を排して占有すること。 e 「託す」とは，物事や思いを預けること。

問3 傍線部の前に，「高校までに制服生活の体験のある諸君は，服の色が，型とともに，どこの学校の生徒であるかを表示する」とあることから，制服によって通っている学校の識別が可能であったことを示している。

問4 傍線部の前に，「奈良時代にでき上った律令国家は，古代社会の歩みの中で発達してきた様々な身分関係を，天皇を頂点とする統一的で重層的な上下の体系に強力に編成し直すことではじめて維持することができた権力」と「統一的身分体系」について詳細に説明している。

重要 問5 傍線部の前後に，「色の差異は，何の教育を受けなくても，だれしも明瞭に了解できる」「身体をすっぽり包む衣服の色だとなれば文字通り色そのもので人間を色別けし，序列化できる」「色の序列は，まさに律令国家の身分秩序を有無をいわさず体得させる効果を発揮したはず」とあることから，誰もが色分けによって相手の身分や立場を即座に理解することは可能であるとしている。

問6 「有無をいわさず」とは，相手の好むと好まざるとにかかわらず，物事を強いるさま。

問7 傍線部の前に「無位つまり一般民衆」の制服は黄色を「押し付けられた」とある。

重要 問8 歴史を紐解きながら，画一的な身分標識となる色分けから，段々と「色を個性と人格の表現として大切にしようとする人間の営みが，それを認めないことには，権力秩序自体が問題にされる」ようになる時代へと変化し，さらに「社会を画一的にまとめる秩序を必要と感じ」て再び立場によって衣服の統一が図られた，と筆者は主張している。つまり歴史は繰り返しているのであり，いずれはまた「個性と人格の豊かな発露を色に託す」時代がやってくると筆者は推測している。

2 (小説文―語句の意味，心情，内容吟味，文脈把握)

問1 a 「愕然」とは，非常に驚くさま。 b 「いじらしい」とは，幼い子供や弱い者などの振る舞いが，何ともあわれで同情したくなる感じを表す。 c 「捨てばち」とは，物事が自分の思うようにならなくて，もうどうなっても構わないという気持ちになること。

問2 げんは医局へ呼ばれた際，診察を受けたこの病院にはベッドの空きがないが，山の手の病院には空きがあるので，弟をすぐに入院させること，また移動させる寝台車もすぐに準備できることを伝えられた。判断を先延ばしにしようとするげんだったが，早く入院させることを勧められた。げん(姉)は「完全に保護者の責任を取らなくてはならない」立場だったため，何とかして碧郎(弟)を説得する必要があった。

問3 碧郎に何とか入院するよう話すげんであったが，「ねえさん入院費やなんか訊いて来たの？」と冷静に対応されたことにとても驚き，げんは医局へと尋ねに戻った。尋ねから帰った後，「ねえさん，行こうや。入院は入院でいいから，とにかく歩こう。おれはもう娑婆を歩けないことになるかもしれねえからな，つきあってくれてもいいだろう？」と碧郎はげんの説得を受け入れ，入院するまでにできることをしようと試みている。

問4　傍線部の後に，「じれもしないで待っていれば，何かに追いつかれて取返しがつかなくなりそうな気がした」とある。この中の「何か」とは，碧郎が入院する時期のことを表し，どんどんと時が経ってしまえば，その分だけ入院の時期が早まると考えていた。

重要 問5　傍線部の前後に，碧郎が結核になった当初，世間は結核を嫌がり，「遮断の垣根をはりめぐらそうとしてい」ただけと思っていたが，その垣根は「自分のからだ一つを残して皮膚一重のぐるりにぎっしりと建てつらねられた遮断の垣根あることを悟った以上，彼には身じろぎ一つの自由も許されていないことに気がついた」とあり，他人の助けが入る余地もなくただ一人であったことを示している。

問6　気弱になっていると思っていた碧郎に「ねえさん案外頭にぶいね。気が弱いどこか，いまおれ，気が強いてっぺんなんだよ」と指摘された。それによってげんも，弟に対して気を強く持とうとしたのである。

問7　世間から孤立させられた碧郎を，かわいそうだという気持ちで見て，自分自身(げん)もどうしたらいいのかという失望に苛まれていた。その様子を碧郎は感じ取り，今の元気な内に写真を撮りたいと言い出す。もう結核が治らないことから，このようなことを言い出しているのかと感じたげんは，碧郎に対して怒りを覚えるも，「腹が立ってるほうがましだろうよ。少くもかわいそうがられるよりはましだ」という言葉で，碧郎の立場になって考えているわけではなく，この先，自分はどうしたらいいのかということだけを考えていたと気づいたのである。

重要 問8　碧郎が写真を撮りたいと言い出した時，「病み窶れてからじゃいやだよ。病み呆けた十九歳の若さ，なんていうのじゃたまらないからね。いずれ寝たきりにされちまえば，病人づらになっちまうにきまってる。こうして立って歩いているうちがいいよ。今ならまだ二本の足で歩いてらあ」と主張していた。そして，写真館にある新郎新婦の晴れ姿や着飾った家族写真などをアルバムで見た時，元気な今の姿を写真で撮ってもらっておいた方がいいとげんは思ったのである。

3 **(古文―口語訳，文脈把握，文学史)**

〈口語訳〉　恵心僧都は，年老いた生活もままならない母をもっておられた。母に対する思いは深かったが，経済的に苦しいので，心に思うばかりで，親孝行することもできず(日々は)過ぎていたが，あるところに法事の導師として招かれて，布施などをたくさん受け取れたので，とてもうれしく思い，すぐに，母のところにそれをご持参なさった。

この母は，生活もやっとの様子だった。(恵心僧都は，お布施をあげれば)「どんなにお喜びになるだろう」と思っていたところ，(母は)これを見て，後ろを向くなり，さめざめと泣き出した。(恵心僧都はなぜ母が泣くのか)まったく理解できず，「母はうれしさのあまり(泣くの)だろうか？」と思っているうちに，しばらくして，母が言うには，「法師になった子供を持つと，後世を助けてもらえると，長年頼もしく思って過ごしてきた。目の前で，このような地獄に堕ちる業を見ることになるとは。夢にも思わなかった」と言い終えずにまた泣いた。

これを聞いて，僧都は悟りを開こうと思い立ち，俗世間をお離れになった。ありがたかったのは母の心である。

問1　a 「志」とは，かねてからの考えという意味。ここでは，恵心僧都が生活のままならない母に対しての思いが強かったことを表す。　b 「布施」とは，仏や僧・貧者などに，衣服・食物などの品物や金銭などを施し与えること。　c 「まのあたり」とは，ある事態を目前にしているさま。

問2 ①「孝養」とは親に奉仕，孝行すること。 ②「いかに」とは，状態などについての疑問を表すどのように，または程度などについて推量する気持ちを表すどれほどという意味。「れ」は尊敬の助動詞「る」未然形,「ん」は推量の助動詞「ん(む)」の終止形である。

問3 ③ 仏事によってお布施をもらった恵心僧都を見て，母は後ろを振り向いたのである。
④ 後ろを振り向いて泣いている母を，恵心僧都は理解できなかったのである。 ⑤ 生活もままならない母は，息子(恵心僧都)がお布施を持って帰って来たのを見て，嬉しさのあまり泣いているのかと思った。

問4 傍線部の前に,「法師になった子供を持つと，後世を助けてもらえると，長年頼もしく思って過ごしてきた」とあることから，現世で自分(母)を救おうとすることは望んでいないのである。

問5 傍線部の前に,「僧都は悟りを開こうと思い立ち，俗世間をお離れになった」とあることから，母の来世に対する思いから仏道修行をより励むことになったのである。

問6 『発心集』は，鎌倉初期の仏教説話集で，鴨長明晩年の編著。建保4年(1216)以前の成立。仏の道を求めた隠遁者の説話集。

★ワンポイントアドバイス★

時間配分を考えて解く習慣を身につけよう。現代文・古文が同時収録されたテスト形式の問題集をこなしてみよう。

第2回

2024年度

解 答 と 解 説

《2024年度の配点は解答欄に掲載してあります。》

＜数学解答＞

1 (1) $b(b+1)(b-2)$ (2) $x=-1\pm\sqrt{10}$ (3) $\dfrac{-\sqrt{2}+2+\sqrt{6}}{4}$ (4) $\dfrac{7}{10}$
(5) $x=-1$, $y=2$ (6) $2\pi-2$

2 (ア) $a+b$ (イ) $-ab$ (ウ) 1 (エ) 2 (オ) -1 (カ) -3
(キ) 6 (ク) 4 (ケ) 12 (コ) -11 (サ) 110

3 (1) 2 (2) 1 (3) 3 (4) 4 (5) 12 (6) 56

4 (1) $a=\dfrac{1}{2}$ (2) $\dfrac{15}{2}$(考え方は解説参照) (3) $\dfrac{65}{2}\pi$(考え方は解説参照)

5 (1) 解説参照 (2) $\dfrac{2\sqrt{21}}{7}$(考え方は解説参照) (3) $\dfrac{\sqrt{7}}{84}$(考え方は解説参照)

○配点○

1 各4点×6 2 (ア)～(ケ) 各2点×9 (コ)・(サ) 各3点×2
3 (1)～(4) 各3点×4 (5)・(6) 各4点×2 4 (1) 4点 (2) 5点 (3) 7点
5 (1) 4点 (2)・(3) 各6点×2 計100点

＜数学解説＞

1 (因数分解，2次方程式，平方根，連立方程式，円の面積)

(1) まず共通因数でくくり，それから公式を考える。$b^3-b^2-2b=b(b^2-b-2)=b(b+1)(b-2)$

(2) $x^2+2x-9=0$ 解の公式を利用する。$x=\dfrac{-2\pm\sqrt{2^2-4\times1\times(-9)}}{2\times1}=\dfrac{-2\pm2\sqrt{10}}{2}=-1\pm\sqrt{10}$

重要 (3) $\dfrac{1}{1-\sqrt{2}+\sqrt{3}}=\dfrac{1+\sqrt{2}-\sqrt{3}}{\{1-(\sqrt{2}-\sqrt{3})\}\{1+(\sqrt{2}-\sqrt{3})\}}=\dfrac{1+\sqrt{2}-\sqrt{3}}{1-(\sqrt{2}-\sqrt{3})^2}=\dfrac{1+\sqrt{2}-\sqrt{3}}{1-(2-2\sqrt{6}+3)}=$
$\dfrac{(1+\sqrt{2}-\sqrt{3})(2\sqrt{6}+4)}{(2\sqrt{6}-4)(2\sqrt{6}+4)}=\dfrac{2\sqrt{6}+4+4\sqrt{3}+4\sqrt{2}-6\sqrt{2}-4\sqrt{3}}{24-16}=\dfrac{2\sqrt{6}-2\sqrt{2}+4}{8}=\dfrac{\sqrt{6}-\sqrt{2}+2}{4}$

(4) 5枚のカードから2枚のカードを選ぶ選び方は10通りあり，(1, 2)，(1, 3)，(1, 4)，(1, 5)，(2, 3)，(2, 4)，(2, 5)，(3, 4)，(3, 5)，(4, 5)この中で2枚の数の積が偶数となるのは，2枚のうち1枚または2枚が偶数であるもので7通りあるので確率は$\dfrac{7}{10}$

基本 (5) $2x+3y=4$…①，$3x-5y=-13$…② ①×5は$10x+15y=20$ ②×3は$9x-15y=-39$
①×5＋②×3は$19x=-19$ $x=-1$ ①に代入すると$-2+3y=4$ $3y=6$ $y=2$

(6) $\mathrm{OA}=\mathrm{OB}=\sqrt{2}$，$\mathrm{AB}=2\sqrt{2}$ △ABCはCA＝CBの直角二等辺三角形でCA＝CB＝2 共通部分＝半円ABC＋おうぎ形CAB－△ABC＝$(\sqrt{2})^2\pi\times\dfrac{1}{2}+2^2\pi\times\dfrac{1}{4}-\dfrac{1}{2}\times2\times2=\pi+\pi-2=2\pi-2$

2 (2乗に比例する関数，1次関数，関数とグラフ)

(ア) 直線ABの傾きは変化の割合に等しく，$\dfrac{b^2-a^2}{b-a}=\dfrac{(b-a)(b+a)}{b-a}=a+b$

(イ) (ア)より切片をnとすると，直線ABは$y=(a+b)x+n$とおけるが，$\mathrm{A}(a,\ a^2)$を通ることから

$a^2=(a+b)a+n$　$a^2=a^2+ab+n$　$n=-ab$

(ウ)　$C_0(-1,\ 1)$，$C_1(2,\ 4)$は$y=x^2$上の点なので，(ア)の結果が使え，C_0C_1の傾きは$-1+2=1$

(エ)　$C_0(-1,\ 1)$，$C_1(2,\ 4)$は$y=x^2$上の点なので，(イ)の結果が使え，C_0C_1の切片は$-(-1)\times2=2$　直線C_0C_1の式は$y=x+2$となる。

(オ)　垂直な2直線は傾きの積が-1となる。$1\times$(直線の傾き)$=-1$　(直線の傾き)$=-1$

(カ)　$C_1(2,\ 4)$，$C_2(c,\ c^2)$は$y=x^2$上の点なので，(ア)の結果が使え，C_1C_2の傾きは$2+c$となるが，C_0C_1と垂直になることから$(2+c)\times1=-1$　$c=-3$　$C_2(-3,\ 9)$

(キ)　$C_1(2,\ 4)$，$C_2(-3,\ 9)$は$y=x^2$上の点なので，(イ)の結果が使え，C_1C_2の切片は$-1\times2\times(-3)=6$

(ク)　(C_2C_3の傾き)$\times(-1)=-1$　(C_2C_3の傾き)$=1$　$C_2(-3,\ 9)$，$C_3(d,\ d^2)$は$y=x^2$上の点なので(ア)の結果が使え，C_2C_3の傾きは$-3+d=1$　$d=4$

(ケ)　$C_2(-3,\ 9)$，$C_3(d,\ d^2)$は$y=x^2$上の点なので(イ)の結果が使え，C_2C_3の切片は$-1\times(-3)\times d=-1\times(-3)\times4=12$　直線C_2C_3の式は$y=x+12$となる。

(コ)　C_0のx座標は-1，C_1のx座標は2，C_2のx座標は-3，C_3のx座標は4　符号は負，正が交互に現われ，絶対値は1つずつ大きくなっているので，C_{10}のx座標は-11

(サ)　$C_9(10,\ 100)$，$C_{10}(-11,\ 121)$　C_9C_{10}の切片は$-1\times10\times(-11)=110$

3 (場合の数)

基本 (1)　1人目の座る位置はAまたはGの2通り。

(2)　1人がAに座れば2人目はG，1人目がGに座れば2人目はAと決まってしまう。1人がすでに座っている状態で，2人目に来た人が座る位置は1通り。

(3)　2人目までの2人は必ずAとGに座っているので，ルール②にしたがって3人目が座ることができる位置はC，D，Eの3通り。

(4)　A，D，Gに座っている状態で4人目に来た人は，ルール③にしたがって座る位置はB，C，E，Fの4通り。

(5)　3人がA，C，Gに座っている状態では4人目はルール②にしたがってE　3人がA，E，Gに座っている状態では4人目はルール②にしたがってC　(4)とあわせて，2人がA，Gに座っている状態から考えて4人目までが座る座り方は$4+1+1=6$通り。2人目までは(1人目，2人目)$=$(A，G)，(G，A)の2通りあり，それぞれに対して6通りずつあるので，$2\times6=12$通り。

やや難 (6)　(ア)　AGDの順に座ったあとについて，4人目がBの場合は(5人目，6人目，7人目)$=$(E，C，F)，(E，F，C)，(F，C，E)，(F，E，C)の4通り。4人目がC，E，Fの場合もそれぞれ同様に4通りずつになるので，$4\times4=16$通り　(イ)　AGCの順に座ったあとについて，4人目はEに決まり，残り3人の座る順番は$3\times2\times1=6$通り　(ウ)　AGEの順に座ったあとについて，4人目はCに決まり，残り3人の座る順番は$3\times2\times1=6$通り　1人目がAの場合は(ア)，(イ)，(ウ)あわせて$16+6+6=28$通り。1人目がGの場合も同様に28通りあるので，すべて空席の状態から，1人ずつ順番に7人が座る座り方は全部で$28\times2=56$通り。

4 (図形と関数・グラフの融合問題)

(1)　$A(-2,\ 2)$が$y=ax^2$上の点なので，$a\times(-2)^2=2$　$a=\frac{1}{2}$　2次関数の式は$y=\frac{1}{2}x^2$となる。

(2)　直線ABは$y=\frac{1}{2}x+b$とおけるが，Aを通ることから$2=\frac{1}{2}\times(-2)+b$　$b=3$　直線ABの式は$y=\frac{1}{2}x+3$となる　$\frac{1}{2}x^2=\frac{1}{2}x+3$　$x=-2,\ 3$より$B\left(3,\ \frac{9}{2}\right)$　直線ABとy軸の交点

をCとすると，C(0, 3)　△OAB＝△OAC＋△OBC　△OAB$=\frac{1}{2}\times3\times2+\frac{1}{2}\times3\times3=\frac{15}{2}$

重要 (3) $y=\frac{1}{2}x+3$とx軸の交点をDとするとD$(-6, 0)$　Bからx軸に垂線BB′，Aからx軸に垂線AA′をおろす。△OABをx軸の周りに回転させてできる立体＝(BB′を底面の半径，高さをB′Dとする円錐)−(AA′を底面の半径，高さをA′Dとする円錐)−(AA′を底面の半径，高さをOA′とする円錐)−(BB′を底面の半径，高さをOB′とする円錐)$=\frac{1}{3}\times\pi\times\left(\frac{9}{2}\right)^2\times9-\frac{1}{3}\times\pi\times2^2\times4-\frac{1}{3}\times\pi\times2^2\times2-\frac{1}{3}\times\pi\times\left(\frac{9}{2}\right)^2\times3=\frac{65}{2}\pi$

5 (平面図形の計量，証明，相似，三平方の定理)

(1) AEとBDの交点をGとする。点Aと点Eが線対称な位置であることからAG＝EG，∠AGB＝∠EGB＝90°，BGが共通なので△ABG≡△EBG　よってAB＝EB…①　同様に△ADG≡△EDGよりAD＝ED…②　BDは共通…③　①〜③より△ABD≡△EBD　∠BEF＝∠BED＝∠BAD＝60°，∠DCF＝60°より，∠BEF＝∠DCF…④　対頂角は等しいので∠BFE＝∠DFC…⑤　④，⑤より2組の角がそれぞれ等しいので△BEF∽△DCF

やや難 (2) 点BからACに垂線BHをおろすとBA＝BCよりAH＝CHとなる。△ABHは30°，60°，90°の角をもつ直角三角形で，AH$=\frac{1}{2}$，BH$=\frac{\sqrt{3}}{2}$，DH＝AD−AH$=\frac{2}{3}-\frac{1}{2}=\frac{1}{6}$。$BD^2=BH^2+HD^2=\left(\frac{\sqrt{3}}{2}\right)^2+\left(\frac{1}{6}\right)^2=\frac{7}{9}$　BD$=\frac{\sqrt{7}}{3}$　△ABD$=\frac{1}{2}\times$AD$\times$BH$=\frac{1}{2}\times\frac{2}{3}\times\frac{\sqrt{3}}{2}=\frac{\sqrt{3}}{6}$　△ABD$=\frac{1}{2}\times$AG$\times$BD$=\frac{1}{2}\times$AG$\times\frac{\sqrt{7}}{3}$　AG$=\frac{\sqrt{21}}{7}$　AE＝2AGよりAE$=\frac{2\sqrt{21}}{7}$

(3) $\frac{1}{3}\times$△BCD$\times$AG$=\frac{1}{3}\times\left(\frac{1}{2}\times\frac{1}{3}\times\frac{\sqrt{3}}{2}\right)\times\frac{\sqrt{21}}{7}=\frac{\sqrt{7}}{84}$

★ワンポイントアドバイス★

2のような規則性に気づくことが必要な問題や，3のようなていねいに数えあげる問題は，難しくなくても時間がかかる。類題演習をして慣れておきたい。

＜英語解答＞

Ⅰ　1 (1) Tazawa　(2) Biwa　2 中和　3 姫路　4 空海

Ⅱ　(1) エ　(2) ウ　(3) ウ　(4) イ　(5) エ　(6) イ　(7) イ　(8) イ　(9) エ　(10) ア　(11) ウ　(12) ウ　(13) エ　(14) ア　(15) エ

Ⅲ　問1 ア　問2 エ　問3 エ　問4 ウ　問5 ア

Ⅳ　問1 a ウ　b キ　c イ　d カ　問2 ② to give our brain a little break　③ should get ready to rest　問3 ① エ　④ イ　⑤ ア　問4 brain

Ⅴ　問1 ① ア　② ウ　問2 (1) カ　(2) キ　(3) セ　(4) イ　(5) ケ　(6) ソ　(7) エ　(8) コ

Ⅵ　1 Is there anything I can do　2 Could you lend me some money

○配点○

Ⅰ〜Ⅴ　各2点×45　Ⅵ　各5点×2　計100点

<英語解説>

Ⅰ (資料読解，長文読解・説明文：内容吟味，語句補充)

1. (大意) 下の表は4つの湖の深さを示す。

湖	平均水深 (m)	最深部 (m)
琵琶	41	103
中禅寺	95	163
支笏	265	360
田沢	280	423

(1) どの湖の最深部と平均水深の間の違いが最も大きいか。
琵琶湖は103－41＝62m，中禅寺湖は163－95＝68m，支笏湖は360－265＝95m，田沢湖は423－280＝143mだから，田沢湖である。

(2) どの湖の最深部と平均水深の間の違いが最も小さいか。
(1)より，琵琶湖である。

2. (大意) 説明：中和は酸と塩基との間の化学反応であり，塩と水の構成物の状態にする。この反応は関連する酸と塩基の物質の特性を相殺することを助け，より中立の状態という結果を得ることになる。

3. (大意) 兵庫県姫路市に位置する姫路城は，その白い外観で知られるすばらしい城だ。それは17世紀に建てられ，非常によく保存されている。狭い小道や防壁を含むその独特のデザインで，姫路城は日本の封建的な過去を再現し，その世紀の豊かな歴史をちょっと経験させてくれる。

4. (大意) 彼は9世紀に生きた有名な日本の仏教僧，学者，芸術家である。彼は日本で仏教の真言宗を創設したことで最もよく知られる。彼は仏教を学ぶために中国へ行き，密教の深い理解を身につけて日本に戻り，彼はそれから日本でそれを教え推進した。

Ⅱ (会話文：英問英答，内容吟味，語句補充)

A (大意) (1) A：テントの張り方を知っているかい。／B：ええ。何回かキャンプに行ったことがあるの。／A：天気が変わるかもしれないから，これを持っていきなさい。／B：もちろんよ。
Q 「天気の状況の変化に備えてBは何を持っていくべきか」 天気によっては必要になるものだから，「レインコート」である。

(2) A：大きいペパロニ・ピザをください。／B：大きいピザはそれぞれ12ドルで，トッピングはそれぞれ1ドルです。／A：追加のチーズとオリーブをお願いします。
Q 「ピザはいくらになるだろうか」 12ドルのピザに1ドルのトッピングを2種類追加しているから，12＋1×2で「14ドル」である。

(3) A：今，何時なの。／B：3時半よ。／A：会議は午後4時よ。まだ時間がある。／B：いいわね。
Q 「この会話は何時に行われたか」 時刻を言うとき，half は「半時間」，つまり「30分」のことである。

(4) A：新しい趣味に取りかかろうと思っているの。／B：それは良い考えだね。何に興味があるんだい。／A：楽器を習いたいの。／B：それは良さそうだね。
Q 「Aが取りかかることに興味があるのは何の趣味か」 楽器に興味があるのだから，「ピアノを弾くこと」である。

(5) A：たくさんの場所に旅行したことがあるかい。／B：うん，旅行が大好きなんだ。いくつかのアジアの国々へ行ったことがあるよ。／A：僕は南アメリカのいくつかの地域を探検したことがある。／B：旅は僕たちの視野を広げるよね。
Q 「Bさんはどの国へ旅行したことがあるか」 アジアの国だから，「インドネシア」である。

(6) A：私は新しい言語を学び始めたところなの。／B：どの言語を学んでいるの。／A：スペイン語よ。次の休暇のためにすらすら話せるようになりたいのよ。／B：新しい言語を話すことはすばらしいわ。

Q 「Aはなぜスペイン語を学んでいるのか」 休暇ですらすら話せるようになりたいのは,「地元の人との会話のため」である。

(7) A：この新しい市で少し不安なの。／B：私はしばらくの間ここに住んでいるの。この市のあなたの案内人になれるわ。／A：すばらしい。それはありがたいわ。／B：こちらこそ。

Q 「BはAのために何をするつもりか」 案内人になるのだから,「その市を案内して回る」のである。

(8) A：小さな庭を始めようと思っているんだ。／B：園芸はとてもやりがいがあるわ。どの植物を育てたいの。／A：食費を切り詰めるために野菜とハーブを育てたい。／B：それは良い考えね。新鮮なハーブは食事の味を良くするわ。

Q 「なぜAは園芸を始めるのか」 食費を切り詰めるのだから,「彼が育てた物を食べるため」である。

B (9) A：すみません。この帽子はいくらですか。値札が付いていません。／B：見せてくださいますか。これは私たちが売っているものではありません。たぶん別のお客様が落としたんです。／A：それは残念です。とても気に入ったんです。／B：それは残念です。

(10) A：ここ屋久島ではなぜとてもたくさんの雨が降るのですか。／B：それは島の位置です。この島の上で,海からの暖かいが風が山からの冷たい空気にぶつかります。／A：それがどのように雨を作るのですか。／B：暖かい風が冷たい空気にぶつかると雲を作ります。雨はその雲から来ます。

(11) A：ブランド品のかばんか財布を買ったことがあるかい。／B：いや,一度もない。／A：僕も持っていない。ブランド品は高すぎると思うよ。／B：僕もそう思う。安いかばんは十分いいよ。

(12) A：なぜ満面の笑みなんだい。今日はとても幸せそうだよ。／B：テニスの勝ち抜き試合で1位をとったんだ。／A：おめでとう。／B：ありがとう。

(13) A：パーティーを開いてくれてありがとう。もう行かなくちゃ。／B：そんなにすぐにかい。もう少し長くいるのはどうだい。／A：とてもそうしたいのだけれど,明日,早く起きなくてはならないの。

(14) A：ハロウィーン・パーティーについて話す時間はあるかい。／B：もちろん。かぼちゃのようなクッキーを作るつもりなんだ。／A：すばらしい。僕は仮装コンテストをするべきだと思うんだ。／B：それはいい考えだな。僕は今夜みんなに電話して,最も面白い衣装を着るように言うよ。

(15) A：夫が私の誕生日に買ったものを,あなたは信じられないでしょうね。／A：何なの。／B：去年と同じものを買ったのよ。／A：少なくとも,彼はあなたの誕生日を覚えていたのね。

Ⅲ (長文読解・資料読解：内容吟味)

(大意) ヤマウチ先生が昨日出した作文の宿題を覚えているかい。テーマは「この数年に私たちに起こった最も大きなことは何か」だよね。でも,僕は学校にスケジュール帳を置いてきてしまったようなので,締め切りに自信がないんだ。それがいつなのか教えてくれるかい。それから,作文には何語書かなくてはならないか知る必要もある。できるだけ早く返信してください。／やあ,ダニエル。来週の月曜日までに完成した作文を電子メールに添付してヤマウチ先生に送ることになっているよ。語数について言えば,500語と600語の間にするべきだと言っていたよ。／情報をありがとう。すぐに書かなければいけないと思うよ。ところで，僕はグラフや図表を使おうと思っているんだ。本文の他にその中に使われている語数も数えるべきなのかな。

問1 「ダニエルの依頼は何だったか」 ア 「宿題についての情報を彼に与えること」 ダニエルの最初のメッセージ参照。(○) イ 「過去数年に起こったニュースを彼に教えること」(×) ウ 「図表に何語書かれるべきか教えること」(×) エ 「彼のために作文を書くこと」(×)

問2 「ダニエルの2番目のメッセージにあなたはどのように返答するか」 ア 「いや，それは良い考えだと思わないな」(×) イ 「君は今，作文を書かなくても良いよ」(×) ウ 「君は君の作文をもっと注意深く読むべきだよ」(×) エ 「電子メールでヤマウチ先生に尋ねるのはどうだい」 ダニエルの最後のメッセージ最後から2文目・最終文参照。「グラフや図表」の「語数も数えるべき」か，という先生から指示のない事柄についての質問だから，先生に直接質問するように助言した，と考えられる。(○)

(大意) 英語を話す人を探しています。／世界難民公開討論会2021のための学生ガイド求む／私たちの都市では今度の10月に世界難民公開討論会2021を主催します。30ヶ国より多い国からの色々な参加者が来るのを待っていますが，そのほとんどが初めて日本を訪れる予定です。外国人の参加者に都市を案内して回ることに関心のある大学生を探しています。協力に対する感謝として，ボランティアは公開討論会でされる講義の1つに招待されます。

世界難民公開討論会2021：予定表

1日目(10月15日)	13：00	出席確認
	14：00	外国人の参加者の到着
	19：00	歓迎会
2日目(10月16日)	10：00～12：30	市内観光(ボランティアの大学生による案内)
	12：45～13：45	地元の日本食レストランでの昼食(学生と)
	16：30～18：30	基調演説
3日目(10月17日)	9：30～12：30	講義と討論1
	14：00～17：00	講義と討論2
	19：30～21：30	文化交流の夕べ(伝統的な日本の舞踊，芸術，工芸)
4日目(10月18日)	9：30～11：30	閉会式

●集まりや講義，討論はシビック・センターで開催される予定です。

●討論会での活動は英語で行われます。来賓は英語を自由に使いこなせる，英語が母語ではない人々です。

参加するために，8月25日午後10時以前にここをクリックしてください。／⇒市役所外務課

問3 「討論会2021の来賓は(　　)」 ア 「数年間日本に住んでいる人々だ」(×) イ 「日本語を話し，理解することができる」(×) ウ 「その都市を日本人の大学生に案内して回ることを期待された」(×) エ 「たくさんの外国から来る予定だ」 第1段落最終文参照。(○)

問4 「討論会の間に手伝うと申し出た学生は(　　)」 ア 「10月17日の全ての催しに参加することができる」(×) イ 「過去に外国での滞在を経験していなくてはならない」(×) ウ 「英語で来賓を歓迎し，一緒に観光を楽しむべきだ」 第2段落第1文参照。(○) エ 「シビック・センターで歓迎会と討論の手はずを整えなくてはならない」(×)

問5 「参加する学生は(　　)」 ア 「討論会での講義に招待される」 第2段落最終文参照。(○) イ 「あらかじめ来賓の母語を学ぶ予定だ」(×) ウ 「彼らが案内するそれぞれの来賓から代金を支払われる」(×) エ 「10月15日の13時に出席確認しなければならない」(×)

Ⅳ （長文読解・説明文：語句補充，語句整序，語句解釈）

（大意） あくびはとても興味深く，科学者たちは私たちがなぜそれをするのか①の背後にある秘密を見つけ出そうとしている。私たちがあくびをする1つの理由は，体がより多くの酸素を必要としているからだ。あくびをするとき，私たちは深呼吸し，その追加の酸素は脳と体を起こしうる。時には，私たちは退屈な(a)ときにあくびをする。コンピューターはしばらくの間稼働していると，時には再起動(b)する必要がある。あくびは私たちの体にとって少しそれのようなもの，②私たちの脳に少しの休憩を与えるための方法であるかもしれない。誰かがあくびするのを見ると，あなたもあくびを始める，と気付いたことはあるか。科学者たちは(c)なぜこれが起こるのかを理解しようとしている。それは私たちの脳が「もし友達があくびをしているなら，私も③休憩する準備をするべきかもしれない」と言っているようだ。しかし，④ねえ聞いて。あくびをする動物もいるのだ。それはより多くの酸素を必要としているそれらの体に関係しているかもしれないし，寝る準備をしているとあくびをするのかもしれない。それで，私たちはあくびについての多くを学んできたが，⑤まだそれの謎がある。次にあくびが出そうだと感じたら，体がもう少しの酸素を求めているか，休憩の時間であるという合図，もしくは友達やペット(d)からあくびの波動を受け取ったのかもしれない，と思い出して。

基本 問1 (a) 接続詞 when を使った文は〈主語A＋動詞B＋ when ＋主語C＋動詞D〉で「CがDのときAがB」という意味。 (b) 「～する必要がある」の意味には不定詞を用いて〈need ＋ to ＋動詞の原形〉の形にする。 (c) Scientists are trying to understand. と Why does this happen? を1つにした間接疑問文にする。疑問詞以降は why this happen と平叙文の語順になる。
(d) ここでの from は出所を表し「～から」の意味。

重要 問2 ② (Yawning might be a bit like that for your bodies － a way) to give our brain a little break(.) 〈to ＋動詞の原形〉の形をとる不定詞の形容詞的用法「～するための」を用いた to give 以下が名詞 way「方法」を修飾している文。give は〈give ＋A＋B〉という文型を作り，「AにBを与える」という意味になる。make が不要。 ③ (～ maybe I) should get ready to rest (too.) 〈get ready to ＋動詞の原形〉で「～するために準備をする」という意味の不定詞の副詞的用法。already が不要。

問3 ① behind ～「～の背後の」 ④ guess what は話の切り出しに用いて「あのね」などの意味になる。 ⑤ still「まだ」

問4 「あなたの頭の中にあるとても賢く強力なコンピューター」 brain 「脳」(第1段落最後から2文目，第3段落最終文)である。

Ⅴ （長文読解・説明文：語句補充，要旨把握）

（大意） 世界中の多くの人々が，自分が毎日何歩歩くかをチェックする。これは，1日10,000歩は健康でより長く生きるのを助けるのに十分だ，と示唆する研究のためである。新しい研究は，1日4,000歩は老齢になって健康に生きるための重要な数だと言いうる，と示す。研究者たちは，人々がその週に①どのくらい歩いたか，に注目する17の研究を分析した。科学者たちは1日4,000歩は糖尿病や心臓血管の病気などで死ぬ危険を減らした，と結論を下した。4,000歩はおおよそ30～45分か約3～4kmの歩行である，と研究は示す。研究は7年にわたって世界中で225,000人以上の成人の健康と運動のデータに注目した。彼らの平均は64歳だった。4,000歩が有益である，という彼の結論は最少量である，とマーティン博士は言った。「私は人々に，示唆された歩数を厳密に従わなければならない重要な数として見ないでほしい。より多ければより良い」 1日につき追加の1,000歩を歩くことは，おおよそ15%低い早すぎる死の危険と関連づけられる，と加えた。②人々は日々の予定に少なくとも1回の歩行を加えるべきだ，と彼は言った。

問1 ① How far ~?「どのくらい」は距離を尋ねるときに用いる。 ② 最終段落最後から2文目の内容は，1日につき1,000歩多く歩けば，早すぎる死の危険性が15%低くなる，ということである。だから，「日々の予定に少なくとも1回の歩行を加えるべき」なのである。

問2 「私たちの多くは毎日何歩歩くか(1)を調べる。研究は，10,000歩はより長く生きることを助ける，と示す。新しい研究は，4,000歩で(2)十分だ，と示す。研究者たちは，4,000歩は心臓病(3)になる危険を低くする，と言う。4,000歩歩くことは，30分の散歩か，約4km歩くことと(4)同じだ。研究者たちは7年にわたって225,000人の成人からデータ(5)をとった。成人の平均年齢は64歳だった。主席研究者は，4,000歩は「重要な数」ではなかった，と言った。彼は，より多く歩けば(6)歩くほどますます良い，と言った。1日につき追加の1,000歩歩くことは(8)早死にの危険を15%(7)縮小することができた。

VI (会話文：英作文)

やや難 1. A：ご用件は何でしょうか，お客様。／B：ひざにひどい痛みがあるのです。痛みを止めるために何か私にできることはありますか。／A：温湿布をお勧めします。
主語が不特定なもので「…が(~に)ある」という意味を表す場合，〈There ＋be動詞(＋数量[a／an])＋名詞~〉の形にする。疑問の形にするときはbe動詞を主語の前に出す。関係代名詞 that を省略した文。is there anything と I can do it をつなげた文を作る。it が that に代わり，省略されている。

2. A：僕の紅茶とチーズケーキでいくらになるんだい。／B：1,200円だよ。／A：ああ，まさか。／B：お金を持っていないなんて言うなよ。／A：本当にすまないが，また財布を忘れたんだ。いくらかお金を貸してくれるかい。
Aが3番目の発言で「財布を忘れた」と言っていることから，「お金を貸して」と頼んだのだと考えられる。Could you ~? で「~していただけますか」という丁寧な依頼・要請を表す。money は不可算名詞で some「いくらかの」がついても単数扱い。

★ワンポイントアドバイス★
教科書レベルを超えた単語・文法事項を含む長文を読むときは，厳密な日本語訳よりも正確な内容の把握をすることに努めよう。

＜国語解答＞

1 問1 a 微妙 b 舗装 c 威嚇 d 奉納 e 習俗 問2 はかせる
問3 ウ 問4 ウ 問5 (例) 日本人がもっている，清潔感や浄不浄感によって空間をしきり，履き物を履いたり脱いだり専門の履き物を履いたりしている感覚。 問6 イ
問7 (例) 履き物を脱ぐことが本来的に越境のための象徴的行為だということは，日本人が家の中と外との間に決定的な「しきり」を感じていることになるから。 問8 ア

2 問1 A (例) そのまま聞こえてくる B (例) 急に C (例) 気の持ちがしっかりとした 問2 ウ 問3 (例) 学校で〝進まぬ復興〟というビデオを見た時期が，璃久がちゃんとした料理を食べなくなった時期と一致しているということ。 問4 ウ
問5 オ 問6 (例) 仙台を離れた今となっては現実感を持てない被災地の生活を，今もまだ続けなくてはならない人たちが居るということ。 問7 ア 問8 (例) 御厨に諭

され祐太の立場で考えたことで，自分がちゃんとした食事をとらないことがつまらない同情でしかないことに気づき，そのような行動をとっていた自分自身を情けなく思い叱りたい気持ち。

3　問1　ウ　　問2　エ　　問3　ア　　問4　ウ　　問5　白髪の頭　　問6　エ

○推定配点○

1　問1　各2点×5　　問5　6点　　問7　8点　　他　各4点×5　　2　問1　各2点×3　問3・問6　各6点×2　　問8　8点　　他　各4点×4　　3　問5　4点　　他　各2点×5　計100点

＜国語解説＞

1　(論説文―漢字の書き取り，慣用句，脱文・脱語補充，内容吟味，指示語の問題，文脈把握，大意)

問1　a 「微妙」とは，ここでは少々，ややという意味。　b 「舗装」とは，耐久性を増すために，道路などの表面をアスファルトやセメントで敷き固めること。　c 「威嚇」とは，威力をもっておどすこと。　d 「奉納」とは，神仏に喜んで納めてもらうために物品を供えたり，その前で芸能・競技などを行ったりすること。　e 「習俗」とは，ある地域やある社会で昔から伝わっている風俗や習慣。

問2　「げたを履かせる」とは，本来の数量にある数量を加えて，全体の数量を実際より多く見せること。

問3　空欄の後に，「道にはさまざまな境・仕切りがある」とあることから，道には何らかの境界線が存在しているのであり，一様でないことを表している。

問4　傍線部の前に，「現在では公共的な建物や商業的な建物では，室内でもほとんどが靴を脱がないようになっている。靴を脱がない室内空間は，いわばパブリックな場であるとわたしたちは認識している。(中略)パブリックな空間から帰ってくると，再び，靴を脱ぐ。住まいでは，ほとんどが靴を脱ぐ。したがって，ある住まいから他の住まいへ行くときも，途中のパブリックな空間は靴を履いて歩いていく」とあり，陸と海を繋げる船のように，靴は私たちとパブリックな場を繋げる役割をはたしているとしている。

重要　問5　傍線部の前に，「履き物を脱ぐことには，外の汚れを部屋(内)に持ち込まないという気持ちが微妙に働いている。外よりは土間の方が上位であり，清潔であり，土間よりも板の間の方が上位であり清潔である。(中略)外から内に入った時に，履き物を脱ぐことは，清潔感や汚れ，あるいは浄不浄感とかかわっている」とあり，日本人が持つ特有の感覚について述べている。

問6　傍線部の後に，「履き物は，囲い込まれた室内という領域から，自らの主体性によって出ていくことのできる状態を保証するものといった意味がある。さらにいうなら，履き物は，自らの主体性で，ある境界(しきり)を自在に行き来することのできることを可能にするものだといえる」とある。つまり，下駄を預けてしまうと，自在に行き来しないということを自ら宣言しているようなものだとする。

重要　問7　傍線部の後に，黒田日出男氏の著作を引用した後，「履き物を脱ぐことが，わたしたちの生活の中では象徴的な行為であるというのである。(中略)履き物はやはり『しきり』を越えることと深くかかわっているらしいのである。ということは，家の中に入る時に，履き物を脱ぐのは，やはり決定的な『しきり』を越えていく行為としてあるのではないか」と黒田日出男氏の主張を受けつつ，筆者が考える履き物の意義について述べている。

問8　黒田日出男氏の著作を引用されている中，沓を脱いで神に道中の無事を祈ったり，また「草鞋を脱ぐことは，そうした道の境を越えるための象徴的行為なのであり，旅人は，それを行うことによって道を旅することができた」と，履き物を脱ぐ行為そのものについて説明している。

2　(小説文―語句の意味，心情，内容吟味，文脈把握)

問1　A 「筒抜け」とは物音や話し声が，そのまま他の人に聞こえること。　B 「はたと」とは，ここでは急に止まったり気づいたりするさま。　C 「気丈な」とは，気持ちがしっかりしていて，容易に挫けたり弱音を吐いたりしないさまなどを意味する表現。

問2　突然料理を食べなくなった璃久が「カレーならいい」と柳田に話し，そのことを智子と璃久の母親に伝えた。すると，璃久の母親は，「カレー……ですか……」と言い，東日本大震災に遭った際，くる日もくる日も料理がカレーや豚汁ばかりだったことを話した。その経験から，カレーが嫌になったはずなのに，どうして「カレーならいい」と璃久が言い出したのか分からず戸惑っている。

重要　問3　智子が，「ホームルームの時間に〝進まぬ復興〟というビデオを生徒たちと一緒に見たことがあるんです」と言い出し，そのビデオを見たのが六月の最終週のホームルームであった。また六月下旬から璃久が母親の料理を食べなくなったので，ビデオを見たこととの関係性を指摘している。

問4　傍線部の前に，「シャールさんはおかま……じゃなくて，なんとかクイーンなだけでも大変なのに，そのうえ病気だなんて，こんなの酷すぎる」とあり，ドラァグクイーンというトランスジェンダーを抱えているにもかかわらず，その上，重い持病を持っていることに対して，道理に合わないと怒りを覚えている。

問5　傍線部の前に，璃久の母親が「でも，私たちが住んでたのは仙台市で，当時のお友達にも仮設住宅で暮らしている地域の子はいなかったはずです」とあり，璃久の家族含めその関係者にも仮設住宅で暮らした経験を持つ者はいないことを説明している。

重要　問6　「異空間」とは，普段生活している現実の世界ではない，異質な空間を意味し，「あの場所」とは，東日本大震災の被害に遭った時，暮らしていた仙台のこと。璃久たち家族は今，別の所に住んでいるので，段々と過去のものになっていくが，いまだに被災地で生活している人たちがいることを璃久は思い出したのである。

問7　傍線部の前に，「だからって，お前までが母ちゃんの料理を食べずにいる理由にはならんだろう。そんなことして，一体なんになるっていうんだよ。第一，復興の遅れなんてものは，大人の責任だ。お前ら子供がとやかく騒いだところで……おわっ！」とあり，柳田が一方的に璃久を説得しにかかろうとしていたので，その説明を遮るためにシャールが胸元のショールを柳田に投げつけたのである。

重要　問8　シャールが，祐太の立場に立って考えるよう璃久に促したところ，「バカ！」「きっと……，そう言う」「バカ，ふざけるな……つまんない同情するなって，言う……」と返答している。つまり，璃久は祐太が置かれている状況を改めて考えてみた時，自分の行いがあまりにも浅はかであったと気づき，自分自身に対して「バカ！」と叱りつけたのである。

3　(古文―表現技法，口語訳，内容吟味，文学史)

〈口語訳〉　野明が言うことには，「句のさびはどのようなものなのでしょうか」と問うたのに対して，去来は，「さびは句の色合いである。閑寂な句をいうのではない。

例えば，老人が甲冑を身に着けて，戦場で働き，美しい衣装を着飾って高貴な宴席に列しても，老いの姿はあるようなものである。賑やかな句にも，静かな句にもあるものである。今一句を例として示そう。

桜の花の番人が，白髪頭をつき合わせ(て何か話している)　去来亡くなった師が言うことには,『さび色がよく表れ,喜ばしいことです』とのことであった。

問1　連語の「にや」は,～であろうか。～であったのだろうかという意味で,多くは「にやあらむ」「にやありけむ」の形で用いられ,疑問を表す。

問2　助動詞「ず」は打ち消しの意味で用いられる。よって,「言うのではない」と訳すのが適当。

問3　野明に,「句のさびはどのようなものなのでしょうか」と尋ねられているので,句のさびが何なのか,具体例を用いて説明しようとしている。

問4　「あぐ」を漢字で表すと「挙ぐ」となり,一句を挙げて「句のさび」とはどのようなものかを表そうとしている。

問5　「かしら」とは頭という意味。よって,白い頭は,白髪の頭を表している。

問6　松尾芭蕉は,江戸前期の俳人。藤堂良忠に仕えて俳諧を学び,京都で北村季吟に師事。のち江戸に下り,深川の芭蕉庵に住み,談林風の俳諧を脱却して,蕉風を確立した。各地を旅して発句や紀行文を残した紀行に『野ざらし紀行』『笈の小文』『更科紀行』『奥の細道』などがある。

★ワンポイントアドバイス★

時間配分を考えて解く習慣を身につけよう。現代文・古文が同時収録されたテスト形式の問題集をこなしてみよう。

2023年度

★★★★★★★★★★★★★★★★★★★★★★★

入　試　問　題

2023年度

開智高等学校入試問題（第１回）

【数　学】（50分）　<満点：100点>

【注意】(1)　電卓，定規，コンパス，分度器は使用してはいけない。
(2)　分数は既約分数に直し，無理数は分母を有理化し，根号内はできるだけ簡単に，比はもっとも簡単な整数値にして答えること。
(3)　【考え方】に記述がなく，答えのみの場合は得点にはなりません。

1　次の各問いに答えなさい。

(1)　$(4x^2y)^2\times(3xy^3)^4\div(6x^3y^4)^3$ を計算しなさい。

(2)　$\dfrac{x+3y}{4}-\dfrac{2x+5y}{6}$ を計算しなさい。

(3)　２次方程式 $(x+2)^2+2(x+2)-2=0$ を解きなさい。

(4)　$2\sqrt{7}$ の小数部分を a とするとき，a^2+10a の値を求めなさい。

(5)　$a>0$ とする。関数 $y=ax+b$ と，関数 $y=\dfrac{4}{x}$ について，x の変域が $1\leqq x\leqq 3$ のとき，y の変域も一致した。a，b の値を求めなさい。

(6)　1，1，2，2，3の５つの数から３つの数を選び３桁の自然数をつくる。
215より大きい数の個数を求めなさい。

(7)　$AB=AC=2\sqrt{2}$，$BC=4$ の三角形ABCと正三角形BCDがある。
点Aを中心とし，２点B，Cを通る円と，点Dを中心とし，２点B，Cを通る円が，図のように重なっている。
図の斜線部分の面積を求めなさい。

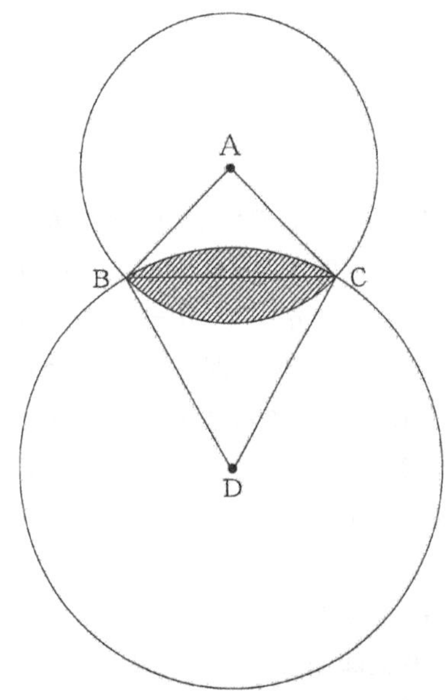

2 次の各問いに答えなさい。

(1) 図のような正四面体ABCDの頂点を点Ｐが１秒につき１回となりの点にそれぞれ$\frac{1}{3}$の確率で移動をする。

はじめに点Ｐが点Ａの位置にあったとき

(i) ２秒後に点Ａにいる確率を求めなさい。

(ii) ３秒後に点Ａにいる確率を求めなさい。

(iii) ４秒後に点Ａにいる確率を求めなさい。

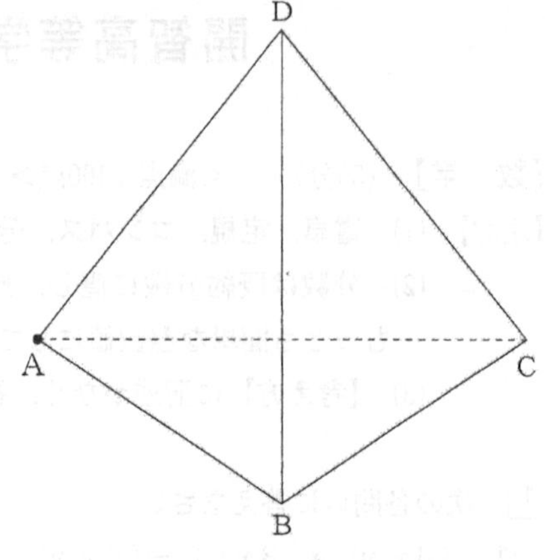

(2) ２次関数$y=\frac{1}{2}x^2$上に

３点Ａ（－２，２），Ｂ，Ｃがあり，

Ｂのx座標は１，Ｃのx座標は４である。

(i) 直線BCの方程式を求めなさい。

(ii) 点Ｄを$y=\frac{1}{2}x^2$上にAD∥BCとなるようにとる。

点Ｄの座標を求めなさい。

(iii) △ADCの面積を求めなさい。

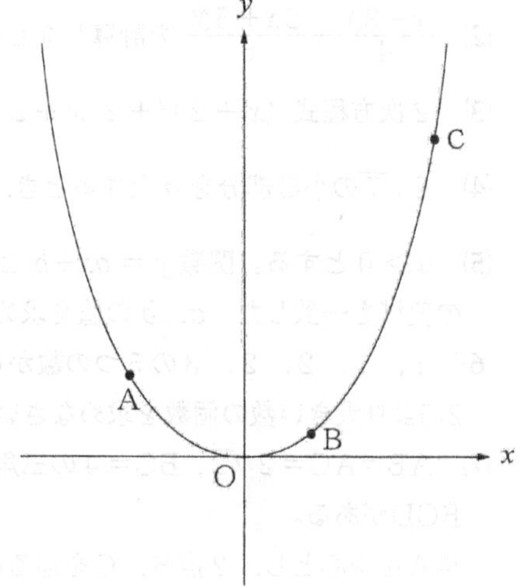

3 ３つの自然数a，b，cを順に並べて３桁の自然数をつくる。

ただし関係式$a+b+c=8$が成り立っている。

たとえば$a=1$，$b=1$，$c=6$のときは116ができる。

このとき次の各問いに答えなさい。

(1) できる数は全部で何個あるか答えなさい。

(2) できる数のうち，４の倍数は何個あるか答えなさい。

(3) (1)でできる数をすべて加えるといくつになるか答えなさい。

4 正の数xの整数部分を［x］で表す。

例えば［0.7］＝０，［２］＝２，［$\sqrt{2}$］＝１である。

次の各問いに答えなさい。

(1) y＝［x］のグラフを，$0<x\leqq 5$の範囲でかきなさい。

(2) (1)の結果を利用して，［x］＝$\frac{3}{4}x$を満たすxの値を，$0<x\leqq 5$の範囲ですべて求めなさい。

(3)　$y=[x^2]$ のグラフを，$0<x\leqq 2$ の範囲でかきなさい。

(4)　(3)の結果を利用して，$[x^2]=3x-3$ を満たす x の値を，$0<x\leqq 2$ の範囲ですべて求めなさい。

5　AB＝８，AC＝６，∠BAC＝60°の△ABCがある。

点Ｂから辺AC上に下ろした垂線の足をＤ，点Ｃから辺AB上に下ろした垂線の足をＥとする。

また，BDとCEの交点をＦとする。

次の各問いに答えなさい。

(1)　AE：EBを求めなさい。

(2)　BCの長さを求めなさい。

(3)　EF：FCを求めなさい。

(4)　４点Ａ，Ｅ，Ｆ，Ｄを通る円の半径を求めなさい。

【英　語】（50分）　＜満点：100点＞

Ⅰ　以下の各設問に答えなさい。

1．The figure below shows two circles. One circle has its center at point B. The other circle has its center at point C and a radius of 7 cm. Four points A, B, C and D lie on the same line. Use π for the ratio of the circumstances of a circle to its diameter.

(1) Find the area, in cm^2, of the circle with its center at C.

(2) If the length of the line AD is 19 cm, find the diameter, in cm, of the circle with its center at B.

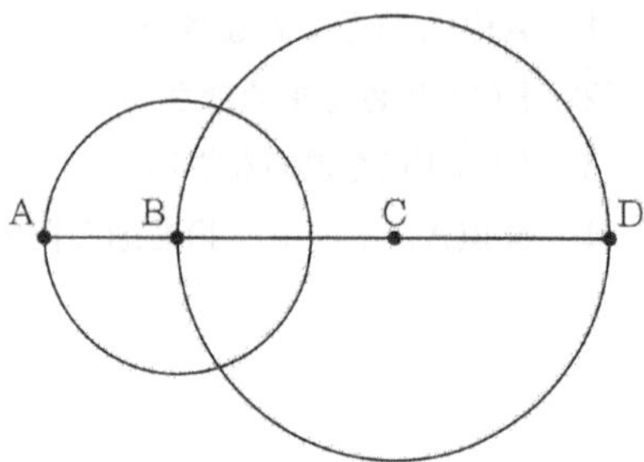

2．空所に入るべき英単語の意味を日本語で答えなさい。

(　　　) is a piece of tissue inside your body which connects two bones and which you use when you make a movement. All movement in the body is controlled by (　　　). Some (　　　) work without us thinking, like our heart beating, while other (　　　) are controlled by our thoughts and allow us to do stuff and move around.

3．空所に入れるべき歴史的出来事を日本語で答えなさい。

(　　　) was an event that changed the course of history in France and continued 10 years from 1789 to 1799. It began on July 1789, when revolutionaries stormed a prison called Bastille. The revolution came to an end in 1799, when a general named Napoleon overthrew the revolutionary government and established the French Consulate.

4．以下の英文は誰のことを言っているか。日本語で答えなさい。

He was a civil rights activist in the 1950s and 1960s. He led non-violent protests to fight for the rights of all people including African Americans. He hoped that America and the world could form a society where people will not be judged by the color of their skin but by the content of their character. He is considered one of the great public speakers of modern times, and his speeches still inspire many to this day.

Ⅱ　以下の各設問に答えなさい。

A　それぞれの対話を読み，Question に対する答えとして最も適切なものを，ア～エのうちから１つずつ選びなさい。

(1) A：What time is it?

B：It's eleven thirty.

A : Oh, we missed the first showing by ten minutes.
B : Yeah. We'll have two hours before the next one starts.
Question: What time is the second showing?
ア 11:20. イ 11:40. ウ 12:30. エ 13:30.

(2) A : Wow, this is easy to grip. It's cool.
B : You can keep it. I have lots of them.
A : Why is that?
B : My father works for a stationery company.
Question: What is Mr. A holding?
ア A bat. イ A racket. ウ A pen. エ A notebook.

(3) A : If you want to go to Yokohama, the last train leaves in 30 minutes.
B : Really? That early?
A : Yeah. Or you could take the night bus.
B : I hate buses. I guess I have to drive.
Question: How will Mr. B go to Yokohama?
ア By bus. イ By car. ウ By train. エ By plane.

(4) A : The pamphlet says the entrance fee is $10 per person.
B : Since we're a family of four, is the total $40?
A : It says children under twelve are charged half rates.
B : Tom is fifteen and Bill is eleven. So,...
Question: How much does the family have to pay?
ア $20. イ $30. ウ $35. エ $40.

(5) A : Do you know your way around the area?
B : Yes, I have driven there before.
A : There may have been some changes since you last went. We should take this.
B : All right.
Question: What are they going to take with them?
ア A dictionary. イ A newspaper.
ウ A camera. エ A road map book.

(6) A : I'll take this teddy bear.
B : Is it a present?
A : Yes. Could you gift-wrap it?
B : You should go to the service counter on the fifth floor.
Question: What will Ms. A do?
ア Buy some wrapping paper. イ Go to another floor.
ウ Look for the toy. エ Pay for the service.

(7) A : Hi, I'd like some stamps to send these post cards to Canada.
B : Fifty cents each, but they're sold in sheets of ten.

A：OK, I'll take two sheets then.
B：Here you go.
Question: How much is Ms. A going to pay?
ア $1.00.　イ $5.00.　ウ $10.00.　エ $50.00.

(8) A：Good morning. May I help you?
B：I'm looking for a birthday present for my mother.
A：How about a scarf or a handkerchief?
B：This flower patterned one would go well with her coat.
Question: What is Mr. B going to buy?
ア A coat.　イ A flower.
ウ A scarf.　エ A handkerchief.

B　それぞれの対話を読み，最後の発言に対する応答として最も適切なものを，ア～エのうちから１つずつ選びなさい。

(9) A：Mr. Tanaka's office.
B：May I speak to Mr. Smith?
A：Yes. May I ask who's calling?
B：It's Jane Brown from XYZ Company.
A：(　　)
ア He has his mobile phone.
イ I'm sorry, but he's out now.
ウ Just a moment. Let me go get him.
エ That's fine. I'll call back later.

(10) A：Ken, would you check my report before handing it in to the manager?
B：Sure. Can you give it to me today?
A：(　　)
ア No problem. I'll give it to you tomorrow.
イ Sure. You can see him today.
ウ Thanks. I'll finish it by noon.
エ Yeah, he can check it for you.

(11) A：I turned off the lights, gas, TV.
B：You left a window unlocked the other day.
A：I double-checked everything. Let's get in the car.
B：(　　)
ア But I don't think you've locked the front door.
イ But I'm not sure where we are now.
ウ No. The traffic light is still red.
エ Yes, let's watch TV.

(12) A：Excuse me. Are those French fries you're eating?
B：What? Ah, yes. Would you like some? They're good.

A : Uh-mm. Those are mine. Yours are there.
B : (　　)
ア Oh, I'm glad you liked it.　イ Oh, I'm so sorry.
ウ Oh, are you OK?　エ That's all right. I don't care.

(13) A : You look very tired.
B : I worked all night at the office.
A : Why didn't you take a taxi home?
B : (　　)
ア I was too tired to drive.
イ I was too busy to take a taxi.
ウ I didn't have enough money.
エ I had to get home early.

(14) A : Oh, I'm sick of eating out every day.
B : Why don't you cook your own meals?
A : Me? I never learned how to cook.
B : (　　)
ア Did you see a doctor?
イ Shall we go somewhere else?
ウ That restaurant serves good dishes.
エ Just give it a try.

(15) A : Here's your cafélatte, Madam.
B : Oh, that's not what I ordered.
A : I'm awfully sorry. May I ask what you ordered?
B : (　　)
ア An iced tea, and a sandwich.
イ I'd like my coffee with milk.
ウ Yes. I asked you to do that.
エ I ordered cafélatte.

Ⅲ 以下の英文や資料（次のページ）を読み，設問の答えとして最も適切なものを，それぞれア～エの中から選びなさい。

You are a college student. You live alone in a studio apartment. You have two sisters who have already graduated from university and have jobs. You have just received an email from your father.

(1) The person who wrote the email plans to (　　).
ア move to the country alone
イ quit his job in a few years
ウ find a more convenient place to live in
エ throw away all of his children's belongings

(2) The children should (　　).
ア live alone in the city
イ help their father move into a new apartment
ウ come home as soon as they can
エ live with their parents

Hi Kids!

I am sending this email to all three of you to tell you some important news. As you may know, I am going to retire next March, and since none of you live at home anymore, your mom and I have decided to sell the house. I think it would be more convenient to move into a condominium in the city. Of course, this means that we will have to throw away most of our old belongings. I know you have things in your rooms that are important to you from your childhood. So I want you to come home when you have time and clean out your old rooms. We will do away with anything you don't take with you.

Love,

Dad

You are going to see a movie on Tuesday, July 3. You are looking at the theater website.

The 66th Street Theater　Contact: 123-4567

MOVIE SCHEDULE & TICKETS
This page is for finding the best dates and times for you to see the movie.

The Latest News

A new movie titled "The Godfather Part Ⅳ" will start on July 26.

Ticket Finder

On the following calendar, you can check the schedules of the movies. The number in each box indicates how many seats are available. If the face icon is shown, it means all tickets have been sold. By clicking each showtime, you can proceed to the purchase page. Then, decide the number of tickets you want and choose your seats. If you visit our theater without a ticket, you may have to wait in line to buy your tickets.

Select Date

Today	Sun.	Mon.	Tues.	Wed.	Thu.
JUN 30	JUL 01	JUL 02	JUL 03	JUL 04	JUL 05

Click a movie time

Die Hard 1 hour 30 mins

10:00 a.m.	1:30 p.m.	4:00 p.m.	6:30 p.m.	8:30 p.m.
	84		58	42

Chinatown 2 hours 5 mins

9:45 a.m.	1:00 p.m.	4:30 p.m.	7:30 p.m.
94		54	36

The Dark Knight 3 hours 10 mins

9:30 a.m.	2:00 p.m.	6:00 p.m.	10:30 p.m.
40		20	18

The movies which end after 9:30 p.m. are only for adults.

(3) If the face icon is shown, (　　　).
　ア you get information about the movie
　イ it means that you need to show your student ID card
　ウ the movie will not be played at that showtime
　エ you cannot buy your ticket for that showtime

(4) If you go to the theater at 4:00 p.m. on July 3 without a ticket, you (　　　).
　ア can enjoy “Chinatown” 30 minutes later
　イ have to pay an additional fee to see any movies
　ウ have to wait until 6:00 p.m. to see “Die Hard”
　エ can enjoy “The Dark Knight” free of charge

(5) If you are 15 years old, you can purchase an advance ticket for (　　　).
　ア the 6:30 p.m. showtime of “Die Hard”
　イ the 7:30 p.m. showtime of “Chinatown”
　ウ the 10:30 p.m. showtime of “The Dark Knight”
　エ the 8:30 p.m. showtime of “Die Hard”

Ⅳ　次の英文を読んで，後の各設問に答えなさい。

In many parts of Europe, the temperature reached 40°C in July, 2022. The brutal heat is a threat to not just the health of people. Art museums (a) *the Louvre in Paris, France, have ①[that / be / paintings / by / to / hurt / could] the heat. The famous "Mona Lisa," by Leonardo da Vinci, is (b) them.

The "Mona Lisa" may keep her mysterious smile because she is protected by one of Paris' best-kept secrets: an underground cooling system.

The little-known "urban cold" network is about 100 feet (②). It pumps out icy water through 55 miles of winding pipes, which cools the air in over 700 sites. The system, which uses electricity generated by renewable sources, is the largest in Europe.

Three of the 10 high-tech cooling sites lie on the *Seine river. When the Seine's water is cold enough, a machine catches it and uses it to cool the system's water. The ③[is / a / heat / creates / created / byproduct / as] sent back into the Seine. The cooled water is then pumped through the system's pipes to its 730 clients in Paris. The cooling sites all use renewable energy sources such (c) wind turbines and solar panels. Four new solar energy sites, which will feed into this network, are planning to be built.

Paris City Hall has now signed an ambitious *contract to increase the size of the network to 157 miles (d) 2042. The new contract will make the system (④) as large as now, and make it the largest urban cooling system in the world. This will help the city to fight against the threat of global warming.

The city is extending the cooling network to hospitals, schools, and metro transit stations over the next twenty years. It is possible the systems will be used in several Olympic sites in 2024.

When it gets hot, people often use air conditioning units. However, if all buildings in Paris use air conditioning, it will gradually create a very significant urban 'heat island' effect, which means the increased heat in cities. There is more urban infrastructure such (c) roads, which take in the sun's rays, making things hotter. (⑤) the pipe network may make the whole of Paris 1.0°C cooler.

（注）*the Louvre　ルーブル美術館　*Seine river　セーヌ川　*contract　契約

問１　空所（a）～（d）に入る最も適切な語を，次のア～キから１つずつ選び，記号で答えなさい。

ア until　イ among　ウ by　エ as　オ of　カ like　キ at

問２　下線部①，③の［ ］内の語句を正しく並べかえなさい。ただし，それぞれ余分な語が１つずつある。なお③にある byproduct は「副産物」という意味である。

問３　空所（②），（④），（⑤）に入る最も適切な語句を，次のページのア～エからそれぞれ１つ選び，記号で答えなさい。

(②) ア high イ wide ウ long エ deep
(④) ア half イ twice ウ three times エ four times
(⑤) ア So イ Because ウ Though エ But

問4 以下の説明に当てはまる語を本文中から1語で抜き出しなさい。
"the power that is carried by cables and is used to make machines work"

Ⅴ 次の英文を読んで，後の設問に答えなさい。

Cars are becoming more and more technologically advanced. In the past decade, we have seen improvements in electric car technology and driverless cars. The latest advance comes from Mercedes-Benz. The luxury carmaker has unveiled a car (①) allows you to use your mind to make certain things work. The car giant unveiled its futuristic car at the IAA Mobility show in Munich earlier this week. The car is called Vision AVTR. The four capitalized letters at the end of its name are to make people think of the movie Avatar. This movie was about using the brain to connect with nature. A Mercedes spokesperson said the car would not be available for purchase any time soon. It is currently in the concept stage of production.

Mercedes is adopting a technology called brain-computer interface (BCI) in the Vision AVTR. The car's computers "read" brain signals and translate them into actions. Mercedes says the system needs about a minute to get to understand a new driver's thought processes. The driver will then be able to perform certain functions in the car using just their thoughts. Mercedes spokeswoman Britta Seeger spoke about (②) the futuristic car was. She said: "Mercedes-Benz is setting another milestone in the merging of man and machine." The Mercedes website says: "As soon as you get in, the car becomes an extension of your own body and a tool to discover the environment."

問1 空所(①)，(②)に入る最も適切な語句を，それぞれ次のア～エから選び，記号で答えなさい。
(①) ア who イ which ウ when エ where
(②) ア how she thought excited イ how she thought exciting
ウ how excited she thought エ how exciting she thought

問2 以下は本文をまとめたものです。（1）～（8）に適する語を，ア～チの中から選び，記号で答えなさい。同じ記号は2回以上使用してはいけません。また，大文字で始めるべき語も全て小文字から書かれています。

Cars are now advanced. (1) are electric cars and driverless cars. The latest advance is a car that (2) you use your mind to (3) things. It is from Mercedes. It is called the Vision AVTR. The letters "AVTR" make people think of the movie Avatar. We cannot (4) the car yet because it is just a concept car.

The Vision AVTR (5) brain-computer interface. Computers "read" the driver's brain. The driver can do things (6) use of only their thoughts. Mercedes said it is a (7) step in the (8) of man and machine. It said: "The car becomes an extension of your own body and a tool to discover the environment."

ア making	イ uses	ウ buy	エ joining	オ here
カ control	キ choice	ク lets	ケ jumping	コ big
サ drive	シ allows	ス sell	セ setting	ソ there
タ small	チ limit			

Ⅵ 以下の設問に答えなさい。

1．（ ）内の日本語を［ ］の語を用いて英語に直しなさい。その際，［ ］内の語も含み英語６語になるようにしなさい。（don't などの短縮形は１語と数える）

A：Hello. Kaichi Bank. How may I help you?

B：Hello. I would like to send money to my son in the U.S. Can I do it through your bank?

A：Yes. The Omiya branch deals with that.

B：Fine. Is there anything I need to bring to the bank?

A：Yes, you need to bring your ID and if you have an account at the bank, bring your bankbook, please.

B：What are your office hours?

A：The bank is open from 8:30 a.m. to 4:00 p.m. but（お客様のいかれる窓口[section]）is open until 3:00 p.m.

B：I see. Thank you very much.

2．［ ］内の単語を用いて自然な会話文になるように６語の英文を作りなさい。
（［ ］内の単語は１語と数え，また don't などの短縮形も１語と数える）

A：I have a short business trip next week. Could you do some housework while I'm away?

B：Sure. What do you want me to do?

A：First, water the flowers in the garden early in the morning.

B：OK, no problem.

A：Next, make breakfast for everyone because your mother is very busy in the morning.

B：All right. I can make scrambled eggs, toast, and coffee.

A：The plates are on the top shelf. The shelf just under that, in the middle, is for glasses and cups.

B：Dad, I know. I know.

A：And in the evening, [read] Ayumi?

B：Sure, that'll be fun.

イ　この俊寛を最後に見捨てていいのですか。
ウ　二人が俊寛を見捨ててしまうのかどうか。
エ　俊寛殿をとうとう見捨て申し上げるのか。
オ　俊寛殿も結局見捨てられなさるのですか。

問４　傍線部③「九国の地まで」とあるが、この後に省略されていると考えられる五字の表現を文中から抜き出して答えなさい。

問５　傍線部④「かなひ候ふ」をすべて現代仮名遣いのひらがなで書きなさい。

問６　傍線部⑤「取り付き」、⑥「引き除け」の主語をそれぞれ文中の語で答えなさい。

問７　この文章に関する説明として適切でないものを次の中から選び、記号で答えなさい。

ア　俊寛が高慢な態度をとる人物だったことが表現されている。
イ　仏道に関わる身とは思えない俊寛の醜態が表現されている。
ウ　一人だけ赦免されなかった俊寛が同情的に表現されている。
エ　俊寛の必死さと周囲の冷徹さとが対照的に表現されている。
オ　一人取り残される虚しさが「白波」の語に表現されている。

問８　『平家物語』と同じ時代に書かれた作品として最も適切なものを次の中から選び、記号で答えなさい。

ア　『源氏物語』　イ　『枕草子』　ウ　『古今和歌集』
エ　『太平記』　オ　『方丈記』

3 平安時代末期の僧俊寛（しゅんかん）は、平氏打倒の謀議を開いた罪により、藤原（ふじわらの）成経（なりつね）・平康頼（たいらのやすより）とともに薩摩（現在の鹿児島県）の鬼界（きかい）が島に流された。その翌年、平清盛の娘が懐妊したため、成経と康頼は赦免（しゃめん）されて都へ戻ることになったが、俊寛だけは許されなかった。以下は、成経と康頼を乗せた船が鬼界が島から出航する場面である。これを読んで後の問いに答えなさい。

すでに纜（注1 ともづな）解いて船押し出だせば、僧都（注2 そうづ）綱に取り付き、①腰になり、脇になり、長（たけ）の立つまでは引かれて出づ。長も及ばずなりければ、僧都、船に取り付き、「さていかに、おのおの（それで、ねえ　諸君）。②俊寛をばつひに捨てはて給ふか。ａ日ごろの情けも今は何ならず。許されなければ、都までこそかなはずとも、せめては、この船に乗せて③九国の地まで。」と、くどかれ（くり返し言ったけれど）けれども、都の御使（おんつかひ）、「いかにも④かなひ候（さぶら）ふまじ（どうにもなりませんね）。」とて、⑤取り付き給ひつる手を⑥引き除（の）けて、船をばつひに漕（こ）ぎ出だす。僧都ｂせん方なしに、渚（なぎさ）に上がり倒れ伏し、幼き者の乳母（めのと）や母などを慕ふやうに、ｃ足摺（ず）りをして、「これ、乗せて行け。具して行け（連れて行け）。」とのたまひて、喚（をめ）き叫び給へども、漕ぎゆく船の習ひにて、跡は白波ばかりなり。

（『平家物語』）

注１「纜」……船をつなぎとめておく綱。
注２「僧都」……僧正（そうじょう）に次ぐ高位の僧。ここでは俊寛のことを指す。

問１　波線部ａ～ｃの意味として最も適切なものをそれぞれ次の中から選び、記号で答えなさい。

ａ「日ごろの情け」
ア　いつもの風流心　　イ　この数日の愛情
ウ　何気ない思いやり　　エ　ふだんの友情
オ　昔からの恩義

ｂ「せん方なしに」
ア　泳ぐことができずに　　イ　悲しみにとらわれて
ウ　責める相手もなくて　　エ　どうしようもなくて
オ　何も言い返せなくて

ｃ「足摺りをして」
ア　痛めた足をさすって　　イ　じだんだを踏んで
ウ　砂に足をつっこんで　　エ　土下座のようにして
オ　両足をひきずって

問２　傍線部①「腰になり、脇になり」とはどのようなことか。その説明として最も適切なものを次の中から選び、記号で答えなさい。
ア　着物を腰や脇まで脱いで泳いでいるということ。
イ　腰や脇腹に必死でしがみついているということ。
ウ　腰や脇に綱を巻きつけて抵抗しているということ。
エ　腰や脇にすがるようにして頼んでいるということ。
オ　水深がだんだん深くなってきているということ。

問３　傍線部②「俊寛をばつひに捨てはて給ふか」の解釈として最も適切なものを次の中から選び、記号で答えなさい。
ア　この俊寛を結局お見捨てになるのですか。

ての瑞々(みずみず)しさが口の中一杯に広がるのです。畑を見ながら家族でキュウリを齧りつつ、私は一人奇妙な感傷の中にいました。こういうおやつも、幼い私はきっと食べたかったんだな、と。

（『キュウリ』仁木英之）

注１「だんじり」……お祭りの際に引いたり担いだりする出し物。山車。
注２「磯部焼き」……お餅を焼いて、醤油をつけて海苔で巻いたもの。
注３「ダブルソーダやチューーペット」……どちらも冷菓の商品名。
注４「きしめん」……平打ちにされた幅が広く薄い日本の麺。またそれを使った料理。

問１　波線部ａ～ｃの語句の本文中での意味として最も適切なものを次の中からそれぞれ選び、記号で答えなさい。

ａ「与しない」
ア　同意しない　　イ　関与しない　　ウ　理解しない
エ　意味しない　　オ　躊躇(ちゅうちょ)しない

ｂ「かもしだして」
ア　邪魔しだして　　イ　偽りだして　　ウ　作りだして
エ　良くしだして　　オ　運びだして

ｃ「安普請」
ア　安心できる作り　　イ　必要最低限の作り　　ウ　安全な建物
エ　粗雑な建物　　オ　一般的な建物

問２　二重傍線部Ａ～Ｃの漢字の読みをひらがなで答えなさい。

問３　傍線部①「最強の団子、吉備団子」とあるが、なぜ「吉備団子」を「最強」と言うのか。本文の語句を用いて説明しなさい。

問４　傍線部②「吉備団子のおいしさを知っていた」とは、ここではどういう意味か。最も適切なものを次の中から選び、記号で答えなさい。

ア　吉備団子を実際に作ることで、どんな味かを理解していたということ。
イ　吉備団子を実際に食べてみたことで、味が分かっていたということ。
ウ　吉備団子の味を家族から教わったことで、味が想像できていたということ。
エ　祖父の思い出の味である吉備団子を、素晴らしい味だと思っていたということ。
オ　桃太郎の物語を読むことで、吉備団子の味が想像できていたということ。

問５　傍線部③「吉備団子」とあるが、ここで言う「吉備団子」として、最も適切なものを次の中から選び、記号で答えなさい。

ア　スゴイ団子　　イ　最強の団子
ウ　ホンモノの吉備団子　　エ　「青春の味」
オ　天下無敵の吉備団子

問６　傍線部④「餅は磯辺焼きで、ピザはトースターで温めて食べること自体は、嫌いではありませんでした」とあるが、この表現に込められている当時の筆者の心情を、三十字以上四十字以内で説明しなさい。

問７　傍線部⑤「それは親の合理的な判断であった」とあるが、どういうことか。分かりやすく説明しなさい。

問８　傍線部⑥「脂と糖は舌の恋人です」とあるが、ここに含まれる表現技法として、最も適切なものを次の中から選び、記号で答えなさい。

ア　直喩　　イ　擬人法　　ウ　対句法
エ　倒置法　　オ　体言止め

忙しかった両親に庭の手入れをする余裕はありませんでした。年に数度、母方の祖父が庭の手入れに来ていたことを思い出します。

　母はおやつを作る時間などないものですから、棚や冷凍庫の中に用意してくれているのが常でした。おやつというとお菓子が出て欲しいというのが子供の願いなのでありますが、真空パックされた餅か冷凍庫に詰められた小さなピザであることが多かったのです。**④餅は磯辺焼き**[注2]**で、ピザはトースターで温めて食べること自体は、嫌いではありませんでした。**一人のおやつを食べている間、本やテレビを堪能することができましたし、妄想にふけることも限りなくできたからです。

　夕食が遅めの我が家では、おやつは腹もちが良くなければならず、一人で温めたりできるものでなければならない。**⑤それは親の合理的な判断であった**と思います。夏場になれば、棚に入っているのが五十円玉に変わることがあって、ダブルソーダ[注3]やチューペット二本など好きな冷菓を手に入れることができ、それはそれで満足度の高いものでした。一人でツツジの青い葉を見ながら食べるつまらなさを除いては。

　家族が家にいて、おやつを食べるという経験もきっとあったはずです。週末にまで両親がいないというわけではありませんでしたから。それでも、平日の昼下がりに食べた餅とピザの味が、記憶にずっと残っているわけです。

　おやつの時間には学校にいる、塾にいる、本屋さんにいる、ゲームセンターにいる、という生活が中学、高校と続きました。大学生になったらなったでおやつを食べるようなお金はないものですから、生活の中からそもそもおやつを食べるというリズムは消えていきました。腹を満たす間食はありましたが、それはおやつではなくやはり食事だったのです。唐揚げ入りのきしめん[注4]をおやつとは言いません。

　おやつはしばしばＡ**不摂生**の代名詞として使われ、ダイエットの目の敵にされることがあります。ですが、不摂生がしたくて仕方のない時期も確かにあるのです。それは仕事や私生活のストレスがたまっていたり、どうしようもなく口寂しい時でした。空腹でもないのに菓子の類を頬張ってしまう。**⑥脂と糖は舌の恋人です。**うまく付き合えばこれ以上ない喜びを与えてくれるはずなのに、こうなると自分がＢ**貪**っているのか菓子に搾られているのか、わからなくなってきます。

　おやつはもはやＣ**甘美**なものでも喜びでもなくなり、暮らしの中から消え失せて長い時間が経ちました。でも、娘が生まれ、育ってくるとそうもいかなくなります。子供の旺盛（おうせい）な食欲を見ていると、おやつをあげないのもかわいそうなのです。

　自宅にはかつて住んだ長屋よりは少し広い程度の庭があります。私は家にいる仕事で、妻も今は主婦をやってくれているので野菜を育てています。ナスやトマト、オクラなどを植えていますが、その中にキュウリの苗を二本植えました。支柱を立て、ネットをかけてつるを這（は）わせるとどんどん伸びる。そして毎日のように実をつけてくれるのです。妻はそのキュウリを洗って棘（とげ）を取ったものをおやつだと言いました。おやつといえば炭水化物であり、脂であり糖であった自分には不思議な体験でした。

　娘は切ったキュウリを好まず、かわいい歯音を立て丸齧（まるかじ）りをしては、嬉しそうに笑います。不思議な気持ちで私も齧ると、青い香りと穫（と）りた

知ってしまった今となっては、あのときに感じていた幻のおいしさを再現する方法を知らないけれど、とにかく、私は吉備団子を食べるよりも前に、②**吉備団子のおいしさを知っていた**のである。

ところで私の母方の祖父は、岡山の第六高等学校（現在の岡山大学）の出身である。その関係もあるのか、今は亡き彼の好物は吉備団子であった。祖父から直接に聞いたことはないが、ひょっとすると「青春の味」であった、ということもあり得る。そういうわけで、吉備団子という言葉を憶えた何年後かに、私は祖父母の家でホンモノの吉備団子を食べた。そのとき、ガッカリしなかったといえば嘘になる。鬼も倒せるぐらいの力を与えてくれる天下無敵の団子として理想化されていたのだから、それはしょうがない。

さらに十五年ほど時が流れ、私が大学を出て働き始めてからのことである。

当時、恋人が福山[注1]で暮らしていて、私はときどき会いに出かけた。福山駅で彼女と別れて京都へ帰るとき、私は土産物売り場で、廣榮堂の吉備団子を見つけた。福山は広島県になるが、文化圏的には岡山に近いから、吉備団子がお土産であってもおかしくない。そういうわけで私は吉備団子を買った。一応は広島県民としての自覚がある彼女は、「どうしてモミマン(もみじ饅頭)[注2]ではないのか?」と少し淋しげであったものの、それ以来、私が福山に訪ねていったときには、必ず改札前で別れるときに、吉備団子を持たせてくれたものである。

子どもの頃の失望の記憶はすでに遠く、吉備団子のぷにぷにとした食感と、淡い甘さがステキに感じられた。どことなく、彼女のほっぺたを思わせた。この吉備団子は、桃太郎の物語を読んだときに抱いた幻のおいしさからはずいぶん遠く隔たっている。しかし悪くはない。

その彼女が現在の妻である。妻はなんとなく③**吉備団子**に似ている。妻がたまに実家に遊びに行ったときなどは、やっぱり吉備団子を買って帰ってくる。おやつの時間に封を開けるとき、

「おや、小さな妻がたくさん入っているぞ」

と思ったりする。

と、なんだかへんな話になりましたが、吉備団子はおいしいです。とくに私は、廣榮堂の「むかし吉備団子」の優しい味が好きであります。

（『吉備団子』森見登美彦）

注１「福山」……広島県東部の市の名前。岡山県との県境にある。
注２「もみじ饅頭」……もみじの葉をかたどった焼き饅頭。広島の銘菓。

（文章２）

大阪市の平野区というところは、住宅地や工場が入り混じって建ち並ぶ下町です。その中でも私が幼い頃住んでいた喜連という地は古く小さな家々が密集し、未舗装の道や田畑も残された場所でした。隣町の神社の祭り[注1]に出るだんじりを見るのが何よりの楽しみだったことを思い出します。

住んでいたのは棟続きの長屋で、借家でした。隣はごく普通の勤め人のご夫婦で、ポメラニアンなど飼われていました。こう書くと随分上品な感じもしますが、くしゃみや夫婦喧嘩まで丸聞こえのc**安普請**だったのです。家の前にはごくわずかながら庭がありました。ヒラドツツジとヒイラギが植えられており、ツツジなどは春になると可憐な薄紅色の花を咲かせたものです。庭はそれこそ一坪程度のものでしたが、共働きで

論を研究していたことが他の哲学者たちの記述によって明らかになったので、原子論はきわめて危険な思想だとみなされたということ。

ウ　原子論のもとになる考え方は、ひとまずすべてのものを破壊してひとつひとつの粒に戻してしまおうとする考え方なので、価値観を破壊し調和を乱すような行動につながる可能性があるということ。

エ　当時は「自然は真空を嫌う」という考え方が広く信じられていたにもかかわらず、真空という概念を持ち出して原子論を唱えたデモクリトスは、人々の信じる神のことも否定するはずだということ。

オ　キリスト教会ではアリストテレスを神格化して崇拝していたので、彼と対立していたデモクリトスの学説は神をもおそれぬありえない理屈であり、そのような理屈を信じることは無礼だということ。

問8　この文章では、主にタレス、エンペドクレス、デモクリトス、アリストテレスという、四人の哲学者の考え方が紹介されていますが、この四人の考え方に共通している点を七十字以上八十字以内で説明しなさい。

2　次の2つの文章は「3時のおやつ」をテーマに書かれたエッセイである。文章を読んで、後の問いに答えなさい。

（文章1）

桃太郎の鬼退治の話を知ったのはいつのことであろうか。そんな遠い昔のことは忘れてしまったけれども、当時の私のやわらかな脳に刷りこまれた桃太郎の物語において、何が一番重要なことであったかというと、それは「吉備団子」であった。それだけはハッキリ言える。

桃太郎が鬼退治に出かけるとき、おばあさんが持たせた吉備団子。犬と猿と雉（きじ）という心強い仲間たちが手助けしてくれるのも、吉備団子のためだ。

ここに、物語を楽しむ力を失って、ぺらっぺらに干からびたオトナがいるとしよう。彼の意見はこうである。「鬼退治という一大プロジェクトだ、腰につけた吉備団子だけでは食糧として不十分である。それに犬と猿と雉も、団子ひとつで鬼退治に付き合うなんて阿呆（あほう）じゃなかろうか」

もちろん、この意見に私はa与（くみ）しない。

子どもの頃、私は「この吉備団子というものは、さぞかしスゴイ団子に違いない」と考えた。そう考えると、桃太郎の物語には、ちっともおかしいところはないのである。桃太郎世界を支配し、動かしているものは、あきらかに吉備団子だ。悪い鬼をやっつけたのは、桃太郎の力というよりも、吉備団子の力である。桃太郎という物語全体が、吉備団子を讃（たた）えるためにこそある。

①最強の団子、吉備団子。

ところで、私はホンモノの吉備団子を知らなかった。これは現代において桃太郎の物語を初めて読む子どもたちの多くがそうだろう。ひょっとすると岡山では吉備団子はそこらへんにたくさん転がっているものかもしれないが、少なくとも私が幼少期を過ごした頃の奈良では身近なものではなかった。

ところが、ひとたび吉備団子という言葉を知ってしまうと、桃太郎という物語の力ゆえに、その言葉が一種の「おいしさ」をbかもしだしてくるのだった。人間の想像力の不思議さである。現実の「吉備団子」を

問３　傍線部②「皮肉」とあるが、なぜ「皮肉」であるのか、理由を七十字以上八十字以内で説明しなさい。

問４　空欄Ａに当てはまる最も適切な表現を次の中から選び、記号で答えなさい。

ア　前後不覚でした　　**イ**　本末転倒でした
ウ　虚構にすぎません　　**エ**　偶然の産物でした
オ　賞賛に値します

問５　傍線部③「デモクリトスの原子論は、アリストテレスによって批判されます」とあるが、その理由として最も適切なものを次の中から選び、記号で答えなさい。

ア　アリストテレスは、どんな物質でも打ち砕いてただの粒に戻そうとするデモクリトスの考え方を乱暴だと感じ、認められなかったから。

イ　アリストテレスは、放射性の原子の存在によって、デモクリトスの「原子」は壊れることがないという理論を否定できると考えたから。

ウ　アリストテレスは、プラトンの弟子でアレクサンドロス大王の家庭教師であるという立場上、過去の哲学者を否定する必要があったから。

エ　アリストテレスは、デモクリトスの考えた「原子」もさらに細分可能と考える一方、原子のあいだにすきまがあるとは考えなかったから。

オ　アリストテレスは、デモクリトスの「原子」に関する理論よりも、周囲の人々の「自然は真空を嫌う」という感覚を重視したかったから。

問６　傍線部④「このような元素の考えは、人間の常識に受け入れやすい面があり」とあるが、なぜ「受け入れやす」かったと考えられるか、理由として最も適切なものを次の中から選び、記号で答えなさい。

ア　水・空気・土・火の４つの元素の混合によってすべてのものがつくられるという発想は、タレス以来の古代ギリシア人の常識だったから。

イ　「熱」「冷」「渇き」「湿り」など、人間が日常の生活の中で誰でも感じる感覚を用いて整理して説明しているため、理解しやすかったから。

ウ　人間は自分の目に見えるものしか信じないので、デモクリトスの唱えた原子論よりもアリストテレスの説明の方が納得しやすかったから。

エ　姿も形もない〝もとのもと〟という不思議なものが万物を形づくっているという考え方は、人々にとって魅力的な理論に感じられたから。

オ　デモクリトスの原子論は科学が発展した現代だからこそ理解できる考え方であり、古代ギリシア人には難しすぎて理解できなかったから。

問７　傍線部⑤「原子論は無神論者をつくり出す」とあるが、その説明として最も適切なものを次の中から選び、記号で答えなさい。

ア　原子論では霊魂まで含むすべてのものが原子によってつくられることになるが、その考え方は神がすべてを作り上げたという信仰を否定し、ひいては神の存在を否定することにつながるということ。

イ　デモクリトスが「神様などいるはずがない」という観点から原子

合ってできているが、「火、空気、水、土」という〝もと〟のそのまた〝もと〟というひとつからできている、ということです。つまり、一つの〝もとのもと〟を考えたのです。

彼のいう〝もとのもと〟とは何でしょうか。

彼の考えの〝もとのもと〟には、姿も形もありません。

●〝もとのもと〟に「熱」と「乾き」という性質が加わると、「火」が現れる

●〝もとのもと〟に「熱」と「湿り」という性質が加わると、「空気」が現れる

●〝もとのもと〟に「冷」と「湿り」という性質が加わると、「水」が現れる

●〝もとのもと〟に「冷」と「乾き」という性質が加わると、「土」が現れる

たとえば、なべに水を入れて火にかけると、火の性質のひとつの「熱」は、水の性質のひとつである「湿り」と一緒になり、〝もとのもと〟は「熱」と「湿り」を受けとって「空気」（本当は空気ではなく湯気）になって立ち上る。水が蒸発してしまうと、火の性質の「乾き」と水の性質の「冷」と一緒になって、土（本当は水に溶けていたカルシウムなどのミネラル分）になる、というわけです。

アリストテレスの、④**このような元素の考えは、人間の常識に受け入れやすい面があり**、とくにヨーロッパでは19世紀まで影響を与え続けました。また、彼の論理と自然についての考えは、多くの点でキリスト教会[注4]に利用されました。その結果、彼は神格化され、eケンイとして祭り上げられました。⑤**原子論は無神論者をつくり出す**ということで、キリスト教会やときの支配層によって追放されました。

（『中学生にもわかる化学史』左巻健男（さまきたけお））

注１「ミレトス」……アナトリア半島（現在はトルコ共和国の領土）にあった古代ギリシア人の植民市。

注２「シチリア島」……イタリア半島の南西にある島で、古代ギリシア人の植民地だった。

注３「放射性の原子」……カリウムやラジウムなど、自発的に放射線を放出して崩壊する元素がある。

注４「キリスト教会」……キリスト教では基本的に、人間を含むこの世界を創造したのは神だとされている。

問１　波線部ａ～ｅのカタカナをそれぞれ漢字に直しなさい。なお、文字は楷書で一画ずつ丁寧に書くこと。

問２　傍線部①「彼が目をつけたのは水です」とあるが、その理由として最も適切なものを次の中から選び、記号で答えなさい。

ア　船で海を旅していたタレスにとって水は最も身近なもので、万物が水からできていると考えると都合よかったから。

イ　水は温度によって姿を変えたり、消えてなくなったり、再び出現したりする、不思議な力を持っていると感じたから。

ウ　水が目まぐるしく形を変えたり、また元の形に戻ったりする点が、世の中のすべてのものに共通すると考えたから。

エ　水は人間の生活に最も必要とされるものであり、世の中のすべてのものにとっても同じように必要だと考えたから。

オ　タレスは、世界中を旅するなかで、私たちが生活の中で使っている水とは違う種類の水があることを発見したから。

れることがないと考えました。それを壊してもっと小さな粒にはすることができない一粒一粒を、ギリシア語の「壊れない物」から「アトム」（原子）とよぶことにしました。

彼は、もう一つ、大切なことに気づいています。それは「空っぽの空間」（空虚）、現代の科学のことばでいえば「真空」です。原子が、位置を占めたり、動きまわるためには、そのための「空っぽの空間」がなくてはならないと考えたのです。

彼が頭に思い浮かべたのは「無数の原子が、原子以外はない空っぽの空間の中で絶え間なく動きまわり、ぶつかり合ってはｄウズをつくり、ある原子は、別のいくつかの原子とくっつき合って、ひとつのかたまりになり、そのかたまりが、いつしか壊れて、もとのばらばらの原子に戻る」という世界です。「原子の並び方や組み合わせを変えれば、違う種類の物質をつくることもできる、万物は原子が組み合わされることでつくられている、〝火、空気、水、土〟も例外ではない」と考えたのです。

このような万物が原子からできているという理論を、原子論といいます。

デモクリトスは、原子論を霊魂までおしひろげ、霊魂も原子からできていて、その原子は丸くてすべすべして活発に運動し、生命のはたらきを起こさせるとしました。

デモクリトスの原子論からすると、鉄と鉛では同体積で鉛のほうがずっしり重く、やわらかいことはこう説明されます。

「鉛のほうが、原子が鉄よりもたくさん詰まっている。鉄は、原子の間にすきまがあるところとぎっしり詰まっているところがある。だから、鉛よりもすきまがあるのに硬いのだ。鉛は原子が平均的に詰まっているので、全体的にすきまが少ないのに鉄のようにぎっしり原子が詰まっているところもないからやわらかい」

現代の化学の根本原理は原子論です。[注3]放射性の原子の存在のために、「壊れることはない原子」の考えは誤りになっていますが、古代ギリシアの時代に、原子論を想像できた自然科学者がいたことは［　Ａ　］。

（中略）

③<u>デモクリトスの原子論は、アリストテレスによって批判されます。</u>アリストテレスは、デモクリトスがなくなった年に、まだ少年でした。

アリストテレスは、プラトンの弟子であり、大帝国をつくったアレクサンドロス大王が皇太子時代の家庭教師でもありました。アレクサンドロス大王は彼を大切にして、学問を研究するための費用を惜しみなく与えました。あらゆる分野について本を書き、弟子もたくさんいました。「アリストテレスのいうことなら間違いはない」というのが、学問をする人たちの気分でした。

アリストテレスは、原子論を「どんな物だって打ち砕けば小さな粒になるではないか、壊れることのない粒なんてありえない、また真空なんて存在するはずがない、見たところ空っぽの空間にも何かが詰まっているのだ」と批判しました。

彼の考えを人々は「自然は真空を嫌う」という言葉で言い表しました。

では、アリストテレスは万物をつくる〝もと（元素）〟をどう考えていたのでしょうか。彼は、万物はたった一つの原料、『いろいろな〝もと〟の、そのまた〝もと〟』から形づくられたと考えました。これは、万物は「火、空気、水、土」という〝もと〟が混じり合い、結びつき

【国　語】（五〇分）〈満点：一〇〇点〉

1　次の文章を読んで、後の問いに答えなさい。

「すべてのものは何からできているか」という**ａコンゲン**的な問いに、最初に答えたのはタレスです。タレスは、ミレトス[注1]の大貿易商人でした。地中海を船で旅したり、交易をしたり、オリーブ油をエジプトに売りに出かけたりしました。広い世界を歩いて、彼は「すべてのものは何からできているか？」という大問題と取り組んだのでした。

（中略）

タレスは「すべての物質がただひとつの〝もと〟からできているからに違いない」と考えました。①**彼が目をつけたのは水です**。

「水は冷えると氷になり、温めると元に戻る。温められた水は、目に見えない水蒸気に変わり、冷えると目に見える湯気になり、水滴をつくる。川や海や地面の水は、水蒸気になって空にのぼり、雲になる。雲からは雨や雪が降る。水の変わり方はさまざまで、どんなに変化しても消えてなくならない。金属の変わり方も、生物の体の変わり方も、水の変わり方と同じところがある。

姿や形は変化しても、それらのものが、消えてなくならないのは、すべてのものが何か〝もと〟のようなものからできているからだろう。金属や生物の体を形づくる〝もと〟も、みな同じではないだろうか。そこで、すべてのものを形づくる〝もと〟に〝水〟と名づけよう」

その〝水〟は、私たちが飲んだり、体を洗ったりする、そこらへんにある水ではありません。休むことなく変化し、姿を変えて他の物質を生み出し、やがて再び初めの姿に戻っていくような、万物の〝もと〟になるようなものは、〝水〟と名づけるのが一番ふさわしいと考えたのです。

タレスの〝水〟がきっかけになって、たくさんの学者が、何が万物の〝もと（元素）〟だろうかと議論を重ねました。ある人は〝もと（元素）〟を「空気」として、その圧縮と**ｂキハク**によって、それぞれ水と土、火ができ、それで自然界をつくりあげると考えました。またある人は〝もと（元素）〟を〝火〟として、「燃え上がり、消え、いつでも活動する火」を自然界になぞらえました。

（中略）

タレスのように、万物の〝もと（元素）〟をたったひとつと限定するのは無理があると考える者も現れました。シチリア島のエンペドクレス[注2]です。

彼は、万物の〝もと（元素）〟を、とりあえず水、空気、火、土の４つに設定し、「画家が絵具を混ぜるように、四元素の混合によって自然のすべてのものがつくられる」と述べました。水、空気、火、土のひとつひとつが、タレスが考えたように「不生・不滅」で、休むことなく姿を変え、いつかはもとに戻る元素なのです。

そんな時代に一人の知の巨人があらわれました。デモクリトスです。彼は73冊の本を書いたといわれていますが、今は一冊も残っていません。原子論は「神様などいるはずがない」という無神論を主張するものになるので、宗教を大事にする支配者や民衆から**ｃウト**まれて、燃やされたり捨てられたりしてしまったのでしょう。今、私たちがデモクリトスのことを知ることができるのは②**皮肉**にも、主に原子論に反対した哲学者たちが、彼の考えを自分の本に書き残していたからです。

彼は万物をつくる〝もと〟は、無数の粒になっていて、一粒一粒は壊

2023年度

開智高等学校入試問題（第２回）

【数　学】（50分）　＜満点：100点＞

【注意】(1)　電卓，定規，コンパス，分度器は使用してはいけない。

(2)　分数は既約分数に直し，無理数は分母を有理化し，根号内はできるだけ簡単に，比はもっとも簡単な整数値にして答えること。

(3)　【考え方】に記述がなく，答えのみの場合は得点にはなりません。

1　次の各問いに答えなさい。

(1)　$(x+1)(x-2)(x+3)(x-4)$ を展開しなさい。

(2)　方程式 $5x-\sqrt{6}=2\sqrt{6}x-2$ を解きなさい。

(3)　$3ab^2x-6abx-9ax$ を因数分解しなさい。

(4)　n は自然数とする。$\sqrt{96+n^2}$ が自然数となる n の値をすべて求めなさい。

(5)　$a>0$ とする。１次関数 $y=ax+1$ と，２次関数 $y=x^2$ の変域が $b \leqq x \leqq 2$ のとき，y の変域が一致した。a，b の値を求めなさい。

(6)　3，4，5，6，7の５枚のカードから３枚を選び，順に並べて３桁の自然数を作る。小さい方から数えて40番目になる自然数は何か答えなさい。

(7)　体積が $\dfrac{2\sqrt{2}}{3}$ である正四面体の内部に球が内接している。球の半径を求めなさい。

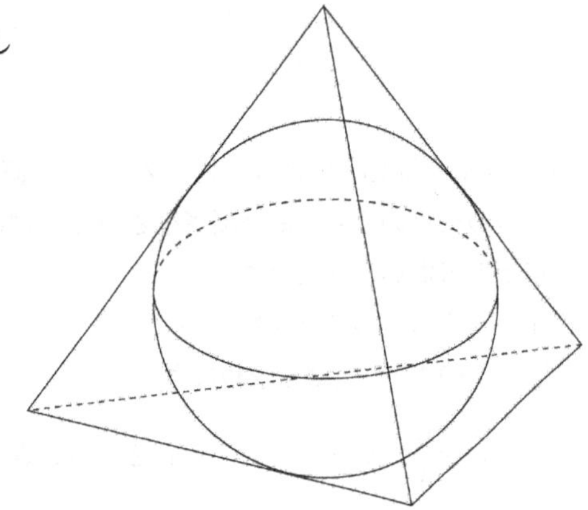

2　次の各問いに答えなさい。

(1)　10段の階段がある。A君はこれを１歩で１段または２段のぼる。

このとき

(i)　A君が６段目をふんでこの階段をのぼりきる場合の数は全部で何通りあるか答えなさい。

(ii)　A君が６歩ちょうどで階段をのぼりきる場合の数は全部で何通りあるか答えなさい。

(2) 座標平面上に３つの２次関数

$y = ax^2$，$y = bx^2$，$y = cx^2$

（$a > 0$，$b > 0$，$c > 0$，$a > b > c$）がある。

次の各問いに答えなさい。

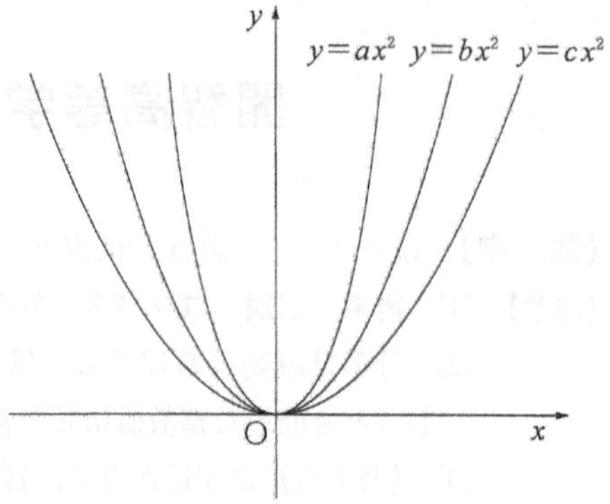

(i) ３つの２次関数と直線 $y = 1$ との交点のうち $x > 0$ を満たす点を，x 座標が小さい方から順にB，C，Dとする。

A（0，1）として，AB＝BC＝CDが成り立つときの $a : b : c$ を最も簡単な整数比で求めなさい。

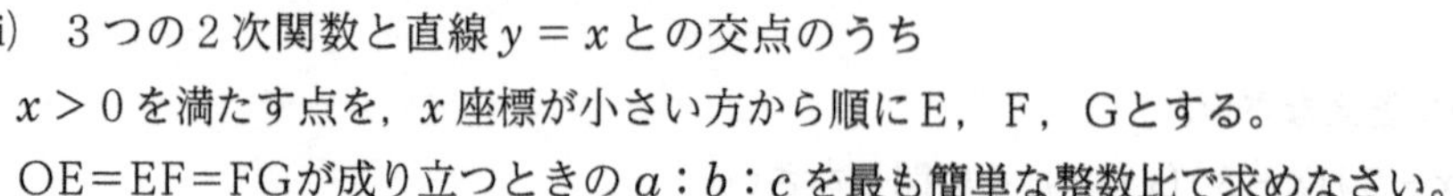

(ii) ３つの２次関数と直線 $y = x$ との交点のうち $x > 0$ を満たす点を，x 座標が小さい方から順にE，F，Gとする。

OE＝EF＝FGが成り立つときの $a : b : c$ を最も簡単な整数比で求めなさい。

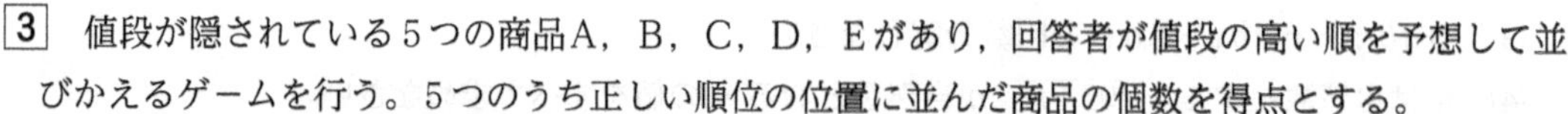

3 値段が隠されている５つの商品A，B，C，D，Eがあり，回答者が値段の高い順を予想して並びかえるゲームを行う。５つのうち正しい順位の位置に並んだ商品の個数を得点とする。

(1) 並べる方法は全部で何通りあるか答えなさい。

(2) 正解を知っている司会者から「商品を２つ選んで位置を交換するとすべて正しい順位の位置になることがある。」と言われた。

そのときはじめに回答者が並べていた並べ方は何通りか答えなさい。

(3) (2)において商品を無作為に２つ選んで入れかえた場合，何点になる可能性が最も高いか。その得点を答えなさい。

4 座標平面上に反比例のグラフ $y = \dfrac{6}{x}$ 直線 $y = x + 2$ がある。

２つの交点のうち，x 座標が小さい点を順にA，Bとする。

以下の各問いに答えなさい。

(1) 点Aの座標を答えなさい。

(2) △OABの面積を求めなさい。

(3) $y = \dfrac{6}{x}$（$x > 0$）上に点Pをとるとき，△OABと△PABの面積が等しくなった。

点Pの座標をすべて求めなさい。

5 AB＝7，BC＝9，CA＝4である△ABCがあり，

Aから直線BCに垂線AHを下ろす。

以下の各問いに答えなさい。

(1) AHの長さを求めなさい。

(2) △ABCに内接する円の半径を求めなさい。

(3) △ABCをAHを折り目にして折り，∠BHC＝60°となったところで止める。

できた三角すいABCHの体積を求めなさい。

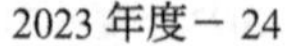

【英　語】（50分）　＜満点：100点＞

Ⅰ　以下の各設問に答えなさい。

1．The figure below shows a right-angled triangle. A cone is formed by revolving the right-angled triangle about line ℓ. Use π for the ratio of the circumstances of a circle to its diameter.

(1) Find the slant height x, in cm, of the cone.

(2) Find the base area, in cm^2 of the cone.

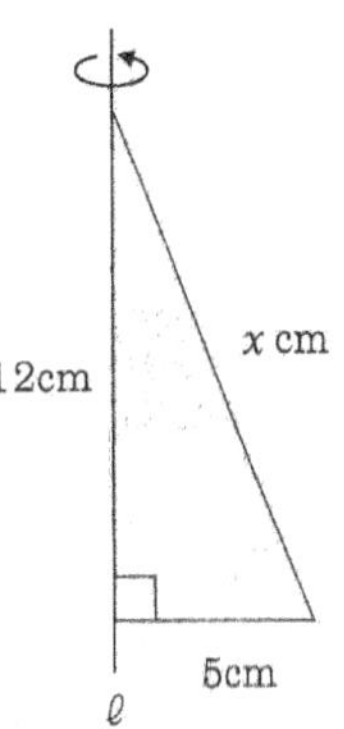

2．空所に入るべき英単語の意味を日本語で答えなさい。

(　　　) is the basic unit of life. Some organisms are made up of a single (　　　), like bacteria, while others are made up of trillions of (　　　). Human beings are made up of (　　　), too. There are lots of different types. Each type performs a different function. The study of them is a branch of biology.

3．空所に入れるべき歴史的出来事を日本語で答えなさい。

(　　　) took place in 1917 when the peasants and working-class people of Russia took violent action against the government of Tsar Nicholas Ⅱ. They were led by Vladimir Lenin and a group of revolutionaries called the Bolsheviks. The new communist government created the country of the Soviet Union.

4．以下の英文は誰のことを言っているか。日本語で答えなさい。

He was a civil rights leader in South Africa. He fought against apartheid, a system where non-white citizens were separated from whites and did not have equal rights. He spent more than twenty years in prison for his protests but became a symbol for non-white people in South Africa. Finally, he was released from prison through international pressure in 1990. One year later he became president of South Africa.

Ⅱ　以下の各設問に答えなさい。

A　それぞれの対話を読み，Question に対する答えとして最も適切なものを，ア～エのうちから１つずつ選びなさい。

(1) A：You're back from the trip! What countries did you visit this time?

B：Before visiting Argentina, I went to Chile and Paraguay.

A：I thought you went to Brazil.

B：I went there last year.

Question: What country did the woman visit last?

ア　Argentina.　　イ　Brazil.　　ウ　Chile.　　エ　Paraguay.

(2) A：Do you have change for a ten thousand yen bill?
B：I'm sorry I don't.
A：Is there a convenience store near here?
B：Yes, you can find one at that corner.
Question: What does the man want to do?
ア Change money.
イ Borrow money.
ウ Pay by credit card.
エ Change a store.

(3) A：I'd like a dozen pink tulips and three yellow ones.
B：Sorry, sir, but we have only ten pink ones left.
A：I'll have two more in yellow then.
B：Certainly.
Question: How many yellow tulips is the man buying?
ア 2.　イ 5.　ウ 10.　エ 12.

(4) A：What time is our flight?
B：The departure time is 10:50, on schedule.
A：Boarding usually starts 30 minutes before, right?
B：Really? It's already past that time.
Question: When is this conversation probably taking place?
ア 10:05.　イ 10:15.　ウ 10:25.　エ 10:55.

(5) A：Why don't we have Mac's pizza for dinner tonight?
B：But eight dollars a pizza is too expensive.
A：Yeah, but they are on sale for three for the price of two.
B：Really? Let's get three then.
Question: How much will they pay for the pizzas?
ア $6.　イ $8.　ウ $16.　エ $24.

(6) A：Let's stop here. I have to fill up the tank before the long drive.
B：Let's get the car washed, too.
A：OK... Well, where did I put the prepaid card?
B：It's in the door pocket here.
Question: Where are they going to stop?
ア A bank.
イ A fast-food restaurant.
ウ A car shop.
エ A gas station.

(7) A：What time shall we meet?
B：Well, the movie times are 10:30, 12:40, 2:50 and 5:00, but I can't leave before noon.

A：OK.　Let's meet outside the theater ten minutes before the third showing.
B：Sure.
Question: What time will they meet?
ア　12:30.　　イ　2:40.　　ウ　2:50.　　エ　4:50.

(8) A：I'd like to book this tour for two adults and two children.
B：The rate is $20 for each person.　How old are your children?
A：They're nine and six.
B：We offer half rates for children under eight.
Question: How much will the family have to pay?
ア　＄50.　　イ　$60.　　ウ　＄70.　　エ　＄80.

B　それぞれの対話を読み，最後の発言に対する応答として最も適切なものを，ア～エのうちから１つずつ選びなさい。

(9) A：It's warm today.　Let's go out somewhere.
B：No, I can't.　I have to do my homework.
A：Oh, you can do it tonight or tomorrow.
B：(　　　)
ア　But it will be colder tonight.
イ　Right.　I should not put it off till tomorrow.
ウ　Well, OK.　Where shall we go?
エ　Yeah.　I already finished it.

(10) A：I called you last night, but I couldn't reach you.
B：What time did you call?
A：Around nine.
B：(　　　)
ア　OK.　I'll be waiting for your call.
イ　OK.　I'll give you a call around nine.
ウ　Sorry.　I was not listening to you then.
エ　Sorry.　I was taking a bath at the time.

(11) A：We've run out of toothpaste.
B：Look in the closet.　There is some in there.
A：I already did.　There isn't any.
B：(　　　)
ア　Oh, I did it, too.
イ　Really?　Where is the closet?
ウ　There isn't?　Well, I'll go buy some.
エ　What?　I didn't know there was some in there.

(12) A：That's a nice coat you're wearing.
B：Thanks.　It fits me perfectly, but I paid too much for it.
A：But you can wear it for a long time.

B：(　　)

ア It's been a long time since I wore it last.

イ No. I didn't know how much it was then.

ウ Right. I'll take good care of it.

エ Yes, I'll buy a cheaper one.

(13) A：People are always telling me I speak English very well.

B：You must have studied and practiced it hard.

A：No, no. It's my mother tongue. That's why.

B：(　　)

ア I didn't know you were talking about your mother.

イ I see. That's a good way of practicing English.

ウ I didn't know your mother is an English teacher.

エ Wow. I thought Japanese was your first language.

(14) A：What's that delicious smell?

B：It's the onion soup I made.

A：Wow. That makes me so hungry.

B：(　　)

ア Then, let's make onion soup.

イ I hope you'll like it.

ウ You are a great chef.

エ Then, let's try some other restaurant.

(15) A：That camera is really cool! Is it new?

B：No. I've been using it for some time.

A：Ah, is it the one you said your brother gave to you?

B：(　　)

ア No, I bought it myself last year.

イ No, I think he bought it for someone else.

ウ Yes, this was a birthday present from my sister.

エ Yes, I gave it to my brother.

Ⅲ 以下の英文や資料を読み，設問の答えとして最も適切なものを，それぞれア～エの中から選びなさい。

You are a member of a neighborhood group. You have received a newsletter about the group's activities.

Hello everyone!

The weather has been extremely hot, hasn't it? I hope everyone enjoyed the summer (Obon) holidays. I know that everyone is very busy, but I have some important news items for our neighborhood. First of all, the baseball tournament is scheduled for the 9th of next month. If you are interested in playing, please let me know. Secondly, make sure to throw away your garbage in the proper garbage bags. And most importantly, the city will be having an earthquake drill next Saturday at 9 a.m. This drill is very important, so everyone is expected to take part in the drill. If you have questions or cannot participate, call the city office at 555-2344.

Thank you for your attention,

Taro Kaichi

(1) The main purpose of this letter is to (　　).
ア make plans for the summer (Obon) holidays
イ explain how people should discard the garbage
ウ decide when to hold the baseball tournament
エ tell his neighbors about an important safety drill

(2) You should contact Mr. Kaichi if (　　).
ア you want to attend the tournament
イ you cannot take part in the drill
ウ you have any questions about the earthquake drill
エ you don't know how to separate the garbage

You are in Iwatsuki Ward, Saitama City in your car. You are checking the city's website on your tablet to look for a place to park your car.

Saitama City — Parking Lot Finder

The following map shows your location and parking lots around Higashi Iwatsuki Station. The parking lot numbers are circled. The percentage shown under each circle indicates how crowded the parking lot is. When a parking lot is full of cars, you will see an "F" under the circle. If there is a cross in the circle, the parking lot is closed for the day.

If you tap the circle, you will find the opening and closing hours. The percentage is updated every fifteen minutes.

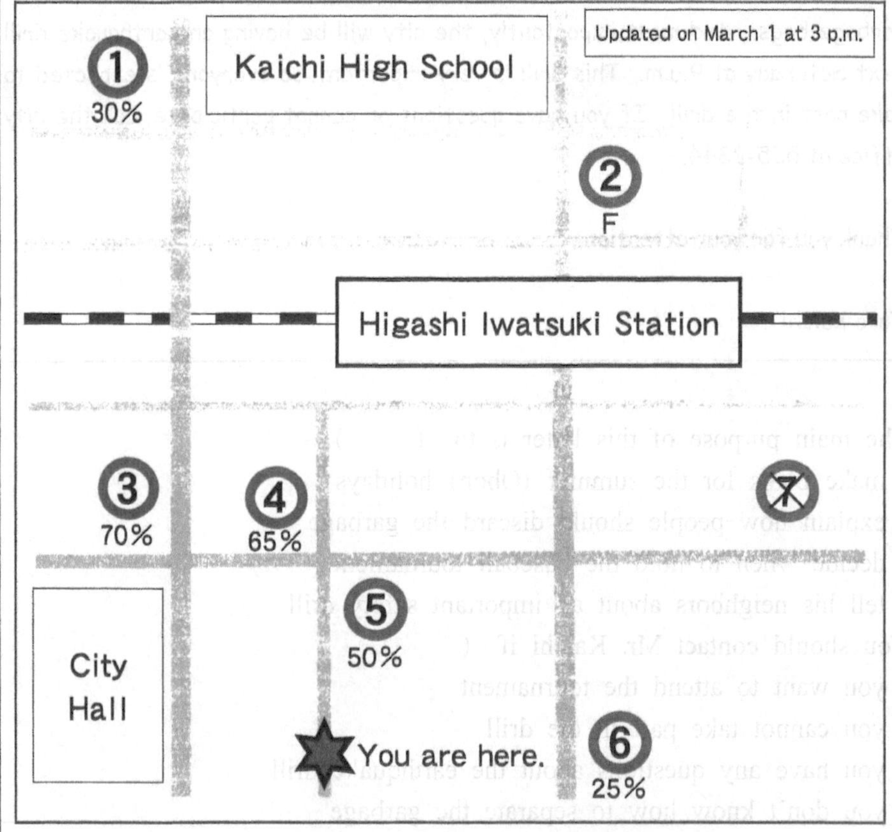

Note: Parking lot 3 will be closed for two weeks, beginning March 7.

(3) The parking lot nearest to you is (　　　).

ア closed　　イ full

ウ completely empty　　エ half-empty

(4) The nearest parking lot available to the people who will visit City Hall on March 11 will be （　　）.
ア Parking Lot 1　イ Parking Lot 2
ウ Parking Lot 3　エ Parking Lot 4

(5) By tapping the circle, you can get information about （　　）.
ア when the parking lot was built　イ when the parking lot is available
ウ how to get to the station　エ how many cars can be parked

Ⅳ 次の英文を読んで，後の各設問に答えなさい。

Some people have *wisdom teeth removed in their late teens and early twenties. Wisdom teeth are the last adult teeth to come into the mouth. But why don't they come in during childhood with the rest of our permanent teeth?

The answer comes down to how we develop when we are children. There is not enough room in a child's *jaw for wisdom teeth to come in. But as a child grows, his or her jaw grows, too. So there is （ ① ） room for wisdom teeth to come out, according （ a ） research published in a scientific journal in 2021. （ ② ）, many modern human jaws don't grow long enough for wisdom teeth to come in without problems. This is why wisdom teeth removal today is so common. Ancient humans ate tough foods. Their diets were full of hard nuts, uncooked vegetables, and chewy meat. People ③[what / could / ate / to / hunt / they] or gather. Eating and chewing these types of tough foods when they are young actually ④[grow / makes / becomes / the / longer / jaw]. These days, for many people, diet is much different than it was even 150 years ago. We have shifted to eating food that is softer and much easier to chew. This means that humans have （ ⑤ ） jaws than ancient humans did.

Another reason wisdom teeth come in during young adulthood instead （ b ） childhood is that they're not needed until then. Wisdom teeth are our third set of *molars. These are the flat teeth at the rear of the mouth. Molars are （ c ） crushing and grinding food. Ancient people would lose their molars because of tough food. Wisdom teeth would take the place of these lost teeth. They may be a backup for someone who have lost another molar tooth. But because most children don't lose their molars, wisdom teeth wait until adulthood to arrive. （ d ） other words, if you lose your molars when you are young, your wisdom teeth will be there to fill the gap.

（注） *wisdom teeth　親知らず（遅れて生えてくる奥歯，第三大臼歯）　*jaw　あご
*molars　臼歯（きゅうし），奥歯

問１ 空所（ a ）～（ d ）に入る最も適切な語を，次のア～キから１つずつ選び，記号で答えなさい。なお，文頭に来る語も小文字で示してある。
ア with　イ on　ウ by　エ for　オ of　カ in　キ to

問２　空所（①），（②），（⑤）に入る最も適切な語句を，次のア～エからそれぞれ１つ選び，記号で答えなさい。

（①）　ア　more　　イ　less　　ウ　many　　エ　other
（②）　ア　So　　イ　In addition　　ウ　For example　　エ　However
（⑤）　ア　softer　　イ　more　　ウ　longer　　エ　shorter

問３　下線部③，④の［　］内の語句を正しく並べかえなさい。ただし，それぞれ余分な語が１つずつある。

問４　以下の説明に当てはまる語を本文中から１語で抜き出しなさい。
“the kind of food people eat every day”

Ⅴ　次の英文を読んで，後の設問に答えなさい。

Everyone knows that good sleep is essential for our health, （ ① ） not everyone knows how essential it is to sleep in the dark. A new report says sleeping with the light on could be bad for our health. Researchers say turning off the light when we sleep helps to keep away diabetes and heart disease. Sleeping with the light on could increase the risk of getting these diseases. The researchers said around 40 per cent of people sleep with some sort of artificial light. They said even light from a television or alarm clock could affect our health. They added that the worst thing to sleep with is a main light. Sleeping in the dark is more difficult for people who live in large towns, where there is a lot of outdoor light at night.

The researchers are from the Northwestern University Feinberg School of Medicine in Chicago, USA. The lead researcher, Dr Phyllis Zee, is an expert in sleep medicine. She said it is healthier for us to turn off all lights when we sleep. Her team conducted a study of the blood sugar levels of 20 people after nights of sleep. The people who slept with a light on had higher blood sugar levels the next morning compared to （ ② ）. Dr Zee said this is because light stimulates brain activity, which raises blood sugar levels. She said there are three things we can do to reduce the risk of illness: turn off the lights, never sleep with white or blue light; and use a blackout curtain or wear an eye mask.

問１　空所（①），（②）に入る最も適切な語句を，それぞれ次のア～エから選び，記号で答えなさい。

（①）　ア　therefore　　イ　so　　ウ　but　　エ　for
（②）　ア　those who were awake all day
　　　イ　those who slept only a few hours
　　　ウ　those who were awake at night
　　　エ　those who slept in total darkness

問２　以下は本文をまとめたものです。（１）～（８）に適する語を，次のページのア～チの中から選び，記号で答えなさい。同じ記号は２回以上使用してはいけません。

Sleeping in the dark is （　1　） for our health. Sleeping with the light on could be bad for us. We could get diabetes or heart disease. About 40 per cent of people sleep with a (2) light, like a television. The worst thing is sleeping with a main light. Sleeping in the dark is getting (3) for people in (4).

A (5) in sleep medicine said it is healthier to turn off lights when we sleep. She studied the blood sugar levels of 20 people. Those who slept with a light on had higher sugar levels than those who slept (6) lights. Light (7) the brain active. This (8) blood sugar. We should turn off the lights or wear an eye mask.

ア dark	イ matter	ウ important	エ happiness	オ without
カ increases	キ fails	ク day	ケ different	コ easy
サ professor	シ cities	ス deepens	セ non-natural	ソ impossible
タ makes	チ unclear			

Ⅵ 以下の設問に答えなさい。

1．（ ）内の日本語を［ ］の語を用いて英語に直しなさい。その際，［ ］内の語も含み英語６語になるようにしなさい。(don't などの短縮形は１語と数える)

A：I'd like to book a flight next Tuesday morning to Seattle.

B：Sure. There is one departing Portland at 8:30. It arrives at 11:30 a.m.

A：That's too late. I have an appointment thirty minutes earlier.

B：There is another one leaving at 7:00.

A：Good! But I'm afraid of a traffic jam（空港へ向かう途中で［way］）

B：You shouldn't be worried. The rush hour won't have started yet.

A：Then, I'll take the earlier flight.

2．［ ］内の単語を用いて自然な会話文になるように６語の英文を作りなさい。(［ ］内の単語は１語と数え，また don't などの短縮形も１語と数える)

A：I'm going to live alone from September. Do you have some advice for me since you've been living by yourself for five years?

B：Well, if you are going to buy some new furniture, be careful with the size.

A：OK. [thinking].

B：Don't you have one now at home?

A：My sister is going to use it after I leave home. So, I need a new one for my studio apartment.

B：I use a table for both eating and studying, and I don't have a desk just for studying. If you have both of them, there will be no space left. It's too much.

A：Yes, that's true. Thanks for the good advice.

り得給へりしかば（前から叙されていたので）、⑥大夫の君と聞こゆ（と呼ばれた）。やがて（まもなく）その秋の司召し[注6]に侍従になり給ひぬ。帝・春宮をはじめ奉りて（はじめとして）、天の下の（世の中の）男女、⑦この君を一目も見聞こえては（一目でもお見かけ申し上げては）、飽く世なくいみじき物に思ふべかめり（見飽きることのないすばらしい人だと思うに違いないようだ）。

（『とりかへばや物語』）

注１「引き入れ」……成人の儀式で成人する男子に冠を着ける役目のこと。
注２「殿」……若君の父親である権大納言のこと。
注３「大君」……第一の姫君、長女のこと。次女を「中の君」という。「女御」は后の位の一つ。「内裏」は天皇、「東宮」は皇太子のこと。
注４「禄」……褒美、祝儀。ここでは成人の儀式に対する祝儀のこと。
注５「冠」……ここでは五位の位階のこと。「大夫」は五位以上の役人の総称。
注６「司召し」……官職の任命式のこと。「侍従」は天皇に近侍した役人。

問１　傍線部①「世になき容貌」の訳として最も適切なものを次の中から選び、記号で答えなさい。

ア　この上なくひどい態度。
イ　この上なくひどい受け答え。
ウ　この上なくひどい顔だち。
エ　この上なくすばらしい態度。
オ　この上なくすばらしい受け答え。
カ　この上なくすばらしい顔だち。

問２　傍線部②「大臣」、④「春宮」の読みをひらがなで書きなさい。②は三字、④は四字で答えること。

問３　傍線部③「ことわりなり」の訳として最も適切なものを次の中から選び、記号で答えなさい。

ア　断りたいことだ。　イ　難しいことだ。
ウ　煩わしいことだ。　エ　すばらしいことだ。
オ　もっともなことだ。

問４　傍線部⑤「並べて見まほしく思さるべし」の意味を次のようにまとめた。空欄部をそれぞれ埋めなさい。

右大臣は、娘の［　A　］と若君とを［　B　］と考えた。

問５　傍線部⑥「大夫の君と聞こゆ」とあるが、誰が「大夫の君」と呼ばれたのか。文中の語で答えなさい。

問６　傍線部⑦「この君」とは誰のことか。文中の語で答えなさい。

見ます」とあるが、「月の模様」は国によって異なる見方をする。その理由を筆者はどう説明しているか。分かりやすく答えなさい。

問６　傍線部④「赤い月が不吉な気持ちをかき立てる」とあるが、筆者はその理由をどのように考えているか。理由として最も適切なものを次の中から選び、記号で答えなさい。

ア　月が赤くなると、自然災害が起きやすくなるから。
イ　月が赤くなっている間、人間の精神に悪影響があるから。
ウ　月が赤くなると、身の周りに不幸が起きやすくなるから。
エ　不吉を恐れる心から、人間は月を赤く見てしまうから。
オ　月が赤くなるのは、自然災害の影響が考えられるから。

問７　傍線部⑤「月はきっと盆のようではなく球のように見えていた」とあるが、なぜ筆者にはそのように「見えていた」のか。理由として最も適切なものを次の中から選び、記号で答えなさい。

ア　筆者が幼いころの月の形は、現在よりも球に近いものであったから。
イ　筆者は幼いころ読んだ本の知識から、月は球であるとして見ていたから。
ウ　幼い筆者の視力では、月を盆のように見ることは出来なかったから。
エ　月を盆のように見るためには、科学的知識を積む必要があったから。
オ　精神年齢によって、月の見え方というのは変わっていくものだから。

問８　空欄Ｙに入る言葉として、最も適切なものを次の中から選び、記号で答えなさい。

ア　月面からはいつも見えてしまいます
イ　月では常に同じ時間となります
ウ　日ごとに不規則な時間になります
エ　地球とは真逆になります
オ　月面からは見られません

２　※問題に使用された作品の著作権者が二次使用の許可を出していないため、問題を掲載しておりません。

（出典：原田マハ『デトロイト美術館の奇跡』）

３　**次の文章は若君が成人を迎える場面である。読んで、後の問いに答えなさい。**

若君の御引き入れ[注1]は、[注2]殿の御兄の右大臣殿ぞし給ふ。御上げまさりの（髪を結いあげた若君の一段とまさった）①**世になき容貌**（かたち）美しさ、かねて見聞こえしことなれど、いともて離れ、のし給へるを、引き入れの②**大臣**の愛（め）で奉り給ふさま、③**ことわりなり。**この大臣は、姫君のかぎりぞ（姫君ばかり）四人持ち給へる。[注3]大君は内裏の女御、中の君は④**春宮**の女御、三、四の君はただにておはする（まだ未婚でいらっしゃるので）を、⑤**並べて見まほしく思さるべし。**

禄[注4]（ろく）ども贈り物など、さらに世になき清らを尽くし給へり（世にないほどのぜいたくをお尽くしになった）。[注5]冠は童よ（成人

われているので、当たった光が四方八方に散乱されます。その結果、満月の端までくっきりと見え、球のような輪郭が暗くなるような見え方ではなく、平板を見ているように見えるというのです。あらためて月を観察してみると、確かに端までくっきりと明るく、まるでお盆のように見えるではありませんか。

　生半可な知識による先入観で濁った眼よりも、詩人の純粋な眼の方が月の見え方の本質を見抜いていたわけです。いろいろ蘊蓄を述べた後ではありますが、私は思います。科学的知識を使って芸術作品に登場する月にいろいろな意味を仕込んだり読み解いたりするのも面白いけれど、本物の月を見てそれを真っ直ぐに描写した作品の力は、やはりすごいものだと。

　一方、もし、観察し描写した月が科学的な月の真実と違っていても、その差にはきっと観察する者自身の内面の何かが強く投影された結果なのでしょう。幼稚園児の私にとって、⑤**月はきっと盆のようではなく球のように見えていた**と思うのですが、それも私個人の歴史の中では大切な真実です。

　アポロ計画終了から四十年以上、人類は月に行っておりません。しかし今、月開発の気運が急速に高まっています。十年以内に有人月探査が再開され、日本人宇宙飛行士も月に降り立つことでしょう。月の氷資源を採掘して、その氷から液体水素と液体酸素をつくって、火星に移住するロケットの燃料にしようという計画が、まもなく始まります。そのうち月から地球を見て俳句を詠む人も出てくることでしょう。

　月が地球に同じ面を向けているのと同じ理由で、月から見た地球は空のある一定の位置からほとんど動かず、空の同じ場所で満ちかけを繰り返します。地球の出や地球の入りは［　Y　］。そういう意味ではちょっと風流ではないかも知れませんね。しかし、月から見る地球の夜に人が灯す無数のあかりは、いろいろな感情をかき立ててくれることでしょう。

　地球から見上げる月も、月に人がいるのといないのとでは、心情の上で違った見え方をするのではないでしょうか。私は物心ついたころにはアポロ計画は終わっていたので、残念ながら「今、あの月に人が立っている」という e**カンガイ**を持ちながら月を見上げた経験がありません。しかし、あと数年でそのような機会が訪れるのだと思うと、わくわくします。

　そして、そう遠くない将来、人類は火星の地上から、火星の月、フォボスやダイモスを見上げるでしょう。地球の月のように美しい球体ではなく、ジャガイモのような形の火星の月を、火星に立つ人はどんな心情で見上げるのでしょうか。

（『月を穿って見る』佐伯和人）

問1　波線部a～eのカタカナをそれぞれ漢字に直しなさい。なお、文字は楷書で一画ずつ丁寧に書くこと。

問2　空欄Xに入る数字として、最も適切なものを次の中から選び、記号で答えなさい。

ア　三十　**イ**　四十　**ウ**　五十　**エ**　六十　**オ**　七十

問3　傍線部①「臥待月」とあるが、この名前からどのような月だと分かるか。分かりやすく説明しなさい。

問4　傍線部②「月は東に日は西に」とはどのような光景か。言葉を補って説明しなさい。

問5　傍線部③「月の模様を見て、日本人はウサギが餅をついていると

この模様、なぜ毎回同じに見えるかというと、月はいつも地球に同じ面を向けているからです。地球の引力は地球に近いほど強く働くので、月が完全な球体ではなく少しでも重さの偏りがあると、重い方が地球を向いたままになります。月の表側には黒く見える海と呼ばれる部分がありますが、これは溶岩が固まったもので白い部分よりも重い岩石なのです。月が惑星に同じ面を向ける現象は、地球の月だけでなく、火星の衛星フォボスやダイモスなど、多くの惑星の衛星で観られる現象です。

ところで月の模様ですが、北半球と南半球では模様の見える向きが逆さまになります。地球儀の北半球と南半球に小さな人形を立てて、赤道上空にある月を見ている様子を想像すればわかるかと思います。国によって月の模様を何に見立てるかは異なっており、これは文化の違いもありますが、南半球の国では見ている模様が逆さまであることも影響しているはずです。

なお、南半球は季節が北半球と逆になりますが、冬に満月の高度が高くなるのは同じです。月の高度に感じる季節感は世界共通ということになります。

月は気象も現わします。月がやたらと赤く見えることはないでしょうか。これは高層の大気に何かしら細かなチリが舞っていることを示します。大気中の細かなチリは光の青い成分を散乱させます。昼の空が青く見えるのは、太陽の光の青い成分が空いっぱいに散乱した結果ですし、夕日が赤いのは、太陽の光が大気をcナナめに通過することで青い光をたくさん散乱させた結果、赤い光の成分が残るためです。

月も高度が低い時には赤くなりますが、高くなっても赤い場合は、何かが空に舞っているのです。それは黄砂かも知れませんし、他の国の火山噴火で火山灰が地球規模に拡がったものかも知れません。ムンクの「叫び」という絵の背景のおどろおどろしい赤い空は、一八八三年にインドネシアで起きたクラカタウ山の巨大噴火による赤い夕日の印象だという説もあります。

何か月、時には何年にも亘（わた）って月が赤く見えるようになるのは、たいてい巨大火山噴火の影響です。そうなると、高層大気に何年もとどまる火山灰のために地上に届く太陽の光が減って、地球規模で冷害による飢（き）饉（きん）が起こりやすくなります。④赤い月が不吉な気持ちをかき立てるのは、そのような過去の記憶が時代を超えて現代にも伝わっているせいかも知れませんね。

さて、こんな知ったかぶった話を書いている私ですが、かつて自分の不明を恥じ入ったことがあります。私は一九六七年生まれなので、幼稚園に通園しているころには、アポロ計画ですでに十二人もの宇宙飛行士が月面を歩いた後でした。当時は幼児向けの絵本にまでアポロ計画の解説があふれていたので、私は幼稚園児ながら月がボールのような形であることを知っていました。そのせいか、そのころ習った文部省唱歌の「月」の歌詞が私は嫌いだったのです。「でたでた月が、まあるい、まあるい、まんまるい、盆のような月が」という歌詞です。作者はdフショウということです。当時の私は「月は球なのに、盆のようなとは、なんて幼稚な見方だろうか」と思ったわけです。

ところが、大学の教員になり、月探査計画「かぐや」の科学観測カメラの開発メンバーになって月観測の勉強をしているとき、とある英語の文献にこう書いてあるのを見つけたのです。「月はボールではなく平板に見える」と。月はレゴリスと呼ばれる直径一ミリ以下の細かな砂に覆

【国　語】〈五〇分〉〈満点：一〇〇点〉

１　次の文章は雑誌「俳句」に掲載されたものである。文章を読んで、後の問いに答えなさい。

私の専門は惑星地質学といって、月や惑星の岩石や地形からその天体の成り立ちを研究する学問です。その関係で仕事でも普段の生活でも月を見上げて眺めることが多いです。テレビドラマを見ているときも月が映るとじっくり見てしまいます。

ドラマでは時の経過や登場人物の心情を描写するために月の映像が使われることがありますが、この月、その場所や時刻に見られるはずのない月であることがあります。そうなると、ドラマの世界がａキョコウであることを一瞬思い出してしまって興ざめしてしまいます。

逆に言うと、月一つの描写で驚くほどたくさんの状況を説明できる可能性があります。月は時刻を表現します。月は場所を表現します。そして、月は気象を表現します。月の描写から何を読み取ることができるか、科学的な視点から解説してみましょう。

まず、時刻を表現するという話から始めましょう。俳句をされている方は、月の形に応じて地平線から月が昇る時刻を現わす名前がついていることをご存じかと思います。満月から二日ほどたった月齢十七日の月を「立待月（たてまちづき）」、十八日の月を「居待月（いまちづき）」（「居」は「座る」の意）、十九日の月は「①臥待月（ふしまちづき）」と月の形によって日が暮れてから昇るまでの時間が異なることが名前に現れています。

月は地球の周りを約一か月で回っています。そのために、月が昇ってくる時間は毎日約［Ｘ］分ずつ遅れていきます。電灯のない時代には、暗闇を照らす月が昇ってくるのが待ち遠しかったことでしょう。

地球から見て太陽の方向に月がある時は、地球から見えない反対側が太陽に照らされているので、明るいところが見えない新月となります。太陽の方向にあるので、太陽とともに昇り沈みます。その逆に満月は太陽と反対方向に月がある状況です。地球から見ている月面が全て太陽に照らされているからこその満月です。太陽が沈むころに昇って来て、太陽が昇るころに沈んで行きます。

〈菜の花や②月は東に日は西に〉という与謝無村の有名な俳句がありますが、これはまさに、月、地球、太陽が一直線に並んだｂソウダイな宇宙スケールの景色を想像させる句ですね。

月は新月から一日ごとに約［Ｘ］分昇るのが遅れるということと、太陽がある側が光っているということを意識しつつ、月を空に見つける練習をすれば、どんな形の月がいつ見えるか、だんだん予想がつくようになるでしょう。

月の高度も季節で変ります。満月付近の夜に見られる月の高度は太陽と反対で、夏は低く冬は高くなります。冬の月がことさら鮮やかに見えるのは、乾燥した気候の影響もありますが、高度が高く月光が大気を通過する距離が短くなることも大きく影響しています。

次に、場所すなわち観測者がいる所がわかるという話をしましょう。③月の模様を見て、日本人はウサギが餅をついていると見ます。このように見えるのは、満月が東の空から昇ってくる時で、真夜中に月が南中するころには、ウサギは前回りをしてちょうど頭と足が水平になったような状態になり、朝方月が沈むころには、逆さまになって頭から沈んで行きます。

第1回

2023年度

解答と解説

《2023年度の配点は解答欄に掲載してあります。》

<数学解答>

1 (1) $\frac{6y^2}{x}$ (2) $\frac{-x-y}{12}$ (3) $x=-3\pm\sqrt{3}$ (4) 3 (5) $a=\frac{4}{3}$, $b=0$

(6) 8個 (7) $\frac{14}{3}\pi-4\sqrt{3}-4$

2 (1) (i) $\frac{1}{3}$(考え方は解説参照) (ii) $\frac{2}{9}$(考え方は解説参照) (iii) $\frac{7}{27}$

(2) (i) $y=\frac{5}{2}x-2$ (ii) $D\left(7,\ \frac{49}{2}\right)$(考え方は解説参照) (iii) $\frac{81}{2}$

3 (1) 21個 (2) 5個 (3) 6216

4 (1) 解説参照 (2) $x=\frac{4}{3}$, $\frac{8}{3}$(考え方は解説参照) (3) 解説参照

(4) $x=\frac{4}{3}$, $\frac{5}{3}$(考え方は解説参照)

5 (1) 3:5 (2) $2\sqrt{13}$ (3) 5:4(考え方は解説参照)

(4) $\frac{\sqrt{39}}{3}$(考え方は解説参照)

○配点○

1~3 各4点×16 4 (1)・(3) 各5点×2 他 各4点×2 5 (4) 6点

他 各4点×3 計100点

<数学解説>

1 (文字式の計算, 2次方程式, 式の値, 平方根, 1次関数, 反比例, 変域, 場合の数, 三平方の定理, 面積)

(1) $(4x^2y)^2\times(3xy^3)^4\div(6x^3y^4)^3=16x^4y^2\times81x^4y^{12}\div216x^9y^{12}=\frac{16x^4y^2\times81x^4y^{12}}{216x^9y^{12}}=\frac{16\times81x^8y^{14}}{216x^9y^{12}}=\frac{6y^2}{x}$

(2) $\frac{x+3y}{4}-\frac{2x+5y}{6}=\frac{3(x+3y)-2(2x+5y)}{12}=\frac{3x+9y-4x-10y}{12}=\frac{-x-y}{12}$

基本 (3) $(x+2)^2+2(x+2)-2=0$ $x^2+4x+4+2x+4-2=0$ $x^2+6x+6=0$ 解の公式を利用する。$x=\frac{-6\pm\sqrt{6^2-4\times1\times6}}{2\times1}$ $x=\frac{-6\pm2\sqrt{3}}{2}$ $x=-3\pm\sqrt{3}$

(4) $2\sqrt{7}=\sqrt{28}$なので$\sqrt{25}<\sqrt{28}<\sqrt{36}$ $5<2\sqrt{7}<6$ $2\sqrt{7}$の整数部分は5 $2\sqrt{7}$の小数部分$a=2\sqrt{7}-5$ $a^2+10a=a(a+10)=(2\sqrt{7}-5)\times(2\sqrt{7}-5+10)=(2\sqrt{7}-5)\times(2\sqrt{7}+5)=28-25=3$

(5) $y=\frac{4}{x}$は$x=1$のとき$y=4$, $x=3$のとき$y=\frac{4}{3}$であり, $1\leqq x\leqq3$のときのyの変域は$\frac{4}{3}\leqq y\leqq4$ これと変域が同じになる$y=ax+b$は, $a>0$よりxが大きいほどyが大きくなるので, $x=1$のとき$y=a+b=\frac{4}{3}$…①, $x=3$のとき$y=3a+b=4$…② ②−①は$2a=\frac{8}{3}$ $a=\frac{4}{3}$ ①に代入す

ると$\frac{4}{3}+b=\frac{4}{3}$　　$b=0$

(6)　百の位が2のとき215より大きい数221，223，231，232が作れる。百の位が3のときは311，312，321，322が作れる。あわせて8個

重要 (7)　ADとBCの交点をEとする。△ABCはAB＝AC，AB：BC＝$2\sqrt{2}$：4＝1：$\sqrt{2}$なので，直角二等辺三角形であり，面積は$\frac{1}{2}\times2\sqrt{2}\times2\sqrt{2}=4$，△BDEは3つの角が30度，60度，90度，辺の比1：2：$\sqrt{3}$の直角三角形であり，DE＝$2\sqrt{3}$　　△BCD＝$\frac{1}{2}$×BC×DE＝$\frac{1}{2}\times4\times2\sqrt{3}=4\sqrt{3}$　　斜線部分は，円Dの一部である半径4，中心角60度のおうぎ形から正三角形BCDをひいた部分と円Aの一部である半径$2\sqrt{2}$，中心角90度のおうぎ形から△ABCをひいた部分の和である。$\left(4\times4\times\pi\times\frac{60}{360}-4\sqrt{3}\right)+\left(2\sqrt{2}\times2\sqrt{2}\times\pi\times\frac{90}{360}-4\right)=\frac{8}{3}\pi-4\sqrt{3}+2\pi-4=\frac{14}{3}\pi-4\sqrt{3}-4$

2 (確率，図形と関数・グラフの融合問題)

(1)　(ⅰ)　2秒で2回の移動をすることになるが，1回の移動につき3通りの進み方があるので，2回の移動で全部で3×3＝9(通り)の進み方がある。その中で2秒後に点Aにいる進み方はA→B→A，A→C→A，A→D→Aの3通りなので，その確率は$\frac{3}{9}=\frac{1}{3}$

(ⅱ)　2秒後の点Aにいるときは3秒後に点Aにはいけない。2秒後に点A以外にいるとき，それぞれ$\frac{1}{3}$の確率で点Aに戻る。2秒後に点A以外にいる確率は$1-\frac{1}{3}=\frac{2}{3}$　　3秒後に点Aにいる確率は$\frac{2}{3}\times\frac{1}{3}=\frac{2}{9}$

(ⅲ)　4秒後に点Aにいるのは，3秒後に点A以外のところにいて，4秒後に点Aにもどる時だけ。3秒後に点A以外にいる確率は$1-\frac{2}{9}=\frac{7}{9}$なので，4秒後に点Aにいるのは$\frac{7}{9}\times\frac{1}{3}=\frac{7}{27}$

基本 (2)　(ⅰ)　点Bは$y=\frac{1}{2}x^2$上で$x=1$なので，$y=\frac{1}{2}\times1^2=\frac{1}{2}$　　B$\left(1,\ \frac{1}{2}\right)$　　点Cは$y=\frac{1}{2}x^2$上で$x=4$なので$y=\frac{1}{2}\times4^2=8$　　C(4，8)　　直線BCの式を$y=mx+n$とおくとBを通ることから$m+n=\frac{1}{2}$…①　　Cを通ることから$4m+n=8$…②　　②－①は$3m=\frac{15}{2}$　　$m=\frac{5}{2}$　　①に代入すると$\frac{5}{2}+n=\frac{1}{2}$　　$n=-2$　　直線BCの式は$y=\frac{5}{2}x-2$

(ⅱ)　直線ADの式は，直線BCと平行であることから$y=\frac{5}{2}x+q$とおけるが，点Aを通ることから$\frac{5}{2}\times(-2)+q=2$　　$q=7$　　直線ADの式は$y=\frac{5}{2}x+7$　　点Dはこの直線と$y=\frac{1}{2}x^2$の交点なので，$\frac{1}{2}x^2=\frac{5}{2}x+7$より$x^2-5x-14=0$　　$(x-7)(x+2)=0$　　$x=7$，-2だが，$x=-2$は点Aのx座標なので，点Dは$x=7$，$y=\frac{1}{2}\times7^2=\frac{49}{2}$　　D$\left(7,\ \frac{49}{2}\right)$

重要 (ⅲ)　直線BCとy軸の交点をEとすると，E(0，－2)，直線ADとy軸の交点をFとすると，F(0，7)　AD//BCより△ADC＝△ADE＝△AEF＋△DEF＝$\frac{1}{2}\times(7+2)\times2+\frac{1}{2}\times(7+2)\times7=\frac{1}{2}\times9\times9=\frac{81}{2}$

3 (場合の数)

(1)　$a+b+c=8$であり，a，b，cは自然数なので，$a=1$のとき，$b+c=7$となり，$(b,\ c)=(1,\ 6)$，

(2, 5), (3, 4), (4, 3), (5, 2), (6, 1)の6個。$a=2$のとき$b+c=6$となり$(b, c)=(1, 5)$, (2, 4), (3, 3), (4, 2), (5, 1)の5個, $a=3$のとき$b+c=5$となり$(b, c)=(1, 4)$, (2, 3), (3, 2), (4, 1)の4個。$a=4$のとき$b+c=4$となり$(b, c)=(1, 3)$, (2, 2), (3, 1)の3個。$a=5$のとき$b+c=3$となり$(b, c)=(1, 2)$, (2, 1)の2個。$a=6$のとき$b+c=2$となり$(b, c)=(1, 1)$の1個。あわせて$6+5+4+3+2+1=21$(個)

(2) (1)の21個のなかから探す。下2桁が4の倍数であれば全体としても4の倍数となるので, 116, 152, 224, 332, 512の5個

やや難 (3) 和が8になる2つの自然数の組は(1, 1, 6), (1, 2, 5), (1, 3, 4), (2, 2, 4), (2, 3, 3)の5通り, (1, 1, 6)の組でできる数は3つで, その和は$116+161+611=888$　(1, 2, 5)となる6つの数の和は$125+152+215+251+512+521=1776$, (1, 3, 4)の6つの数の和は$134+143+314+341+413+431=1776$, (2, 2, 4)となる3つの数の和$=224+242+422=888$　(2, 3, 3)となる3つの数の和は$233+323+332=888$, あわせて, $888+1776+1776+888+888=6216$

4 (いろいろな関数)

(1) $0<x<1$のとき$y=0$, $1\leqq x<2$のとき$y=1$, $2\leqq x<3$のとき$y=2$, $3\leqq x<4$のとき$y=3$, $4\leqq x<5$のとき$y=4$, $x=5$のとき$y=5$

図1

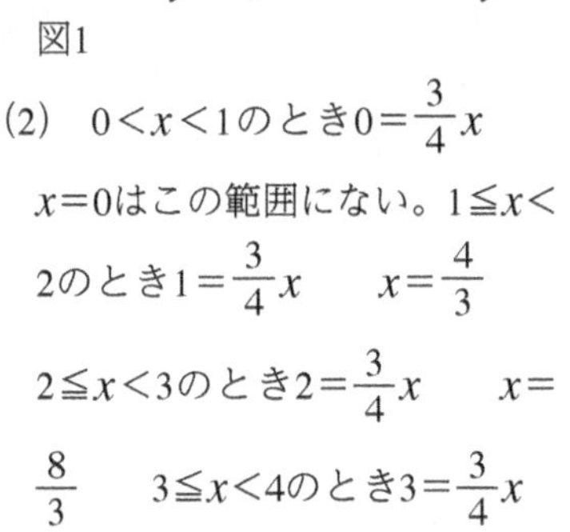

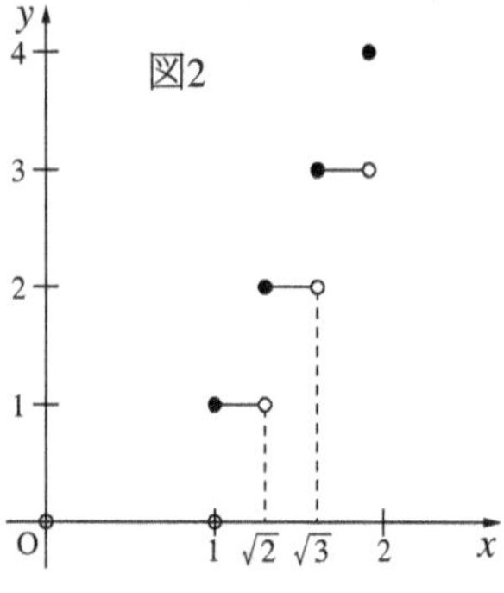

(2) $0<x<1$のとき$0=\frac{3}{4}x$　$x=0$はこの範囲にない。$1\leqq x<2$のとき$1=\frac{3}{4}x$　$x=\frac{4}{3}$　$2\leqq x<3$のとき$2=\frac{3}{4}x$　$x=\frac{8}{3}$　$3\leqq x<4$のとき$3=\frac{3}{4}x$　$x=4$はこの範囲にない。$4\leqq x<5$のとき$4=\frac{3}{4}x$　$x=\frac{16}{3}$はこの範囲にない。$x=5$のとき, $5=\frac{3}{4}x$　$x=\frac{20}{3}$となり不適　あわせて, $x=\frac{4}{3}, \frac{8}{3}$

(3) $0<x<1$のとき$y=0$　$1\leqq x<\sqrt{2}$のとき$y=1$　$\sqrt{2}\leqq x<\sqrt{3}$のとき$y=2$　$\sqrt{3}\leqq x<2$のとき$y=3$　$x=2$のとき$y=4$　図2

やや難 (4) $0<x<1$のとき$0=3x-3$　$x=1$となるがこの範囲にはない　$1\leqq x<\sqrt{2}$のとき$1=3x-3$　$3x=4$　$x=\frac{4}{3}$　$\sqrt{2}\leqq x<\sqrt{3}$のとき$2=3x-3$　$3x=5$　$x=\frac{5}{3}$　$x=2$のとき$4=3x-3$　$3x=7$となり不適　あわせて$x=\frac{4}{3}, \frac{5}{3}$

5 (三平方の定理)

(1) △AECは∠CAE=60°, ∠AEC=90°, ∠ACE=30°の直角三角形であり, AE：AC：EC=1：2：$\sqrt{3}$である。AC=6より, AE=3, EC=$3\sqrt{3}$となる。AE：EB=3：(8−3)=3：5

(2) △CEBは∠CEB=90°の直角三角形であり, EC=$3\sqrt{3}$, BE=5なので, 三平方の定理により$BC^2=EC^2+BE^2=27+25=52$　BC=$2\sqrt{13}$

(3) △ABDは, ∠DAB=60°, ∠ADB=90°, ∠ABD=30°の直角三角形で, AD：AB=1：2より AD=8÷2=4　CD=6−4=2　△CDFは∠DCF=30°, ∠CDF=90°, ∠CFD=60°の直角三角形で, CD：FC=$\sqrt{3}$：2よりFC=$2\div\sqrt{3}\times2=\frac{4}{3}\sqrt{3}$　EF=$3\sqrt{3}-\frac{4}{3}\sqrt{3}=\frac{5}{3}\sqrt{3}$　EF：FC=

$\frac{5}{3}\sqrt{3}:\frac{4}{3}\sqrt{3}=5:4$

(4) ∠ADF＋∠AEF＝90°＋90°＝180°なので，AEFDは円に内接する四角形である。さらに，∠AEF＝90°より，AFが円の直径になる。三平方の定理より$AF^2=AE^2+EF^2=3^2+\left(\frac{5}{3}\sqrt{3}\right)^2=9+\frac{25}{3}=\frac{52}{3}$　$AF=\frac{2\sqrt{13}}{\sqrt{3}}=\frac{2\sqrt{13}\times\sqrt{3}}{\sqrt{3}\times\sqrt{3}}=\frac{2\sqrt{39}}{3}$　半径は$\frac{2\sqrt{39}}{3}\div 2=\frac{\sqrt{39}}{3}$

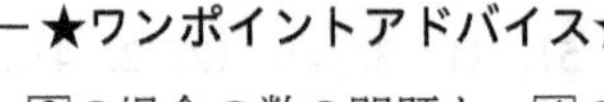

③の場合の数の問題も，④のグラフを描く問題も，ていねいに調べ上げることが要求される問題である。試験時間内に，落ち着いて処理できるよう，日頃から練習しておこう。

＜英語解答＞

Ⅰ　1. (1) 49π(cm²)　(2) 10(cm)　2. 筋肉　3. フランス革命　4. キング牧師

Ⅱ　(1) エ　(2) ウ　(3) イ　(4) ウ　(5) エ　(6) イ　(7) ウ　(8) ウ　(9) ウ　(10) ウ　(11) ア　(12) イ　(13) ウ　(14) エ　(15) ア

Ⅲ　(1) ウ　(2) ウ　(3) エ　(4) ア　(5) ア

Ⅳ　問1 a カ　b イ　c エ　d ウ　問2 ① paintings that could be hurt by　③ heat created as a byproduct is　問3 ② エ　④ ウ　⑤ エ　問4 electricity

Ⅴ　問1 ① イ　② エ　問2 1 ソ　2 ク　3 カ　4 ウ　5 イ　6 ア　7 コ　8 エ

Ⅵ　1 (例) the section you will go to　2 (例) can you read a book for

○配点○

Ⅰ 各2点×5　Ⅱ 各2点×15　Ⅲ 各2点×5　Ⅳ 各2点×10　Ⅴ 各2点×10　Ⅵ 各5点×2　計100点

＜英語解説＞

Ⅰ (長文読解・説明文：資料読解，内容吟味，語句補充)

1. (大意) 下の図は2つの円を示す。1つの円の中心は点Bにある。もう1つの円の中心は点Cにあり，半径は7cmである。4点A，B，C，Dは同一線上にある。円周率にはπを使え。

(1) Cに中心がある円の面積をcm²で求めなさい。

半径7cmの円の面積だから，7×7×π＝49π(cm²)である。

(2) 直線ADの長さが19cmのとき，Bに中心がある円の直径をcmで求めなさい。

直線BDはCに中心がある円の直径だから，7×2＝14(cm)である。Bに中心がある円の半径である直線ABは，19－14＝5(cm)だから，直径は5×2＝10(cm)である。

2. (大意) 筋肉は体の中で，2つの骨をつなぎ，動くときに使う組織である。体の中の全ての動きは筋肉によって制御される。心拍のように，考えることなしに働く筋肉もあるが，意図によって制御されたり，物事をするのを可能にしたりする筋肉もある。

3. (大意) フランス革命はフランスの歴史の進路を変えた出来事で，1789年から1799年まで10年続いた。1789年7月に始まり，そのとき革命家たちはバスチーユと呼ばれる監獄を強襲した。革命は1799年に終わり，そのときナポレオンと名づけられた将軍が政府を転覆させてフランス執政政府を設立した。

4. (大意) 彼は1950年代と1960年代の公民権活動家だった。彼は，アフリカ系アメリカ人を含む全ての人々の権利のために戦う非暴力抗議を先導した。アメリカと世界は，人々が肌の色によってではなく性格の中身によって判断される社会を形成することができると良い，と彼は思った。彼は現代の偉大な演説者の1人だとみなされ，今日に至るまでまだ彼の演説は多くの人々を鼓舞している。

Ⅱ (会話文：英問英答，語句補充，内容吟味)

A (1) A：何時なの。／B：11時30分よ。／A：ああ，10分差で最初の上映を見逃したわ。／B：そうね。次のが始まるまで2時間あるわ。

Q 「2番目の上映は何時か」 11時30分から2時間だから，「13時30分」である。

(2) A：ああ，これは握りやすい。いいね。／B：それは君が持っていていいよ。僕はたくさん持っているんだ。／A：なぜだい。／B：僕の父は文房具会社で働いているんだ。

Q 「Aさんは何を持っているか」 文房具で握るものだから，「ペン」である。

(3) A：もし横浜へ行きたいなら，最終電車は30分で出発します。／B：ほんとうですか。そんなに早く。／A：そうです。そうでなければ，夜行バスに乗ることができます。／B：バスは大嫌いなんです。私は運転しなければいけないと思います。

Q 「Bさんはどのように横浜へ行くだろうか」 自分で運転するのだから，「車で」行くのである。

(4) A：パンフレットには入場料は1人10ドルと書いてある。／B：僕たちは4人家族だから，合計40ドル。／A：12歳未満の子供は半額，と書いてあるわ。／B：トムは15歳でビルは11歳だから…

Q 「その家族はいくら支払わなくてはならないか」 AとB，トムは1人10ドルだから合計で10×3＝30(ドル)，11歳のトムは10ドルの半額だから，10÷2＝5(ドル)で，4人分で30＋5で「35ドル」となる。

(5) A：その地域の道を知っているの。／B：うん，前にそこで運転したことがある。／A：最後に行ってから，変わっているかもしれない。これを持っていくべきよ。／B：わかった。

Q 「彼らは何を持っていくだろうか」 道が変わったかもしれない地域へ行くのだから，「道路地図」である。

(6) A：このテディベアをもらいます。／B：プレゼントですか。／A：はい。贈り物用に包装してくださいますか。／B：5階のサービス・カウンターへ行ったらいいでしょう。

Q 「Aさんは何をするだろうか」 包装をしてもらうために5階，つまり「別の階へ行く」のである。

(7) A：これらのハガキをカナダへ送るための切手が欲しいの。／B：1枚50セントですが，10枚のシートで売られています。／A：それでは2シートもらうわ。／B：さあ，どうぞ。

Q 「Aさんはいくら支払うだろうか」 1枚50セント＝0.5ドルの切手10枚で1シート，それを2シートだから，0.5×10×2＝10(ドル)である。

(8) A：いらっしゃいませ。／B：母への誕生日プレゼントを探しています。／A：スカーフかハンカチはどうですか。／B：この花柄のは彼女のコートによく合うでしょう。

Q 「Bさんは何を買うだろうか」 薦められたスカーフとハンカチのうち，コートに合わせるのは「スカーフ」である。

B (9) A：田中の事務所です。／B：スミスさんとお話しできますか。／A：はい。どなたがおかけになっているかうかがえますか。／B：XYZ会社のジェーン・ブラウンです。／A：少々お待ちください。彼を呼んでこさせてください。

「お話しできますか」という質問に「はい」と答えているから，スミスさんは事務所にいると考えられる。

(10) A：ケン，部長に渡す前に僕の報告書を確かめてくれるかい。／B：もちろん。今日，それを僕にくれるかい。／A：ありがとう。正午までにそれを終わらせるよ。

(11) A：電気，ガス，テレビを消した。／B：あなたは先日，窓の鍵をかけないままにしたわよ。／A：全てを再確認したよ。車に乗ろう。／B：でも，あなたは玄関の扉の鍵をかけていないと思うわ。

(12) A：すみません，あなたが食べているのはフライドポテトですか。／B：何ですか。ああ，そうです。いかがですか。おいしいですよ。／A：ううん，それは私のです。あなたのは向こうです。／B：ああ，本当にごめんなさい。

(13) A：あなたはとても疲れているようよ。／B：私は一晩中，職場で働いたのよ。／A：なぜ家へタクシーに乗って行かなかったの。／B：十分なお金を持っていなかったのよ。

(14) A：ああ，毎日，外食するのにあきあきだよ。／B：自分の食事を作るのはどうだい。／A：僕が。調理のし方を習ったことがないんだよ。／B：まあ，やってみなよ。

(15) A：カフェラテです，お客様。／B：あら，私が注文したものではないわ。／A：すみません。あなたが注文したものをうかがえますか。／B：アイスティーとサンドイッチです。

Ⅲ (会話文：語句補充，内容吟味)

(大意) あなたは大学生で，ワンルームマンションに1人で住んでいる。すでに大学を卒業し，仕事を持っている姉が2人いる。あなたはお父さんからの電子メールを受け取ったところだ。／やあ，子供たち。／重要な知らせをするために電子メールを送っている。知っての通り，私は次の3月に引退する予定で，お前たちの誰ももう家には住んでいないから，お母さんと私は家を売ろうと決めた。都会の分譲マンションに引っ越すことがより便利だと思うんだ。もちろん，古い身の回りの物のほとんどを捨てなくてはならない。お前たちの部屋には，お前たちにとって子供のころからの大切な物があると知っているよ。それで，時間があるときに家へ来て，部屋を片付けてほしい。お前たちが持って行かない物をどけるつもりだよ。／父

(1) 「電子メールを書いた人は(　　)つもりである」 ア 「1人で田舎に引っ越す」(×) イ 「数年で彼の仕事を辞める」(×) ウ 「住むのにより便利な場所を見つける」 電子メールの本文第3文参照。(○) エ 「彼の子供たちの身の回りの物を全部捨てる」(×)

(2) 「子供たちは(　　)べきだ」 ア 「1人で都会に住む」(×) イ 「彼らの父が新しいアパートに引っ越すのを手伝う」(×) ウ 「できるだけすぐに家へ帰る」 電子メールの本文最後から2文目・最終文参照。(○) エ 「彼らの両親と住む」(×)

(大意) あなたは7月3日火曜日に映画を見るつもりで，劇場のウェブサイトを見ている。／66番街劇場　連絡：123-4567／上映予定とチケット／このページは，あなたが映画を見るのに最も良い日時を見つけるためのものです。／最新のお知らせ／『ゴッドファーザー・パート4』は7月26日に始まる予定です。／チケットを見つける／下のカレンダーで，映画の予定を調べることができます。それぞれの枠の中の数字は，何席購入できるかを示しています。もし顔のアイコンが示されたら，すべてのチケットが売られてしまったことを意味します。それぞれの上映時間をクリックすることで，購入ページへ進むことができます。それから，欲しいチケットの数を決め，席を選んでくださ

い。もしチケットなしで劇場を訪れたら，チケットを買うための列で待たなければならないかもしれません。

日付の選択

今日	日	月	火	水	木
6月30日	7月1日	7月2日	7月3日	7月4日	7月5日

上映時間をクリック

ダイ・ハード　1時間30分

午前10時00分	午後1時30分	午後4時00分	午後6時30分	午後8時30分
☹	84	☹	58	42

チャイナタウン　2時間5分

午前9時45分	午後1時00分	午後4時30分	午後7時30分
94	☹	54	36

ザ・ダーク・ナイト　3時間10分

午前9時30分	午後2時00分	午後6時00分	午後10時30分
40	☹	20	18

午後9時30分以降に終了する映画は成人のみです。

(3) 「もし顔のアイコンが示されたら，(　　)」 ア 「映画についての情報を得ることができる」(×) イ 「学生証を示す必要がある，と意味する」(×) ウ 「その上映時刻には映画は上演されない予定だ」(×) エ 「その上映時刻のチケットを買うことができない」「チケットを見つける」第3文参照。(○)

(4) 「もし7月3日の午後4時にチケットなしで劇場へ行けば，(　　)」 ア 「30分後に『チャイナタウン』を楽しむことができる」「日付を選択」の「チャイナタウン」の上映時間参照。午後4時30分からの上映があり，チケットも売り切れていない。(○) イ 「どの映画を見るためにも追加料金を支払わなくてはいけない」(×) ウ 「『ダイ・ハード』を見るために午後6時まで待たなくてはならない」(×) エ 「無料で『ザ・ダーク・ナイト』を楽しむことができる」(×)

(5) 「もし15歳なら，(　　)の前売り券を購入することができる」 ア 「『ダイ・ハード』の午後6時30分の上映時間」 ウェブサイトのページの最終文参照。終了時刻が午後9時30分以降になる上映のチケットを15歳は買うことができない。「日付を選択」の「ダイ・ハード」の上映時間参照。上映時間は1時間30分で午後6時30分からの上映だから，終了時刻は午後8時となり，購入することができる。(○) イ 「『チャイナタウン』の午後7時30分の上映時間」(×) ウ 「『ザ・ダーク・ナイト』の午後10時30分の上映時間」(×) エ 「『ダイ・ハード』の午後8時30分の上映時間」(×)

Ⅳ (長文読解・説明文：語句補充，語句整序，語句解釈)

(大意) ヨーロッパの多くの地域で，2022年7月に気温が40℃に達した。厳しい暑さは人々の健康へだけの脅威ではない。パリのルーブル美術館aのような美術館には，暑さ①によって傷つけられうる絵がある。有名なレオナルド・ダ・ヴィンチの「モナ・リザ」はそれらbに含まれている。「モナ・リザ」は地下冷却装置によって守られている。あまり知られていない「都市冷却」ネットワークは約100フィート②の深さである。それは55マイルの曲がりくねった管を通って大変冷たい水をくみだす。その装置は，再生可能な供給源によって生み出された電気を使っているのだが，ヨーロッパ最大だ。セーヌ川の水が十分に冷たいとき，機械はそれをとらえて装置の水を冷やすためにそれを使う。③副産物としてつくられた熱はセーヌ川に戻される。冷却現場では風力タービンや太陽光パネルのような再生可能エネルギー源を使う。パリ市役所は，2042年dまでにはネットワークの大きさを157マイルに増やす大がかりな契約に署名している。新しい契約は，その装置を今の④3倍にするだろう。道路のように日光を取り入れ，物をより熱くするより多くの都市インフラがある。⑤しかし，その管ネットワークはパリ全体を1℃涼しくするかもしれない。

基本 問1 (a) like ~「~のような」 (b) among ~「~に含まれて」 (c) such as ~「~のような」 (d) by ~「~までには」

やや難 問2 ① (Art museum like the Louvre, in Paris have) paintings that could be hurt by (the heat.) that は関係代名詞。that could be hurt by the heat が先行詞 paintings を修飾している。助動詞 could は「~かもしれない」の意味。形は過去形だが，現在または未来に対する推量を表す。助動詞がある英文では主語に関係なく動詞は原形になる。be はbe動詞の原形である。〈be動詞+動詞の過去分詞形〉の形の受動態では「~に(よって)」を表すのに by ~ を用いる。hurt は hurt の過去分詞形。to が不要。 ③ (The) heat created as a byproduct is (sent back into the Seine.) the heat を修飾する過去分詞 created を使った文。「副産物としてつくられた」なので created as a byproduct でひとかたまり。過去分詞 created は単独ではなく関連する語句 as a byproduct を伴っているので heat の直後に置く。creates が不要。

問3 ② 第2段落参照。「冷却装置」は「地下」にあるのだから deep「深さ」である。 ④「55マイル」(第2段落第2文)だった装置の長さが「157マイル」(空欄④の直前の1文)になるのだから，three times「3倍」である。 ⑤ 空欄⑤の直前の1文には「物をより熱くするより多くの都市インフラがある」とあり，空欄⑤の1文にはそれに対して予期される結果(ここでは，暑くする，という内容)とは反対の「涼しくする」という内容がある。したがって，逆接の接続詞 but を用いるのが適切。

問4 「ケーブルによって運ばれ，機械を作動させるために使われる動力」 electricity「電気」(第3段落最終文)である。

Ⅴ (長文読解・説明文：語句補充，要旨把握)

(大意) 自動車はより科学技術的に進歩している。過去10年で，電気自動車と自動運転車の進歩を経験している。最新の進歩はメルセデス・ベンツの製品で，物事を作動させるために思考力を使うのを可能にする自動車を明らかにしている。その自動車はヴィジョンAVTRと呼ばれる。その自動車はすぐには購入することができない，とメルセデスの代表者は言った。それは現在のところ生産の着想段階である。メルセデスはヴィジョンAVTRにブレインコンピューター・インターフェースと呼ばれる技術を採用している。その自動車のコンピューターは脳の信号を「読ん」で動作に変える。運転者は思考だけを使って確かな機能を果たすことができる。メルセデスの代表者のブリット・セーガーは，②未来の車がどれほどわくわくさせると彼女が思うか，について話した。「メルセデス・ベンツは人間と機械の合併においてもう1つの画期的な出来事を起こしている」と彼女は言った。

重要 問1 ① The luxury carmaker has unveiled a car と it allows you to use your mind to make certain things work をつなげ，it を関係代名詞に変えた文。先行詞が人以外の a car なので関係代名詞は which を用いる。 ② 間接疑問の how exciting the futuristic car was が前置詞 about の目的語になった文。間接疑問文では疑問詞以降は平叙文の語順になる。she thought は話者(ここではブリット・セーガー)の判断や気持ちを表す挿入である。

問2 「自動車は今や進歩している。電気自動車や自動運転車がある。最近の進歩は物を(3)操作するために思考力を使わ(2)せる自動車だ。それはメルセデス発だ。それはヴィジョンAVTRと呼ばれる。それはコンセプト・カーなので，まだ(4)買うことができない。ヴィジョンAVTRはブレインコンピューター・インターフェースを(5)使う。コンピューターは使用者の脳を『読む』。運転者は思考だけを使う物事をすることができる。メルセデスは，人と機械の(8)協力の(7)大きな一歩だ，と言った」

VI　(会話文：英作文)

1. B：営業時間は何時ですか。／A：銀行は午前8時30分から午後4時まで開いていますが，お客様のいかれる窓口は午後3時まで開いています。／B：わかりました。ありがとう。
関係代名詞 which を省略した文にする。the section is open until 3:00 p.m. と you will go to it をつなげた文を作る。it が which に代わり，省略されている。you will go to が先行詞 the section を修飾している。

2. A：私は来週，出張するんだ。私がいない間に，お前はいくつか家事をしてくれるかい。／B：うん，僕に何ができるんだい。／A：早朝に庭の花に水やりをして，次に朝食を作る。それから，夜にはアユミに本を読んでくれるかい。／B：わかった。それは面白そうだな。
Can you ～?「～してくれますか」

★ワンポイントアドバイス★

熟語などに使われる前置詞や動詞の語形変化を伴う単元はしっかりと復習しておくことが大切だ。

＜国語解答＞

1　問1　a　根源　b　希薄　c　疎　d　渦　e　権威　問2　ウ
問3　(例)　デモクリトスの原子論に反対する者は，彼の著作をすべて消去したものの，彼の理論を自分の著作に書きのこしたため，後世に彼の理論を伝える手助けをしたことになるから。　問4　オ　問5　エ　問6　イ　問7　ア　問8　(例)　世の中のすべてのものがひとつまたは複数の「もと」からできていて，それらが姿や形を変えたり，互いに混合したり活発に運動したりして常に変化し続けていると考えた点。

2　問1　a　ア　b　ウ　c　エ　問2　A　ふせっせい　B　むさぼ　C　かんび
問3　(例)　桃太郎の物語の吉備団子は，たった一つで鬼退治の仲間を作り，鬼退治という一大プロジェクトを成功させるものだから。　問4　オ　問5　ウ　問6　(例)　おやつの中身には文句はなかったが，おやつを一人きりで食べるさびしさはあった。
問7　(例)　両親は共働きで忙しく遅い夕食まで子供を待たせなくてはならなかったので，子供のおやつに一人で食べることができて腹もちのよい餅やピザを選ぶことは適当な判断だったということ。　問8　イ

3　問1　a　エ　b　エ　c　イ　問2　オ　問3　ア　問4　具して行け
問5　かないそうろう　問6　⑤　僧都[俊寛]　⑥　御使[都の御使]　問7　ウ
問8　オ

○配点○

1　問1・問4　各2点×6　問3・問8　各8点×2　他　各3点×4　2　問1　各2点×3
問2　各1点×3　問3・問6　各6点×2　問7　10点　他　各3点×3
3　問6　各1点×2　他　各2点×9　計100点

<国語解説>

1 (論説文一漢字の書き取り，文脈把握，脱文補充，内容吟味，大意)

問1 a 「根源」とは，物事の一番もとになっているもの，物事の始まり。 b 「希薄」とは，物事を感じとったり，物事に働きかけたりする点が弱いと感じられること。また，気持や意識のうすいさま。 c 「疎む」とは，いやだと思う，嫌うようにさせること。 d 「渦」とは，流体(気体または液体)の一部がこまのように回転しているその部分を指す。 e 「権威」とは，特定の分野における優れた人物や事物が持つ，社会的信用や資格を意味する。

問2 タレスは水がどんなに変化しても消えてなくなる事はなく，それは金属や生物の体も同じではないかと考えた。つまり「姿や形は変化しても，それらのものが，消えてなくならないのは，すべてのものが何か“もと”のようなものからできているからだろう」と考えたのである。

重要 問3 デモクリトスの唱えた「原子論は，『神様などいるはずがない』という無神論を主張するもとになるので，宗教を大事にする支配者や民衆から疎まれて，燃やされたり捨てられたりし」た。それにもかかわらず，「原子論に反対した哲学者たちが，彼の考えを自分の本に書き残し」たことによって，デモクリトスの著作物は残っていなくとも，彼の説が後世にまで残ることとなってしまったのである。

問4 「現代の化学の根本原理は原子論」とあるように，現代にも通じる化学の原理が古代ギリシアの時代に，既に想像できていたことを褒めているのである。

問5 デモクリトスは，「万物をつくる“もと”は，無数の粒になっていて，一粒一粒は壊れることがない」と考え，また「原子が，位置を占めたり，動きまわるためには，そのための『空っぽの空間』がなくてはならないと考え」た。対して，アリストテレスは「どんな物だって打ち砕けば小さな粒になるではないか，壊れることのない粒なんてありえない，また真空なんて存在するはずがない，見たところ空っぽの空間にも何かが詰まっているのだ」と反論している。つまり壊れない原子など存在せず細分可能で，真空に見える所も細分化されて原子が詰まっていると主張したのである。

問6 アリストテレスは姿や形のない“もとのもと”から「熱」「冷」「乾き」「湿り」などの性質が組み合わさることによって，物質として生じると考えた。これらは誰にでも理解できる具体例を伴って整理されているので，人々が受け容れやすかったのである。

問7 原子論では「原子の並び方や組み合わせを変えれば，違う種類の物質をつくることもできる，万物は原子が組み合わされることでつくられている」と考える。よって，万物は神が作り上げたとする考えと相反するものであるので，原子論を受け入れることは神への信仰，神の存在を否定することに繋がるとされたのである。

重要 問8 タレス・デモクリトス・アリストテレスの主張については問2・問5・問6で述べているので，ここではエンペドクレスの主張を挙げる。エンペドクレスはタレスと同様に，「すべてのものが何か“もと”のようなものからできている」と考えたが，その“もと”を「水，空気，火，土の4つに設定し，『画家が絵具を混ぜるように，四元素の混合によって自然のすべてのものがつくられる』と」した。以上の4つの説の共通点を取り上げて，指定字数以内にまとめる。

2 (随筆一語句の意味，漢字の読み，文脈把握，内容吟味，心情，表現技法)

問1 a 「与しない」とは，仲間や味方に加わったり，同意しないこと。 b 「かもしだす」とは，ある気分や雰囲気を，徐々につくり出すこと。 c 「安普請」とは，安い費用で家を建てる，質の良くない材料で安っぽく建てること。

問2 A 「不摂生」とは，健康に気をつけない，また暴飲暴食や睡眠不足など，肉体をそこなうような行為をすること。 B 「貪る」とは，飽きることなく欲しがる，際限なくある行為を続けること。　C 「甘美」とは，蕩けるように甘くて味の良いこと。また，感覚に甘く，快く感じること。

問3 「子どもの頃,」から始まる段落に,「桃太郎世界を支配し，動かしているものは，あきらかに吉備団子だ。悪い鬼をやっつけたのは，桃太郎の力というよりも，吉備団子の力である。桃太郎という物語全体が，吉備団子を讃えるためにこそある」と記している。よって，筆者は桃太郎ではなく吉備団子にこそ物語の主体が置かれ，吉備団子によって犬と猿と雉を仲間にでき，鬼退治という「一大プロジェクト」がなし得たとしている。

問4 「ところが」から始まる段落に,「ひとたび吉備団子という言葉を知ってしまうと，桃太郎という物語の力ゆえに，その言葉が一種の『おいしさ』をかもしだしてくる」と述べている。つまり，吉備団子を実際に食べていなくても，桃太郎の鬼退治の話を知った際に，吉備団子は絶対においしいものであると確信していたのである。

問5 「子どもの頃の」から始まる段落に,「吉備団子のぷにぷにとした食感と，淡い甘さがステキに感じられた。どことなく，彼女のほっぺたを思わせた」とあることから，妻のほっぺたを吉備団子の食感に喩えている。

問6 傍線部の直後に,「一人のおやつを食べている間，本やテレビを堪能することができましたし，妄想にふけることも限りなくできたからです」とあり，また次の段落で，夏場には「好きな冷菓を手に入れることができ，それはそれで満足度の高いものでした。一人でツツジの青い葉を見ながら食べるつまらなさを除いては」とある。これらの内容から，当時の筆者の心情をまとめる。

重要 問7 「合理的」とは，道理や論理にかなっているさまを言う。傍線部の直前に,「夕食が遅めの我が家では，おやつは腹もちが良くなければならず，一人で温めたりできるものでなければならない」と，おやつは餅や小さなピザであったのは合理的な判断によるものだとしている。

問8 「脂」「糖」と「舌」の関係性を「恋人」と言うように，擬人化して説明している。

3 (古文―語句の意味，内容吟味，口語訳，文脈把握，仮名遣い，大意，文学史)

〈口語訳〉 すでに船をつなぎとめる綱を解いて舟を押し出すと，僧都(俊寛)は綱に取り付き，(水深が)腰になり，脇になり，たけが立つまでひかれて海に出ていった。たけも及ばなくなると，僧都は，舟に取り付き,「それで，ねえ諸君。私(俊寛)を遂にお見捨てなさるのか。ふだんの友情も今は何もない。許されないのであれば，都までは叶わないとしても，せめては，この船に乗せて九州の地まで」と，くり返し言ったけれど，都の御使は,「どうにもなりませんね」と言って，取り付きなさっている手を引き退けて，舟をついに漕ぎ出した。僧都はどうしようもなくて，渚にあがり倒れ伏して，幼い者が乳母や母などを慕うように，地団駄を踏んで,「これ，乗せて行け。連れて行け」と仰って，わめき叫んだが，漕ぎ行く舟の常のことで，跡には白浪だけが残った。

問1 a 「日頃」とは数日，普段という意味。「情け」とは，思いやり，愛情，風流心，情趣。
b 「せんかた」とは，するべき方法ということ。　c 「足摺り」とは，地にすりつけるように地団駄を踏むこと。

問2 一緒に連れて行ってもらいたい僧都(俊寛)は押し出された舟にしがみつき，水深が腰や脇にまで来ても構わず，しがみついていたのである。

問3 「つひに」とは最後に，結局という意味。「給ふ」はハ行四段活用の尊敬語なので，僧都を見捨てていく他の者達に対して発言したのである。

問4 都までは一緒に行けないとしても，九州までは連れて行ってほしいと懇願している様子を読み取る。

問5 語頭と助詞以外の「は・ひ・ふ・へ・ほ」は,「わ・い・う・え・お」に置き換える。また,「―au」の部分は「―ou」に置き換える。

問6　都の御使は，「どうにもなりませんね」といって，取り付いている僧都の手を引き退けたのである。

問7　俊寛が，およそ僧侶らしからぬ態度をとっていることを，ありのまま描いている。

問8　『方丈記』は，鴨長明による鎌倉時代の随筆。日本中世文学の代表的な随筆とされ，『徒然草』，『枕草子』と並ぶ「古典日本三大随筆」に数えられる。

★ワンポイントアドバイス★

時間配分を考えて解く習慣を身につけよう。現代文・古文が同時収録されたテスト形式の問題集をこなしてみよう。

第2回

2023年度

解答と解説

《2023年度の配点は解答欄に掲載してあります。》

<数学解答>

1 (1) $x^4-2x^3-13x^2+14x+24$ (2) $x=\sqrt{6}+2$ (3) $3ax(b-3)(b+1)$

(4) $n=2,\ 5,\ 10,\ 23$ (5) $a=\frac{3}{2},\ b=-\frac{2}{3}$ (6) 643 (7) $\frac{\sqrt{6}}{6}$

2 (1) (i) 65通り (ii) 15通り (2) (i) 36:9:4 (ii) 6:3:2

3 (1) 120通り (2) 10通り (3) 2点(考え方は解説参照)

4 (1) $(-1-\sqrt{7},\ 1-\sqrt{7})$ (2) $2\sqrt{7}$

(3) $(\sqrt{6},\ \sqrt{6})$, $(-2+\sqrt{10},\ 2+\sqrt{10})$(考え方は解説参照)

5 (1) $\frac{4\sqrt{5}}{3}$ (2) $\frac{3\sqrt{5}}{5}$ (3) $\frac{152\sqrt{15}}{81}$(考え方は解説参照)

○配点○

各5点×20 計100点

<数学解説>

1 (展開,1次方程式,因数分解,平方根,変域,場合の数,三平方の定理,体積)

(1) $x^2-x=\mathrm{A}$とおいて計算を簡単にする。$(x+1)(x-2)(x+3)(x-4)=(x^2-x-2)(x^2-x-12)=(\mathrm{A}-2)(\mathrm{A}-12)=\mathrm{A}^2-14\mathrm{A}+24=(x^2-x)^2-14(x^2-x)+24=x^4-2x^3+x^2-14x^2+14x+24=x^4-2x^3-13x^2+14x+24$

(2) $5x-\sqrt{6}=2\sqrt{6}x-2$ $(5-2\sqrt{6})x=-2+\sqrt{6}$ 両辺に$(5+2\sqrt{6})$をかけると$(5-2\sqrt{6})(5+2\sqrt{6})x=(-2+\sqrt{6})(5+2\sqrt{6})$ $(25-24)x=-10-4\sqrt{6}+5\sqrt{6}+12$ $x=2+\sqrt{6}$

基本 (3) まずは共通因数でくくり,そのあと使える公式を考える。$3ab^2x-6abx-9ax=3ax(b^2-2b-3)=3ax(b-3)(b+1)$

重要 (4) $\sqrt{96+n^2}=k$(kは自然数)となることにすると両辺を2乗して$96+n^2=k^2$ $k^2-n^2=(k-n)(k+n)=96$ k,nが自然数なので,$k+n$,$k-n$は整数になり,$k+n>0$で積が96になることから$k-n$も自然数になり,$k-n<k+n$ 2つの自然数の積が96になるのは,$(k-n)(k+n)=1\times96=2\times48=3\times32=4\times24=6\times16=8\times12$の6組だが,それぞれ$(k,\ n)=\left(\frac{97}{2},\ \frac{95}{2}\right)$,$(25,\ 23)$,$\left(\frac{37}{2},\ \frac{29}{2}\right)$,$(14,\ 10)$,$(11,\ 5)$,$(10,\ 2)$ 自然数$n=2,\ 5,\ 10,\ 23$

(5) $y=ax+1$はxが大きくなるとyも大きくなる関数なので$b\leqq x\leqq2$の範囲では$x=b$の時yが最小になり$y=ab+1$,$x=2$のときyが最大になり$y=2a+1$ yの変域は$ab+1\leqq y\leqq 2a+1$ 放物線$y=x^2$と,切片が1で傾き$a>0$である直線$y=ax+1$の交点を考えると,$b\leqq x\leqq2$の範囲で最小値は$x=0$で$y=0$,$x=2$で最大値は$y=2^2=4$ yの変域は$0\leqq y\leqq4$ 2つの関数のyの変域が一致することから,$ab+1=0$…①,$2a+1=4$…② ②より$a=\frac{3}{2}$ ①に代入すると$\frac{3}{2}b+1=0$ $b=-\frac{2}{3}$

(6) 百の位が3の場合，十の位の選び方が4～7の4通りで，そのそれぞれに対して一の位の選び方が3通りあるので，$4\times3=12$(通り) 百の位が4の場合も，5の場合もそれぞれ12通りあるので，ここまでで$12\times3=36$(通り) 小さい方から40番目の数は，百の位が6である数の小さい方から4番目。634，635，637，643で，小さい方から40番目の数は643

(7) 正四面体をABCDとし，CDの中点をMとする。△ABCの重心をGとすると，GはBMを2：1に分ける点である。正四面体の一辺をaとすると，$\mathrm{CM}=\frac{1}{2}a$，△BCMは30度，60度，90度の直角三角形であることから$\mathrm{BM}=\frac{\sqrt{3}}{2}a$，$\mathrm{BG}=\frac{2}{3}\times\frac{\sqrt{3}}{2}a=\frac{\sqrt{3}}{3}a$ $\mathrm{AG}^2=\mathrm{AB}^2-\mathrm{BG}^2=a^2-\left(\frac{\sqrt{3}}{3}a\right)^2=\frac{2}{3}a^2$ $\mathrm{AG}=\frac{\sqrt{6}}{3}a$ $\triangle\mathrm{BCD}=\frac{1}{2}\times\mathrm{CD}\times\mathrm{BM}=\frac{1}{2}\times a\times\frac{\sqrt{3}}{2}a=\frac{\sqrt{3}}{4}a^2$ 正四面体の体積$=\triangle\mathrm{BCD}\times\mathrm{AG}\times\frac{1}{3}=\frac{\sqrt{3}}{4}a^2\times\frac{\sqrt{6}}{3}a\times\frac{1}{3}=\frac{\sqrt{2}}{12}a^3$ $\frac{\sqrt{2}}{12}a^3=\frac{2\sqrt{2}}{3}$ $a^3=8$ $a=2$ 内接する球の中心をO，半径をrとすると，正四角錐の体積について(O－ABC)＋(O－ACD)＋(O－ADB)＋(O－BCD)＝(A－BCD) (O－BCD)×4＝(A－BCD) $\frac{\sqrt{3}}{4}a^2\times r\times\frac{1}{3}\times4=\frac{2\sqrt{2}}{3}$ $a=2$を代入して，$r=\frac{\sqrt{6}}{6}$

2 (確率，2乗に比例する関数とグラフ)

(1) (i) まず，6段目までのぼる場合を考える。1段ずつ6歩でのぼる場合が1通り。1段ずつ4歩と2段1歩でのぼる場合は(1，1，1，1，2)，(1，1，1，2，1)，(1，1，2，1，1)，(1，2，1，1，1)，(2，1，1，1，1)の5通り。1段ずつ2歩と2段ずつ2歩でのぼる場合は(1，1，2，2)，(1，2，1，2)，(1，2，2，1)，(2，1，1，2)，(2，1，2，1)，(2，2，1，1)の6通り。2段ずつ4歩でのぼる場合が1通り。あわせて$1+5+6+1=13$(通り) 6段目から10段目までのぼるのは(1，1，1，1)，(1，1，2)，(1，2，1)，(2，1，1，)，(2，2)の5通り。したがって，6段目をふんでのぼりきるのは$13\times5=65$(通り)

(ii) 6歩ちょうどでのぼりきるのは，1段で2歩，2段で4歩。(1，1，2，2，2，2)，(1，2，1，2，2，2)(1，2，2，1，2，2)，(1，2，2，2，1，2)，(1，2，2，2，2，1)，(2，1，1，2，2，2)，(2，1，2，1，2，2)，(2，1，2，2，1，2)，(2，1，2，2，2，1)，(2，2，1，1，2，2)，(2，2，1，2，1，2)，(2，2，1，2，2，1)，(2，2，2，1，1，2)，(2，2，2，1，2，1)，(2，2，2，2，1，1) 15通り。

やや難 (2) (i) B$(p,\ 1)$とおくとAB＝BC＝CDよりC$(2p,\ 1)$，D$(3p,\ 1)$と表すことができる。Bが$y=ax^2$上であることから$ap^2=1$…①，Cが$y=bx^2$上であることから$4bp^2=1$…②，Dが$y=cx^2$上であることから$9cp^2=1$…③ ①，②，③より$a=\frac{1}{p^2}$，$b=\frac{1}{4p^2}$，$c=\frac{1}{9p^2}$ $a:b:c=\frac{1}{p^2}:\frac{1}{4p^2}:\frac{1}{9p^2}=36:9:4$

(ii) OE＝EF＝FGより，Eのx座標をqとおくとFのx座標は$2q$，Gのx座標は$3q$とおくことができる。E$(q,\ q)$，F$(2q,\ 2q)$，G$(3q,\ 3q)$とおける。Eが$y=ax^2$上であることから$q=aq^2$，$1=aq$，Fが$y=bx^2$であることから$2q=4bq^2$，$1=2bq$，Gが$y=cx^2$上であることから$3q=9cq^2$，$1=3cq$ $a:b:c=\frac{1}{q}:\frac{1}{2q}:\frac{1}{3q}=6:3:2$

3 (場合の数)

基本 (1) 1番目に並べる商品は5通り，そのそれぞれに対して2番目は4通り，さらに3番目は3通り，4番目は2通り，5番目は残りの1つなので，並べる方法は全部で$5\times4\times3\times2\times1=120$(通り)

(2) 正しい順位から逆に2つの商品をいれかえることを考える。5つの中から2つを選んでいれかえる方法は，AとB，AとC，AとD，AとE，BとC，BとD，BとE，CとD，CとE，DとEの10通り。

やや難 (3) ABCEDとなる例を考える。残りは同様である。10通りが考えられる。(BACED…1点)，(CBAED…1点)，(EBCAD…2点)，(DBCEA…2点)，(ACBED…1点)，(AECBD…2点)，(ADCEB…2点)，(ABECD…2点)，(ABDEC…2点)，(ABCDE…5点)　2点になる場合が一番多い。

4 (図形と関数・グラフの融合問題)

(1) $y=\frac{6}{x}$…①と$y=x+2$…②の交点の座標を求める。$\frac{6}{x}=x+2$　両辺にxをかけると$6=x^2+2x$　$x^2+2x-6=0$　解の公式を利用して，$x=\frac{-2\pm\sqrt{2^2-4\times1\times(-6)}}{2\times1}=\frac{-2\pm2\sqrt{7}}{2}$　$x=-1\pm\sqrt{7}$　$y=-1\pm\sqrt{7}+2=1\pm\sqrt{7}$　$A(-1-\sqrt{7},\ 1-\sqrt{7})$，$B(-1+\sqrt{7},\ 1+\sqrt{7})$

(2) 直線ABとy軸の交点をCとすると$C(0,\ 2)$，$\triangle OAB=\triangle OAC+\triangle OBC=\frac{1}{2}\times2\times(1+\sqrt{7})+\frac{1}{2}\times2\times(-1+\sqrt{7})=1+\sqrt{7}-1+\sqrt{7}=2\sqrt{7}$

重要 (3) AB//OPのとき，OPは$y=x$なので，$x=\frac{6}{x}$　$x^2=6$　$x>0$より$x=\sqrt{6}=y$　$P(\sqrt{6},\ \sqrt{6})$　Pが$y=x+4$上にあるとき，$x+4=\frac{6}{x}$　$x^2+4x-6=0$　解の公式により$x=\frac{-4\pm\sqrt{4^2-4\times1\times(-6)}}{2\times1}=\frac{-4\pm2\sqrt{10}}{2}$　$x=-2\pm\sqrt{10}$　$x>0$より$x=-2+\sqrt{10}$　$y=-2+\sqrt{10}+4=2+\sqrt{10}$　$P(-2+\sqrt{10},\ 2+\sqrt{10})$　$P(\sqrt{6},\ \sqrt{6})$，$(-2+\sqrt{10},\ 2+\sqrt{10})$

5 (三平方の定理，図形の計量)

(1) CHの長さをxとおくと，$BH=9-x$，$\triangle ABH$について三平方の定理より$AH^2=AB^2-BH^2=7^2-(9-x)^2=49-81+18x-x^2=-32+18x-x^2$…①　$\triangle ACH$について三平方の定理より$AH^2=4^2-x^2=16-x^2$…②　①=②より$-32+18x-x^2=16-x^2$　$18x=48$　$x=\frac{8}{3}$　あらためて三平方の定理より$AH^2=4^2-\left(\frac{8}{3}\right)^2=16-\frac{64}{9}=\frac{80}{9}$　$AH=\frac{\sqrt{80}}{3}=\frac{4\sqrt{5}}{3}$

(2) $\triangle ABC$に内接する円の中心をO，半径をrとおく。$\triangle ABC=\triangle OAB+\triangle OBC+\triangle OCA$　$\frac{1}{2}\times BC\times AH=\frac{1}{2}\times AB\times r+\frac{1}{2}\times BC\times r+\frac{1}{2}\times CA\times r$　$\frac{1}{2}\times9\times\frac{4}{3}\sqrt{5}=\frac{1}{2}\times7\times r+\frac{1}{2}\times9\times r+\frac{1}{2}\times4\times r$　$\frac{1}{2}\times r\times(7+9+4)=\frac{1}{2}\times9\times\frac{4}{3}\sqrt{5}$　$20r=12\sqrt{5}$　$r=\frac{3}{5}\sqrt{5}$

(3) CからBHに垂線をおろし，BHとの交点をIとする。体積を求める立体は底面が$\triangle ABH$，高さCIの三角錐と考えることができる。$\triangle HIC$は30度，60度，90度の角をもつ三角形であり，$HC:CI=2:\sqrt{3}$なので，$\frac{8}{3}:CI=2:\sqrt{3}$　$CI=\frac{8}{3}\times\sqrt{3}\div2=\frac{4}{3}\sqrt{3}$　$\triangle ABH=\frac{1}{2}\times\left(9-\frac{8}{3}\right)\times\frac{4}{3}\sqrt{5}=\frac{1}{2}\times\frac{19}{3}\times\frac{4}{3}\sqrt{5}=\frac{38}{9}\sqrt{5}$　三角錐$ABCH=\frac{38}{9}\sqrt{5}\times\frac{4}{3}\sqrt{3}\times\frac{1}{3}=\frac{152}{81}\sqrt{15}$

★ワンポイントアドバイス★

計算力を要求される問題があったり，ていねいに調べる問題があったり，ひとつひとつ時間をかけて取り組む必要がある。試験時間内にしっかり仕上げられるよう，過去問練習を通して慣れておこう。

<英語解答>

[I] 1 (1) 13(cm) (2) 25π(cm²) 2 細胞 3 ロシア革命
4 ネルソン・マンデラ

[II] (1) ア (2) ア (3) イ (4) ウ (5) ウ (6) エ (7) イ
(8) ウ (9) ウ (10) エ (11) ウ (12) ウ (13) エ (14) イ
(15) ア

[III] (1) エ (2) ア (3) エ (4) エ (5) イ

[IV] 問1 a キ b オ c エ d カ 問2 ① ア ② エ ⑤ エ
問3 ③ ate what they could hunt ④ makes the jaw grow longer
問4 diet[diets]

[V] 問1 ① ウ ② エ 問2 1 ウ 2 セ 3 ソ 4 シ 5 サ 6 オ
7 タ 8 カ

[VI] 1 (例) on my way to the airport 2 (例) I'm thinking of buying a desk

○配点○

[I] 各2点×5 [II] 各2点×15 [III] 各2点×5 [IV] 各2点×10 [V] 各2点×10
[VI] 各5点×2 計100点

<英語解説>

[I] (長文読解・説明文:内容吟味,語句補充)

1. (大意) 下の図形は直角三角形を示す。円錐は直線ℓを軸として直角三角形を回転させることによって作られる。円周率にはπを使え。

(1) 円錐の母線Xをcmで求めなさい。

三平方の定理を用いて,$12\times12+5\times5=169$,$169=13\times13$だから,13cmである。

(2) 円錐の底面積をcm²で求めなさい。

$5\times5\times\pi=25\pi$(cm²)である。

2. (大意) 細胞は生命の基本の単位である。バクテリアのようにたった1つの細胞でできている生物もあるが,数兆の細胞でできているものもある。人間も細胞でできている。さまざまな種類がある。それぞれの種類は異なった機能を果たす。それらについての研究は生物学の1部門である。

3. (大意) ロシア革命は,ロシアの小作農と労働者階級の人々が皇帝ニコライ2世の政府に暴力的な行動をとった1917年に起こった。彼らはウラジミール・レーニンに先導された,ボルシェビキと呼ばれる革命家の集団だった。新しい共産主義の政府はソビエト連邦の国をつくった。

4. (大意) 彼は南アフリカの市民権の指導者だ。彼は,非白人の市民は白人と分けられ平等な権利を持たない制度,アパルトヘイトと闘った。彼は抗議のために刑務所で20年以上過ごしたが,南アフリカの非白人の人々の象徴になった。1990年に,ついに彼は国際的な圧力のために刑務所から解放された。1年後,彼は南アフリカの大統領になった。

反アパルトヘイトの指導者で,南アフリカ共和国の大統領になったネルソン・マンデラである。

[II] (会話文:英問英答,内容吟味,語句補充)

A (1) A:今回はどこの国を訪れたんだい。/B:アルゼンチンを訪れる前に,チリとパラグアイへ行ったわ。/A:ブラジルへ行ったのだと思ったよ。/B:そこへは去年行ったの。

Q 「女性は最後にどこの国を訪れたか」 チリとパラグアイを訪れたのが先だから,最後は「アルゼンチン」である。

(2)　A：1万円札でおつりがありますか。／B：ごめんなさい，ありません。／A：この近くにコンビニはありますか。／B：はい，あの角です。

Q 「男性は何をしたいか」 おつりがないのだから，「お金をくずし」たいのである。

(3)　A：ピンクのチューリップ12本と黄色いのを3本欲しいです。／B：すみませんが，ピンクのは10本しか残っていません。／A：それでは，黄色をもう2本もらいます。／B：わかりました。

Q 「男性は何本の黄色いチューリップを買っているか」 最初に3本注文し，後からもう2本頼んでいるから，「5本」である。

(4)　A：私たちの便は何時なの。／B：出発時刻は予定では10時50分よ。／A：搭乗は30分前に始まるわよね。／B：その時刻をもう過ぎているわ。

Q 「この会話はおそらくいつ行われているか」 搭乗が始まるのは10時50分の30分前，つまり10時20分で，これを過ぎている時刻だから，「10時25分」であると考えられる。10時55分では出発時刻も過ぎてしまっている。

(5)　A：今夜の夕飯にマックス・ピザはどうだい。／B：でも1枚8ドルは高すぎるよ。／A：3枚で2枚の価格の特売をしているよ。／B：それじゃ，3枚にしよう。

Q 「彼らはピザにいくら支払うか」 3枚買うことにしていて，3枚は2枚分の価格である。1枚8ドルだから，8×2で「16ドル」支払うのである。

(6)　A：ここで止めよう。長い自動車旅行の前にタンクを満タンにしよう。／B：車も洗おう。／A：プリペイドカードをどこに置いたかな。／B：ドア・ポケットにあるよ。

Q 「彼らはどこに止めるのか」 自動車のタンクとは，ガソリンタンクのことだと考えられる。ガソリンを満タンにすることができ，車を洗うこともできるのは「ガソリンスタンド」である。

(7)　A：何時に会おうか。／B：映画の時刻は10時30分，12時40分，2時50分，5時だけれど，僕は正午前には出られない。／A：わかった。3回目の上映の10分前に劇場の外で会おう。／B：わかった。

Q 「彼らは何時に会うか」 3回目の上映は2時50分で，その10分前だから，「2時40分」である。

(8)　A：このツアーを大人2人と子ども2人で予約したいです。／B：料金は1人20ドルです。お子さんは何歳ですか。／A：9歳と6歳です。／B：8歳未満の子どもには半額で提供します。

Q 「その家族はいくら支払わなければならないか」 大人2人と9歳の子どもは1人20ドル，6歳の子どもは半額の10ドルだから，20×3＋10で「70ドル」である。

(9)　A：今日は暖かいな。どこかへ出かけよう。／B：行けないよ。僕は宿題をしなければいけないんだ。／A：今夜か明日することができるよ。／B：そうだね，わかった。どこへ行こう。

(10)　A：昨日の夜，あなたに電話したけれど，連絡を取れなかったわ。／B：何時に電話したの。／A：9時ごろ。／B：ごめんなさい。そのときお風呂に入っていたわ。

(11)　A：歯磨き粉を使い切ってしまったわ。／B：戸棚をちょっとのぞいてみてよ。そこにいくつかあるわ。／A：もう見た。1つもない。／B：ないの。それじゃ，いくつか買いに行くわ。

(12)　A：あなたが着ているそれは良いコートね。／B：ありがとう。ぴったりなんだけれど，支払いすぎたわ。／A：でも，長く着られるわ。／B：そうね。大事にするわ。

(13)　A：人はいつも，僕がとても上手に英語を話す，と言うんだ。／B：あなたは一生懸命に勉強しているに違いないわ。／A：いや，いや。僕の母語なんだ。だからだよ。／B：あら。日本語があなたの第1言語だと思ったわ。

(14)　A：あのおいしそうなにおいは何だい。／B：僕が作った玉ねぎスープだよ。／A：わあ。おなかがすくなあ。／B：君が気に入ってくれるといいな。

(15)　A：あのカメラは本当にかっこいいな。新しいのかい。／A：いいえ。長く使っているわ。

／B：ああ，それは，君のお兄さんがくれた，と言ったものかい。／A：いいえ。私が去年，それを自分で買ったのよ。

Ⅲ **〔長文読解・資料読解：内容吟味〕**

《大意》 あなたは町内会の一員である。会の活動についての会報を受け取った。／こんにちは，皆様。／皆様が夏のお盆休暇を楽しんでいると良いと思います。皆様はお忙しいと思いますが，重要なお知らせがいくつかあります。第1に，来月9日に野球の勝ち抜き戦が予定されています。もし興味があれば，私に知らせてください。第2に，正しいごみ袋でごみを捨ててください。そして最も重要なことには，次の土曜日の午前9時に市が地震訓練をする予定です。この訓練はとても重要なので，皆様が参加することが求められます。もし質問があったり参加することができなかったりするときは，555-2344の市役所に電話してください。／カイチ・タロウ

(1) 「この手紙の主要な目的は(　　)ことだ」 ア 「夏のお盆休暇の計画を立てる」(×) イ 「人々がどのようにごみを捨てるべきか説明する」(×) ウ 「野球の勝ち抜き戦をいつ開催するべきか決める」(×) エ 「彼の近所の人に重要な安全訓練について言う」 会報の本文第7文参照。(○)

(2) 「もし(　　)なら，カイチさんと連絡を取るべきだ」 ア 「勝ち抜き戦に出席したい」会報の本文第4文・第5文参照。(○) イ 「訓練に参加することができない」(×) ウ 「地震訓練について質問がある」(×) エ 「ごみの分別方法を知りたい」(×)

《大意》 あなたはさいたま市岩槻区にいる。車を止める場所を探すために，タブレットで市のウェブサイトを調べている。／さいたま市─駐車場を見つける／下の地図はあなたの位置と東岩槻駅周辺の駐車場を示しています。駐車場番号が丸で囲まれています。それぞれの丸の下に示される百分率はその駐車場がどのくらい混雑しているかを表示しています。駐車場が満車のときは，丸の下に「F」が見えます。もし丸の中に十字があれば，その駐車場はその日は閉まっています。／丸をタップすれば，営業時間がわかります。百分率は15分ごとに更新されます。／注：3番駐車場は3月7日から2週間営業を中止します。

(3) 「あなたに一番近い駐車場は(　　)ある」 ア 「休業で」(×) イ 「いっぱいで」(×) ウ 「完全に空で」(×) エ 「半分空車で」 地図上に星形で記され，「あなたはここにいます」と書いてある場所から最も近い駐車場は⑤である。混雑状況は「50%」となっているから，「半分空車で」ある。(○)

(4) 「3月11日に市役所を訪れる人々にとって利用できる最も近い駐車場は(　　)である」 ア 「1番駐車場」(×) イ 「2番駐車場」(×) ウ 「3番駐車場」(×) エ 「4番駐車場」 市役所に最も近い駐車場は⑤であるが，「3月7日から2週間営業を中止し」ている(地図の下の注)から，次に近くて利用できるのは「4番駐車場」である。(○)

(5) 「丸をタップすることで，(　　)についての情報を得ることができる」 ア 「いつその駐車場が建てられたか」(×) イ 「いつその駐車場が利用できるのか」 ウェブサイトの本文第2段落第1文参照。「営業時間」，つまり「いつその駐車場が利用できるのか」がわかるのである。(○) ウ 「駅への行き方」(×) エ 「何台の車を止めることができるか」(×)

Ⅳ **〔長文読解・説明文：語句補充，語句整序，語句解釈〕**

《大意》 なぜ親知らずは，残りの永久歯と一緒に子ども時代の間に生えてこないのか。子どものあごには親知らずが生えるための十分な余地がないが，子どもが育つにつれてあごも育つ。2021年の科学雑誌に発表された研究によれば，それで親知らずが生えるための①より多い余地があるのだ。②しかしながら，多くの現代人のあごは，問題なく親知らずが生えるための十分な長さに育たない。そういうわけで，今日，親知らずの除去はとてもありふれている。古代人は固い食べ物を食べてい

た。彼らの常食は固い木の実や調理されていない野菜，噛みごたえのある肉でいっぱいだった。人々は③彼らが狩ったり集めたりすることができたものを食べた。若いときにこれらの種類の固い食べ物を食べたり噛んだりすることは，④あごをより長く育たせる。今日，多くの人々にとって，常食は150年前と比べてさえとても異なっている。私たちは，より柔らかくてずっと噛みやすい食べ物を食べるようになった。このことは，人間が古代人よりも⑤短いあごを持っていることを意味する。親知らずが子ども時代ではなく若い大人の間に生えることの別の理由は，そのときまで必要ないことだ。親知らずは3組目の臼歯で，平らで口の後ろにある。臼歯は食べ物をつぶしたり砕いたりする(c)ためにある。古代人は固い食べ物のせいで臼歯を失ったかもしれない。親知らずはこれらの失われた歯の代わりをするかもしれない。言い換えれば，もし若いときに臼歯を失えば，そのすき間を満たすために親知らずがそこにあるだろう。

基本 問1 (a) according to ～「～によれば」 (b) instead of ～「～ではなくて」 (c) for ～ は目的を表し「～のために」の意味。 (d) in other words「言い換えれば」

問2 ① 「十分な余地がない」「子どものあご」(第2段落第2文)と「子どもが育」って(第2段落第3文)からのあごを比べての記述だから，比較級を用いるのが適切。 ② 空欄②の直前の1文には「親知らずが生えるためのより多い余地がある」とあり，空欄②の1文にはそれに対して予期される結果(ここでは，あごが長く育つ，という内容)とは反対の「あごは」「十分な長さに育たない」という内容がある。したがって，逆接の接続詞 however を用いるのが適切。 ⑤ 「現代人のあごは，問題なく親知らずが生えるための十分な長さに育たない」(第2段落第5文)のだから，古代人よりも「短い」あごを持っていることになるのである。

やや難 問3 ③ (People) ate what they could hunt (or gather.) 関係代名詞 what = the thing(s) which である。people ate the things と they could hunt or gather them をつなげた文を作る。them が関係代名詞 which に変わり，the things とともに関係代名詞 what になる。to が不要。 ④ (～ they are young actually) makes the jaw grow longer(.) ここでの make は使役動詞で，普通，〈使役動詞＋目的語＋原形不定詞〉の形をとり，〈(目的語)に～させる〉の意味。becomes が不要。

問4 「人々が毎日食べる食べ物の種類」 diets(第2段落第7文)，diet(第2段落最後から3文目)「常食」である。

V (長文読解・説明文：語句補充，要旨把握)

(大意) 良い眠りは健康にとって不可欠であると皆が知っている①が，暗がりで眠ることがどれほど不可欠であるか，は皆が知っているわけではない。明かりがついた状態で眠ることは悪いかもしれない，と新しい報告書には書いてある。約40%の人々が人工的な明かりがある状態で眠る，と研究者たちは言った。テレビや目覚まし時計からの明かりさえ健康に影響するかもしれない，と彼らは言った。大きな町に住む人々にとっては，そこには夜にたくさんの戸外の明かりがあるので，暗がりで眠ることはより難しい。ノースウェスタン大学フェインバーグ医学研究所の睡眠医学の専門家は，眠るときに全ての明かりを消すことはより健康に良い，と言った。明かりをつけた状態で眠った人々は，②完全な暗がりで眠った人と比べて翌朝の血糖値が高かった。これは，明かりが脳の活動を刺激するからで，それは血糖値を上げる。

問1 ① 空欄①の1文の前半部分には「皆が知っている」とあり，空欄①の後の部分には反対の「皆が知っているわけではない」という内容がある。したがって，逆接の接続詞 but を用いるのが適切。 ② 「明かりをつけた状態で眠った人々」「と比べ」る(空欄②の1文前半部)対象だから，「完全な暗がりで眠った人」である。

問2 「暗がりで眠ることは健康にとって(1)重要だ。明かりがついた状態で眠ることは悪いかもしれない。約40%の人々はテレビのような(2)自然でない明かりがある状態で眠る。暗がりで眠ることは(4)都市の人々にとっては(3)不可能になりつつある。睡眠医学の(5)教授は，眠るときに明かりを消すことはより健康的である，と言った。明かりがある状態で眠った人は明かり(6)なしで眠った人よりも高い血糖値だった。明かりは脳を活動的(7)にする。このことは血糖を(8)増やす」

重要 (7) 〈make +A+B〉で「AをBにする」という意味の第5文型。

Ⅵ (会話文：英作文)

1. A：空港へ向かう途中での交通渋滞があるのではないかと思います。／B：心配する必要はありません。混雑時間はまだ始まっていないでしょう。
on the way to ~ で「~への途中で」の意味。

2. A：私は9月から一人暮らしをするつもりなの。何か助言はある？／B：新しい家具を買うなら，大きさに気をつけて。／A：わかった。私は机を買うことを考えているの。／A：私は食べるためと勉強するための両方にテーブルを使っていて，勉強するだけのための机を持っていないの。両方を持っていたら，多すぎると思うわ。
Bが最後の発言で「机を持っていない」と言っていることから，Aは机を買うつもりなのであると考えられる。think of ~ で「~と思う」の意味。of は前置詞。前置詞の目的語に動詞が来る場合，その動詞は原則として動名詞〈動詞の原形＋ing〉となる。

★ワンポイントアドバイス★
疑問詞の用法や，疑問詞を使った重要表現を確認しよう。実際に問題を解いて具体的な使い方に慣れておこう。

<国語解答>

1 問1 a 虚構 b 壮大 c 斜 d 不詳 e 感慨 問2 ウ
問3 (例) 横になりながら待つほど昇るのが夜遅い月。 問4 (例) 月は東の空から昇り，太陽は西の空へ沈んでいく光景。 問5 (例) 北半球と南半球とでは月の模様の見える向きが逆さまであることや，国による文化の違いによって，月の模様を何に見立てるかが異なっているため。 問6 オ 問7 イ 問8 オ

2 問1 a イ b ウ c ア 問2 (例) 自分が絵を描き続けるために，父には妻と子の存在を隠し続け，妻には結婚して正式な妻とすることを長く待たせたということ。
問3 オ 問4 エ 問5 ア 問6 エ 問7 エ 問8 (例) 自分とよく似た《マダム・セザンヌ》の絵を自分の死後もフレッドに見に来てほしいということがジェシカの最後の願いであり，そうすることによってフレッドはジェシカと対面しているような気持ちになれるから。

3 問1 カ 問2 ② おとど ④ とうぐう 問3 オ
問4 A 三女か四女 B 結婚させたい 問5 若君 問6 若君

○配点○

1 問1 各2点×5 問3 6点 問4 4点 問5 8点 他 各3点×4
2 問1 各2点×3 問2 6点 問8 8点 他 各4点×5
3 問4~問6 各3点×4 他 各2点×4 計100点

＜国語解説＞

1 (論説文―漢字の書き取り，脱文・脱語補充，内容吟味，文脈把握)

問1 a 「虚構」とは，事実ではないことを事実らしく作り上げること。 b 「壮大」とは，規模が大きくて立派なこと。 c 「斜め」とは，垂直・水平面や正面に対し，方向がずれていること，日や月が中天を過ぎること，普通とは違っているさま。 d 「不詳」とは，くわしくはわからず，はっきりしないこと e 「感慨」とは，心に深く感じて，しみじみとした気持ちになること。

問2 新月から新月，満月から満月は平均29.5日間隔。満月から満月はだんだん月の出が遅くなりながら，29.5日ぐらいでほぼ同じ時間に昇るので，1日あたりは，24×60÷29.5＝約49分ずつ遅くなる。

問3 「臥す」とは，横になって寝ること。よって，横になりながら待つぐらい遅く出る月という意味。

問4 太陽が西に沈む夕暮れ時に，月が東に見えている状態。つまり，地球を挟んで月と太陽が，ほぼ一直線に並んでいるということを表す。

重要 問5 「ところで」から始まる段落に，月の模様について，北半球と南半球で模様の見える向きが逆さまになることを提示し，「国によって月の模様を何に見立てるかは異なっており，これは文化の違いもありますが，南半球の国では見ている模様が逆さまであることも影響しているはず」と述べている。

問6 「何ヶ月」から始まる段落に，「何年にも亘って月が赤く見えるようになるのは，たいてい巨大火山噴火の影響」とあるように，月が赤くなることと自然災害の影響の相関を示している。

問7 「さて，こんな」から始まる段落に，筆者が幼稚園児の時には，アポロ計画により宇宙飛行士が月面歩行をした後であり，「当時は幼児向けの絵本にまでアポロ計画の解説があふれていたので，私は幼稚園児ながら月がボールのような形であることを知っていました」と記している。

問8 「月が地球に」から始まる段落に，「月から見た地球は空のある一定の位置からほとんど動かず，空の同じ場所で満ちかけを繰り返します」とあるので，月から地球の出入りは見えないことになる。

2 (小説文―語句の意味，内容吟味，心情，文脈把握)

問1 a 「勘当」とは，親が子との縁を切ること。 b 「まとう」とは，身につける，着る，からまるという意味。 c 「呼応」とは，一方が呼びかけ，または話しかけ，相手がそれに答えること。また，互いに気脈を通じて物事を行うこと。

問2 「南仏の」から始まる段落に，セザンヌの半生が描かれている。セザンヌは貧しい女性であったオルタンスと同棲し，やがて息子のポールを授かるが，売れない画家であったため，父からの仕送りを頼りとしていた。その父に，オルタンスとポールのことを知られては，勘当されて仕送りを貰えなくなるかもしれないので，結婚するのに長く時がかかってしまったのである。

問3 セザンヌに憤りを感じていたフレッドに対し，ジェシカは「我慢して，持ちこたえて，彼は両方を維持したし，結果的に守り抜いたのよ。妥協しないで自分の絵を描くことと，愛する人との暮らし，その両方を。(中略)セザンヌって，我慢強くて，信念があって，愛情深い人だったと，あたしは思う」と述べている。ジェシカは，オルタンスに対しても同様の評価をしていたのである。

問4 フレッドが《マダム・セザンヌ(画家の婦人)》の絵に対する評価として，衣装は「ほんのりとバラ色が混じって，まるで朝焼けの空をまとったようなやわらかさとすがすがしさがあ」り，また頬とくちびるは「青い服に溶け込んだバラ色と呼応して，やわらかでやさしげな雰囲気をもたらしている」と述べている。よって，「ぺっぴんさんか？いや，どっちかっていうと美人じゃない。だけど，どうだい。彼女の，なんとまあ，魅力的なこと！もう何度，この絵の前に佇んだことだろう。けれど，何度向き合っても飽きることがなかった。みつけるほどに，彼女の魅力はフレッドの胸に迫った」と好きな理由を吐露している。

問5　ジェシカが末期がんであるにも拘らず，手術や入院もさせてあげることができず，日に日に衰弱していく妻の命を救ってやる事ができないと自責するフレッドに対し，そのことを怒るわけでもなく，自分の運命を悲しむわけでもなく，頼りないとフレッドを責めることもなかった様子を読み取る。

問6　エミリーによって，ジェシカは身支度をすることができた。つまり，自分で身支度を整えることができないほど，末期がんにより衰弱していたのである。そのような状況にも拘らず，雰囲気を和ませるために軽い冗談を言っているのである。

問7　エ「最後の願い」はデトロイト美術館へ連れて行くことではなく，また願いを実現できたことに対して「とても誇らしく感じるとともに，永遠の命を手に入れることができたような感激を味わって」もいないので誤り。

重要　問8　文章の冒頭に出てくる「彼女」は《マダム・セザンヌ(画家の婦人)》の絵であり，妻であるジェシカを重ねている。ジェシカにセザンヌの妻，オルタンスと似ていることをフレッドは告げた後，ジェシカは肯定も否定もせず，「最後のお願い」として「あたしがいなくなっても……彼女に会いに来てくれる？彼女，あなたがまた来てくれるのを，きっと待っていてくれるはずだから。あたしも，待ってるわ。あなたのこと，見守っているわ」と述べている。よって，《マダム・セザンヌ(画家の婦人)》の絵を見ることで，ジェシカと対面している気持ちになり，絵に対して話しかけているのである。

3　**(古文一口語訳，漢字の読み，脱文・脱語補充，内容吟味)**

〈口語訳〉　若君の元服の引き入れ役は，若君の父の兄上の右大臣殿がなさる。髪を結いあげた若君の一段とまさった美しさは，以前から拝見していたお姿だが，たいそう格別に，この上なくすばらしい顔立ちでいらっしゃるのを，引き入れ役の大臣がお褒め申し上げる様子も，もっともなことだ。この大臣は，姫君ばかり四人お持ちである。大君は帝の女御，中君は春宮の女御，三，四の君はまだ未婚でいらっしゃるので，(この若君と)並べて(夫婦として)見たくお思いになったに違いない。

褒美や贈り物など，世にないほどのぜいたくをお尽くしになった。五位の位階は成人前から叙されていたので，大夫の君と呼ばれた。

まもなくその秋の任命式に侍従になられた。帝・春宮をはじめとして，世の中の男女，この君を一目でもお見かけ申し上げては，見飽きることのないすばらしい人だと思うに違いないようだ。

問1　「世になく」とは，この世のものとは思えないほどという意味。引き入れ役の大臣が褒めているので，ポジティブな意味であることが伺える。

問2　②「大臣」を公卿の意味で用いる場合，「おとど」と訓む。　④「春宮」は皇太子，または皇太子の住む宮殿のこと。

問3　「ことわり」を漢字に直すと，「理」となり道理，理屈，辞退を示す。

問4　大臣には四人の娘がいたが，長女と次女は既婚なので，未婚の三女か四女と結婚させたいと考えている。

問5　若君は，成人前から五位の位階を叙されていたので，「大夫の君」と呼ばれていたのである。

問6　若君が秋の任命式で侍従になられた際，誰もが一目見たいと思い，その姿を見るとすばらしい人物だと思ったことが述べられている。

★ワンポイントアドバイス★

時間配分を考えて解く習慣を身につけよう。現代文・古文が同時収録されたテスト形式の問題集をこなしてみよう。

MEMO

2022年度

★★★★★★★★★★★★★★★★★★★★★★★

入　試　問　題

2022年度

開智高等学校入試問題（第1回）

【数　学】（50分）　＜満点：100点＞

【注意】(1)　電卓，定規，コンパス，分度器は使用してはいけない。

(2)　分数は既約分数に直し，無理数は分母を有理化し，根号内はできるだけ簡単に，比はもっとも簡単な整数値にして答えること。

(3)　【考え方】に記述がなく，答えのみの場合は得点にはなりません。

1　次の各問いに答えなさい。

(1)　$(\sqrt{2}+\sqrt{3}+\sqrt{6})(\sqrt{2}-\sqrt{3}-\sqrt{6})$ を計算しなさい。

(2)　$\dfrac{3x+2y}{4}-\dfrac{x-5y}{6}$ を計算しなさい。

(3)　連立方程式 $\begin{cases} 3x+2y=7 \\ 2x-3y=5 \end{cases}$ を解きなさい。

(4)　n^2-5 が220の正の約数となる自然数 n をすべて求めなさい。

(5)　$y=ax^2$ の x の変域が $-1 \leqq x \leqq 2$ のとき，y の変域が $b \leqq y \leqq 8$ であった。a，b の値を求めなさい。

(6)　１つのさいころを３回投げたとき，目の和が10である確率を求めなさい。

(7)　下の図の∠x の大きさを求めなさい。

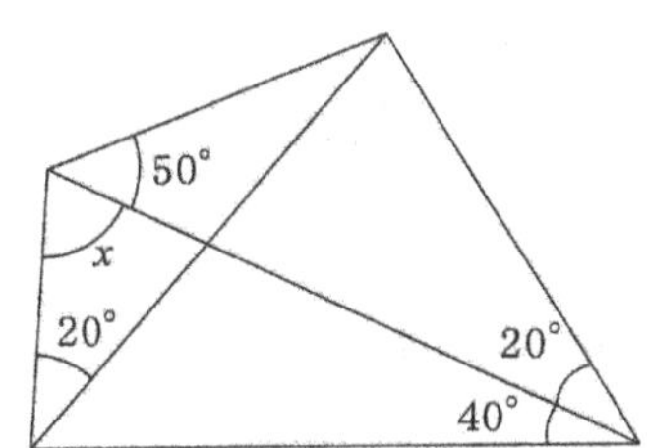

2　次の各問いに答えなさい。

(1)　あるパーティーで，プレゼント交換を行った。参加者は，各自１個ずつプレゼントを用意する。いったん，すべてのプレゼントを回収し十分にまぜたあと，ランダムに１人１個ずつ配布される。このとき，参加者全員が，自ら用意したプレゼントとは違うプレゼントをもらう確率を求めたい。

参加者の人数が次の各場合についてその確率を求めなさい。

(i)　参加者が２人の場合。

(ii)　参加者が３人の場合。

(iii)　参加者が４人の場合。

⑵　図のように，２次関数$y=x^2$と$y=x+6$が２点A，Bで交わっている。

(i)　２点A，Bの座標を答えなさい。

(ii)　点P（0，6）を通り，△OABの面積を２等分する直線の方程式を求めなさい。

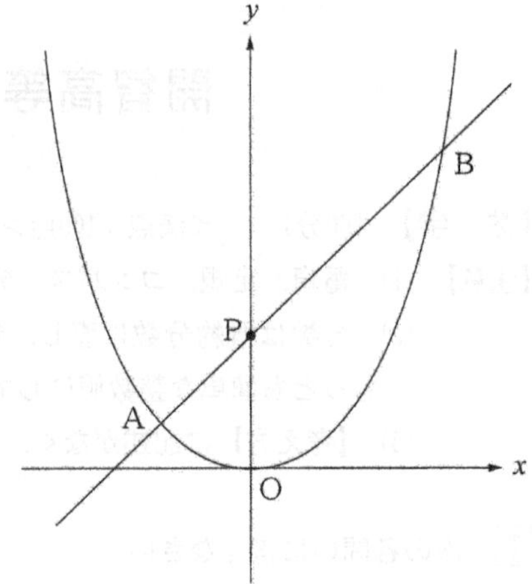

3　0，2，3，5，7の５つの数字を重複なく３つ選び，３桁の自然数をつくる。

次の各問いに答えなさい。

⑴　自然数は全部で何個できるか答えなさい。

⑵　５の倍数は全部で何個できるか答えなさい。

⑶　小さい方から30番目の数は何か答えなさい。

4　次の各問いに答えなさい。

⑴　点（6，6）を通る，反比例のグラフをかきなさい。

⑵　２点（6，6），（−2，−6）を通る直線の式を求めなさい。

⑶　x座標，y座標がともに正の整数であり，⑴の反比例のグラフと⑵の直線のグラフの両方より下側にある点の個数を求めなさい。

ただし，グラフ上の点は含めない。

5　AB＝AC＝13，BC＝10の△ABCがある。

BCの中点をMとして，△ABMの外接円をかく。

この円上に，DB // ACとなる点Dをとる。

次の各問いに答えなさい。

⑴　△ABC∽△MDAであることを証明しなさい。

⑵　∠DACの大きさを求めなさい。

⑶　BDの長さを求めなさい。

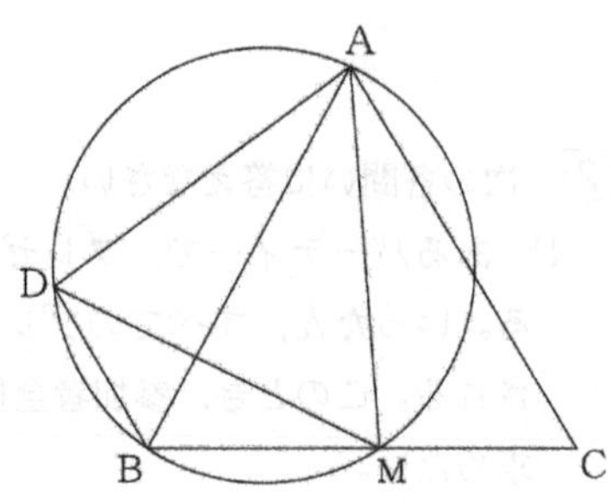

【英　語】（50分）　＜満点：100点＞

Ⅰ　以下の各設問に答えなさい。

1．The distance between Toru's home and his office is 1.6km. The distance between his home and a soccer stadium is two and a half times the distance between his home and office.

(1) Find the distance, in km, between his home and the stadium.

(2) The distance between his home and a ballpark is 1.2km. How many times longer is the distance between his home and the ballpark than the distance between his home and office?

2．この現象を日本語で答えなさい。

This astronomical phenomenon happens when the moon passes through the shadow of the Earth that can only occur during a full moon. It can continue for a few hours. It is safe to look at with your eyes.

3．以下の英文は誰のことを言っているか。日本語で答えなさい。

He was a Japanese industrialist widely known today as the "father of Japanese capitalism." He spearheaded the introduction of Western capitalism to Japan after Meiji Restoration. In 2019, it was announced that he would be the historical figure featured on Japanese ¥10,000 banknotes expected to enter circulation around 2024.

4．以下の英文はどのような歴史的出来事の中で行われたことか。日本語で答えなさい。

George Washington was appointed Commanding General of the Continental Army. He invited Phillis Wheatley, who was the first American writer to achieve international fame, to visit him at his camp during the war. Some historians think that because of her visit, he decided to allow black men to serve in his army.

Ⅱ　以下の各設問に答えなさい。

A　それぞれの対話を読み，答えとして最も適切なものを，ア～エのうちから１つずつ選びなさい。

(1) A：That's a nice bag, Mary. Is it new?
B：No, my father bought it for my 12th birthday.
A：Then you've used it for three years.
B：Right. I like it very much.
Q. How old is Mary now?
ア Nine.　イ Twelve.　ウ Thirteen.　エ Fifteen.

(2) A：Can I use my credit card?
B：I'm sorry, but we only accept cash.
A：OK, I'll go to an ATM. Is there one nearby?
B：Yes, you can find one next to the bookstore outside.

Q. What will Mr. A do next?

ア Accept cash. イ Get money.

ウ Pay by credit card. エ Go to the bookstore.

(3) A : Excuse me. I just moved into Apartment 205. You're the building's manager, right?

B : That's right. Can I help you with something?

A : Yes. The shower in my apartment doesn't work.

B : OK. I'll be there in a few minutes to take a look at it.

Q. What is Ms. A's problem?

ア The apartment has no shower.

イ Her shower is not working.

ウ She cannot find the building manager.

エ She wants to move out of her apartment.

(4) A : Let's hurry. We'll be late.

B : But the concert will begin at seven, right?

A : No. At six thirty. We have only thirty minutes.

Q. What time is it now?

ア 5:30. イ 6:00. ウ 6:30. エ 7:00.

(5) A : I took the train instead of the bus today.

B : The train is a lot faster, isn't it?

A : Yes. The bus is cheaper, but I'm taking the train from now on.

B : I'll keep driving my car.

Q. How did Mr. A get to work today?

ア By train. イ By bus. ウ By car. エ On foot.

(6) A : Tom, this cake looks very delicious.

B : Thank you, Lisa. I made it at home. Will you have some?

A : No, thank you. I'm afraid I've eaten too much today.

B : Don't worry. If you eat a lot today, you won't have to eat anything tomorrow.

Q. What does Tom want Lisa to do?

ア To eat his cake now.

イ To eat his cake tomorrow.

ウ Not to eat anything tomorrow.

エ Not to eat too much today.

(7) A : Excuse me, I couldn't hear that announcement.

B : It was about the 8:15 train to London. It will leave 20 minutes late.

A : Thank you.

Q. When will the 8:15 train leave?

ア 7:55. イ 8:15. ウ 8:20. エ 8:35.

(8) A：You are late. We were planning to take the 7:20 train but it left ten minutes ago.

B：I'm very sorry. The next train leaves at 7:50. So shall we drink coffee until then?

A：OK.

Q. How long will they have to wait until the next train leaves?

ア 10 minutes. イ 20 minutes. ウ 30 minutes. エ 40 minutes.

B それぞれの対話を読み，最後の発言に対する応答として最も適切なものをア～エのうちから１つずつ選びなさい。

(9) A：Would you like to play tennis with me after school?

B：I can't. I have to go straight home.

A：How about tomorrow, then?

B：(　　)

ア We can go today after school. イ I don't have time today.

ウ That will be fine. エ But I have to play tennis today.

(10) A：I haven't prepared for the math test yet. How about you?

B：Me, neither. Why don't we meet after school and study together?

A：(　　)

ア The math test is not difficult. イ That's a nice idea.

ウ Because I am busy. エ Because I was late for the test.

(11) A：How may I help you?

B：I'd like a ticket for the seven o'clock show, please.

A：I'm sorry, sir, but that show is already sold out.

B：(　　)

ア OK, I'll buy a ticket for it. イ I see. Thanks anyway.

ウ Thanks. I'll show you the ticket. エ It's almost seven o'clock.

(12) A：I think this red one is wonderful.

B：Yes, this model is popular. The price is also reasonable.

A：OK, then I will take this one. When can you deliver?

B：(　　)

ア Just yesterday. イ I can help you tomorrow.

ウ To your house. エ Friday next week is possible.

(13) A：What seems to be the trouble today?

B：I have a terrible stomachache.

A：How long have you had it?

B：(　　)

ア Since lunchtime today. イ Ten years ago.

ウ Three days later. エ In a few minutes.

⒁ A：Doctor, I've had a sore back since I woke up this morning.
B：OK. Tell me if that hurts.
A：Ouch! That's quite painful.
B：How about here?
A：(　　)
ア That hurts, too.　　イ It's been sore for a week.
ウ That was worse yesterday.　　エ It hurts more this week.

⒂ A：We're here! Let's get something to eat.
B：I've been driving for ten hours. I need to take a nap.
A：But I'm really hungry.
B：(　　)
ア Already? But we've just left home!
イ I'm sorry. There are only restaurants.
ウ So would you like to order more?
エ What? You've been eating the whole time!

Ⅲ 以下の英文や資料を読み，設問の答えとして最も適切なものをそれぞれア～エの中から選びなさい。

How we keep fit

	Work out at Gym	Work out at home	Bicycle	Tai chi
Age 31-40	24%	31%	34%	11%
Age 41-50	24%	36%	19%	21%
Age 51-60	19%	41%	14%	26%
Age 61+	39%	36%	14%	11%

(1) What information does this table tell us?
ア How many time a week people of different ages exercise.
イ When people prefer to exercise.
ウ Which age group prefer to exercise most.
エ Which kinds of exercise people of different ages prefer.

(2) What can we infer from this table?
ア People aged 61+ don't exercise as much as they used to.
イ Many people aged 51-60 enjoy working out at home.
ウ People aged 31-40 exercise more than people in other age groups.
エ Most people aged 41-50 belong to a gym or health club.

The doctors' office is closed for renovation until Thursday, April 1.
If you have a medical emergency, please contact Dr. Yamauch
at the East Side Clinic on Maple Street.

(3) Why is the office closed?
ア The staff is on vacation.
イ The building is being repaired.
ウ Some doctors are sick in bed.
エ One of the doctors had an accident.

(4) When will it be possible to see the doctors in their office?
ア On Sunday.　イ Before Thursday.　ウ On April 2.　エ On March 31.

Hire's Bakery & Grocery has introduced a new self-checkout system. Some checkout lanes now have computers instead of human cashiers. In each checkout lane, a computer reads the price on each item bought and adds up the total. The customer then pays with a credit card or a debit card and the computer automatically prints a receipt. "Most customers like the system," explained Grace Reed, the store manager. "It's much faster so people don't need to wait in line so long." Ms. Reed said the storeowners are satisfied with the system, too. Formerly, seven cashiers worked at a time. "That was seven people we had to pay," said Ms. Reed. "Now we pay only one cashier."

(5) Who might not like the new system?
ア The credit card company.
イ The cashiers.
ウ The customers.
エ The grocery store.

Ⅳ 次の英文を読んで，後の各設問に答えなさい。

At the beginning of the 19th century, people's ideas about the natural world were different (a) those that are common today. Most people in Europe did not believe that animal species died out. When the remains of unknown animals were found, it was thought that the animals must be living somewhere in the world. (①), by the end of the century people understood that the Earth had once been full of dinosaurs and other strange animals. An important ②[for / change / changed / was / reason / this] the discovery of many dinosaur fossils. One person ③[a / that / part / took / played / big] in these discoveries was Mary Anning.

Mary was born in 1799 in Lyme Regis, a small port in the south of England. The seashore at Lyme Regis has many fossils in its rocks. Mary's father, Richard Anning, was a carpenter, but he also collected fossils and sold them to visitors. He taught Mary and her brother, Joseph, how to find fossils and sell them.

Richard died in 1810, and Mary's family became very poor. They continued hunting for fossils to make some (④). Then, when Mary was 12 years old, she and her brother made a great discovery. This was the complete fossil of a strange creature (b) teeth like a crocodile's and a body like a dolphin's. Many scientists went to see the fossil. An expert at the British Museum named the animal an "ichthyosaur," which means "fish lizard."

Mary began to buy books ⑤ so that she could learn more about dinosaurs. Later, she made many more important discoveries. However, although she knew more about fossils than most professors, she was not famous (c) the end of her life. This was because she was poor and because she was a woman. A few months before she died in 1847, though, she was honored by the government, and since then she has been known (d) one of the first experts in the study of dinosaurs.

問１　空所（ａ）～（ｄ）に入る最も適切な語を，次のア～キから１つずつ選び，記号で答えなさい。なお，文頭に来る語も小文字で示してある。

ア with　イ in　ウ by　エ from　オ of　カ until　キ as

問２　空所（①）に入る最も適切な語を，次のア～エから１つ選び，記号で答えなさい。

ア For example　イ However　ウ Moreover　エ At first

問３　下線部②，③の［　］内の語を正しく並べかえなさい。ただし，それぞれ余分な語が１つずつある。

問４　空所（④）に入る最も適切な語を，英語で答えなさい。

問５　下線部⑤とほぼ同じ内容を表すように，以下の空所に適切な語を答えなさい。

⑤＝ in (　　) to learn more about dinosaurs

問６　以下の説明に当てはまる語を本文中から１語で抜き出しなさい。

"a person whose job is making and repairing wooden objects"

Ⅴ　次の英文を読んで，後の設問に答えなさい。

It's hard to keep up with technology these days. The latest example of science fiction becoming science fact is a flying car. For decades, we have watched movies about a future with flying cars. This week, journalists saw a real ① one in flight. A prototype flying AirCar completed a test flight between two cities in Slovakia. The car flew between a regional airport and an airport in the capital city Bratislava. The 90km journey took 35 minutes to complete. AirCar is from a company called Klein Vision. A founder of the company said: "AirCar is no longer just a proof of concept." He added: "Flying at 2,500meters at a speed of

185kph, it has turned science fiction into a reality."

AirCar is a road-legal car that transforms into an aircraft in less than three minutes. AirCar CEO Professor Stefan Klein flew and landed the vehicle on its recent test flight. After landing at Bratislava Airport, he pushed one button to transform the aircraft into a sports car. He then drove it into downtown Bratislava on the city's streets. He described the flight as "normal" and "very pleasant". His company is working on a new, more powerful model called AirCar Prototype 2. This will have a much more powerful engine that is capable (②) a cruising speed of 300kph and a range of 1,000 kilometers. The newer model will also be a four-seater as opposed to the two-seater that was recently tested.

問１ 下線部①が表すものとして正しい語を，次のア～エから選び，記号で答えなさい。

ア technology　イ car　ウ movie　エ science

問２ （②）に入る最も適切な語を，次のア～エから選び，記号で答えなさい。

ア in　イ of　ウ at　エ for

問３ 以下は本文をまとめたものです。（１）～（８）に最も適切な語を，ア～チの中から選び，記号で答えなさい。ただし，同じ記号は２回以上使用してはいけません。

Technology (1) science fiction from the movies to become science fact. A company tested a flying car. The "AirCar" flew at a (2) of 2,500 meters and a speed of 185kph. The 90km (3) took 35 minutes. Flying cars are no longer just an (4). The AirCar company said science fiction is now "a reality".

AirCar is (5) to be driven on the road. It (6) into an airplane in less than three minutes. The company's CEO landed it at an airport. He then (7) a button to change it into a sports car and drove it into the city. He said the flight was "normal". A new AirCar will have a cruising speed of 300kph and be able to fly 1,000 kilometers (8).

ア idea	イ ideal	ウ enables	エ ability	オ time
カ height	キ permitted	ク ahead	ケ nonstop	コ realized
サ pressed	シ distant	ス drives	セ fly	ソ turns
タ flight	チ length			

Ⅵ 以下の設問に答えなさい。

1．（　）の日本語を［　］内の単語を用いて英語に直しなさい。その際，［　］内の語も含み英語５語になるようにしなさい。(don't などの短縮形は１語と数える。)

A：Where are you from, John?

B：I'm from Boston, but now I live in New York.

A：So, how often do you go home?

B：Well, I try to fly home four times every year. Flying is very expensive, but it's important to me.

A：(どうして車で帰らないの [don't])? I think it takes only four hours to drive between the two cities.

B：Only four hours! You may not mind driving four hours, but I don't feel like driving so long. It's exhausting.

2．[ ] 内の単語を用いて自然な会話文になるように６語の英文を作りなさい。([ ] 内の単語は１語と数え，また，don'tなどの短縮形も１語と数える。)

A：Hayato, I hear you are going to England during spring vacation?

B：Yes. I'll stay in a town near London.

A：Sounds nice. [ever]?

B：No, this is my first time.

A：How long will you stay there?

B：For a week. I'm very excited, but I'm worried about my English.

A：Don't worry, Hayato. Your English is very good. You should say "Hi" and smile when you meet people there.

B：OK, I will. Thank you, Ms. Maeda.

問６　傍線部⑤について、「女房ども」がそうした理由として最も適切なものを次の中から選び、記号で答えなさい。

ア　あこがれていた匡衡には妻がいるということがわかったから。
イ　みんなで盛り上がろうとしたら和歌など詠んでしらけたから。
ウ　誰も琴を弾けないので楽しい時間をすごせないと思ったから。
エ　当意即妙の和歌を詠まれたうえに、返す言葉もなかったから。
オ　匡衡が機嫌をそこねていることに気づいて気まずかったから。

問７　文中の和歌について、以下の問題に答えなさい。

（Ａ）この和歌の中に用いられている技法として最も適切なものを次の中から選び、記号で答えなさい。

ア　掛詞　**イ**　擬人法　**ウ**　体言止め　**エ**　倒置法
オ　枕詞

（Ｂ）この和歌についての説明として適切なものを次の中から二つ選び、記号で答えなさい。

ア　作者である匡衡は、東国のことなど知らないし、女房たちのことも知らないと言っている。
イ　作者である匡衡は、「あづま」という言葉に「東国」と「東琴」という意味をもたせている。
ウ　周囲にいる女房は、自分たちは都を出て東国へ行ったことが一度もないのだと言っている。
エ　周囲にいる女房は、匡衡は物知りであるが和琴を弾くことはできないことを熟知している。
オ　作者である匡衡は、自分は和琴を弾くことなどできないということを和歌に表現している。
カ　作者である匡衡は、自分に敬意を表わさない女房たちに対して不快な気持ちを抱いている。

注１「学生」……官吏になるための学問をする人。
注２「宇治大納言」……源隆国（一〇〇四～一〇七七）。
注３「指肩」……いかり肩。
注４「女房ども」……貴人に仕える女性たち。
注５「言ひまさぐりて」……からかって。
注６「和琴」……六弦の琴。別名「東琴」ともいう。
注７「逢坂の関」……山城（京都）と近江（滋賀）の境の逢坂山に設けられた関所。東国への通路にあたる。
注８「あなた」……あちら。むこう。
注９「やはらづつひき入りにけり」……静かに一人ずつ部屋へひっこんだ。

問１　波線部ａ「学生」は歴史的仮名遣いで「がくしやう」と表記されますが、これを現代仮名遣いに直しなさい。

問２　波線部ｂ「いみじき」の文中での意味として最も適切なものを次の中から選び、記号で答えなさい。

ア　美しい　イ　変わった　ウ　優れた　エ　ひどい
オ　醜い

問３　傍線部①「式部大輔匡衡」の特徴として適当でないものをすべて選び、記号で答えなさい。

ア　才能に満ちあふれていて、物知りだと評価されていた。
イ　性格がすばらしく、人格者としてとても有名であった。
ウ　背が高くてスタイルがよく、女性たちに人気があった。
エ　その場の状況に応じた和歌を即興で詠むことができた。
オ　東の方に、遠距離のためなかなか会えない恋人がいた。

問４　傍線部②「笑はむ」について、「女房ども」が「笑はむ」と言っているのはどのようなことか、最も適切なものを次の中から選び、記号で答えなさい。

ア　匡衡は成績優秀だが格好よくなかったので、ちょっとからかって困らせてやろうということ。
イ　匡衡は成績優秀なのを鼻にかけていて気に入らないので、少しこらしめてやろうということ。
ウ　背の高い男性が琴を弾く姿はかわいらしいので、目の前で琴を弾かせて楽しもうということ。
エ　学業は優秀な匡衡も琴は弾けないという話なので、みんなの前で恥をかかせようということ。
オ　成績では匡衡に負けてしまうので、自分たちの得意な琴で勝負し、気を晴らそうということ。

問５　傍線部③④の現代語訳として最も適切なものを次の中からそれぞれ選び、記号で答えなさい。

③
ア　何でもできるということが知れわたっている以上
イ　何でもできるということをご存じであるのならば
ウ　世間で評判のもの知りを知っていらっしゃるので
エ　いろいろなことを知っていらっしゃるそうなので
オ　いろいろなことを知っていてできたというのなら

④
ア　笑うのをがまんして
イ　笑うこともできずに
ウ　たくさん笑って
エ　そんなに笑わずに
オ　笑うのをやめて

問2　傍線部①「ここは楽しみなんだ」とあるが、柳はなぜこの家の調律を「楽しみ」にしているのか。理由として最も適切なものを次の中から選び、記号で答えなさい。

ア　調律の仕事ぶりを熱心に見てもらえるから。
イ　調律し甲斐のある高級なピアノがあるから。
ウ　かわいい双子の姉妹が出迎えてくれるから。
エ　姉妹が使い込んだピアノを調律できるから。
オ　調律の要望がいつも具体的なものだから。

問3　傍線部②「若い女の子の声」とあるが、これは誰の声か。その人物の名前を答えなさい。

問4　傍線部③「思わず椅子から腰を浮かせた」とあるが、なぜ僕はこのような行動をとったのか。三十字以上四十五字以内で説明しなさい。

問5　傍線部④「けっこうですから」とあるが、このセリフが意味することを次のようにまとめた。空欄を十字以上十五字以内で埋めなさい。

［　　　　　　　　］構わない、ということ。

問6　傍線部⑤「私と由仁のピアノは違うんだから」とあるが、姉妹のピアノの音の違いとして最も適切なものを次の中から選び、記号で答えなさい。

ア　姉のピアノは音の迫力に乏しいがリズム感が良く、妹のピアノには躍動感と明るさがある。
イ　姉のピアノは落ち着きの中にも情熱が感じられ、妹のピアノには躍動感と明るさがある。
ウ　姉のピアノにはしっとりとした静けさがあり、妹のピアノには情熱が秘められている。
エ　姉のピアノは音の迫力に乏しいが明るく、妹のピアノには情熱が秘められている。
オ　姉のピアノは端正な音でリズム感が良く、妹のピアノには情熱が秘められている。

問7　傍線部⑥「姉妹っていいですね」とあるが、僕はどうしてこのように思ったのか。理由を分かりやすく答えなさい。ただし、必ず「明るい」という語を用いること。

3　次の文章を読んで問題に答えなさい。

今は昔、①式部大輔匡衡（たいふまさひら）、注1 a学生にて、bいみじき者なり。注2宇治大納言のもとにありけり。才はきはめてめでたけれど、みめはいとしもなし。丈高く、注3指肩（さしかた）にて見苦しかりければ、注4女房ども、「注5言ひまさぐりて②笑はむ。」とて、注6和琴（わごん）をさし出だして、「③よろづのこと知り給うたなるを、これ弾き給へ。聞かむ。」と言ひければ、詠みて、

注7逢坂（あふさか）の関の注8あなたもまだ見ねばあづまのことも知られざりけり

と言ひたりければ、女房ども④え笑はで、注9⑤やはらづつひき入りにけり。

（『古本説話集』）

かもしれなかった。雛鳥がぴよぴよ鳴きながら親鳥の後をついて歩く姿が頭に浮かんだ。初めて調律に来て、初めて見た顧客が弾いたピアノ。だから特別に思えたのか。

——そう思いかけて、違うと思った。普通じゃなかった。明らかに、特別だった。音楽とも呼べないかもしれない音の連なり。それが僕の胸を打った。鼓膜を震わせ、肌を粟立たせた。

「あの子のピアノはいいな」

柳さんは言って、それから付け足した。

「妹のほうな」

僕もうなずいた。妹も、よかった。妹のピアノには勢いと彩りがあった。だからこそ、あれ以上明るい音を欲しがる理由がないように思えたのだ。

「あ」

車のアクセルを踏んでゆっくりと動き出す。

助手席の柳さんが僕を見る。

「どうかした？」

「明るい音」

明るい音が必要なのは「妹」ではなかった。きっとあの「妹」は自分の音を知っている。「姉」の音も把握している。自分のための明るさではなかったのだ。静かなピアノを際立たせるのは、暗い音とは限らない。明るい音を選んだのは、「姉」のためだったのではないか。

「なるほど」

僕がうなずくのを、柳さんが横目で見る。

「なんだ？　気持ち悪いなあ」

「⑥姉妹っていいですね」

今度は柳さんも、なんだ、とは言わなかった。

「特に、ふたごな」

「ええ」

「ふたりしてピアノがうまくて、ふたりしてかわいいふたごな」

柳さんは助手席で足を伸ばしながら機嫌よく言った。

果たして、僕が特別だと感じたピアノがほんとうに特別なのかどうかはよくわからない。ただ、初めて調律に訪れた家のこと、そこにいたふたごのこと、ピアノの音色、必要な明るさ。その一番いい状態のために働けるのなら、これからもこつこつこつこつし続けようと思った。

（『羊と鋼の森』宮下　奈都）

注１「柳さん」……会社の先輩で、ピアノの調律師。

注２「オクターブ」…ある音から八番目の音までのこと（例：ドから次のドまで）。

注３「音叉」……楽器の調律のための道具。音叉の音を基準として調律する。

注４「ハンマー」……鍵盤と連動しており、ピアノ内部の弦を叩くことで音が鳴る。

問１　二重傍線部ａｂの語句の本文中での意味として最も適切なものを次の中からそれぞれ選び、記号で答えなさい。

ａ「名目」

ア　仕事　**イ**　約束　**ウ**　方法　**エ**　名称　**オ**　口実

ｂ「殊勝な顔」

ア　神妙な表情　**イ**　温和な表情　**ウ**　緊張した表情

エ　得意げな表情　**オ**　勝気な表情

④**けっこうですから**」

母親がピアノ室の隅の小さなテーブルにお茶を並べながら、最後のほうは小声で言って微笑んだ。妹に調律の結果を確認させたい姉娘の気持ちを尊重しつつ、僕たちを気遣ってくれてもいるらしい。

柳さんは道具を鞄に片づける手を止めて、ありがとうございますと頭を下げた。

五分も経たないうちに、勢いよく玄関ドアの開く音がした。

「ただいまぁ」

弾むような声と足音が近づいてくる。

「由仁、今、調律の方が見えてるから」

「よかった、間に合った」

女の子の声がして、次の瞬間、ピアノ室にふたつの顔が現れた。さっきの子と、今帰ってきたらしい子。ふたつの顔はほとんど同じだった。肩まで髪をまっすぐに垂らしているか、耳の下あたりでふたつに結んであるかの違いだけだ。

「和音は弾かせてもらったんでしょ。じゃあ、あたしはいいよ」

ドアのところで立ち止まって、「和音」のほうを見ているのが、たぶん「妹」の「由仁」だ。

「ううん、弾いて。弾いて確かめて。⑤**私と由仁のピアノは違うんだから**」

おさげの子がドアの外へ出ていき、髪を下ろしている「姉」が、

「すみません、今、手を洗いに行ってます。すぐに戻りますから」

と僕たちに向かって頭を下げた。

程なく戻ってきた女の子は結んでいた髪をほどいていた。こうすると、もうふたりの見分けはつかなかった。

すぐに、ピアノが始まった。

顔はそっくりなのに、と僕は思った。おかしな感想だけど、まずそう思ったのだ。顔はそっくりなのに、さっき「姉」が弾いたのとはまったく違うピアノだった。温度が違う。湿度が違う。音が弾む。「妹」のピアノは色彩にあふれていた。これではたしかにそれぞれが弾いてみないと調律の具合を決められないだろう。

彼女は、ふと弾くのをやめて、こちらをふりかえった。

「もう少しだけ明るい感じの音にしていただきたいんです」

それから、

「すみせん、勝手なこと言って」

とｂ**殊勝な顔**になった。ピアノの向こうで「姉」も一緒にまじめな顔をしている。彼女も音を明るくしてほしいと思っているのだろうか。それとも、「妹」の意見を尊重しているのか。

（中略　調律を終えて、僕と柳は車に乗り込む。姉妹のピアノについての話題となった。）

「え、じゃ、なに、姉のほうのピアノが気になってんの？」

うなずいた。もちろんだ。情熱的で静かな音というものを初めて聴いた。

「なんで？　姉のピアノは普通のピアノだったじゃない。たしかに、きっちり弾けてたよ。でもそれだけだろ。おもしろいのは断然妹のほうだと思うけど」

普通のピアノだったのか。あれが普通なのか。僕にはピアノの経験がないから、少しうまく弾ける人のことも、とてもうまく見えてしまうの

ピアノは弾かれたい。つねに開いている。あるいは、開かれようとしている。人に対して、音楽に対して。そうでなければ、あちこちに溶けている美しさを掬い上げることもできない。

柳さんが注3音叉を鳴らす。ぴーんと音が鳴って、目の前のピアノのラ音がそれに共鳴する。つながっている、と思う。

ピアノは一台ずつ顔のある個々の独立した楽器だけれど、大本のところでつながっている。たとえばラジオのように。どこかの局が電波に乗せて送った言葉や音楽を、個々のアンテナがつかまえる。同じように、この世界にはありとあらゆるところに音楽が溶けていて、個々のピアノがそれを形にする。ピアノができるだけ美しく音楽を形にできるよう、僕たちはいる。弦の張りを調節し、注4ハンマーを整え、波の形が一定になるよう、ピアノがすべての音楽とつながれるよう、調律する。今、柳さんが黙々と作業をするのは、このピアノがいつでも世界とつながることができるようにするためだ。

二時間ばかりが過ぎて仕事も終わりかけた頃、玄関のほうで、ただいま、と声が聞こえた。②若い女の子の声だった。

調律は時間もかかるし、音も出る。お客さんによっては部屋のドアを閉めて作業を行う場合もある。でも、この日は開けてあった。この声の主が帰ってきたらすぐに調律中のピアノを見られるようにと考えてのことだったのだろう。果たして彼女はまもなくピアノ室へ現れた。高校生だろうか、黒髪を肩まで下ろしたおとなしそうな子だった。

彼女は柳さんと僕それぞれに小さくお辞儀をし、それからそっと壁に背をつけて、黙って柳さんが作業するのを見ていた。

「いかがでしょう」

柳さんが二オクターブほど音階を弾いてみせ、ピアノの前を空けた。

その子はおずおずとそこに歩み寄り、ぽろぽろぽろっと音を出した。

いかがでしょうと聞かれたから律儀に応えた、という感じだった。でも、僕は③思わず椅子から腰を浮かせた。耳から首筋にかけて鳥肌が立っていた。

「どうぞ、しっかり弾いて確かめてみてください」

柳さんが笑いかけると、立ったままだった彼女はピアノの前の椅子を引いてすわった。そうしてゆっくりと鍵盤の上に指を滑らせた。右手と左手が同時に動く、短い曲だった。たぶん、指を動かすための練習曲だ。美しかった。粒が揃っていて、端正で、つやつやしていた。耳の鳥肌は消えない。あっというまに弾き終えてしまったのが残念だった。

彼女は弾き終えた手をいったん膝の上に揃え、それからうなずいた。

「ありがとうございます、いいと思います」

恥ずかしいのか、うつむいて小さな声だった。

「じゃあ、これで」

柳さんが言いかけたとき、

「あ、待ってください」

彼女は顔を上げた。

「もうすぐ妹が帰ってくるはずなので、少しだけ待ってもらえますか」

この子の妹ということは中学生だろうか。その子に決定権があるのか、それとも自分だけでＯＫを出してしまう勇気がないのか。

僕が考えているうちに、柳さんはにこやかに、いいですよ、と答えた。

彼女がピアノ室から出ていってまもなく、お茶が運ばれてきた。

「どうぞ召し上がってください。その間に娘が帰ってこなかったら、

以内で説明しなさい。

問８　本文の内容として適切なものを次の中から二つ選び、記号で答えなさい。

ア　「ゆとり教育」の導入は実際の教育現場では難しいので、やはり「網羅的な知識の習得」や「欠点の克服」を目指す必要がある。

イ　「ゆとり教育」の成果があがらなかったため、日本の若者は自分に自信を失い、自己肯定感が弱くなったという見方ができる。

ウ　日本の学校教育は、履修する科目が生徒本人の好き嫌いや興味・関心に関係なく決められてしまうなど画一的だが、学力は高い。

エ　能力には生まれつきの差があるので、重要なのは努力そのものではなく、能力をいつでも発揮できる精神力ということになる。

オ　貧困に陥っている人を政府が助けるべきだと考える人の割合が少ないのは、努力が人生を変えるという発想が強いからである。

カ　努力には良い面も悪い面もあるということを教え込むことによって、バランスのとれた柔軟なものの見方ができるようになる。

２　**次の文章は宮下奈都の小説「羊と鋼の森」の一節である。「僕」はピアノの調律師である。調律師になりたての新人で、会社に入ったばかりの頃を回想している。文章を読んで、後の問いに答えなさい。**

始めて調律に行った日のことはよく覚えている。

秋の初めの、空の高い日だった。入社して五カ月を過ぎ、[注1]柳さんが顧客宅へ調律に行くのに同行させてもらえることになった。柳さんが調律する傍（そば）について補助する、という[a]名目だったが、実際には補助ではなく見学だ。調律の技術だけでなく、顧客宅でのふるまいや、顧客とのやりとりなどを学ぶ機会だった。

緊張していた。白いマンションの入り口でインタフォンを押す柳さんを見て、不意に不安になった。僕にあのボタンが押せるだろうか？　それでも、感じのいい女性の声がして中からドアが開いたとき、調律師は待たれているのだ、と思い直した。インタフォンの女性よりも、たぶん女性の傍にあるだろうピアノに。

エレベーターで四階に上がる。

「[①]ここは楽しみなんだ」

外廊下を歩きながら柳さんがささやいた。

僕の母と同じ年恰好（かっこう）に見える女性がドアを開けて僕たちを通してくれた。入ってすぐの右側の部屋がピアノ室だった。六畳くらいの部屋の真ん中に、いちばん小さいサイズのグランドピアノが置かれている。床に毛足の長いカーペットが敷かれ、窓には分厚いカーテンがかかっている。防音対策だろう。ピアノの前に椅子が二脚あるのはきっと、ピアノを習っているからだ。先生がここに教えに来てくれているのではないか。

よく磨かれた黒いピアノだった。特別に高級なピアノではないけれども、大事にされているのがわかった。そして、弾き込んであるのもわかった。柳さんが[注2]オクターブをさっと鳴らしただけで、少し歪（ゆが）みが感じられた。半年前に調律をしているのにこれだけ狂うのは、かなり弾き込んでいるせいだ。

柳さんが楽しみだと言ったのもうなずける。持ち主に愛されてよく弾かれているピアノを調律するのはうれしい。一年経ってもあまり狂いのないピアノは、調律の作業は少なくて済むかもしれないが、やりがいも少ないと思う。

問２　空欄Ａ～Ｃに当てはまる語として、最も適切なものを次の中からそれぞれ選び、記号で答えなさい（ただし記号は重複しない）。

ア　こうして　イ　さらに　ウ　それでは
エ　ですから　オ　ところが　カ　なぜなら

問３　傍線部①「内発的な動機づけ」とはどのような気持ちのことか、本文の内容をふまえて三十字以上四十字以内で説明しなさい。

問４　傍線部②「ここまでに見てきた価値観が関係する、と解釈できる日本人に特徴的な二つの心性」とあるが、その説明として最も適切なものを次の中から選び記号で答えなさい。

ア　自分で自分を低く評価することで自分が努力家であることを示したいという傾向があり、さらに、苦手なことでも逃げずにしっかり努力しようとする傾向があるということ。

イ　若いころは自己肯定感が低いため、謙虚な態度をとらなければならない傾向があり、さらに、それによって礼儀正しく向上心の強い人間が育ちやすい傾向があるということ。

ウ　自分にできることよりも自分にできないことの方に注意が向きやすいという傾向があり、さらに、できないことを何とかできるようにしようと頑張る傾向があるということ。

エ　人前で自分の成績などを明らかにすることは恥ずかしいので、タテマエでしか回答しない傾向があり、さらに、そうした自分に対して満足感を感じる傾向があるということ。

オ　理科は好きでなくても勉強はきちんとしなければならないと強く思う傾向があり、さらに、自分自身に満足せず、努力を続けなければならないと考える傾向があるということ。

問５　傍線部③「伝統的価値観」とあるが、ここでいう「伝統的価値観」からうまれる考え方の例として適切で**ない**ものを選び、記号で答えなさい。

ア　前回の大会では三位に終わったので、今大会は優勝を目標にして練習した。

イ　負けた試合ではパスがつながらなかったので、パスの練習に時間を割いた。

ウ　決勝戦当日はとても緊張したが、私自身は今までで最高のプレーができた。

エ　チームメイトのおかげで優勝することができたので、みんなに感謝したい。

オ　念願の県大会出場を果たしたが、他の出場校に比べるとまだまだ力不足だ。

問６　傍線部④「『論語』にもこんな一節があります」とあるが、そのあとの◆の内容を表す『論語』の一節として最も適切なものを次の中から選び、記号で答えなさい。

ア　人の己を知らざることを患（うれ）えず、己の能なきを患う。

イ　己を知ること莫（な）きを患えず、知らるべきことを為（な）すを求む。

ウ　人の己を知らざるを患えず、人を知らざるを患うるなり。

エ　人知らずして慍（うら）みず、また君子ならずや。

オ　之（これ）を知る者は之を好む者に如（し）かず、之を好む者は、之を楽しむ者に如かず。

問７　傍線部⑤「『因果関係』へとズレています」とあるが、一連の考え方のなかで何がどのように変わっていったのか、七十字以上八十字

係」へとズレています。

　私の知人の二十代の女性が、こうした価値観の象徴ともいえるような言葉をＳＮＳで漏らしていました。

「しあわせは、がまんして耐えて頑張ることの[c]タイカだと思っていた」

こうしたものの見方を「公正世界仮説」といいます。これ自体は問題なさそうな考え方ですが、実はこの考え方が、さらに次のようにひっくりかえりやすいのです。

「うまくいっていない人間は、それに見合う努力をしてこなかった人間だ」

おそらくこれが一因になって、日本では次のような調査結果が出てしまった、と筆者は考えます。

　二〇〇七年、アメリカのピュー研究所が、各国の意識調査を行いました。そのなかに、「政府はひどい貧困に陥っている人を助けるべきか」という項目があるのですが、日本は「完全に同意する」という答えが一五%で、調査国中ダントツの最下位。「おおむね同意する」を加えても五九%でやはり最低の数字だったのです。苛烈な競争社会だと思われているアメリカでさえ、それぞれ二八%と七〇%。

　なぜこのような結果が出るのか。[d]タンテキにいえば、生活に困窮している人間を努力不足とみなし、自助努力を万能視しやすいから、と解釈できるのです。何せ、

「もともとの能力にそれほど差はなく、しかも、努力すればそれに見合うだけの成果がかえってくるはず」

という価値観を刷り込まれた人々の多い社会。ゆえに経済的に[e]フグウなのは、努力していないからに違いない、と考えてしまうわけです。これは現代でも、生活保護受給者へのバッシングの際によく出る批判でもあります。

　人の可能性を信じ、努力を推奨する文化は、もちろん素晴らしい点をたくさん持っています。しかし、反面でそれも人間が作ったものである以上、当然、悪い面も含んでいます。だからこそ、バランスのとれたものの見方ができないと――その刷り込みが強烈であればあるほど――人や社会への見方が柔軟性や多面性を失いかねないのです。

（『「論語」がわかれば日本がわかる』守屋　淳）

注１「イノベーション」……これまでとは異なった新しい発展。技術革新。

注２「先述した久保昌央副教頭」……筆者が取材した都内の中高一貫校の教師。

　「先述」されていた内容は次のとおり。

「日本の学校の授業は画一的で、履修する科目とかが全部お膳立てされています。ところがニュージーランドとかオーストラリアに行くと、高校や中学でも授業が選択できて、自分の得意なところを伸ばせるんです。画一的ではないんです。だから日本の学校で使う『普通科』という言葉、非常に英語に訳しにくいんですよ。

　日本の場合、生徒としては選択肢がないなかで同じような教育だけ受けさせられて、ある特定の軸だけで評価されてしまうことになります。他の軸がないのが問題なんですね。特に公教育では、中学一年生で履修する範囲はこれ、二年生はこれ、という縛りが文科省から決められているので、どうしようもないですね。」

問１　波線部ａ～ｅのカタカナをそれぞれ漢字に直しなさい。なお、文字は楷書で一画ずつ丁寧に書くこと。

なにも自己肯定感が低いのか」と社会的に大きな議論を呼びました。この点は研究者の間で議論があり、「日本人はタテマエで答えやすい」「自己卑下することで、逆に満足感を得ている」といった指摘もあります。

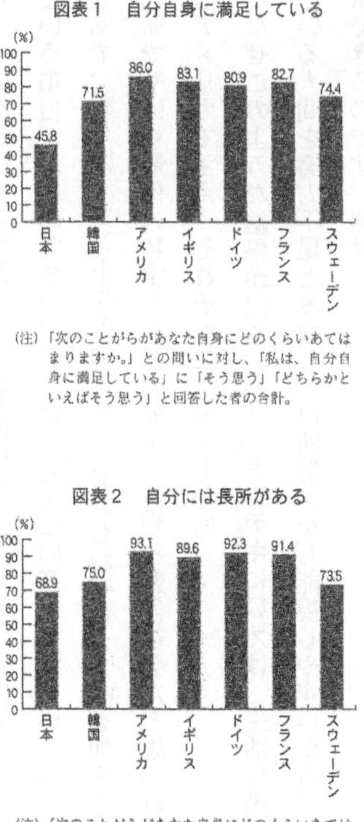

しかしここまでの内容と紐（ひも）づけていうなら、日本の教育は、「苦手の克服」「弱点の底上げ」という方向に傾きがちなのが大きな理由だと見なせるのです。自分のできないことや苦手なことばかり指摘され、やらされている若者が、自己に肯定感や自信を持てるはずがありません。

また日本では『論語』や儒教の影響から「謙虚」「謙遜」が貴ばれ、

「自分はまだまだです」

「まだ大したことないです」

と述べるのを美徳とする面があります。そして、自分をまだまだと思っているからこそ、向上し続けられる、というのは中国古典によく出てくるロジックの一つ。

［C］「自分自身に満足しているか」と問われて、「今の自分は、とても満足できるレベルではありません」と答える若者が多いのは――もちろん冗談ではありますが――③伝統的価値観からいえば、謙虚で向上心に富む素晴らしい若者を大量生産できている状態にある、といえなくもないのです。

もう一つ、

「生まれつきの能力に差はない、努力やそれを支える精神力で差はつく」

という価値観の、特に「努力で差がつく」という部分。これは、

「努力をすれば、必ずいい結果がかえってくる」

「うまく成長できれば、それに見合う成果がある」

という考え方を往々にして内包します。**④『論語』にもこんな一節があります。**

◆人から認められないことを、気に病む必要はない。自分にそれだけの実力が備わっていないことの方が問題だ。

この言葉、裏を返せば、実力が備わるまで成長したなら、その結果として周囲は必ず認めてくれるはずという期待が表明されているわけです。いくら成長しても結果などついてこないし、悲惨な人生しか待っていないとなれば、人は「成長しよう」「努力しよう」などと思わなくなりますから、ある意味で当然の話かもしれません。

もちろん、こう思って本人が努力するだけなら、おそらく問題はないのですが、実はこうした考え方は、似ているけれども、微妙に違う次のような価値観に移行してしまいがちなのです。

「成功した人間は、それに見合う努力をした人間だ」

孔子の言葉はあくまで「期待の表明」なのですが、こちらは⑤「因果関

【国　語】（五〇分）〈満点：一〇〇点〉

1 **次の文章を読んで、後の問いに答えなさい。**

二〇〇二年から施行された、いわゆる「ゆとり教育」にかんしては、その賛否や[a]**コウザイ**について、さまざまな議論が交わされてきました。筆者が注目したいのは、そもそもなぜ「ゆとり教育」が必要とされたのか、という点。その象徴的な事例が、

「日本人は学力が高いが、その科目を好きでない生徒の割合が非常に高い」

というショッキングな国際比較の調査結果だったのです。

一九九九年のＩＥＡ（国際教育到達度評価学会）における中学二年生を対象とした三八ヵ国に対する調査で、日本は理科の得点は、シンガポール、ハンガリーに続いて三位でした。

いろいろと言われますが、日本人は昔と変わらずお勉強はできたのです。

Ａ、理科を「大好き」「好き」と答えた生徒の割合は、国際平均が七九％なのに対して五五％。これは最下位の韓国五二％に継ぐ悪い数字。韓国も、儒教的な影響の強い、穴埋め式のつめ込み教育の国であることには留意すべきでしょう。

Ｂ「理科が生活に重要と思っている」「科学的な職業に将来就きたいと思っている」という割合が、それぞれ四八％と二〇％で、いずれも最下位。ちょっと極端にいえば、「理科のお勉強はできるけど、好きでもないし、人生の役に立つとも思っていないし、受験が終わったら忘れたい」

と思っているような生徒が、他国と比較してとても多いのです。「苦手の克服」「できないところを埋める」「やらされ感が強い」といったなかでは、当然の結果だったのかもしれません。

しかし、このように①**内発的な動機づけ**がきわめて弱い状態で技術立国を担う人材や、注1イノベーションをおこせる人材の輩出など、夢のまた夢。

この問題を受けて、いわゆる「ゆとり教育」は登場したのですが、ご存じの通りうまくはいきませんでした。注2先述した久保昌央副教頭は、

「ゆとり教育の時は、いろいろな授業をやりました。たとえば、教員が自分の趣味を活かして将棋の授業とかやったりしました。そのとき生徒はイキイキしていましたね。そのころの生徒は、問題を自分で解決する力や物事を多面的に見る力、論理的に考える力はあったと思います。しかし受験のシステムが変わらなくて、結局、[b]**ツブ**れていきました」

と述べていました。大本の教育制度、特に試験制度が「網羅的な知識の習得」「欠点の克服」を必須とする仕組みのなかで、それを変えずにいくら「ゆとり」といったところで、長所や一芸を伸ばしたり、生きる力を身につけるという方向には全体として行きにくかったのです。

さらに、②**ここまでに見てきた価値観が関係する、と解釈できる日本人に特徴的な二つの心性**があるので、ご紹介しましょう。

二〇一四年に実施された、日本を含めた七ヵ国の満一三～二九歳の若者を対象とした意識調査から、次のような結果が出て大きな話題になりました。いずれも内閣府のＨＰからの資料です。

「自分自身に満足している」「自分には長所がある」という質問、ともに調査国中で日本は最低の数字だったのです。「日本の若者はなぜこん

MEMO

大切なことはメモしておこうネ！

T.G

2022年度

開智高等学校入試問題（第2回）

【数　学】（50分）　＜満点：100点＞

【注意】（1）電卓，定規，コンパス，分度器は使用してはいけない。

（2）分数は既約分数に直し，無理数は分母を有理化し，根号内はできるだけ簡単に，比はもっとも簡単な整数値にして答えること。

（3）【考え方】に記述がなく，答えのみの場合は得点にはなりません。

1　次の各問いに答えなさい。

(1)　$(2x^2y^3)\times(-3xy^2)^2\div(4xy)^3$ を計算しなさい。

(2)　$x=\dfrac{\sqrt{3}+\sqrt{2}}{\sqrt{3}-\sqrt{2}}$，$y=\dfrac{\sqrt{3}-\sqrt{2}}{\sqrt{3}+\sqrt{2}}$ のとき，$x^2+2xy+y^2$ の値を求めなさい。

(3)　２次方程式 $(x+3)^2-4(x+2)-5=0$ を解きなさい。

(4)　$\sqrt{99-3k}$ が自然数となる自然数 k の値をすべて求めなさい。

(5)　関数 $y=ax^2$ において，x の値が -1 から３まで増加するときの変化の割合が -4 であった。a の値を求めなさい。

(6)　1，2，3，4，5，6の６枚のカードから同時に２枚選ぶとき，積が４の倍数となる確率を求めなさい。

(7)　右の図において，$\angle x$ の大きさを求めなさい。
ただし，Oは円の中心である。

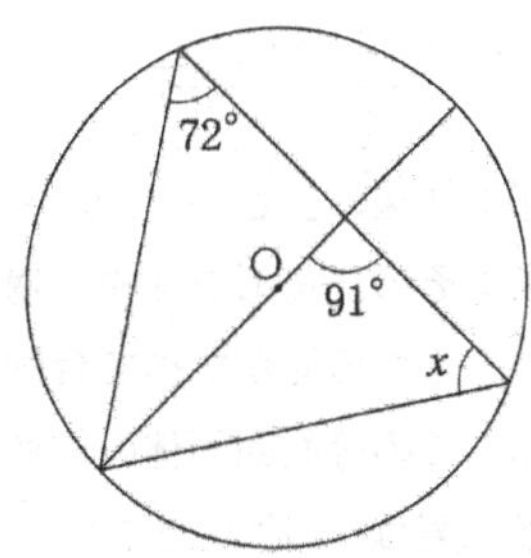

2　次の各問いに答えなさい。

(1)　複数人でじゃんけんをする。次の確率を求めなさい。

(i)　２人でじゃんけんをして，あいこになる確率。

(ii)　３人でじゃんけんをして，あいこになる確率。

(iii)　４人でじゃんけんをして，あいこになる確率。

(2)　AさんとBさんは糖度が８％のスポーツドリンク500mℓ をそれぞれもっている。これに糖度が14％のスペシャルドリンクを加え，新しいドリンクを作る。
このとき，次の各問いに答えなさい。

(i)　Aさんは糖度が12％のドリンクが理想のドリンクである。８％のスポーツドリンク500mℓ に14％のスペシャルドリンクを何mℓ 加えれば理想のドリンクができるか答えなさい。

(ii)　Ｂさんは誤って８％のスポーツドリンクを200mℓ 取り出して飲んでしまった。仕方なく残りのスポーツドリンクに14％のスペシャルドリンク200mℓを加えて，新たに500mℓの仕方なしドリンクを作ることにした。

Ｂさんにとって，仕方なしドリンクの糖度は何％か答えなさい。

3　赤白青３つのサイコロを投げ，赤いサイコロの目を百の位，白いサイコロの目を十の位，青いサイコロの目を一の位として３桁の自然数 n をつくる。

このとき，次の各問いに答えなさい。

(1)　小さい方から100番目の数は何か答えなさい。

(2)　n が４の倍数となるのは何個あるか答えなさい。

(3)　n が平方数となるのは何個あるか答えなさい。

4　２次関数 $y = ax^2$…①と，傾きが２の直線 ℓ が，２点Ａ，Ｂで交わっており，点Ａの座標は（-2，２）である。このとき，次の各問いに答えなさい。

(1)　a の値を求めなさい。

(2)　点Ｂの座標を答えなさい。

(3)　△OABの面積を求めなさい。

(4)　①上に点Ｃを四角形AOBCの面積が120となるようにとる。

点Ｃの座標をすべて答えなさい。

5　次の会話文の［ア］～［コ］に，適切な語句や数値を埋めなさい。

ただし，［イ］，［ウ］，［エ］の順番と［オ］，［カ］，［キ］の順番は問いません。

太郎：３辺の長さが７，８，９の三角形の面積は，［ア］だね。

花子：その三角形を４枚，適切に貼り合わせて，三角すいを作ることができます。

４つの面がすべて合同な三角形だから，等面四面体というらしいわ。

太郎：この等面四面体の体積を，楽に求める方法はないかな。

花子：実は，３辺の長さが［イ］，［ウ］，［エ］の直方体ABCD－EFGHを用意して，４点Ａ，［オ］，［カ］，［キ］をそれぞれ結んで，三角すいを作れば，それが等面四面体になっていますよ。

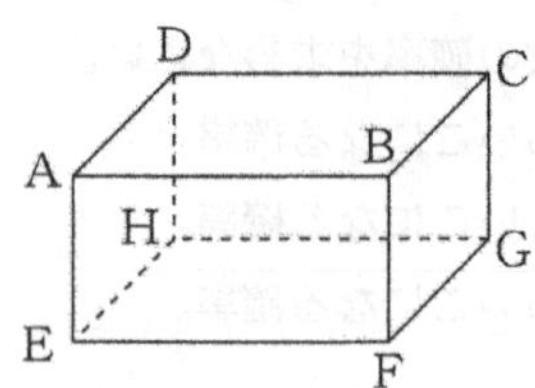

太郎：それじゃ，直方体から，余分な三角すいを［ク］個切りおとせば，等面四面体ができるから，等面四面体の体積が［ケ］であることがわかる！

花子：さらに，この等面四面体のうち，１つの面を選んで底面としたとき，高さは［コ］になるね。

【英　語】（50分）　<満点：100点>

Ⅰ　以下の各設問に答えなさい。

1．The table below indicates the amount of time that Kentaro, who is a senior in high school, worked at a nearby Chinese restaurant from Monday to Saturday in a given week.

Day	Mon.	Tue.	Wed.	Thu.	Fri.	Sat.
Work time (hour)	X	4	2	3	2.5	4

(1) Find the average work time, in hours, for the 5 days from Tuesday to Saturday.

(2) If the average work time for the 6 days from Monday to Saturday is 3 hours, find the number for X.

2．この現象を日本語で答えなさい。

This natural phenomenon is characterized by a display of a natural-colored (green, red, yellow or white) light in the sky. It is a light show that happens when electrically charged particles from the sun hit particles from gases such as oxygen and nitrogen in the Earth's atmosphere.

3．以下の英文は誰のことを言っていますか。日本語で答えなさい。

He is an American politician and attorney who served as the 44th president of the United States from 2009 to 2017. A member of the Democratic Party, he was the first African-American president of the United States. He previously served as a U.S. senator from Illinois from 2005 to 2008 and as an Illinois state senator from 1997 to 2004.

4．空所に適当な都市名を入れなさい。

The United Nations is an international organization whose main goal is to keep world peace and to improve living conditions for people all over the world. The headquarters is in (　　). It was founded by 51 countries in 1945. Now more than 190 countries have become member nations.

Ⅱ　以下の各設問に答えなさい。

A　それぞれの対話を読み，答えとして最も適切なものを，ア～エのうちから１つずつ選びなさい。

(1) A：Is there a bank around here?

B：Yes, sir. There's one just around the corner.

A：What are the bank's hours?

B：It's open from nine to three, sir.

Q. How long does the bank stay open?

ア　Three hours.　イ　Six hours.　ウ　Seven hours.　エ　Nine hours.

(2) A : We'd like to rent a van next Saturday.
B : Sure, we have some.
A : We have eighteen people. Is one van enough?
B : Well, each van carries up to twelve.
Q. How many vans will the group rent?
ア One. イ Two. ウ Twelve. エ Eighteen.

(3) A : Mom, I'm hungry. When will dinner be ready?
B : In about 30 minutes. Gramma is coming here for dinner tonight. Can you bring another chair into the dining room for her?
A : OK. Which one?
B : Get the brown one from your bedroom.
Q. What does B's mother ask him to do?
ア Help her cook dinner. イ Call his grandmother.
ウ Move a chair to the dining room. エ Bring a chair to his bedroom.

(4) A : Look at the sky. I think it will start raining soon.
B : It may snow. This morning the weather report said it might snow in some areas.
A : Really? We haven't had sunny days for a week.
Q. How is the weather now?
ア It is raining. イ It is snowing. ウ It is cloudy. エ It is sunny.

(5) A : Excuse me. Will Flight 502 for New York leave on time?
B : We're sorry. Today because of the heavy snow, it'll leave about an hour late — at 4:30 p.m.
Q. What time does Flight 502 usually leave?
ア 3:30. イ 4:00. ウ 4:30. エ 5:30.

(6) A : Are you looking for something?
B : Yes. My glasses. I thought I put them on the table after I read a magazine.
A : Oh, didn't I tell you? I saw them on the sofa, so I put them on the piano.
Q. Where did Mr. A find Ms. B's glasses?
ア On the sofa. イ On the table.
ウ On the piano. エ On the magazine.

(7) A : Why didn't you come to yesterday's meeting?
B : What? Isn't it August 14?
A : No, no, it was August 12.
B : Oh, no!
Q. What is the date today?
ア August 11. イ August 12. ウ August 13. エ August 14.

(8) A：Let's meet for dinner at 6:00.
B：I have a meeting at 5:30. It may be a long one.
A：Then let's meet at half past seven.
Q. What time will they meet for dinner?
ア 6:00. イ 6:30. ウ 7:00. エ 7:30.

B それぞれの対話を読み，最後の発言に対する応答として最も適切なものをア～エのうちから１つずつ選びなさい。

(9) A：Dad, can I have five dollars?
B：I gave you 10 dollars last week.
A：But my friends and I are going shopping tomorrow. Please?
B：(　　　)
ア No. I'll give you back your money. イ No. It was really cheap.
ウ No. You shouldn't spend so much. エ No. You should buy more.

(10) A：I love swimming.
B：Me, too.
A：How often do you go swimming?
B：(　　　)
ア Tomorrow. イ Last weekend.
ウ Two or three times a month. エ I often go to the beach.

(11) A：Have you been to any good restaurants lately?
B：Actually, yes. I found a good Chinese restaurant.
A：Really? Where is it?
B：(　　　)
ア It's near the restaurant. イ The menu is on the table.
ウ I have no idea. エ Not so far from here.

(12) A：Sorry, Jane. I can't go to the movies with you tomorrow.
B：Really? Why not?
A：(　　　)
ア I have lots of homework. イ I like that movie very much.
ウ I'm free all day. エ I don't have a DVD player.

(13) A：Can you help us move these chairs after class?
B：I'd be happy to, but I have to go to the dentist.
A：(　　　)
ア The dentist is too far away.
イ This morning was the best time to do this.
ウ The desks are very heavy.
エ But it will only take a few minutes.

(14) A：Guess what? I'm moving to Osaka next month.
B：Really? Oh, no. When did you find that out?

A：(　　　)

ア Maybe tomorrow.　イ Some time next week.

ウ Just yesterday.　エ I'm not sure.

(15) A：Time for my favorite TV show.

B：Come on, dinner is ready.

A：Oh, but I really don't want to miss it.

B：(　　　)

ア But I want to watch TV.

イ So you don't have to make dinner.

ウ Oh, I get it. You must be hungry.

エ OK. Let's watch it while we are eating.

Ⅲ 以下の英文や資料を読み，設問の答えとして最も適切なものをそれぞれア～エの中から選びなさい。

Dear Diana,

I'm so glad I came to Okinawa for my vacation. The food here is quite delicious and there is fresh fruit everywhere. I have tried some of the local specialties. A lot of the food is too hot for me, but they also serve some mild dishes. Some of the dishes are deep-fried, which I don't like, but they also have other ways of cooking the food. I had a wonderful grilled lobster last night. And there is freshly baked bread every morning. You probably think that all I've done on this trip is to eat. You're right! It's been unseasonably chilly, but I don't mind as long as I can enjoy a good meal and a cup of tea in a cafe. I hope you'll come here with me next year. You'll love it.

Love,

Michael

(1) Why did Michael write this letter?

ア To tell Diana about his vacation.

イ To tell Diana about his favorite spot.

ウ To explain to Diana how to cook local specialties.

エ To explain to Diana what his favorite fruit is.

(2) What does Michael suggest to Diana?

ア To go to a fancy restaurant.

イ To visit Okinawa next year.

ウ To have a cup of tea.

エ To cook some mild dishes.

Blue Moon Hotel

This chart is based on information from our hotel guests over the past year.

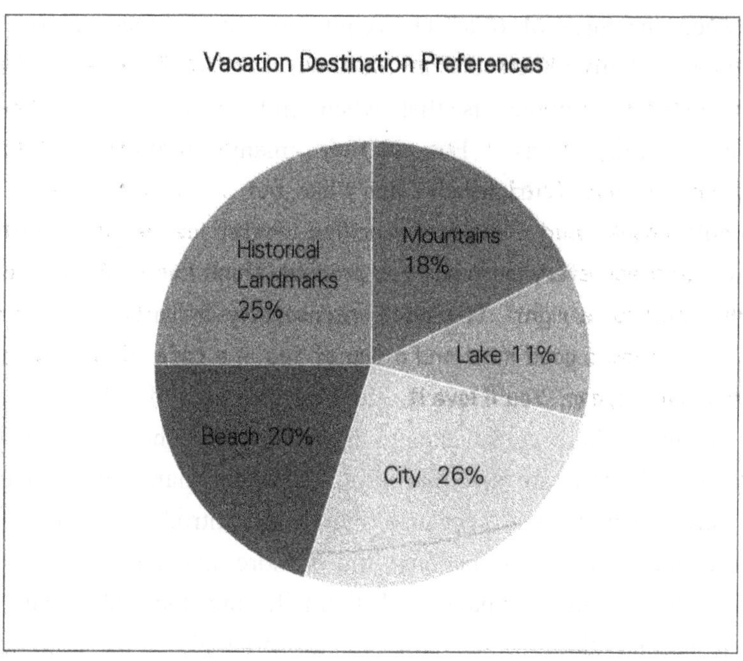

(3) What information does this chart show us?

ア The places where the guests like to spend their vacations.

イ How often people take a vacation.

ウ The temperature of the several tourist spots.

エ The amount of money people spend on vacations.

(4) How did Blue Moon Hotel get this information?

ア They asked their guests.　　イ They made a call to the different hotels.

ウ They looked at the graph.　　エ They asked other travel agencies.

You are invited to a party in honor of our President.
7-9 P.M.
September 15
186 Tokuriki Nishi
Please RSVP by September 1.

(5) When should people respond to the invitation?

ア On September 15.　　イ At 8 p.m.

ウ By September 1.　　エ By our president.

Ⅳ 次の英文を読んで，後の各設問に答えなさい。

Many Americans are worried about the number of children in the United States who are overweight or too fat. A recent study showed that about 20 percent of children between the ages of 6 to 11 weigh too much. One reason (a) this is that some parents give their children convenience foods or take them to eat at fast-food restaurants. Another is that when children buy food and drinks, they often choose unhealthy items. For example, many children prefer sweet drinks like cola (b) healthier drinks like milk.

Some people think that ①[to / problem / answer / the / this] to teach children how to cook. They say that when children become interested in cooking, they begin to want to eat better food. They ask their parents for healthier meals and buy (②) candies and soft drinks. In 2006, an organization called the *Junior League* started a new program. In this program, the Junior League invites children to meetings where cooks explain how to prepare healthy snacks and meals.

Cookbooks for children are also becoming more popular. In the past, children's cookbooks were often (③) because they only introduced very simple meals. (④), these cookbooks have become much more interesting. They have many dishes ⑤[to / that / more / make / difficult], and they also have information about healthy eating. Some teach children how to make food from other parts of the world, such (c) sushi rolls from Japan and bibimbap from Korea. (d) this way, they show children that eating healthily is not only good for them, but also fun.

問１ 空所（a）～（d）に入る最も適切な語を，次のア～キから１つずつ選び，記号で答えなさい。なお，文頭に来る語も小文字で示してある。

ア in　イ to　ウ by　エ for　オ with　カ at　キ as

問２ 空所（②），（③），（④）に入る最も適切な語を，次のア～エからそれぞれ１つ選び，記号で答えなさい。

(②) ア more　イ fewer　ウ more delicious　エ more expensive
(③) ア interesting　イ interested　ウ boring　エ bored
(④) ア So　イ In addition　ウ For example　エ However

問３ 下線部①，⑤の［ ］内の語を正しく並べかえなさい。ただし，それぞれ不足する語が１つずつあるので補うこと。

問４ 以下の説明に当てはまる語を本文中から１語で抜き出しなさい。

"a group of people that has formed for a particular purpose"

Ⅴ 次の英文を読んで，後の設問に答えなさい。

Scientists in Israel say they have done tests to successfully stop and *reverse the biological ageing process. The tests were part of a joint project by Tel Aviv University and the Shamir Medical Center. The researchers said the science behind their experiments was very simple — they used only oxygen to slow down and turn around（ ① ）happens to cells as they age. They used high-pressure oxygen on *cells that were in a pressure chamber. The scientists said two processes related to ageing and illnesses slowed down. The scientists did tests on 35 adults over the age of 64 for 90 minutes a day, five times a week for half a year. Their study was published in the magazine "Ageing" on November the 18th.

A lead scientist explained how important his team's research was. Professor Shai Efrati says the study shows that the ageing process can be reversed at the cellular level. He says we may be able to stop telomeres from shortening. Telomeres are inside cells. The shorter they become, the more we age. If we can stop them getting shorter, cells will not age. Professor Efrati said: "Today telomere shortening is considered the '*Holy Grail' of the biology of ageing. Researchers around the world are trying to develop（ ② ）that enable telomere lengthening." He added: "The study gives hope, and opens the door for a lot of young scientists to deal with ageing as a reversible disease."

注 *reverse 逆行させる　*cell(s) 細胞　*Holy Grail 聖杯（究極の目標）

問１ 空所（①），（②）に入る最も適切な語を，それぞれ次のア～エから選び，記号で答えなさい。

（①）ア．that　イ．what　ウ．which　エ．thing

（②）ア．tests　イ．drugs　ウ．teams　エ．diseases

問２ 以下は本文をまとめたものです。（１）～（８）に最も適切な語を，ア～チの中から選び，記号で答えなさい。ただし，同じ記号は２回以上使用してはいけません。

Scientists did tests to try to（ 1 ）ageing. The test was a simple one. It used oxygen to slow down the process that happens to cells as they age. Two processes that（ 2 ）something to do with ageing and illnesses slowed down. The scientists（ 3 ）tests on 35 adults over the age of 64 five times a week for（ 4 ）months.

A professor explained the（ 5 ）of the research. He says we may be able to stop telomeres from getting shorter. If we can do this, the cells will not age. Researchers want to make the telomeres longer（ 6 ）that they do not age. The professor said "The study gives young scientists the（ 7 ）to make ageing a（ 8 ）disease."

ア conducted	イ concluded	ウ prevent	エ five	オ so
カ that	キ curable	ク luck	ケ six	コ conveyed
サ half	シ irreversible	ス have	セ illness	ソ God
タ chance	チ importance			

Ⅵ 以下の設問に答えなさい。

1．（　）の日本語を［　］内の単語を用いて英語に直しなさい。その際，［　］内の語も含み英語6語になるようにしなさい。(don't などの短縮形は1語と数える。)

A：Excuse me.

B：Yes.

A：It's already nine o'clock, but the bus hasn't come yet. Do you know why?

B：(どのバスを待っているの [waiting])?

A：This one.

B：Oh, it doesn't come because it's Saturday today.

A：Then which one can I take?

B：Well, the earliest one is this.

A：OK. I'll take it. Thank you.

2．［　］内の単語を用いて自然な会話文になるように6語の英文を作りなさい。
（［　］内の単語は1語と数え，また，don't などの短縮形も1語と数える。）

A：Ayumi, I hear you went to Nagoya last week.

B：Yes, I went there to see my aunt.

A：Do you often go to Nagoya?

B：Yes. I go there with my father in July every year, because there is a big parade then.

A：That sounds like fun. Well, Ayumi, I went to Nagoya last month, too.

B：Really?

A：My friend came to see me from my country, and I took him to Nagoya for sightseeing. ［ good ］.

B：That's nice.

注１「聖」……徳の高い僧。
注２「御門」……帝、皇帝。
注３「宣旨」……帝の命令を伝える文書。
注４「菩薩」……如来に次ぐ高位の仏。観音菩薩、弥勒菩薩など。

問１　傍線部①「唐」の読みをひらがな四字で答えなさい。

問２　傍線部②「絵師三人を遣はして」とあるが、なぜ御門は絵師を三人呼んだのか。理由として最も適切なものを次の中から選び、記号で答えなさい。

ア　すばらしい聖の肖像画を三枚手に入れたいと思っていたから。
イ　三枚の肖像画のうち最もすばらしいものを選ぼうと思っていたから。
ウ　絵師を競わせることで絵師の技量を高めようと思っていたから。
エ　聖を正しく描いた肖像画を確実に手に入れたいと思っていたから。
オ　絵師たちが本物の絵師かどうかを疑わしく思っていたから。

問３　傍線部③「『しばし』といひて」とあるが、誰のセリフか。本文中から抜き出して答えなさい。

問４　傍線部④「かい消つようにして失せ給ひぬ」とあるが、誰がどうなったのか。説明として最も適切なものを次の中から選び、記号で答えなさい。

ア　聖が、物陰にさっと身を隠してしまった。
イ　聖が、さっと見えなくなってしまった。
ウ　絵師が、物陰にさっと身を隠してしまった。
エ　絵師が、さっと見えなくなってしまった。
オ　使いの者が、物陰にさっと身を隠してしまった。
カ　使いの者が、さっと見えなくなってしまった。

問５　傍線部⑤「ただ人にてはおはせざりけり」を主語を補って訳しなさい。

問６　傍線部⑥「宇治拾遺物語」の「拾遺」の読み方をひらがなで答えなさい。

影響の大きさに驚きを感じたから。

問7 傍線部⑥「信夫は父をにらんだ」とあるが、このときの信夫の心情を五十字以上六十字以内で説明しなさい。

問8 （あ）に入る人物の姓名を漢字で正しく書きなさい。

問9 傍線部⑦「そのまま顔を上げることもしなかった」とあるが、その理由として最も適切なものを次の中から選び、記号で答えなさい。

ア 人間には身分の上下がないと説く人がいる一方で、自分の母や息子は身分の違いを主張しており、今回のことに限らず、おそらく日常的に周囲の人々を虐げているであろうことを謝罪したいから。

イ 人間に身分の上下はないはずなのに、その事実から目を背け、かたくなに古い感覚を守ろうとする自分の息子に変わって謝罪すべきだと思いながら、やはり人前で頭を下げるのは恥ずかしいから。

ウ 人間に身分の上下はないので、信夫が虎雄たちに謝罪しなければならないと痛感したが、息子のしたことは父親の責任でもあるので、六さんたちが認めてくれるまでは頭を下げているべきだから。

エ 人間に身分の上下はないので、どんな理由があろうと人を殺したり傷つけたりしてはならず、今回のケースでは虎雄や六さんを傷つけてしまった信夫の代わりに深い謝罪の意を表したかったから。

オ 人間に身分の上下はないはずなのに、士族が長い間えらそうにふるまってきたことを申し訳ないと思うとともに、自分の息子にそのことを教えていなかった自分を責める気持ちになっているから。

3 **次の文章を読んで、後の問いに答えなさい。**

昔、①唐に宝志和尚といふ注1聖あり。いみじく貴(たふと)くおはしければ、注2御門(みかど)、「かの聖の姿を影に（肖像画に）書きとらん」とて、**②絵師三人を遣はして**（召して）、「もし一人しては、書き違(たが)ゆる事もあり」とて、三人して面々に写すべ（写すように）き由(よし)仰せ含められて、遣はさせ給ふに（お遣わせ）、三人の絵師聖のもとへ参りて、かく注3宣旨を蒙(かうぶ)りてまうでたる（いただいて伺ったのだと）由申しければ、③**「しばし」といひて、**法服の装束して（法衣の正装をして）出であひ給へるを、三人の絵師、おのおの書くべき絹を（絹布を）広げて、三人並びて筆を下さんとするに、聖、「しばらく。我がまことの影（姿）あり。それを見て書き写すべし」とありければ、絵師左右(さう)なく（すぐには）書かずして、聖の御顔を見れば、大指の爪にて額(ひたひ)の皮をさし切りて、皮を左右へ引き退(の)けてあるより、金色の注4菩薩の顔をさし出でたり。

一人の絵師は十一面観音と見る。一人の絵師は聖観音と拝み奉りける。おのおの見るままに写し奉りて持ちて参りたりければ、御門驚き給ひて、別の使(つかひ)を給ひて問はせ給ふに（遣わしてお尋ねになると）、**④かい消(け)つようにして失せ給ひぬ。**

それよりぞ（その時から）「**⑤ただ人にてはおはせざりけり**」と申し合へりける（言い合ったのだそうだ）。

（『**⑥宇治拾遺物語**』）

いでいる。

ウ　虎雄が信夫を突き落としたのはわざとではないということを主張したかったのに、信夫がその機会を与えてくれないので、悔しく思っている。

エ　虎雄は信夫を突き落としてしまい、あとで父親にひどくしかられると恐れているのに、信夫にまですごい剣幕で怒られたので悲しく思っている。

オ　虎雄は信夫を突き落としてしまい、心から申し訳なく思っていたが、信夫が虎雄のことをかばう発言をしてくれたのでありがたく思っている。

問４　傍線部③「六さんの顔がくしゃくしゃにくずれた」とあるが、その理由として最も適切なものを選び、記号で答えなさい。

ア　自分の息子である虎雄が、身分違いの家の子である信夫とけんかしたことで、自分がトセや貞行にとがめられると思っていたが、どうやら自分の面目が保たれることに気づき、ほっとしているから。

イ　自分の息子である虎雄が、身分違いの家の子である信夫を屋根から突き落としてしまったことで旧来の身分制度に疑問を感じたが、信夫が虎雄をかばってくれていることに気づき、喜んでいるから。

ウ　自分の息子である虎雄が、身分違いの家の子である信夫にけがをさせたと思い込んで虎雄をなぐりつけたが、じつは信夫が一人で屋根から落ちただけなのだという話になったので、ほっとしたから。

エ　自分の息子である虎雄が、身分違いの家の子である信夫といっしょに遊んでいたが、大事件を引き起こし、親としてやりきれない思いにとらわれるとともに、身分制度を恨んで涙を流しているから。

オ　自分の息子である虎雄が、身分違いの家の子である信夫にけがをさせてしまったことで恐縮していたが、信夫が虎雄を必死でかばうような発言をしているのがありがたく、泣き顔になっているから。

問５　傍線部④「大したことがなくて結構でした」とあるが、「トセ」がこのように言った理由を、それぞれ五十字以上六十字以内で二つ書きなさい。

問６　傍線部⑤「信夫の言葉に貞行の顔色がさっと変わった」とあるが、その説明として最も適切なものを次の中から選び、記号で答えなさい。

ア　士族出身でありながら町人を思いやることができるようになった信夫を最初は誇らしく思っていたが、みんなの前で本音を口にしてしまった幼さに憤りを感じているから。

イ　近所の友人をかばうために気丈にふるまった自分の息子をほめてあげたい気分だったが、調子に乗って言ってはいけないことを口にしたことにふがいなさを感じたから。

ウ　新しい時代になり、もはや身分制度を意識する人間はいないはずだと信じていたのに、よりによって自分の息子が身分を強く意識していたことに大きな衝撃をうけたから。

エ　一度は自分の息子が他者に気をつかうほどに成長したのだと思って喜んだが、実際は人間として間違った考え方をしていることに気づき、怒りがこみあげてきたから。

オ　信夫が自分にけがをさせた年下の子どもを必死にかばおうとしている言動を立派だと思ったが、一方でトセの教育によって受けた悪

きびしい語調だった。父がこんなきびしい人だとは、信夫はそれまで知らなかった。しかしそれよりも、

「士族の方が恥ずかしい人間かも知れぬ」

と言った言葉が、c胸をついた。士族はえらいと当然のように思ってきた信夫である。それは雪は白い、火は熱いということと同じように、信夫には当然のことであった。

（ほんとうに人間はみな同じなのだろうか）

信夫は唇をきりりとかみしめて枕に顔をふせていた。

「信夫。虎雄くんたちにあやまりなさい」

厳然として貞行が命じた。

「ぼく……」

信夫はまだ謝罪するほどの気持ちにはなれなかった。

「信夫あやまることができないのか。自分のいった言葉がどれほど悪いことかお前にはわからないのか！」

そういうや否や、貞行はピタリと両手をついて、おろおろしている六さんと虎雄にむかって深く頭を垂れた。そして、⑦そのまま顔を上げることもしなかった。その父の姿は信夫の胸に深くきざまれて、一生忘れることができなかった。

（『塩狩峠』三浦　綾子）

問１　波線部ａ～ｃの意味として最も適切なものをそれぞれ次の中から選び、記号で答えなさい。

ａ「もんどりうって」

ア　あわてふためいて

イ　一度転んでから

ウ　大声で叫んで

エ　宙返りをするように

オ　もがき苦しみながら

ｂ「唇をかんだ」

ア　悔しさをこらえた

イ　言葉が出てこなかった

ウ　静かに引きさがった

エ　ショックを受けた

オ　自分を強く責めた

ｃ「胸をついた」

ア　自信を失わせた

イ　恥ずかしさを感じさせた

ウ　はっと驚かせた

エ　反省を促した

オ　反発心を起こさせた

問２　傍線部①「黒豆のような目」のような表現技法の名称として最も適切なものを選び、記号で答えなさい。

ア　隠喩　　イ　換喩　　ウ　直喩　　エ　擬人法　　オ　擬態語

問３　傍線部②「虎雄はポカンとして信夫をみた」とあるが、このときの虎雄の心情として最も適切なものを選び、記号で答えなさい。

ア　虎雄は信夫を突き落とし、信夫の様子を心配してすぐに下へ降りたが、信夫は虎雄にあれこれ命令するほど元気だったので拍子抜けしている。

イ　虎雄は信夫を突き落とし、大変なことをしてしまったと思っているのに、信夫は自分が勝手に落ちたと言っているので、理解できな

信夫がじれた。

「いったい、どうしたというのだね」

貞行はきちんと正座したままで、おだやかに言った。

「実はこのガキが、物置の屋根から……」

「信夫をつき落としたというのだね」

「はあ」

六さんは鼻に汗をうかべている。

「ちがう。ぼくがひとりで落ちたんだ」

信夫がいらいらと叫んだ。貞行は微笑して、二、三度うなずいた。信夫に年下の友だちをかばう度量のあることが嬉しかった。

「そうか。お前がひとりで落ちたのか」

「そうです。ぼく町人の子なんかに落とされたりするものですか」

⑤**信夫の言葉に貞行の顔色がさっと変わった**。六さんはうろうろとして貞行をみた。

「信夫っ！　もう一度今の言葉を言ってみなさい」

凛とした貞行の声に信夫は一瞬ためらったが、そのきりりときかん気に結ばれた唇がはっきりと開いた。

「ぼく、町人の子なんかに……」

みなまで言わせずに貞行の手が、信夫のほおを力いっぱいに打った。信夫には何で父の怒りを買ったのかわからない。

「永野家は士族ですよ。町人の子とはちがいます」

祖母のトセはいつも信夫に言っていた。だから、町人の子に屋根からつき落とされたなんて、口が裂けても言えなかったのだ。⑥**信夫は父をにらんだ**。

（ほめてくれてもいいのに！）

「虎雄くん。君の手を見せてほしい」

貞行は虎雄に微笑をみせた。虎雄はおどおどと汚れた小さな手を出した。

「信夫！　虎雄君の指は何本ある？」

「五本です」

殴られたほおがまだひりひりと痛んだ。

「では、信夫の指は何本か？　六本あるとでもいうのか」

信夫はむすっとｂ**唇をかんだ**。

「信夫。士族の子と町人の子とどこがちがうというのだ？　言ってみなさい」

（ほんとうだ。どこがちがうのだろう）

言われてみると、どこがちがうのか信夫にはわからない。しかし祖母はちがうと言うのだ。

「どこかがちがいます」

信夫はやはりそう思わずにはいられない。

「どこもちがってはいない。目も二つ、耳も二つだ。いいか信夫。（　あ　）先生は人の上に人を造らず、人の下に人を造らず、とおっしゃった。わかるか、信夫」

「………」

信夫も（　あ　）の名前だけはよくきいていた。

「いいか。人間はみんな同じなのだ。町人が士族よりいやしいわけではない。いや、むしろ、どんな理由があろうと人を殺したりした士族の方が恥ずかしい人間なのかも知れぬ」

「うそだったら！」

虎雄が信夫の胸をついた。信夫は体の重心を失ってよろけた。

「ああっ！」

悲鳴は二人の口からあがった。

（しまった!!）

虎雄が思った時、[a]もんどりうって信夫は地上に落ちていた。

しかし信夫は幸運だった。その日はトセが布団の皮をとって、古綿をござの上に一ぱいに干してあった。信夫はその上に落ちたのである。まっさかさまにころげ落ちたと思ったのに、打ったのは足首であった。

「信ちゃん、ごめんよ」

虎雄が泣きだしそうな顔をして屋根から降りてきた。

「おれはお前に落とされたんじゃないぞ！　いいか！」

信夫は眉をしかめて足首をさすりながらいった。

「えっ！　なんだって？」

虎雄は信夫の言葉がわからなかった。

「お前がおれをつき落としたなんて、だれにもいうな！」

信夫は命令するように、口早にいった。②虎雄はポカンとして信夫をみた。

悲鳴をきいてまずかけつけたのは六さんであった。

「坊ちゃま、どうなさった」

六さんは青い顔をして立っている虎雄をねめつけた。

「なんでもないよ。遊んでいて屋根から落ちたんだ」

「屋根から！」

六さんは叫んだ。そしていきなり虎雄のほおをいやというほど殴りつけた。

「虎！　お前だな」

虎雄はいくじなく鳴き声をあげた。

「どうしたというのです？」

祖母のトセだった。

「どうも、ごいんきょさま、すみません。虎の奴が……」

言いかけた六さんの言葉を信夫が鋭くさえぎった。

「ちがう！　ぼくひとりで落ちたんだ！」

信夫の言葉に③六さんの顔がくしゃくしゃにくずれた。

「坊ちゃま！」

「そんなことより怪我はありませんか」

トセは取り乱してはいなかった。

「大したことはないようですが、お医者さまにつれて行って下さい」

祖母は信夫の顔色をみて六さんにいった。あわてて六さんが信夫をおぶって近所の医者につれていった。足首の捻挫（ねんざ）だけで骨折はなかった。それでも医者から帰って、一応布団の上にねかされると、信夫は大分つかれていた。

「④大したことがなくて結構でした」

貞行（さだゆき）が部屋にはいってくると、トセはそういって、入れ代わりに台所に立って行った。

貞行をみると、六さんがあわててたたみに額をこすりつけた。

「どうも、虎雄がとんだことを致しまして……」

虎雄もしょんぼりとうつむいていた。

「虎雄ちゃんじゃないったら！」

問４　空欄Ｘに入る言葉として、最も適切なものを次の中から選び、記号で答えなさい。

ア　に違いない　　イ　といえる　　ウ　のだろうか
エ　可能性がある　　オ　はずがない

問５　傍線部②「こうした認知バイアス」とはどういうものか。本文中から探し出し、その最初と最後の五字を答えなさい。

問６　空欄Ｙに入る言葉として、最も適切なものを次の中から選び、記号で答えなさい。

ア　同じ母語で話しかけた者
イ　言語を介さなかった者
ウ　同じ肌の色をした者
エ　自分よりも年上の者
オ　自分よりも年下の者

問７　傍線部③「悪意や扇動の意図をもつ情報操作」として適当な具体例を挙げなさい。

問８　二重傍線部「ヒトの発達初期①②に焦点をあて」とあるように、本文では人間の良心の発達を時期に分けて説明している。「発達初期②」における人間の良心の発達を本文の語句を用いてまとめなさい。

２　次の文章を読んで問題に答えなさい。

「ねえ信(のぶ)ちゃん、あの空の向こうに何があるか知っているかい」

屋根の上で見る空は、下でみる空とどこかちがう。

「知らん」

信夫(のぶお)はきっぱりとした口調で答えた。

「ふうん。三年生でも空の向こうに何があるのか、わからんの」

虎雄(とらお)の①黒豆のような目がにやりと笑った。

「空の向こうに行かなきゃ、わかるわけがないや」

信夫は利かん気に眉をピリリとあげた。

「行かなくっても、わかってらあ」

虎雄は下町の言葉づかいになった。

「ふん、じゃ何がある？」

「おてんとうさまがあるよ」

「なあんだ。ばかだね虎ちゃんは。おてんとうさまは空にあるんだよ」

「うそさ。空の向こうだよ」

「空だよ」

「ちがう！　空の向こうだったら！」

めずらしく虎雄が強情をはった。

「お星さんや、おてんとうさまのあるところが空なんだ」

信夫は断乎(だんこ)とした口調でいった。

「うそだい！　ずがをかく時、家の屋根のすぐ上は空じゃないか。ここが空だよ」

虎雄は自分の腹ばいになっている屋根の上の空気を、かきまわすように腕を振った。

「あっちだよ、空は」

信夫はゆずらない。

「うそだ！　空の向こうだ」

二人はいつしか自分たちがどこにいるのか忘れていた。二人はにらみ合うようにして物置の屋根の上に立っていた。

に基づく内集団バイアスは、生後数年をかけて形成されるものであるらしい。

関係する他個体の選択について、進化生物学ではさまざまな理論が提唱されている。遺伝子を共有する血縁個体の繁殖成功率を高める「血縁選択」、つきあいが続く二者間で見返りが期待される程度に応じて利他的にふるまう「互恵(ごけい)的利他行動」などである。直接の利害関係にない者に対しても起こる利他行動は、所属する集団内でよい評判がたつと、結果的に他個体が自分に利他的にふるまうだろうという期待に基づく「間接互恵性」もある。ヒトが明確な根拠なしに内集団の者をひいきする心的特性の背景にはこうした生存上の理由があると考えられるが、この特性は、生後三年以上にわたる環境経験（社会的規範や文化的価値観）の影響を受けながら c ゼンジ的に形成されるものである。

（中略）

人間は今、未曾有(みぞう)の時代を迎えている。情報科学技術の急激な発展は、SNS等のソーシャルメディアでつながる仮想世界を構築してきた。そこでは、自分の価値観に合った情報のみを自由に選択でき、異なるものは無視する、情報を d セイサせずに意思決定するなど、自分にとって心地よい集団を自由に形成することができる。③悪意や扇動の意図をもつ情報操作が容易となり、個や社会の多様な価値観を分断する方向に軋轢が拡大している。そして今、わたしたちは、新型コロナウイルス感染症の猛威に直面している。コロナ禍の日常は、仮想世界でのコミュニケーションをいっそう加速させており、今後、感染症の流行が収束したとしても、この流れは止まることはないだろう。

二〇万年前に誕生したヒトは、身体、脳や心、行動特性という生物学的制約のもと、環境に適応して生存してきた。この事実をふまえると、この数十年の間に激変した環境に対し、ヒトが容易に適応できるとは考えにくい。とくに、環境の影響を強く受けやすい発達途上の脳をもつ子どもたちに、何かしらの影響がみられる可能性は否定できない。ヒトの良心は進化の e サンブツである。良心を他個体と共有することによって、ヒトは安定した集団、社会を形成、維持し、それは次世代の脳と心を育む環境ともなってきた。生物としてのヒトの脳や心の働きを創発、発達させるために必要な環境とは何か、次世代にどのような未来環境をつないでいくべきかを真剣に考えるべき時期を、わたしたちはすでに迎えている。

（『ヒトの良心の発達とその生物学的基盤』明和　政子　一部改変）

注1「ハムリン」……発達心理学の研究者。文中に「彼女ら」とあるように女性。
注2「鹿子木」……発達心理学の研究者。
注3「向社会的行動」……他者や社会に何らかの利益をもたらす自発的な行動。
注4「バイアス」……ここでは偏向、偏見の意味。

問1　波線部a～eのカタカナをそれぞれ漢字に直しなさい。なお、文字は楷書で一画ずつ丁寧に書くこと。

問2　空欄A～Cに当てはまる語として、最も適切なものを次の中からそれぞれ選び、記号で答えなさい（ただし記号は重複しない）。

ア　つまり　　イ　したがって　　ウ　なぜなら
エ　しかし　　オ　むしろ　　カ　それでは

問3　傍線部①「ヒトは、たいへんユニークな環境の中で育ちはじめる」とあるが、人間が「ユニーク」であることを説明した一文がある。本文中から探し出し、最初の五字を答えなさい。

避け、他者を助けようとした図形に接近した。その後、彼女たちは b ルイジの実験パラダイムを用いて、生後三カ月の乳児ですら他個体を妨害する図形を注視しない、［B］、避けることを報告している。

二者間より複雑な相互作用場面でも、乳児は善悪の判断を行っているらしい。[注2]鹿子木らは、六カ月児が攻撃者から犠牲者を守ろうとする行為を肯定し、そうしたふるまいをする図形を好むことを示した。この実験では、攻撃者と犠牲者の間で起こる相互作用を止める、あるいは止めない第三者の図形のふるまいを見せた。その後、第三者の図形の実物二つを乳児の目の前に提示すると、犠牲者に対する攻撃者の行為を止めようとした図形の実物のほうを好み、接近した。

生後早期の乳児を対象とした研究については再現性の問題が指摘されており、その解釈には慎重にならねばならないが、ヒトは、少なくとも生後半年頃には他個体の行為の善悪を判断し、善い行いをする個体を選好する性質をもっている［X］。

生後早期に報告されている他個体の行為の善悪判断においては、将来、その個体から見返りを得られる可能性が高いか、生存に関する個体であるかといった点で選択、特定されることはない。善悪を判断する文脈も「助ける―妨害する」といった単純な場面に限られる。

［C］その後、ヒトの善悪判断に関する心の働きは、時と場合（文脈）によって変容する複雑なものとなっていく。生後一年を過ぎる頃から、ある目標を達成できない他個体を目にすると、それを援助しようとする[注3]向社会的行動が出現するが、この段階では、援助しようとする者は特定の誰かではない。しかし、生後三年目以降、向社会的行動をする相手は個別的、選択的となる。四歳になると、他個体に意地悪なふるまいをした者に対しては、他個体を助けた者あるいは中立な立場をとった者ほど助けようとしない。見知らぬ個体よりも血縁関係にある個体に対し、また、ある物を自分と共有しなかった者よりも共有した経験をもつ者に、さらには、第三者と物の共有をしなかった者よりも共有した者に対し、より多くの分配を行う。

ヒトは、「内集団[注4]バイアス」と呼ばれる認知特性をもつ。自分が属する内集団の者に対して、外集団の者に比べて（実際には差はないにもかかわらず）人格や能力が優れている、信頼できると評価するなど、好意的な認知、感情、行動を示す傾向を指す。また、他個体の不幸や苦しみ、失敗を見聞きしたとき、それが内集団の者であれば共感を覚えるが、外集団の者である場合には喜びや嬉しさ、といった相反する快感情が喚起する。

②こうした認知バイアスがいつ頃からみられるかを検証した発達研究がある。生後一〇カ月、二歳半、五～六歳の乳幼児に、見知らぬ他個体が彼らに物を渡そうとする、あるいは彼らが他個体に物を渡す場面を見せた。他個体は二人いて、一方は乳幼児と同じ色の肌を、もう一方は異なる色の肌をもつ者であった。母語に対するバイアスも考慮するため、ある条件では両者が同じ言語を用いて乳幼児に語りかけ、もう一つの条件では言語を介さず微笑むだけとした。その結果、言語経験の有無によらず、一〇カ月児では二人から物を受け取る場合に違いはみられなかった。また、二歳半児が物を渡す場合にも差異はみられなかった。ところが、これら二つの場面の映像を五～六歳児に見せると、彼らは［Y］から物を受け取る、あいは渡すと回答した。肌の色

【国　語】（五〇分）〈満点：一〇〇点〉

1 **次の文章を読んで、後の問いに答えなさい。**

ヒトは、長い時間をかけて生後の環境の影響を受けながら脳と心を発達させる。とくに、他の生物にはみられないほど高度な社会性をもつヒトにとって、他個体との社会的な相互作用経験は、ヒト特有の心的機能を創発、発達させるうえできわめて重要である。

①**ヒトは、たいへんユニークな環境の中で育ちはじめる。**養育者は乳児を抱きながら、あるいは手をとりながら同時に目を見つめ、表情を変化させ、声かけを積極的に行う。こうした養育者からの働きかけは、他の霊長類や哺乳類動物ではみられない。そして、乳児は生後半年を過ぎる頃から、相手が注意を払う物や出来事を目で追いはじめる。見知らぬ物に出くわすと、養育者と物とを交互に見比べて情報を得ようとする。自分が興味ある物や出来事を指さすことで、相手の関心を引き寄せようとする。つまり、相手の心の状態と自分のそれとを関連づけ、相手の視点を通して環境を a**タンサク**しようとする行動が顕著に起こりはじめるのである。こうした社会的行動は、チンパンジーでもほとんどみられない。ヒトほど、他個体と行為やその背後にある心の状態を共有する経験をもちながら成長する生物はいないのである。

本章では、ヒト特有の社会性を軸として、ヒトはいつ、どのように「良心（conscience）」——個人が社会の価値観、規範に照らし合わせ、ことの善悪を判断しようとする心の働き——を創発、発達させていくのかという問いについて考える。他個体との関係において良心を働かせることは、生存可能性を高める適応戦略である。集団内で良心を共有することにより、協力的で安定した集団形成、維持が可能となる。しかし、ある集団内で共有される良心が、他の集団においても適応的に働くとは限らず、［ A ］、集団間の分断、軋轢（あつれき）、対立を生み出す動因ともなりうる。

現代の情報科学技術の急激な発展は、個や社会の多様な価値観を容易に分断、対立させる負の側面を生み出してきた。個々の道徳や倫理、社会的規範、文化的な価値観が多様に混在する環境で生存してきたヒトの本質の科学的理解、それに基づいて未来社会を設計するためのビジョンづくりが今こそ求められている。ヒトの良心が創発、発達する動的プロセスとその背後にあるメカニズムの解明は、その第一歩として重要な役割を果たすものである。

ヒトは、いつから、どのように他個体との行為の善い・悪いを判断する認知能力を創発、発達させるのだろうか。これまでの研究を概観すると、ヒトの良心の発達には三つの注目すべき時期があることが示唆されている。①生後早期から前言語期、②生後三年目以降、③思春期、である。本章では、**ヒトの発達初期①②に焦点をあて**、③の時期にみられる特性については別稿に譲ることとする。

最近の発達研究は、ヒトは生後早期からすでに他個体の行為の善悪判断を行っている可能性を示している。注1 ハムリンらは、A、B、Cの三種類の図形を用いて、それらが動いて相互作用する映像を生後六カ月と一〇カ月の乳児に見せた。一つは、AがCの行為を妨害しようとふるまう場面、もう一つは、BがCの行為を助けようとふるまう場面であった。その後、実験者はAとBの実物を二つ並べて乳児に提示し、どちらに接近しようとするかを調べた。その結果、乳児は、他者を妨害した図形を

第1回

2022年度

解　答　と　解　説

《2022年度の配点は解答欄に掲載してあります。》

<数学解答>

1　(1)　$-7-6\sqrt{2}$　(2)　$\frac{7x+16y}{12}$　(3)　$x=\frac{31}{13}$, $y=-\frac{1}{13}$　(4)　$n=3, 4, 5, 7, 15$

(5)　$a=2$, $b=0$　(6)　$\frac{1}{8}$　(7)　$x=70°$

2　(1)　(i)　$\frac{1}{2}$　(ii)　$\frac{1}{3}$　(iii)　$\frac{3}{8}$(考え方は解説参照)

(2)　(i)　A$(-2, 4)$, B$(3, 9)$　(ii)　$y=-9x+6$

3　(1)　48個　(2)　21個　(3)　527

4　(1)　(図は解説参照)　(2)　$y=\frac{3}{2}x-3$　(3)　60個(考え方は解説参照)

5　(1)　(解説参照)　(2)　∠DAC＝90°(考え方は解説参照)　(3)　$\frac{119}{13}$

○配点○

1　各4点×7　2　各5点×5　3　各5点×3　4　(1)・(2)　各5点×2　(3)　6点

5　(1)　6点　(2)・(3)　各5点×2　計100点

<数学解説>

1　(数・式の計算，連立方程式，整数の性質，2乗に比例する関数，変域，確率，円の性質，角度)

(1)　$(\sqrt{2}+\sqrt{3}+\sqrt{6})(\sqrt{2}-\sqrt{3}-\sqrt{6})=\{\sqrt{2}+(\sqrt{3}+\sqrt{6})\}\{\sqrt{2}-(\sqrt{3}+\sqrt{6})\}=(\sqrt{2})^2-(\sqrt{3}+\sqrt{6})^2=2-(3+6\sqrt{2}+6)=-7-6\sqrt{2}$

(2)　$\frac{3x+2y}{4}-\frac{x-5y}{6}=\frac{3(3x+2y)-2(x-5y)}{12}=\frac{9x+6y-2x+10y}{12}=\frac{7x+16y}{12}$

(3)　$3x+2y=7$…①　$2x-3y=5$…②　①×3は$9x+6y=21$，②×2は$4x-6y=10$　この2式をたすと$13x=31$　$x=\frac{31}{13}$　また①×2は$6x+4y=14$，②×3は$6x-9y=15$　ひくことによって$13y=-1$　$y=-\frac{1}{13}$

(4)　220の正の約数は1，2，4，5，10，11，20，22，44，55，110，220の12個　それぞれの場合$n^2=6, 7, 9, 10, 15, 16, 25, 27, 49, 60, 115, 225$　nが自然数になるのは$n^2=9, 16, 25, 49, 225$のときで，$n=3, 4, 5, 7, 15$

基本　(5)　$x=0$のときyが最小値になり，最小値$b=0$　最大値をとるのは$x=2$のときで，$y=a\times2^2=8$　$a=2$

(6)　1つのさいころを3回投げるとき，目の出方は全部で6×6×6＝216(通り)。その中で3回の目の和が10であるのは(1回目，2回目，3回目)＝(1, 3, 6)，(1, 4, 5)，(1, 5, 4)，(1, 6, 3)，(2, 2, 6)，(2, 3, 5)，(2, 4, 4)，(2, 5, 3)，(2, 6, 2)，(3, 1, 6)，(3, 2, 5)，(3, 3, 4)，(3, 4, 3)，(3, 5, 2)，(3, 6, 1)，(4, 1, 5)，(4, 2, 4)，(4, 3, 3)，(4, 4, 2)，(4, 5, 1)，(5, 1, 4)，(5, 2, 3)，(5, 3, 2)，(5, 4, 1)，(6, 1, 3)，(6, 2, 2)，(6, 3, 1)の27通り。よっ

てその確率は$\frac{27}{216}=\frac{1}{8}$

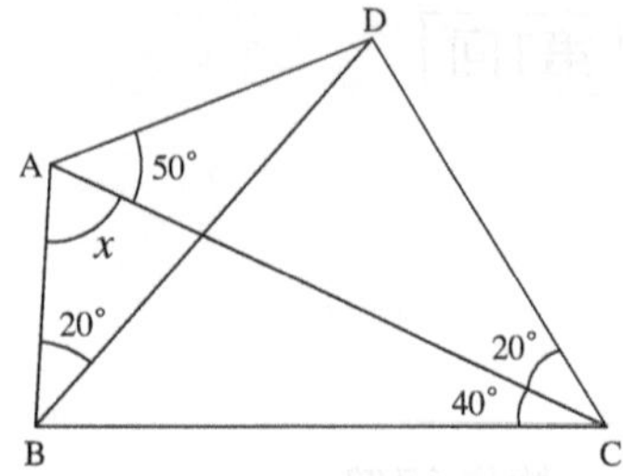

(7) 右図のように頂点に名前をつける。∠ABD＝∠ACD(＝20°)よりA，B，C，Dは同一円周上の点である。よって∠ADB＝∠ACB＝40°　△ABDの内角について$x+50+40+20=180$　よって$\angle x=70°$

2 (確率，図形と関数・グラフの融合問題)

(1) (ⅰ) A，Bの2人が，a，bのプレゼントを用意したとする。(Aがもらうプレゼント，Bがもらうプレゼント)の組み合わせは$(a,\ b)$，$(b,\ a)$の2通りが考えられ，自ら用意したプレゼントとは違うプレゼントをもらう場合は$(b,\ a)$の1通り。よってその確率は$\frac{1}{2}$

(ⅱ) A，B，Cの3人がa，b，cのプレゼントを用意したとする。(Aがもらうプレゼント，Bがもらうプレゼント，Cがもらうプレゼント)の組み合わせは$(a,\ b,\ c)$，$(a,\ c,\ b)$，$(b,\ a,\ c)$，$(b,\ c,\ a)$，$(c,\ a,\ b)$，$(c,\ b,\ a)$の6通りあり，参加者全員が，自ら用意したプレゼントとは違うプレゼントをもらうのは$(b,\ c,\ a)$，$(c,\ a,\ b)$の2通り。よってその確率は$\frac{2}{6}=\frac{1}{3}$

重要 (ⅲ) A，B，C，Dの4人がa，b，c，dのプレゼントを用意したとする。参加者全員が，自ら用意したプレゼントとは違うプレゼントをもらうのは，(Aがもらうプレゼント，Bがもらうプレゼント，Cがもらうプレゼント，Dがもらうプレゼント)＝$(b,\ a,\ d,\ c)$，$(b,\ c,\ d,\ a)$，$(b,\ d,\ a,\ c)$，$(c,\ a,\ d,\ b)$，$(c,\ d,\ a,\ b)$，$(c,\ d,\ b,\ a)$，$(d,\ a,\ b,\ c)$，$(d,\ c,\ a,\ b)$，$(d,\ c,\ b,\ a)$の9通り。全体では$4\times3\times2\times1=24$(通り)なのでその確率は$\frac{9}{24}=\frac{3}{8}$

(2) (ⅰ) $y=x^2$と$y=x+6$の交点の座標は，$y=x^2$と$y=x+6$の連立方程式の解になる。$x^2=x+6$より$x^2-x-6=0$　$(x-3)(x+2)=0$　$x=-2,\ 3$　A$(-2,\ 4)$，B$(3,\ 9)$

重要 (ⅱ) 点OA，OBを結ぶ。直線OBは原点を通る直線なので$y=ax$とおけ，Bを通ることから$3a=9$　$a=3$　直線OBの式は$y=3x$となる。直線OB上に点Q$(q,\ 3q)$をとる。△OAB＝△OAP＋△OBP＝$\frac{1}{2}\times6\times2+\frac{1}{2}\times6\times3=15$なので，△BPQ＝$\frac{15}{2}$となればよい。△BPQ＝△OBP－△OQP＝$\frac{1}{2}\times6\times3-\frac{1}{2}\times6\times q=\frac{15}{2}$　$q=\frac{1}{2}$　Q$\left(\frac{1}{2},\ \frac{3}{2}\right)$　直線PQはP$(0,\ 6)$を通ることから$y=mx+6$とおけ，Qを通ることから$\frac{1}{2}m+6=\frac{3}{2}$　$m=-9$　求める直線PQは$y=-9x+6$

3 (場合の数)

(1) 百の位，十の位，一の位の順に数字を決めていく。0，2，3，5，7の5個の数字のなかで，百の位に使える数字は，0以外の4通り。十の位の数字は，百の位に使われた数字以外の3通りに0をあわせた4通り。一の位の数字は，百の位と十の位で使われた数字以外の3通り。よって，$4\times4\times3=48$(個)

(2) 5の倍数は，一の位の数字が0または5。一の位の数字が0の場合，百の位の数字の選び方は4通り，そのそれぞれに対して十の位の数字の選び方は3通りあるので$4\times3=12$(通り)　一の位の数字が5の場合，百の位には0を選べないので，百の位の選び方は3通り，そのそれぞれに対して十の位の数字の選び方は3通りあるので，$3\times3=9$(通り)　あわせて$12+9=21$(個)

(3) 小さい方から数えていく。百の位が2の数は$4\times3=12$(個)，百の位が3の数は$4\times3=12$(個)　ここまでで$12\times2=24$(個)。502，503，507，520，523，527　ここまでで30個　小さい方から30番目の数は527

4 (反比例，直線の式，)

(1) 反比例の式は$xy=a$と表され，(6, 6)を通ることから$a=6\times6=36$　$xy=36$　反比例のグラフは双曲線になるので，定規を使って直線をひくことはできない。$xy=36$を満たすx，yの組をいくつか探し，点をとってみる。(4, 9)，(6, 6)，(9, 4)，(−4, −9)，(−6, −6)，(−9, −4)など。グラフは右図の通り。

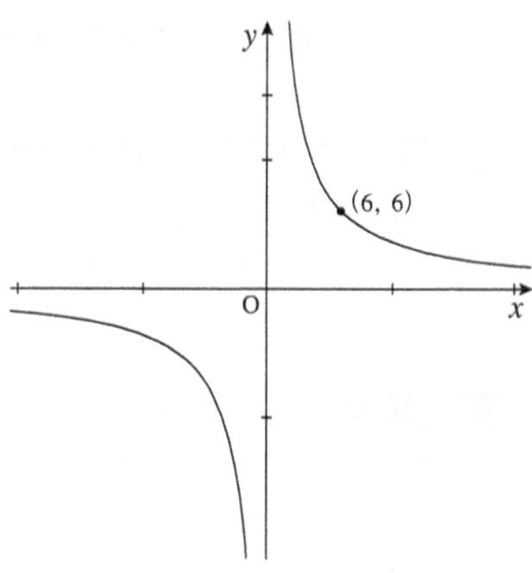

基本 (2) 直線の式は$y=mx+n$と表せ，(6, 6)を通ることから$6m+n=6$…①　(−2, −6)を通ることから$-2m+n=-6$…②　①−②は$8m=12$　$m=\frac{3}{2}$　①に代入すると$9+n=6$　$n=-3$　直線の式は$y=\frac{3}{2}x-3$

やや難 (3) $y=\frac{3}{2}x-3$とx軸の交点は$\frac{3}{2}x-3=0$より$x=2$　(2, 0)　$x=2$から$x=6$まででx座標が整数となる$y=\frac{3}{2}x-3$上の点は(2, 0)，$\left(3,\ \frac{3}{2}\right)$，(4, 3)，$\left(5,\ \frac{9}{2}\right)$，(6, 6)　双曲線上の点で$x=6$より右側で，$x$座標が整数である点は(6, 6)，$\left(7,\ \frac{36}{7}\right)$，$\left(8,\ \frac{9}{2}\right)$，(9, 4)，$\left(10,\ \frac{18}{5}\right)$，…，(12, 3)，…，(18, 2)，…，(36, 1)，x座標，y座標ともに正の整数であり，(1)の反比例のグラフと(2)の直線のグラフの両方より下側にある点は$x=3$のとき$y=1$の1個，$x=4$のとき$y=1$～2の2個，$x=5$のとき$y=1$～4の4個，$x=6$のとき$y=1$～5の5個，$x=7$のとき$y=1$～5の5個，$x=8$のとき$y=1$～4の4個，$x=9$～11のとき$y=1$～3の各3個，$x=12$～17のとき$y=1$～2の各2個，$x=18$～35のとき$y=1$の各1個，$x\geqq36$のときなし。あわせて，$1+2+4+5+5+4+3\times3+6\times2+18\times1=60$(個)

5 (円，相似，三平方の定理，証明)

(1) △ABCと△MDAにおいて円周角の性質より∠ABC＝∠MDA…①　∠DBA＝∠DMA…②　平行線の錯角は等しいので∠DBA＝∠CAB…③　②，③より∠CAB＝∠AMD…④　①，④より2組の角がそれぞれ等しいので△ABC∽△MDA

(2) △ABCはAB＝ACの二等辺三角形でBCの中点がMだから，∠AMB＝90°　円に内接する四角形の対角の和は180°だから∠ADB＝180−∠AMB＝90°　平行線の錯角は等しいので∠BDA＝∠DAC　よって∠DAC＝90°

やや難 (3) △ABMは∠AMB＝90°の直角三角形で三平方の定理より$AM^2=AB^2-BM^2=13^2-\left(\frac{10}{2}\right)^2=144$　AM＝12　△ABC∽△MDAとAB＝ACよりMD＝MA＝12　さらに，AB：MD＝CB：AD　13：12＝10：AD　$AD=\frac{120}{13}$　△ADBは∠ADB＝90°の直角三角形なので三平方の定理より$BD^2=AB^2-AD^2=13^2-\left(\frac{120}{13}\right)^2=\left(13+\frac{120}{13}\right)\times\left(13-\frac{120}{13}\right)=\frac{289}{13}\times\frac{49}{13}=\frac{17^2\times7^2}{13^2}=\left(\frac{17\times7}{13}\right)^2=\left(\frac{119}{13}\right)^2$　$BD=\frac{119}{13}$

★ワンポイントアドバイス★

場合の数・確率の問題や整数の問題では，ていねいに書き出す作業が要求される。グラフを描く問題や証明問題もあるので，日頃からきちんと練習しておく必要がある。

<英語解答>

Ⅰ 1. (1) 4(km)　(2) 0.75(times)　2. 月食　3. 渋沢栄一
4. アメリカ独立戦争

Ⅱ (1) エ　(2) イ　(3) イ　(4) イ　(5) ア　(6) ア　(7) エ
(8) イ　(9) ウ　(10) イ　(11) イ　(12) エ　(13) ア　(14) ア
(15) エ

Ⅲ (1) エ　(2) イ　(3) イ　(4) ウ　(5) イ

Ⅳ 問1 a エ　b ア　c カ　d キ　問2 イ
問3 ② reason for this change was　③ that played a big part　問4 money
問5 order　問6 carpenter

Ⅴ 問1 イ　問2 イ　問3 1 ウ　2 カ　3 タ　4 ア　5 キ　6 ソ
7 サ　8 ケ

Ⅵ 1. (例) Why don't you drive home　2. (例) Have you ever visited the town

○配点○

Ⅰ 各2点×5　Ⅱ 各2点×15　Ⅲ 各2点×5　Ⅳ 各2点×10　Ⅴ 各2点×10
Ⅵ 各5点×2　計100点

<英語解説>

Ⅰ (長文読解・論説文：内容吟味)

1. (全訳) トオルの家と彼の職場との間の距離は1.6kmだ。彼の家とサッカー場との間の距離は彼の家と職場との距離の2.5倍だ。

(1) 「彼の家とサッカー場との間の距離をkmで考えなさい」 家とサッカー場との距離は，家と職場との距離である1.6kmの2.5倍だから，1.6×2.5＝4kmである。

(2) 「彼の家と野球場との間の距離は1.2kmだ。彼の家と野球場との間の距離は彼の家と職場との間の距離の何倍の長さか」 家と野球場との距離は1.2kmで，家と職場との距離は1.6kmだから，1.2÷1.6＝0.75倍である。

2. (全訳) 満月の間にしか起こらないこの天文学的な現象は，月が地球の影を通過するときに起こる。それは数時間続きうる。あなたの目で見ることは安全だ。
太陽の光を地球が遮ってできる影に月が入り込む現象を「月食」という。

3. (全訳) 彼は「日本の資本主義の父」として今日広く知られる日本人実業家だった。彼は明治維新後に，西洋資本主義の日本への紹介の先頭に立った。2019年に，2024年頃に流通に入ると予想される日本の1万円札の特徴となる歴史的人物の肖像画になる予定だ，と発表された。
「渋沢栄一」は明治維新後，第一国立銀行の頭取となった，日本の経済近代化の最大の功労者の1人である。

4. (全訳) ジョージ・ワシントンは大陸軍の総司令官に任命された。彼はフィリス・ホイートリー，彼女は国際的な名声を獲得した最初のアメリカ人作家だが，を戦争中に彼の野営地に彼を訪問するために招いた。彼女の訪問のお陰で，彼は黒人の男性が彼の軍隊で仕えるのを可能にすると決めた，と考える歴史家もいる。

ジョージ・ワシントンは1775年以来「アメリカ独立戦争」を指揮し，後にアメリカ合衆国の初代大統領となった。

Ⅱ (会話文：内容吟味，英問英答，語句補充)

A (全訳)

(1) A：それは素敵なかばんね，メアリー。それは新しいの。／B：いいえ，私の父が私の12歳の誕生日に私に買ってくれたのよ。／A：それじゃ，あなたはそれを3年間使っているのね。／B：そうよ。私はそれが大好きなの。

Q 「メアリーは今，何歳か」 12歳の誕生日から3年経っているのだから，15歳である。

(2) A：私のクレジットカードは使えますか。／B：すみませんが，私たちは現金しか受け付けないのです。／A：わかりました。私はATMへ行きます。それは近くにありますか。／B：はい，あなたはそれを書店の隣の外側で見つけることができます。

Q 「Aさんは次に何をする予定か」 ATMへ行って，現金を引き出してくるのである。

(3) A：すみません。私はアパートの205号室に引っ越してきたばかりです。あなたは建物の管理人ですよね。／B：そうです。何かお手伝いしましょうか。／A：はい。私の部屋のシャワーが使用できません。／B：わかりました。私はすぐにそこへ行ってそれを見ましょう。

Q 「Aさんの問題は何か」 シャワーが使えないことである。

(4) A：急ごう。僕らは遅れるよ。／B：でも，コンサートは7時に始まる予定だよね。／A：いいえ。6時30分だよ。僕たちには30分しかない。

Q 「今，何時か」 あと30分で6時30分なのだから，今は6時である。

(5) A：僕は今日はバスではなくて電車に乗ったんだ。／B：電車はずっと速いよね。／A：うん。バスはより安いけれど，僕はこれからずっと電車に乗るよ。／B：僕は僕の車を運転し続けるよ。

Q 「Aさんは今日，どのように仕事に行ったか」 電車に乗ったのである。

(6) A：トム，このケーキはとてもおいしそうだわ。／B：ありがとう，リサ。僕はそれを家で作ったんだ。食べるかい。／A：いいえ，結構よ。私は今日，食べ過ぎなのではないかと心配しているの。／B：心配ない。もし君は今日たくさん食べるなら，明日，何も食べなくていいよ。

Q 「トムはリサに何をしてほしいか」 今日の食べ過ぎを心配せず，彼のケーキを今，食べてほしいのである。

(7) A：すみません。私にはあの案内が聞こえませんでした。／B：それは8時15分のロンドン行きの電車についてでした。それは20分遅れで出発する予定です。／A：ありがとう。

Q 「8時15分の電車はいつ出発する予定か」 8時15分の20分遅れだから8時35分である。

(8) A：君は遅刻だよ。僕たちは7時20分の電車に乗るつもりだったけれど，それは10分前に出発した。／B：本当にごめん。次の電車は7時50分に出発する。だから，その時までコーヒーを飲むのはどうだい。／A：いいよ。

Q 「次の電車が出発するまで，彼らはどのくらい待たなければならない予定か」 7時20分の電車が10分前に出発しているから，今は7時30分である。次の7時50分の電車までは20分待たなければならないのである。

B (全訳)

(9) A：放課後，私とテニスをするのはどう。／B：僕はできないんだ。僕は真っ直ぐに家に帰らなくてはいけない。／A：それじゃ，明日はどう。／B：それはよいだろうな。

(10) A：僕はまだ数学のテストの準備をしていないんだ。君はどうだい。／B：私もしていないわ。私たちは放課後に会って，一緒に勉強するのはどう。／A：それはよい考えだ。

(11) A：どのようなご用件でしょうか。／B：7時のショーのチケットが欲しいのです。／A：すみませんが，お客様，そのショーはすでに売り切れです。／B：わかりました。ともかくありがとう。

(12) A：この赤いのが素晴らしい，と私は思います。／B：はい，この型は人気があります。値段も手ごろです。／A：良いですね。私はこれにします。いつ配達できますか。／B：来週の金曜日が可能です。

(13) A：今日はどうしましたか。／B：私はひどくお腹が痛いのです。／A：それはどのくらいの間ですか。／B：今日の昼休みからです。

(14) A：先生，今朝起きたときから私は背中が痛いのです。／B：わかりました。もし痛ければ私に言ってください。／A：痛い。それがとても痛いです。／B：ここはどうですか。／A：それも痛いです。

(15) A：着いたぞ。何か食べるものを買おう。／B：僕は10時間運転しているんだ。仮眠をとる必要があるな。／A：でも，僕は本当にお腹がすいているんだ。／B：何だって。君はずっと食べているじゃないか。

Ⅲ (資料読解：内容吟味)

(全訳) 私たちはどのように健康を維持するか

	ジムでトレーニングする	家でトレーニングする	自転車	太極拳
31～40歳	24%	31%	34%	11%
41～50歳	24%	36%	19%	21%
51～60歳	19%	41%	14%	26%
61歳以上	39%	36%	14%	11%

(1) 「この表は私たちに何の情報を伝えるか」 ア 「様々な年齢の人々が週に何回運動するか」(×) イ「人々がいつ運動することを好むか」(×) ウ「どの年齢のグループが最も運動することを好むか」(×) エ 「様々な年令の人々がどの種類の運動を好むか」(○)

(2) 「この表から私たちは何を推測することができるか」 ア 「60歳以上の人々は彼らがかつてそうだったのと同じくらい運動しない」(×) かつてどうしていたか，はこの表からは読みとれない。 イ 「51～60歳の多くの人々は家でトレーニングすることを楽しむ」(○) 51～60歳の人々は「家でトレーニングする」が41%で最も多い。 ウ 「31～40歳の人々は他の年齢のグループの人々より多く運動する」(×) 運動の量についてはこの表からは読みとれない。 エ 「41～50歳のほとんどの人々はジムか健康クラブに所属する」(×) 41～50歳の人々は「家でトレーニングする」が36%で最も多い。

(全訳) 医院は改装のため4月1日木曜日まで閉まっています。もし急患なら，メープル通りのイーストサイド医院のヤマウチ医師に連絡を取ってください。

(3) 「医院はなぜ閉まっているのか」 ア 「従業員が休暇中である」(×) イ 「建物が修繕されている」(○) 第1文参照。 ウ 「何人かの医師が病気で寝ている」(×) エ 「医師の1人が事故にあった」(×)

(4) 「彼らの医院でいつ医師に診てもらうことが可能になる予定か」 ア 「日曜日に」(×)

イ 「木曜日の前に」(×) ウ 「4月2日に」(○) 第1文参照。4月1日まで閉まっているのだから，診てもらえるのは4月2日以降である。 エ 「3月31日に」(×)

(全訳) ヒロのパン・日用雑貨店は自己精算方式を導入している。いくつかのレジ通路には今では人のレジ係ではなくコンピューターがある。それぞれのレジ通路では，コンピューターが買われたそれぞれの商品の値段を読みとり，総額を合計する。客はそれからクレジットカードかデビットカードで支払い，コンピューターは自動的にレシートを印刷する。「ほとんどの客はその方式が好きです」と店の経営者のグレイス・リードは説明した。「それはずっと速いので，人々はあまり長い間，列で待つ必要がないのです」リードさんは，店の所有者もこの方式に満足している，と言った。以前は7人のレジ係が1度に働いた。「それは私たちが報酬を支払わなければならない7人でした」とリードさんは言った。「今では，私たちは1人のレジ係にしか報酬を支払いません」

(5) 「誰が新しい方式が好きではないかもしれないか」 ア 「クレジットカード会社」(×) イ 「レジ係」(○) 「以前は7人のレジ係が」(最後から3文目)働いて報酬を得ていたのに，「今では」「1人のレジ係にしか」(最終文)仕事がないのである。 ウ 「客」(×) エ 「日用雑貨店」(×)

Ⅳ (長文読解・伝記：語句補充，語句整序，語句解釈)

(全訳) 19世紀の初めには，自然界についての人々の考えは今日広く知られたそれらと違っていた。ヨーロッパのほとんどの人々は，動物の種は絶滅しない，と信じた。未知の動物の化石が見つけられると，その動物は世界のどこかで生きているに違いない，と考えられた。①しかしながら，その世紀の終わりまでに，地球はかつて恐竜や他の奇妙な動物でいっぱいだった，と人々は理解した。②この変化の重要な理由はたくさんの恐竜の化石の発見だった。これらの発見で③大きな役割を演じた1人はメアリー・アニングだった。

メアリーは1799年に南イングランドの小さな港，ライム・リージスで生まれた。ライム・リージスの海岸にはその岩の中にたくさんの化石があった。メアリーの父，リチャード・アニングは大工だったが，彼は化石を集めて訪問者にそれらを売ってもいた。彼はメアリーと彼女の兄弟のジョセフに化石を見つけてそれらを売る方法を教えた。

リチャードは1810年に死に，メアリーの家庭はとても貧しくなった。彼らはいくらかの④お金を稼ぐために化石を求め続けた。それから，メアリーが12歳だったとき，彼女と彼女の兄弟は偉大な発見をした。これはクロコダイルのような歯とイルカのような体(b)を持つ奇妙な生き物の完全な化石だった。多くの科学者はその化石を見に行った。大英博物館の専門家はその動物に「イクチオサウルス」，それは「魚とかげ」を意味するのだが，と名づけた。

⑤恐竜についてより多くを学ぶことができるように，メアリーは本を買い始めた。後に，彼女はたくさんのより重要な発見をした。しかしながら，彼女はほとんどの教授たちよりも化石について多くを知っていたにもかかわらず，彼女の人生の最後(c)まで有名ではなかった。これは彼女が貧しかったからで，彼女は女性だったからだ。1847年に彼女が死ぬ数ヶ月前に，しかし，彼女は政府によって栄誉を授けられ，そのとき以来，彼女は恐竜の研究における最初の専門家の1人(d)として知られている。

重要 問1 (a) be different from ～「～と違う」 (b) ここでの with は所有を表し「～がある」の意味。 (c) until は「～までずっと」という継続の期限を表す。 (d) as「～として」

問2 ア 「例えば」(×) イ 「しかしながら」(○) 空所①の直前の1文には「化石」になっている「動物は世界のどこかで生きているに違いない，と考えられ」ていた，とあり，空所①の直後には，それが「かつて」のことであり今はもうそのように考えられてはいない，という内容が述べられているから，逆接的な意味を持つ however が用いられている，と考えるのが適切。

ウ「その上」(×)　エ「まず」(×)

やや難 問3 ② (An important) reason for this change was (the discovery of many dinosaur fossils.)　reason for ～ で「～の理由」の意味。for this change「この変化の」は「理由」を修飾しているので reason の直後に置く。この文の動詞は was だから，過去形の動詞 changed「変わった」が不要。　③ (One person) that played a big part (in these discoveries was Mary Anning.)　play a part で「貢献する」の意味。関係代名詞 that を用いて one person was Mary Anning と he or she played a big part in these discoveries をつなげた文を作る。he or she が that に代わる。過去形の動詞 took が不要。

問4 「家庭はとても貧しくなった」(第3段落第1文)とあるから，「お金」が必要なのだと考えられる。money「お金」

問5 〈… so that ＋主語＋ can [could／may] ～〉「(主語)が～できるように…」から〈in order to ＋動詞の原形〉「～するために」への書き換え。

基本 問6 「仕事が木製の物を作ったり修理したりすることである人」 carpenter「大工」(第2段落第3文)である。

Ⅴ (長文読解・論説文：指示語，語句補充，要旨把握)

(全訳) この頃，科学技術について行くことは難しい。科学の現実になっているSFの最近の例は飛ぶ車だ。長年の間，私たちは飛ぶ車のある未来についての映画を見ている。今週，報道記者たちは現実の飛んでいる①それを見た。飛ぶエアカーの試作品はスロヴァキアで2つの都市の間の試験飛行を終えた。その車は地方の空港と主要都市ブラチスラヴァの空港との間を飛んだ。90kmの行程は終えるのに35分かかった。エアカーはクレインビジョンと呼ばれる会社から出ている。その会社の創設者は「エアカーはもうただの発想の証明ではない」と言った。彼は「2,500mでの時速185kmの飛行，それはSFを現実に変えてしまった」と付け加えた。

エアカーは3分以内に飛行機に変身させる公道仕様の車だ。エアカーの最高経営責任者，ステファン・クレイン教授はその最近の試験飛行でその乗り物を飛ばして着陸させた。ブラチスラヴァ空港での着陸の後に，彼は飛行機をスポーツカーに変身させるためのボタンを押した。彼はそれから街の通りでブラチスラヴァの中心部へ運転していった。彼はその飛行を「正常」で「とても楽しい」と説明した。彼の会社はエアカー試作品2と呼ばれる新しくずっと強力な型に取り組んでいる。これは，時速300kmの飛行速度と1000kmの航続距離の能力があるずっと強力なエンジンを持つ予定だ。最近試験される2人乗りに対して，新しい型は4人乗りでもある予定だ。

問1 ア 「科学技術」(×)　イ 「車」(○)　直前の1文に「飛ぶ車」とあるから，「飛んでいる」のは「車」であると考えられる。　ウ 「映画」(×)　エ 「化学」(×)

問2 be capable of ～「～の能力がある」

問3 「科学技術は映画のSF(1)に科学の現実になることを可能にさせる。ある会社は飛ぶ車を試験した。『エアカー』は2,500mの(2)高度で時速185kmの速さで飛んだ。90kmの(3)飛行には35分かかった。飛ぶ車はもうただの(4)思いつきではない。エアカーの会社はSFは今や『現実』だと言った。

エアカーは路上を運転されることを(5)許可されている。それは3分以内に飛行機に(6)変わる。会社の最高経営責任者は空港にそれを着陸させた。彼はそれからそれをスポーツカーに変えるためのボタンを(7)押し，それを運転して都市に入った。彼はその飛行は「正常だっ」たと言った。新しいエアカーは時速300kmの航行速度を持ち，(8)休みなく1,000km飛ぶことができる予定だ」

Ⅵ (会話文：英作文)

1. (全訳) A：君はどこの出身だい，ジョン。／B：僕はボストン出身だけれど，今はニューヨークに住んでいる。／A：それで，君はどのくらい故郷へ帰るんだい。／B：そうだな，毎年4回飛行機で帰ろうとするんだ。飛行機で帰ることはとても高いけれど，それは僕にとって重要なんだ。／A：どうして車で帰らないの。その2つの都市の間を運転するのに4時間しかかからない，と僕は思うよ。／B：4時間しか。君は4時間運転することを嫌だと思わないかもしれないけれど，僕はそんなに長く運転したい気がしないんだ。それは骨が折れるよ。

Why don't you ~? で「~したらどうですか」という意味になる。drive は「車で行く」の意味。home は副詞で「故郷へ」の意味になるので，to を用いず drive home とする。

2. (全訳) A：ハヤト，あなたは春休みの間にイングランドへ行くそうね。／B：はい。僕はロンドンの近くに滞在する予定です。／A：良さそうね。あなたはその町を訪れたことがあるの。／B：いいえ，これが初めてです。／A：あなたはそこにどのくらい滞在するつもりなの。／A：1週間です。僕はとてもわくわくしていますが，僕の英語を心配しています。／A：心配しないで，ハヤト。あなたの英語はとても上手よ。あなたはそこで人々に会ったら，「やあ」と言って微笑めばいいわ。／B：わかりました，そうします。ありがとう，マエダ先生。

ever「今までに」は〈have [has]＋動詞の過去分詞形〉の形をとる，現在完了の経験用法で動詞の過去分詞形の直前に置いて用いる。

★ワンポイントアドバイス★

語句整序問題は，1語目から並べていくことにこだわらず，構文や熟語，不定詞などの文法事項や文型に注目し，小さいまとまりを作っていくことから始めるとよい。

＜国語解答＞

1 問1 a 功罪 b 潰 c 対価 d 端的 e 不遇 問2 A オ B イ C エ 問3 (例) 自分の好きなことや得意なこと，重要だと思うことを，自発的に学ぼうとする気持ち。(39字) 問4 ウ 問5 ウ 問6 ア 問7 (例) 努力すれば周囲が認めてくれるはずだという期待の表明が，努力をすれば成功するという価値観に移行し，努力が足りないから成功できないという考え方を生むことになった。(78字)
問8 ウ・オ

2 問1 a オ b ア 問2 エ 問3 和音 問4 (例) 和音のピアノは情熱的で静かな音で僕が初めて聞く音であり，強い衝撃と深い感動を覚えたから。(44字)
問5 由仁の帰りを待たずに帰って 問6 イ 問7 (例) 由仁が明るい音にと調律を求めたのは自分のためではなく，姉の静かなピアノの音をふまえた希望であったという考えに至ったから。(60字)

3 問1 がくしょう 問2 ウ 問3 イ・ウ・オ 問4 ア 問5 ③ エ ④ イ 問6 エ 問7 A ア B イ・オ

○推定配点○

1 問1・問2 各2点×8 問3・問7 各7点×2 他 各3点×5 2 問1 各2点×2 問4・問7 各7点×2 問5 4点 他 各3点×3 3 問1・問2・問7(A) 各2点×3 他 各3点×6(問3・問7(B)完答) 計100点

<国語解説>

1 (論説文―漢字の書き取り，脱語補充，接続語，文脈把握，内容吟味，要旨)

問1 a 「功罪」は，手がらと罪，良い点と悪い点，という意味「功」を使った熟語はほかに「功名」「功労」など。「功徳(くどく)」という読み方もある。訓読みは「いさお」。 b 「潰」の訓読みは「つぶ(す)」「つぶ(れる)」。音読みは「カイ」。熟語は「潰瘍」など。 c 「対」の音読みはほかに「ツイ」。熟語は「対句」「一対」など。 d 「端」を使った熟語はほかに「端緒」「端正」など。訓読みは「は」「はし」「はた」。 e 「遇」を使った熟語はほかに「境遇」「優遇」など。訓読みは「あ(う)」。

問2 A 直前に「お勉強はできた」とあるのに対し，直後では「理科を『大好き』『好き』と答えた生徒の割合は……悪い数字」としているので，逆接を表す「ところが」が入る。
B 直前の「理科を『大好き』『好き』と答えた生徒の割合は……に継ぐ悪い数字」に付け加えて，「『理科が生活に重要と思っている』……いずれも最下位」と続いているので，累加を表す「さらに」が入る。 C 直前の「また日本では……『謙虚』『謙遜』が貴ばれ……美徳とする面があります」と，直後の「謙虚で向上心に富む……といえなくもないのです」は，順当につながる内容なので，順接を表す「ですから」が入る。

問3 直前の「『苦手の克服』『できないところを埋める』『やらされ感が強い』」を「内発的な動機付けがきわめて弱い状態」としているので，これらの逆と考えて「自分の好きなことや得意なこと，重要だと思うことを，自発的に学ぼうとする気持ち。(39字)」などとする。

やや難 問4 「二つの心性」については，直後に「自己肯定感が低い」「『生まれつきの能力に差はない，努力やそれを支える精神力で差はつく』という価値観」という二点が挙げられており，「自分のできないことや苦手なことばかり指摘され，やらされている若者が，自己に肯定感や自信が持てるはずがありません」「『努力をすれば，必ずいい結果がかえってくる』『うまく成長できれば，それに見合う成果がある』という考え方を往々にして内包します」と説明されているのでウが適切。

問5 前に示されている「『謙虚』『謙遜』」に根差す価値観を指すので，ウはあてはまらない。

問6 ◆に示されている内容は，人が認めてくれないのは自分にそれだけの実力が備わっていないからなので，認めてくれないことではなく自分に実力がないことを気にすべきだ，というものなのでアが適切。

やや難 問7 前に「実力が備わるまで成長したなら，その結果として周囲は必ず認めてくれるはずという期待が表明されている」とある。後に「『しあわせはがまんして耐えて頑張ることのタイカだと思っていた』」という考え方が示されており，さらに「『うまくいっていない人間は，それに見合う努力をしてこなかった人間だ』」という考え方へと続いている。「期待の表明」であったはずのものが，「がまんして耐えて頑張る」ことが大事だという考えになり，成功できないのは努力が足りないからだとする考えにつながる，という変化が示されている。

やや難 問8 「ゆとり教育」については，冒頭に「その賛否やコウザイについて，さまざまな議論が交わされてきました。……なぜ『ゆとり教育』が必要だったか」という視点が示されているだけなので，ア・イはあてはまらない。エの「能力をいつまでも発揮できる精神力」，カの「教え込むことによって」という記述はないのであてはまらない。ウは，「いろいろと言われますが，日本人は昔と変わらずお勉強はできたのです」「『日本の学校の授業は画一的で，履修する科目とかが全部お膳立てされています』とあることと合致する。オは，「なぜこのような結果が出るのか。……生活に困窮している人間を努力不足とみなし，自助努力を万能視しやすいから，と解釈できる」とあることと合致する。

2 (小説一語句の意味，文脈把握，情景・心情，内容吟味，大意)

問1 a 「名目」には，表向きの理由，口実，という意味がある。 b 「殊勝」には，行いなどがけなげで感心な様子，という意味がある。直後で「まじめな顔」と言い換えているのでアが適切。

やや難 問2 後に「柳さんが楽しみだと言ったのもうなずける。持ち主に愛されてよく弾かれているピアノを調律するのはうれしい」とあるのでエが適切。

問3 この後に「『もうすぐ妹が帰ってくるはずなので……』」とあることから，ここで帰ってきた「若い女の子」は，姉妹の姉の方だとわかる。この後，帰ってきた妹の言葉に「『和音は弾かせてもらったんでしょ。……』」とあるので，姉の名は「和音」。

問4 直前に「その子はおずおずとそこに歩み寄り，ぽろぽろぽろっと音を出した」とあることから，姉の和音の出した音を聞いた時の感動の表現だとわかる。その音については，直後に「耳から首筋にかけて鳥肌が立っていた」「美しかった。粒が揃っていて，端正で，つやつやしていた」と表現されており，さらに「情熱的で静かな音というものを初めて聴いた」と感動した様子が描かれているので，「和音のピアノは情熱的で静かな音で僕が初めて聞く音であり，強い衝撃と深い感動を覚えたから。(44字)」などとする。

問5 直後に「妹に調律の結果を確認させたい姉娘の気持ちを尊重しつつ，僕たちを気遣ってくれてもいるらしい」とある。僕たちの帰る時間を気遣って妹の「由仁」を待たなくてもよい，という意味なので，解答欄に合わせて「由仁の帰りを待たずに帰って(13字)」などとする。

問6 姉妹のピアノの違いについては「まったく違うピアノだった。温度が違う。湿度が違う」と表現されている。妹の「由仁」のピアノについては「音が弾む。『妹』のピアノは色彩があふれていた」「勢いと彩があった」とあり，姉の「和音」のピアノについては「情熱的で静かな音」とあるのでイが適切。

やや難 問7 直前に「明るい音が必要なのは『妹』ではなかった。……静かなピアノを際立たせるのは，暗い音とは限らない。明るい音を選んだのは，『姉』のためだったのではないか」とある。妹の由仁が，自分のためでなく姉のために「『もう少しだけ明るい音にしていただきたいんです』」と言ったことを，「いいですね」と言っているので，「由仁が明るい音にと調律を求めたのは自分のためではなく，姉の静かなピアノの音をふまえた希望であったという考えに至ったから。(60字)」などとする。

3 (古文・和歌一仮名遣い，語句の意味，文脈把握，内容吟味，口語訳，表現技法，歌意，大意)

〈口語訳〉 今は昔，式部大輔大江匡衡は学生として優れた人であった。宇治大納言源隆国のもとにいた。立派な才能を持っていたが，容姿はたいしたことはなかった。背丈が高く，いかり肩で見苦しかったので，女房たちは「からかって笑おう」と言って，和琴(東琴)をさし出して，「あなたはあらゆる事を御存じだということなので，これを弾いてください。聞きましょう」と言うと匡衡は，

私は逢坂の関所より向こうの東の方はまだ見たことがありませんので，あちら(東国)のことは何もわかりません。まして東琴(あずまごと)の弾き方はできません。

と詠んだ。女房たちは笑うこともできず，静かに一人ずつ部屋へ入ってしまった。

問1 「au(あう)」は「おー(o)」と発音するので，「やう(yau)」は「よー(yo)」と発音する。「しやう」は「しょー」と発音し，現代仮名遣いでは「しょう」となるので，「しやう」を「しょう」に直して，「がくしやう」は「がくしょう」となる。

問2 「いみじ」は，良い意味にも悪い意味にも使われる語で，並みでない，甚だしい，という意味。ここでは，「学生」としての匡衡を表現しているので，ウの「優れた」が適切。

問3 「匡衡」については，「才はきはめてめでたけれど，みめはいともなし。丈高く，指し肩にて

見苦しかりければ」と表現されているので,「才能に満ちあふれていて」とあるアはあてはまる。イの「性格がすばらしく」,ウの「スタイルが良く」はあてはまらない。女房たちのからかいにも,即興で和歌を詠んで返す機転を見せているので,エはあてはまる。オの「恋人」については本文にも和歌にも描かれていないのであてはまらない。

問4　直前に「丈高く,指肩にて見苦しかりければ」と理由が示されているので,アが適切。

問5　③「よろづのこと」は,いろいろなこと,という意味。「～を」は,～ので,という順接を意味するので,「いろいろなことを知っていらっしゃるそうなので」とするエが適切。

④「え」は,後に打消しの語を伴って,～できない,という意味になるので,「笑うこともできずに」とするイが適切。

問6　直前の歌の「あづまのことも知られざりけり」とあることに着目する。女房たちが,匡衡をからかって笑ってやろう,という目的で「和琴をさし出して,『……これを弾き給へ。聞かむ』」と言ったところ,さし出された和琴(東琴)を前に,あずまのことはわかりません＝(東琴)は弾けません,と言い返され,笑うことも出来ず部屋にひっこんだのである。

問7　(A)「あづまのこと(東国のこと)」と,「東琴(和琴)」を掛けているので,「掛詞」があてはまる。「掛詞」は,一つの言葉に二つ以上の意味を持たせる技法。イは,人間ではないものを人間に見立てて表現する技法。ウは,文末を体言(名詞)で受ける技法。エは,本来の語順を変えて,印象を強調する技法。オは,第一句の五音によって,決まった語を導き出す技法。　(B)　この和歌では,「あづま」に,「東国」と「東琴」を掛けて,二つの意味を持たせているので,イはあてはまる。「あずまのことも知らざりけり」と詠むことで,「これ弾き給へ」と差し出された和琴(東琴)を拒否する(弾けない)意を伝えているので,オはあてはまる。

★ワンポイントアドバイス★

現代文は,論説文・小説ともに指示内容や論旨を要約する練習をしておこう!
古文は,和歌の解釈や表現技法の知識も含め,万全の対策を講じておこう!

第2回

2022年度

解　答　と　解　説

《2022年度の配点は解答欄に掲載してあります。》

＜数学解答＞

1　(1)　$\frac{9xy^4}{32}$　(2)　100　(3)　$x=-1\pm\sqrt{5}$　(4)　$k=6,\ 21,\ 30$　(5)　$a=-2$

(6)　$\frac{2}{5}$　(7)　71°

2　(1)　(ⅰ)　$\frac{1}{3}$　(ⅱ)　$\frac{1}{3}$　(ⅲ)　$\frac{13}{27}$(考え方は解説参照)

(2)　(ⅰ)　1000mℓ　(ⅱ)　10.4%

3　(1)　354　(2)　54個　(3)　8個

4　(1)　$a=\frac{1}{2}$　(2)　B(6, 18)　(3)　24

(4)　(−6, 18), (10, 50)　(考え方は解説参照)

5　(1)　ア　$12\sqrt{5}$　イ　4　ウ　$\sqrt{33}$　エ　$4\sqrt{3}$　オ　C　カ　F　キ　H

ク　4　ケ　$16\sqrt{11}$　コ　$\frac{4\sqrt{55}}{5}$

○配点○

1　各4点×7　2　各4点×5　3　各4点×3　4　(1)～(3)　各4点×3　(4)　6点

5　ク　2点　他　各4点×5(イウエ，オカキ各完答)　計100点

＜数学解説＞

1　(数・式の計算，2次方程式，平方根，2乗に比例する関数，変化の割合，確率，円の性質，角度)

(1)　$(2x^2y^3)\times(-3xy^2)^2\div(4xy)^3=2x^2y^3\times9x^2y^4\div64x^3y^3=\frac{2\times9x^4y^7}{64x^3y^3}=\frac{9xy^4}{32}$

(2)　$x+y=\frac{\sqrt{3}+\sqrt{2}}{\sqrt{3}-\sqrt{2}}+\frac{\sqrt{3}-\sqrt{2}}{\sqrt{3}+\sqrt{2}}=\frac{(\sqrt{3}+\sqrt{2})^2+(\sqrt{3}-\sqrt{2})^2}{(\sqrt{3}-\sqrt{2})(\sqrt{3}+\sqrt{2})}=\frac{3+2\sqrt{6}+2+3-2\sqrt{6}+2}{(\sqrt{3})^2-(\sqrt{2})^2}=\frac{10}{1}=10$　$x^2+2xy+y^2=(x+y)^2=10^2=100$

(3)　$(x+3)^2-4(x+2)-5=0$　$x^2+6x+9-4x-8-5=0$　$x^2+2x-4=0$　解の公式を利用する。$x=\frac{-2\pm\sqrt{2^2-4\times1\times(-4)}}{2\times1}=\frac{-2\pm2\sqrt{5}}{2}$　$x=-1\pm\sqrt{5}$

(4)　$\sqrt{99-3k}=a$(aは自然数)とする。両辺を2乗すると$99-3k=3(33-k)=a^2$　bを自然数として$33-k=3b^2$となればよい。$k=33-3b^2=3(11-b^2)$　$b=1$のとき$k=30$　$b=2$のとき$k=21$　$b=3$のとき$k=6$　bが4以上のときこれをみたす自然数kはない。よって$k=6,\ 21,\ 30$

基本　(5)　変化の割合$=\frac{y\text{の増加量}}{x\text{の増加量}}=\frac{a\times3^2-a\times(-1)^2}{3-(-1)}=\frac{9a-a}{4}=2a$　$2a=-4$より$a=-2$

(6)　1×2=2，1×3=3，1×4=4，1×5=5，1×6=6，2×3=6，2×4=8，2×5=10，2×6=12，3×4=12，3×5=15，3×6=18，4×5=20，4×6=24，5×6=30　全部で15通りの選び方のうち，4の倍数になるのは6通りなので，その確率は$\frac{6}{15}=\frac{2}{5}$

重要 (7) 右図のように頂点に名前をつける。DCを結ぶとBDが直径なので，$\angle$BCD＝90°　$\overset{\frown}{\mathrm{BC}}$についての円周角の定理より$\angle$BDC＝$\angle$BAC＝72°　△BCDで$\angle$CBD＝180－90－72＝18°　△BCEについて$\angle x$＝180－18－91＝71°

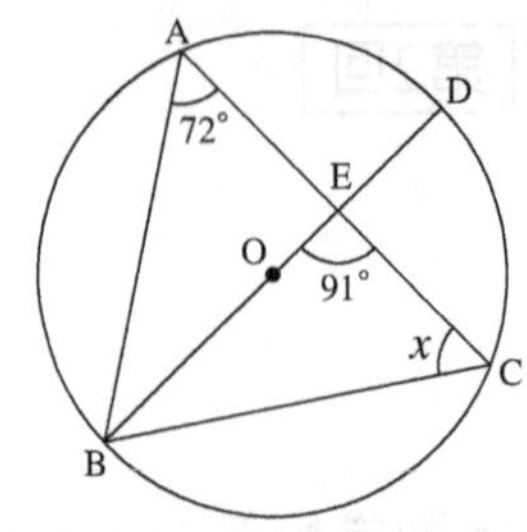

2 (確率，割合)

(1) (ⅰ) グーを○，チョキを△，パーを×で表す。A，B 2人の手の出し方は3×3＝9(通り)　そのうち，あいこになるのは(A，B)＝(○，○)，(△，△)，(×，×)の3通り。よってその確率は$\frac{3}{9}=\frac{1}{3}$

(ⅱ) A，B，C 3人の手の出し方は全部で3×3×3＝27(通り)　あいこになるのは3人の手がみな同じになる(A，B，C)＝(○，○，○)，(△，△，△)，(×，×，×)の3通りと，3人の手がばらばらになる(○，△，×)，(○，×，△)，(△，○，×)，(△，×，○)，(×，○，△)，(×，△，○)の6通り，あわせて3＋6＝9(通り)。よってその確率は$\frac{9}{27}=\frac{1}{3}$

やや難 (ⅲ) A，B，C，D 4人の手の出し方は全部で3×3×3×3＝81(通り)　あいこになるのは3人の手が同じ(A，B，C，D)＝(○，○，○，○)，(△，△，△，△)，(×，×，×，×)の3通りと，3種類の手がでる場合。○が2人と△1人，×1人になるのは，4人のうちどの2人が○になるかはAB，AC，AD，BC，BD，CDの6通りあり，そのそれぞれに対して残りの2人のうちどちらが△になるかが2通り，あわせて6×2＝12(通り)　△が2人と○1人，×1人も同様に12通り，×が2人と○1人，△1人も同様に12通りあるので，あわせてあいこになるのは3＋12×3＝39(通り)　したがってその確率は$\frac{39}{81}=\frac{13}{27}$

(2) (ⅰ) 糖度8%のドリンク500mℓに糖度14%のスペシャルドリンクxmℓを加えると$(500+x)$mℓのドリンクができる。中に溶けている糖分について$500\times\frac{8}{100}+x\times\frac{14}{100}=(500+x)\times\frac{12}{100}$　両辺を100倍すると$4000+14x=6000+12x$　$2x=2000$　$x=1000$(mℓ)

(ⅱ) 飲んだあと残った8%のスポーツドリンクは300mℓなので，その中の糖分は$300\times\frac{8}{100}=24$(mℓ)　スペシャルドリンク200mℓの中の糖分は$200\times\frac{14}{100}=28$(mℓ)　したがって仕方なしドリンクの糖度は$\frac{(24+28)}{500}\times100=10.4$(%)

3 (場合の数)

(1) 百の位が1の数は，白，青それぞれ目の出方が6通りずつあるので6×6＝36(個)ある。百の位が2の数も36個で，ここまでで300以下の数が36×2＝72(個)ある。百の位が3のとき，十の位が1の数は6個，2の数は6個，3の数も6個，4の数も6個で，ここまでで72＋6×4＝96(個)　したがって，97番目の数は351，98番目の数は352，99番目の数は353で100番目の数は354

(2) 3けたの整数の中で，4の倍数になるのは，下2けたが4の倍数になるときなので，下2けたが，12，16，24，32，36，44，52，56，64のとき。そのそれぞれに対して百の位は1～6のどれでもよいので，全部で9×6＝54(個)

(3) 121(＝11×11)，144(＝12×12)，225(＝15×15)，256(＝16×16)，324(＝18×18)，361(＝19×19)，441(21×21)，625(25×25)の8個

4 (関数と図形・グラフ融合問題)

基本 (1) A$(-2, 2)$が$y=ax^2$上の点なので，$(-2)^2\times a=2$　$a=\frac{1}{2}$　2次関数は$y=\frac{1}{2}x^2$

(2) 傾き2の直線は$y=2x+b$と表すことができ，Aを通ることから$2\times(-2)+b=2$　$b=6$　直線ℓは$y=2x+6$である。Bは①と直線ℓの交点なので$\frac{1}{2}x^2=2x+6$より$x^2-4x-12=0$　$(x-6)(x+2)=0$　$x=-2, 6$　$x=-2$は点Aなので点Bは$x=6$　$y=2\times6+6=18$　B$(6, 18)$

(3) 直線ℓとy軸の交点をDとするとD$(0, 6)$　$\triangle OAB=\triangle OAD+\triangle OBD=\frac{1}{2}\times6\times2+\frac{1}{2}\times6\times6=6+18=24$

重要 (4) 直線ABは$y=2x+6$であり，四角形AOBC$=\triangle OAB+\triangle ABC=24+\triangle ABC=120$より，$\triangle ABC=96$となればよい。$y$軸上に点D$(0, t)$をとる。等積変形で$\triangle ABD=\triangle ABC=96$となるようにする。$\triangle ABD=\frac{1}{2}\times(2+6)\times(t-6)=96$より$t=30$　さらに点Dを通りABに平行な直線は$y=2x+30$　$y=\frac{1}{2}x^2$と$y=2x+30$の交点は$\frac{1}{2}x^2=2x+30$　$x^2-4x-60=0$　$(x-10)(x+6)=0$　$x=-6, 10$　$y=2x+30$より$(-6, 18)$，$(10, 50)$

5 (三平方の定理，面積)

ア　AB$=8$，BC$=9$，CA$=7$としAからBCに垂線AHをおろす。AH$=h$，CH$=x$とするとBH$=9-x$　$\triangle ABH$について三平方の定理より$h^2=8^2-(9-x)^2$　$\triangle ACH$について三平方の定理より$h^2=7^2-x^2$　よって$64-(81-18x+x^2)=49-x^2$　$18x=66$　$x=\frac{11}{3}$

$h=\sqrt{7^2-\left(\frac{11}{3}\right)^2}=\frac{1}{3}\sqrt{(21+11)\times(21-11)}=\frac{1}{3}\times4\sqrt{2}\times\sqrt{10}=\frac{8\sqrt{5}}{3}$　$\triangle ABC=\frac{1}{2}\times9\times\frac{8\sqrt{5}}{3}=12\sqrt{5}$

やや難 イウエ　3辺の長さが7，8，9になるような三角形をつくることを考える。直方体は3種類2つずつの長方形の面をもつ。長方形の3つの対角線を考え，FC$=7$，AF$=8$，AC$=9$とする。さらにAE$=a$，AD$=b$，AB$=c$とすると，$\triangle BCF$について$a^2+b^2=7^2=49$…①，$\triangle AEF$について$a^2+c^2=8^2=64$…②　$\triangle ABC$について$b^2+c^2=9^2=81$…③がなりたつ。①+②+③は$2(a^2+b^2+c^2)=49+64+81=194$　$a^2+b^2+c^2=97$…④　④−③より$a^2=16$　$a=4$…イ，④−②より$b^2=33$　$b=\sqrt{33}$…ウ，④−①より$c^2=48$　$c=4\sqrt{3}$…エ

オカキ　直方体のとなりあわない頂点を結ぶオ…C，カ…F，キ…H

ク　余分な三角すいを4個切りおとす。

ケ　$a\times b\times c-\left(\frac{1}{2}\times a\times b\times c\times\frac{1}{3}\right)\times4=abc-\frac{2}{3}abc=\frac{1}{3}abc=\frac{1}{3}\times4\times\sqrt{33}\times4\sqrt{3}=16\sqrt{11}$

コ　高さをhとおくと$12\sqrt{5}\times h\times\frac{1}{3}=16\sqrt{11}$　$h=\frac{4\sqrt{55}}{5}$

★ワンポイントアドバイス★

5の等面四面体の問題は困った人もいるだろう。会話文のスタートに7，8，9の三角形が登場するのだから，与えられた直方体のどこを7，8，9にするかを考えればよかった。与えられたヒントを，ヒントと思えるかどうかだろう。

<英語解答>

Ⅰ 1. (1) 3.1(hours) (2) 2.5 2. オーロラ 3. (バラク・)オバマ
4. New York

Ⅱ (1) イ (2) イ (3) ウ (4) ウ (5) ア (6) ア (7) ウ
(8) エ (9) ウ (10) ウ (11) エ (12) ア (13) エ (14) ウ
(15) エ

Ⅲ (1) ア (2) イ (3) ア (4) ア (5) ウ

Ⅳ 問1 a エ b イ c キ d ア 問2 ② イ ③ ウ ④ エ
問3 ① the answer to this problem is ⑤ that are more difficult to make
問4 organization

Ⅴ 問1 ① イ ② イ 問2 1 ウ 2 ス 3 ア 4 ケ 5 チ 6 オ
7 タ 8 キ

Ⅵ 1. (例) Which bus are you waiting for 2. (例) We had a good time there

○配点○

Ⅰ 各2点×5 Ⅱ 各2点×15 Ⅲ 各2点×5 Ⅳ 各2点×10 Ⅴ 各2点×10
Ⅵ 各5点×2 計100点

<英語解説>

Ⅰ (長文読解・論説文:内容吟味)

(全訳) 下の表はケンタロウ,彼は高校生だが,が近くの中華レストランで特定の1週間に月曜日から土曜日まで働いた時間の総計を指し示す。

曜日	月	火	水	木	金	土
労働時間(時間)	x 2.5	4	2	3	2.5	4

(1) 「火曜日から土曜日までの5日間の平均労働時間を時間で考えなさい」 (4+2+3+2.5+4)÷5=3.1時間である。

(2) 「もし月曜日から土曜日までの6日間の平均労働時間が3時間なら,Xの数を考えなさい」 3×6−3.1×5=2.5(時間)である。

2. (全訳) この自然現象は空での自然色(緑や赤,黄,白)の光の表示が特徴である。それは光によって満たされた太陽からの微粒子が地球の大気中の酸素や窒素のような気体からの微粒子にぶつかるときに起こるライトショーだ。

北極・南極地方高空に現れる放電による発光現象を「オーロラ」という。

3. (全訳) 彼は2009年から17年までアメリカ合衆国の第44代の大統領として仕えた政治家で弁護士である。民主党の一員で,彼はアメリカ合衆国の最初のアフリカ系アメリカ人大統領だった。彼は以前は,2005年から2008年までイリノイ州選出の合衆国上院議員として,1997年から2004年までイリノイ州議会上院議員として仕えた。

「バラク・オバマ」はケニア人の父を持つ,アメリカ史上初のアフリカ系アメリカ人の大統領である。

4. (全訳) 国際連合は,主要目的が世界を平和に保ち,世界中の人々の生活状況を改善することである国際的な組織である。本部はニューヨークにある。それは51ヵ国によって1945年に設立された。今では,190より多い国々が加盟国となっている。

国際連合は第二次世界大戦後，国際平和と安全の維持，経済文化面の国際的な協力などを目的に設立された国際機構で，本部はNew York「ニューヨーク」にある。

Ⅱ (会話文：内容吟味，英問英答，語句補充)

A (全訳)

(1) A：この辺りに銀行はありますか。／B：はい，お客様。ちょうど曲がり角の辺りにそれがあります。／A：銀行の営業時間は何ですか。／B：9時から3時です，お客様。

Q「その銀行はどのくらいの時間開いたままか」 9時から3時だから，6時間である。

(2) A：私たちは次の土曜日にバンを借りたいのですが。／B：はい，私たちは数台持っています。／A：私たちには18人いるのです。バン1台で十分でしょうか。／B：そうですね，それぞれのバンは12人まで運びます。

Q「そのグループは何台のバンを借りる予定か」 1台で12人まで運べるバンで18人運ぶのだから2台である。

(3) A：お母さん，僕はおなかがすいたよ。夕食はいつ準備できる予定だい。／B：あと30分くらいね。今夜はおばあちゃんが夕食にここに来る予定なの。彼女のために食堂にもう1脚いすを運んでくれる。／A：いいよ。どれだい。／B：あなたの寝室から茶色いのを取ってきて。

Q「Bの母は彼に何をするように頼んだか」 Bの寝室から食堂へ椅子を1脚移動させるように言ったのである。

(4) A：空を見て。もうすぐ雨が降り始める，と私は思うわ。／B：雪かもしれないわ。今朝，天気予報では，いくつかの地域では雪が降るかもしれない，と言っていたの。／A：本当に。1週間晴れた日がないわね。

Q「今の天気はどのようか」 雨か雪が降り始めなそう天気だから，曇りである。

(5) A：すみません。ニューヨーク行き502便は定刻に出発する予定ですか。／B：ごめんなさい。今日は大雪のため，それは約1時間遅れの4時30分に出発する予定です。

Q「502便は普通は何時に出発するか」 1時間遅れだと4時30分になる時刻だから，3時30分である。

(6) A：君は何か探しているのかい。／B：ええ。私の眼鏡よ。私は雑誌を読んだ後に，それらをテーブルの上に置いたと思うの。／A：ああ，僕は君に言わなかったかい。僕はソファーの上でそれらを見たから，それらをピアノの上に置いたよ。

Q「AさんはB夫人の眼鏡をどこで見つけたか」 見つけたのはソファーの上である。

(7) A：なぜ君は昨日の会議に来なかったんだい。／B：何だって。それは8月14日ではないのかい。／A：いや，いや，それは8月12日だったんだよ。／B：ああ，まさか。

Q「今日の日付は何か」 会議のあった8月12日が昨日だったのだから，今日は8月13日である。

(8) A：夕食のために6時に会おう。／B：私には5時30分に会議があるのよ。それは長いものになるかもしれないわ。／A：それじゃ，7時30分過ぎに会おう。

Q「彼らは夕食のために何時に会う予定か」 half は「半時間[30分]」の意味であるから，7時30分である。

B (全訳)

(9) A：お父さん，5ドルもらえる。／B：私は先週，お前に10ドルあげたよ。／A：でも，明日，私の友達と私は買い物に行くのよ。お願い。／B：いけないよ。お前はそんなにたくさんお金を使うべきではない。

(10) A：私は泳ぐことが大好きなの。／B：私もよ。／A：あなたはどのくらい泳ぎに行くの。／B：月に2～3回よ。

(11) A：君は最近，何か良いレストランに行ったことがあるかい。／B：実は，そうなんだ。僕は良い中華レストランを見つけたんだよ。／A：本当かい。それはどこだい。／B：ここからそんなに遠くないんだ。

(12) A：ごめんなさい，ジェーン。私は明日，あなたと一緒に映画に行くことができないわ。／B：ほんとに。どうして。／A：私にはたくさんの宿題があるのよ。

(13) A：放課後，これらの椅子を動かすのに私たちを手伝ってくれるかい。／B：喜んでしたいのだけれど，私は歯科へ行かなくてはならないのよ。／A：でも，数分しかかからない予定だよ。

(14) A：あのね。僕は来月，大阪へ引っ越すんだ。／B：本当かい。なんだって。君はいつそれがわかったんだい。／A：ちょうど昨日だよ。

(15) A：私のお気に入りのテレビ番組の時間よ。／B：来なさい，夕食が準備できたわよ。／A：ああ，でも私はそれを本当に見逃したくないのよ。／B：わかった。私たちは食べながらそれを見ましょう。

Ⅲ (会話文：内容吟味)

(全訳) 親愛なるダイアナ

僕は僕の休暇に沖縄へ来て，とてもうれしいよ。ここの食べ物はとてもおいしくて，どこにでも新鮮な果物があるよ。僕は地元の名物のいくつかを試しているんだ。多くの食べ物は僕には辛すぎるけれど，まろやかな味の料理も出すよ。料理のいくつかは油で揚げたもので，僕はそれらが好きではないけれど，食べ物の他の調理法もあるんだ。僕は昨夜，素晴らしい網焼きロブスター食べたよ。それから，毎朝，新たに焼かれたパンもあるんだ。この旅行で僕がしていることは食べることだけだ，と君はおそらく思うだろう。その通りだよ。季節はずれにひんやりとしているけれど，おいしい食事とカフェでの1杯のお茶を楽しむことができる限りは，僕は気にしない。君が来年僕と一緒にここに来ると良いと思うよ。君はそれが大好きだよ。

(1) 「マイケルはなぜこの手紙を書いたか」 ア 「ダイアナに彼の休暇について伝えるために」(○) 食べ物のことを中心に，沖縄での休暇の様子を伝えているのである。 イ 「ダイアナに彼のお気に入りの場所について伝えるために」(×) ウ 「ダイアナに地元の名物の調理法を説明するために」(×) エ 「ダイアナに彼のお気に入りの果物が何か説明するために」(×)

(2) 「マイケルはダイアナに何を提案するのか」 ア 「ぜいたくなレストランへ行くこと」(×) イ 「来年，沖縄を訪れること」(○) 手紙本文の最後から2文目参照。 ウ 「1杯のお茶を飲むこと」(×) エ 「まろやかな料理を作ること」(×)

(全訳) ブルームーン・ホテル

このグラフは去年1年に渡っての私たちのホテルのお客様からの情報に基づいている。

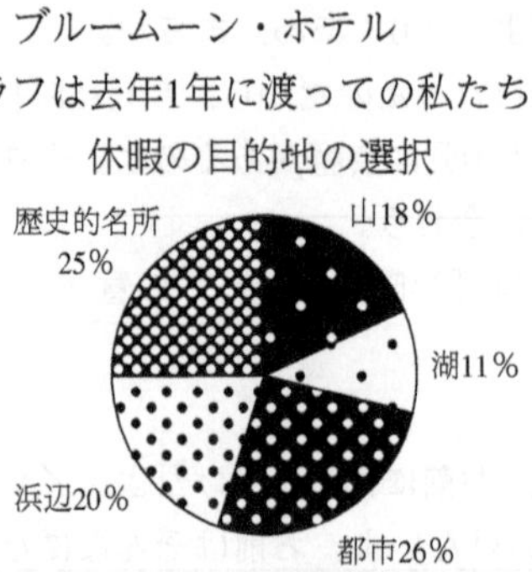

休暇の目的地の選択

(3) 「このグラフは何の情報を私たちに示すか」 ア 「客が彼らの休暇を過ごすことが好きな場所」(○) グラフのタイトル参照。「休暇の目的地の選択」である。 イ 「人々がどのくらい休暇をとるか」(×) ウ 「いくつかの観光地の気温」(×) エ 「人々が休暇で費やすお金の量」

(×)

(4) 「ブルームーン・ホテルはこの情報をどのように得たか」 ア 「彼らは彼らの客に尋ねた」(○) グラフのタイトルの直前の1文参照。「私たちのホテルのお客様からの情報」である。イ 「彼らは様々なホテルに電話をかけた」(×) ウ 「彼らはグラフを見た」(×) エ 「彼らは他の旅行代理店に尋ねた」(×)

(全訳) あなたは私たちの社長を祝すパーティーに招待されます。

午後7時から9時

9月15日

徳力西186

9月1日までにご返事をください。

(5) 「人々はこの招待状にいつまでに返答するべきか」 ア 「9月15日に」(×) イ 「午後8時に」(×) ウ 「9月1までに」(○) 最終文参照。RSVPはフランス語のrépondez s'il vous plaitの略で,「ご返事をください」の意味。 エ 「私たちの社長によって」(×)

Ⅳ (長文読解・論説文：語句補充，語句整序，語句解釈)

(全訳) 多くのアメリカ人は，体重過多や太りすぎのアメリカ合衆国の子どもたちの数を心配している。最近の研究は，6歳から11歳の子どもたちの約20％は体重が重すぎる，と示した。これ(a)の1つの理由は，彼らの子どもたちに便利な食べ物を与えたり，彼らをファストフードレストランへ食べに連れていったりする親たちがいることだ。別の理由は，子どもたちが食べ物や飲み物を買うとき，彼らはよく不健康な商品を選ぶ，ということだ。例えば，多くの子どもたちが牛乳のような，より健康的な飲み物よりも，コーラのような甘い飲み物を好む。

①この問題への答えは，子どもたちに調理の仕方を教えることだ，と考える人々もいる。子どもたちが調理することに興味を持つとき，彼らはより良い食べ物を食べたがり始める，と彼らは言う。彼らは彼らの親たちにより健康的な食事を求め，②より少ない飴や清涼飲料を買う。2006年に，ジュニア・リーグと呼ばれる団体が新しい計画を始めた。この計画では，ジュニア・リーグは，料理人たちが健康的なお菓子や食事を用意する方法を説明する集会に子どもたちを招待する。

子どもたちのための料理の本もより広く普及する。昔は，子どもたちの料理の本はとても簡単な食事しか紹介しなかったので，しばしば③退屈させるものだった。④しかしながら，これらの料理の本はずっと面白くなっている。それらには⑤作るのにより難しいたくさんの料理があり，それらには健康的な食物についての情報もある。子どもたちに，日本の巻き寿司や韓国・朝鮮のビビンバのような世界の他の地域の食べ物の作り方を教える人もいる。このように，健康的に食べることは彼らにとって良いだけでなく，面白くもある，と彼らは子どもたちに示す。

重要 問1 (a) reason for ～「～の理由」 (b) prefer ～ to …「…よりも～を好む」 (c) such as ～「～のような」 (d) in this way「このように」

問2 ② ア 「より多くの」(×) イ 「より少ない」(○) 「より健康的な食事を求め」る(空所②直前部)のだから，飴などはあまり買わなくなるのである。 ウ 「よりおいしい」(×) エ 「より高価な」(×)

③ ア 「興味を引き起こす」(×) イ 「興味を持っている」(×) ウ 「退屈させる」(○) 「とても簡単な食事しか紹介しなかった」(空所③直後部)のだから，その本は「退屈させる」ものだったのである。 エ 「退屈した」(×)

④ ア 「だから」(×) イ 「その上」(×) ウ 「例えば」(×) エ 「しかしながら」(○) 空所④の直前の1文には,「昔は，子どもたちの料理の本は」「退屈させるものだった」，とあり，空所④の直後には,「これらの料理の本はずっと面白くなっている」，と書いてあるから，逆接的

な意味を持つhoweverが用いられている，と考えるのが適切。

やや難 問3 ① (Some people think that) the answer to this problem is (to teach children how to cook.) to this problem「この問題への」は「答え」を修飾しているのでanswerの直後に置く。接続詞thatは「～ということ」という意味。thatでくくられた意味のかたまりは1組の主語―述語を含む。ここではthe answer to this problemが主語だから，動詞が必要となる。3人称単数の主語で現在時制だから，be動詞はisを用いる。isが不足。 ⑤ (They have many dishes) that are more difficult to make (, and ～.) more difficultはdifficult「難しい」の比較級。不定詞〈to ＋動詞の原形〉の文。ここでは第5文型の補語となる名詞的用法で用いられている。 thatは関係代名詞。関係代名詞に続く動詞は，すべて先行詞の人称や数に一致する。先行詞はmany dishes(3人称複数)で現在の時制なのでbe動詞はareを用いる。that are more difficult to makeが先行詞many dishesを修飾している。areが不足。

基本 問4 「特定の目的のために構成する人々のグループ」 organization「団体」(第2段落最後から2文目)である。

V (長文読解・論説文：語句補充，要旨把握)

(全訳) イスラエルの科学者たちは，彼らが生物学的な老化の過程を止めたり逆行させたりする試験をうまくしてしまった，と言う。その試験はテルアビブ大学とシャミール医療センターとの共同事業の一部だった。彼らの実験を推進している科学はとても簡単だ，と研究者たちは言った。彼らは細胞にそれらが老化するときに起こる①ことの速度を落としたり変化させたりするために酸素だけを使った。彼らは圧力チャンバーの中にある細胞に対して高圧酸素を使った。老化や病気に関係する2つの過程の速度が落ちた，と科学者たちは言った。科学者たちは65歳を越えた35人の大人に，半年間週5回1日90分間試験した。彼らの研究は11月18日に雑誌『エイジング』で出版された。

指導科学者は，彼らのチームの研究がどれくらい重要か，説明した。その研究は，老化の過程は細胞段階で逆行させられうると示す，とシャイ・エフラティ教授は言う。私たちはテロメアが短くなることを止めうるかもしれない，と彼は言う。テロメアは細胞の内部にある。それらが短くなればなるほどますます私たちは老化する。もしそれらが短くなっていくことを私たちが止めることができれば，細胞は老化しないだろう。エフラティ教授は言った。「今日，テロメアが短くなることは，老化の生物学の聖域と考えられています。世界中の科学者たちはテロメアを長くすることを可能にさせる②薬を開発しようとしています」彼は付け加えた。「その研究は希望を与え，たくさんの若い科学者たちが老化を元の状態に戻れる病気として扱うための扉を開くのです」

問1 ① 関係代名詞を選択する問題。空所①の前には先行詞に相当する名詞がない。先行詞なしで使うことができる関係代名詞はwhatであり，関係代名詞what = the thing(s) whichである。 ② ア 「試験」(×) イ 「薬」(○) 空所②の1文参照。「科学者たち」が「テロメアの長くすることを可能にさせる」ために「開発しようとしてい」るものである。 ウ 「仲間」(×) エ 「病気」(×)

問2 「科学者たちは老化を(1)防ごうとする試験をした。その試験は簡単なものだった。それはそれらが老化するときに細胞に起こる過程の速度を落とすために酸素を使った。老化と病気に関係する2つの過程の速度が落ちた。科学者たちは64歳を越えた35人の大人に週5回(4)6ヶ月間，試験(3)を行った。

教授はその研究の(5)重要性を説明した。私たちはテロメアが短くなることを止めうるかもしれない，と彼は言う。もし私たちがこれをすることができれば，細胞は老化しない。研究者たちは，それらが老化しないように，テロメアを長くしたい。その教授は言った。「その研究は若い科学者たちに老化を(8)治療できる病気にするための(7)機会を与えます」

Ⅵ (会話文:英作文)

1. (全訳) A:すみません。/B:はい。/A:もう9時なのですが,バスがまだ来ません。なぜだかあなたは知っていますか。/B:どのバスを待っているの。/A:これです。/B:ああ,今日は土曜日だから,それは来ないよ。/A:それでは,私はどれに乗ることができますか。/B:そうだね,最も早いのはこれだよ。/A:わかりました。私はそれに乗ります。ありがとう。
疑問詞 which は名詞を伴うことができるので which bus「どのバス」の順で並べる。〈which+名詞〉の後には一般的な疑問文の語順を続ける。ここでは「~している」の意味を表すので現在進行形を用いる。疑問文は〈be動詞+主語+動詞+-ing〉の形。wait for ~「~を待つ」

2. (全訳) A:アユミ,君は先週,名古屋へ行ったそうだね。/B:そうよ。私は私のおばに会うためにそこへ行ったの。/A:君はよく名古屋へ行くのかい。/B:うん。そこでそのとき大きなパレードがあるから,私は毎年7月に父と一緒にそこへ行くのよ。/A:それは楽しそうだね。ところで,アユミ,僕も先月,名古屋へ行ったんだ。/B:本当に。/A:僕の友達が僕に会いに僕の国から来て,僕は彼を観光のために名古屋へ連れて行ったんだ。僕たちはそこで楽しいときを過ごしたよ。/B:それは良いわね。
have a good ~「楽しい~を過ごす」

★ワンポイントアドバイス★

読解問題では計算が必要になることも多い。計算自体は決して難しくないので,冷静に解いていこう。何を問われているのか,設問を確実に読み取ることが重要である。

<国語解答>

1 問1 a 探索 b 類似 c 漸次 d 精査 e 産物 問2 A オ B ア C エ 問3 ヒトほど, 問4 エ 問5 自分が属す~が喚起する[喚起する。] 問6 ウ 問7 (例) ライバル会社の評価を落とすために,その会社が不正をしているという嘘の情報をSNSで拡散する。 問8 (例) 向社会的行動を行う対象が,内集団の者や他個体に意地悪なふるまいをしなかった者など,個別的・選択的になる。

2 問1 a エ b ア c ウ 問2 ウ 問3 イ 問4 オ
問5 1 (例) 士族である自分の孫が町人の子どもにけがをさせられたとなると恥ずかしいので,大きなけがでなくてよかったと思っているから。 2 (例) 士族の身分を受け継いでいるという意識が強いため,今回のようなことで大騒ぎするのはみっともないことだと思っているから。 問6 エ 問7 (例) 自分は祖母の言いつけをきちんと守ったのでほめられるべきなのに,理由もわからず力いっぱいなぐられたので,不満に思っている。
問8 福沢諭吉 問9 オ

3 問1 もろこし 問2 エ 問3 宝志和尚[聖] 問4 イ 問5 宝志和尚は普通の人ではいらっしゃらなかった 問6 しゅうい

○推定配点○

1 問1・問2 各2点×8 問7・問8 各6点×2 他 各4点×4
2 問1・問2・問8 各2点×5 問5・問7 各6点×3 他 各3点×4
3 問1・問6 各2点×2 他 各3点×4 計100点

＜国語解説＞

1 (論説文―漢字の読み書き，脱文・脱語補充，接続語，文脈把握，内容吟味，要旨)

問1　a 「探」を使った熟語はほかに「探検」「探査」など。訓読みは「さが(す)」「さぐ(る)」。 b 「類」を使った熟語はほかに「類型」「類推」など。訓読みは「たぐい」。 c 「漸次」は，しだいに，だんだん，という意味。「漸」を使った熟語はほかに「漸減」「漸進」など。訓読みは「ようや(く)」。 d 「精」を使った熟語はほかに「精神」「精密」など。音読みはほかに「ショウ」。熟語は「精進」など。訓読みは「くわ(しい)」。 e 「産」を使った熟語はほかに「産業」「産出」など。訓読みは「うぶ」「う(まれる)」「う(む)」。

問2　A 直前の「適応時に働くとは限らず」と，直後の「集団の分裂，軋轢，対立を生み出す動因ともなりうる」をつなぐ語としては，どちらかと言えば，という意味の「むしろ」が適切。 B 直前の「注視しない」を直後で「避けること」と言い換えているので，言い換えを表す「つまり」が入る。 C 直前に「生後早期に報告されている他個体の行為の善悪判断においては……選択，特定されることはない」とあるのに対し，直後には「その後，ヒトの善悪判断に関する心の働きは，……複雑なものとなっていく」としているので，逆接を表す「しかし」が入る。

問3　直後に「養育者は……」と具体例が示された後，「ヒトほど，……生物はいないのである」と，「ユニークさ」について端的に説明されている。

問4　「生後早期の乳児」について，前に「乳児は善悪の判断を持っているらしい」とあることから，「他個体の行為の善悪を判断し，善い行いをする個体を選好する性質をもっている」という考えを肯定する語が入ると考えられるが，「その解釈には慎重にならねばならないが」と前置きしているので，「可能性がある」とするエが適切。

問5　「こうした」が指示するのは，直前の「自分が属する内集団の……快感情が喚起する」なので，この部分が該当する。

問6　直後に「肌の色に基づく内集団バイアス」とあるので，ウが適切。

やや難 問7　直前に「情報科学技術の急激な発展は，SNS等のソーシャルメディアでつながる仮想世界を構築してきた。……自由に形成することができる」とある。悪意をもった情報が意図的にSNS上で拡散されること，それによって受ける被害を，会社や学校，個人の評判などを具体例として示して説明する。

やや難 問8　「ヒトの発達初期②」とは「生後三年目以降」を指す。ヒトの「生後三年目以降」の発達については「［C］……」で始まる段落に「生後三年目以降，向社会行動をする相手は個別的，選択的となる」とあり，「他個別に意地悪なふるまいをした者に対しては，……他個体を助けた者あるいは中立な立場をとった者ほど助けようとしない」と具体例が示されているので，これらを要約すればよい。

2 (小説―語句の意味，表現技法，情景・心情，文脈把握，内容吟味，大意)

問1　a 「もんどり」は，飛び上がって空中で一回転する，宙返り，という意味なのでエが適切。屋根のうえから勢いよく落下したときの様子である。 b 父親に殴られ，叱られたときの信夫の様子で，直前の「むすっと」にあてはまるものとしてアが適切。「唇をかむ」は，悔しさをがまんする表現である。 c 直後に「士族はえらいと当然のように思ってきた信夫である。……(ほんとうに人間はみな同じなのだろうか)」と信夫の思いが表現されている。今まで当然だと思っていたことが，実はそうではないのか，という驚きが表現されているのでウが適切。「胸をつく」は，はっとする，不意に強く心を動かすことを意味する。

問2　比喩であることを表す「ような」という語を用いているので「直喩」。黒い瞳を「黒豆」のようだとたとえている。比喩であることを表す語を用いずにたとえる表現技法は「隠喩(暗喩)」という。

問3　直前に「『お前がおれをつき落としたなんて，だれにもいうな！』」とある。前に「虎雄が信夫の胸を突いた。……重心を失ってよろけた」「(しまった!!)虎雄が思った時，もんどりうって信夫は地上に落ちていた」とあることから，虎雄が信夫をつき落としてしまったことがわかるが，それを「だれにもいうな」などと言われた意味がわからず，虎雄は「ポカンと」しているので，「理解できずにいる」とするイが適切。

問4　直前の「『ちがう！　ぼくひとりで落ちたんだ！』という信夫の言葉を聞いたときの反応である。自分の息子の虎雄が，「『坊ちゃま』」と呼ぶ信夫をつき落としてしまい顔を青くしたが，「『ちがう！　ぼくひとりで落ちたんだ！』」という信夫の言葉に救われたような気持ちになっているのである。「顔をくしゃくしゃにする」は，泣き顔の表現なのでオが適切。

やや難　問5　直前に「『そんなことより怪我はありませんか』」「トセは取り乱してはいなかった」とあり，さらに「『永野家は士族ですよ。町人の子とはちがいます』祖母のトセはいつも信夫に言っていた」とあることから，士族としての体面を気にして平静を装い，士族の子は町人の子につき落とされるようなことがあってはならない，という意識も読み取れるので，この二点を挙げればよい。

問6　直前の「町人の子なんかに……」という信夫の言葉を聞いて，「『もう一度今の言葉を言ってみなさい』」と言っている。虎雄をかばうために「ひとりで落ちた」と言っていると思い，「『そうか。お前が一人で落ちたのか』」と微笑していたが，「町人の子なんかに」という言葉を聞いて穏やかな微笑が消え，叱るような口調になっているので，「怒りがこみあげてきたから」とするエが適切。この後の「士族の子と町人の子とどこがちがうというのだ？」「どこもちがってはいない」という発言もふまえる。

やや難　問7　この場面での信夫の心情は「『永野家は士族ですよ。町人の子とちがいます』祖母のトセはいつも信夫に言っていた。だから……口が裂けても言えなかったのだ」「(ほめてくれてもいいのに！)」とある。祖母の教えを守っているのだからほめられてもいいのに，逆に叱られたことが納得できないのである。

問8　「人の上に人を造らず，人の下に人を造らず」は，著書『学問のすすめ』に記された「福沢諭吉」の言葉。

やや難　問9　直前に「『信夫はあやまることができないのか。自分の言ったことがどれほど悪いことかお前にはわからないのか！』」とある。信夫の「町人の子なんかに」という言葉に怒りをあらわにした貞行が，「六さん」と「虎雄」に対して深く頭を下げているので，より深い謝罪の気持ちが表現されているオが適切。アは「日常的に周囲の人々を虐げている」，イは「恥ずかしいから」，ウは「認めてくれるまでは」，エは「殺したり傷つけたり」という部分が適切でない。

3　(古文一漢字の読み，文脈把握，内容吟味，口語訳)

〈口語訳〉　昔，中国に宝志和尚という聖がいた。たいへん優れていらっしゃったので，帝は，「その聖の姿を肖像画にしよう」として，絵師を三人召して，「もし一人だけで描いたならば，書き違えることもある」と，三人で各々が写すように仰せ含められて，お遣わせなさったところ，三人の絵師は聖のもとへ参上して，このような宣旨をいただいて伺ったのだと申し上げると，「少し(お待ちください)」と言って，法衣の正装をして出ていらっしゃったので，三人の絵師は，各々描くべき絹布を広げて，三人で並んで筆を下ろそうとすると，聖は「少しの間(お待ちください)。私の本当の姿があります。それを見て書き写しなさい」とのことだったので，絵師たちは，すぐには描かずに聖の御顔を見ると，指の爪で額の皮を切って，皮を左右に引きのけると金色の菩薩の顔が出てきた。

一人の絵師は十一面観音と見る。(また)一人の絵師は聖観音と拝み申し上げる。それぞれが見たとおりに写し申し上げて持って参ると，帝は驚かれて，別の使いを遣わしてお尋ねになると，(聖は)さっと姿を消してしまわれた。その時から「普通の聖ではいらっしゃらない」と言い合ったのだそうだ。

問1 「唐」は，「もろこし」と読み，中国を意味する。「唐土」とも書く。

問2 直前に「『もし，一人しては，書き違ゆる事もあり』とて」と，帝の考えが示されているのでエが適切。三人で描けば，もしも誰かが写し間違えたとしても，他の二人は正しく描くはずだと考えたのである。

問3 直前に「三人の絵師聖のもとへ参りて，……申しければ」とある。絵師たちの言葉に返答しているので，話者は「聖」。「聖」は，冒頭の「宝志和尚」を指す。

問4 直前に「別の使を給ひて問はせ給ふに」とある。ここで，使いを遣わして探し尋ねたのは，絵師に描かせた「聖」。「かい消つ」は，かき消すの意。聖は，まるでかき消したようにいなくなってしまった，という意味なのでイが適切。

問5 主語は，「失せ給ひぬ」の主語となる「聖」で，「宝志和尚」。「ただ人」は，普通の人，という意味。「おはす」は，「いる」の尊敬表現で，「ざりけり」と打ち消しているので，「宝志和尚は普通の人ではいらっしゃらなかった」となる。

問6 「拾遺」は「しゅうい」と読み，もれ落ちたものを拾い補う，という意味。

★ワンポイントアドバイス★

現代文は，本文の言葉を用いて論旨や心情を要約する練習をしておこう！
古文は，注釈を参照して口語訳し，大意を把握する力をつけておこう！

2021年度

★★★★★★★★★★★★★★★★★★★★★★★★★★★

入　試　問　題

2021年度

開智高等学校入試問題（第１回）

【数　学】（50分）　＜満点：100点＞

【注意】⑴　電卓，定規，コンパス，分度器は使用してはいけない。

⑵　分数は既約分数に直し，無理数は分母を有理化し，根号内はできるだけ簡単に，比はもっとも簡単な整数値にして答えること。

⑶　【考え方】に記述がなく，答えのみの場合は得点にはなりません。

1　次の各問いに答えなさい。

⑴　$(-3abc)^2 \div \frac{6}{5}a^2b \times \left(\frac{2}{3}bc\right)^2$ を計算しなさい。

⑵　$4(x-2y)^2-(x+3y)(x-3y)$ を計算しなさい。

⑶　$3ab^2c+18ac-15abc$ を因数分解しなさい。

⑷　$\sqrt{220-3a}$ が自然数となる自然数 a の個数を求めなさい。

⑸　連立方程式 $\begin{cases} ax+by=11 \\ bx+ay=14 \end{cases}$ の解が $\begin{cases} x+2y=0 \\ 3x+y=5 \end{cases}$ の解と等しくなる a，b の値を求めなさい。

⑹　右の図のように中心Oの円周上に４点A，B，C，Dがあり，$\overset{\frown}{AB}:\overset{\frown}{BC}:\overset{\frown}{CD}:\overset{\frown}{DA}=1:2:3:4$ であるとき正しいものをすべて選びなさい。

①　辺ABと辺BCの長さの比は１：２

②　AC⊥BD

③　△BOC∽△ACD

④　CO⊥AD

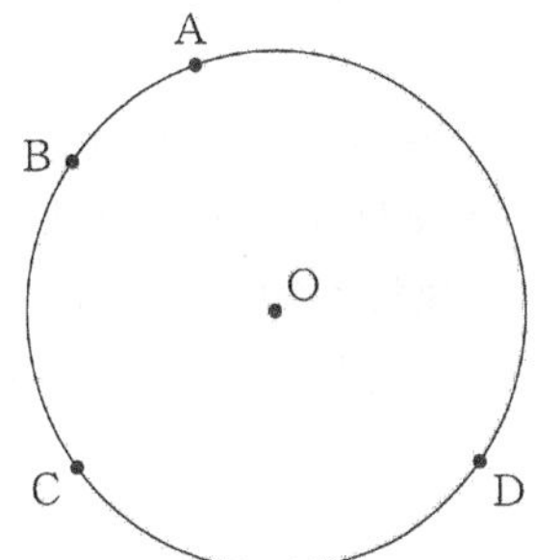

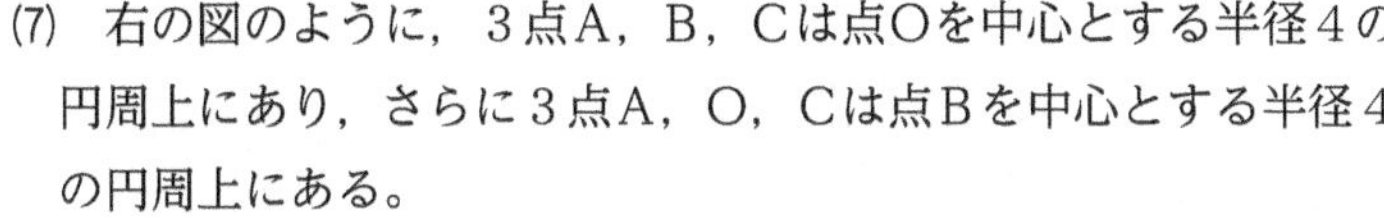

⑺　右の図のように，３点A，B，Cは点Oを中心とする半径４の円周上にあり，さらに３点A，O，Cは点Bを中心とする半径４の円周上にある。

図の斜線部分の面積を求めなさい。

ただし，円周率は π とする。

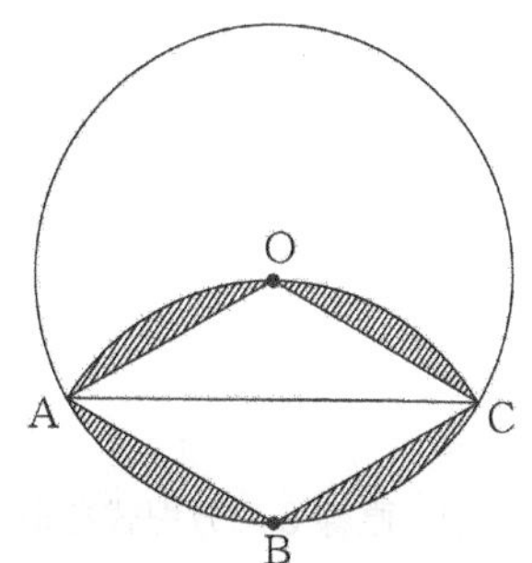

2 次の各問いに答えなさい。

(1) 0，1，2，3，4 の５つの数字から３つの数字を選んで並べて，３桁の整数をつくる。ただし同じ数字を２回以上選ばないものとする。
このとき，次の各問いに答えなさい。

(i) ３桁の整数は全部で何個できるか求めなさい。

(ii) 偶数は何個できるか求めなさい。

(iii) ４の倍数は何個できるか求めなさい。

(2) 右の図のようにA(０，５)があり，Aを通る直線をℓとし，ℓとx軸の交点をDとする。次に直線m：$y=2x$上に点Bがあり，ℓとmは点Bで直角に交わる。またCはBDの中点，EはODの中点とする。次の各問いに答えなさい。

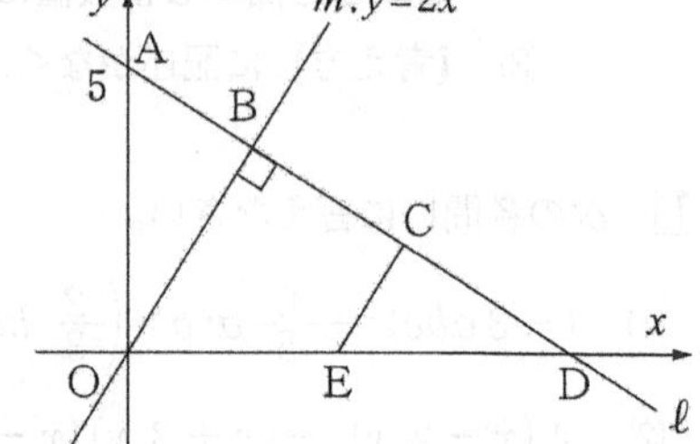

(i) 直線ℓの方程式を求めなさい。

(ii) 点Cの座標を求めなさい。

(iii) △OAB：四角形OBCE：△CDEの面積比を求めなさい。

3 A，A，A，B，B，Cの６つの文字から３つの文字を選んで１列に並べる。
このとき，次の各問いに答えなさい。

(1) Aを２つ選ぶ文字列は何通りか答えなさい。

(2) Aを１つ選ぶ文字列は何通りか答えなさい。

(3) 文字列は全部で何通りか答えなさい。

4 図のように，関数$y=x^2$……①のグラフと直線ℓ，直線mとが，それぞれ２点A，BとC，Dで交わっている。そして，直線ℓと直線m，直線BCとx軸はそれぞれ平行であり，A，Bのx座標はそれぞれ-1，２である。直線ADと直線BCの交点をEとする。
次の各問いに答えなさい。

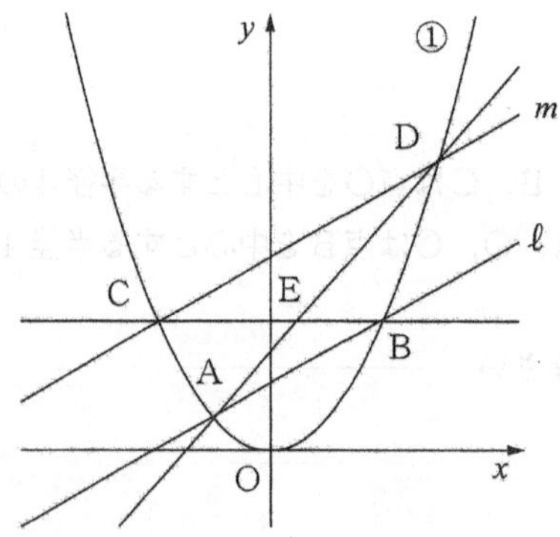

(1) 直線ℓの方程式を求めなさい。

(2) 点Cの座標を求めなさい。

(3) 点Dの座標を求めなさい。

(4) 線分AE：EDの比をもっとも簡単な整数比で表しなさい。

5 三角形ABCは円に内接し，∠Aの二等分線と円との交点のうち，点A以外の点をDとする。AB＝６，AC＝８，BC＝10である。

次の各問いに答えなさい。

⑴ ∠BCDの大きさを求めなさい。

⑵ BDの長さを求めなさい。

⑶ BEの長さを求めなさい。

⑷ ADの長さを求めなさい。

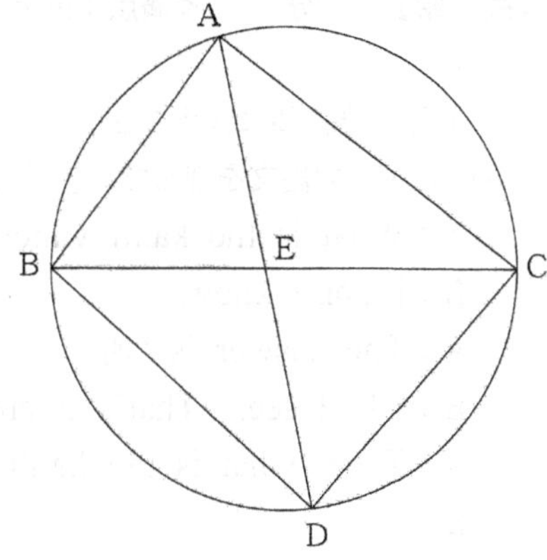

【英　語】（50分）　＜満点：100点＞

I　以下の各設問に答えなさい。

⑴　以下の対話文を読んで，［　］に入る漢字1字を答えなさい。

A：What is the kanji which has sun and moon?
B：I don't know.
A：The answer is "明".
B：Oh, I see. That's interesting.
A：Then, what is the kanji which has one, eight, ten and eye?
B："[　　　]"!
A：You're right!

⑵　以下の英文を読んで，質問に数字で答えなさい。

Akira left home for school at seven forty. He walked at the speed of 70 meters per minute. Four minutes later, he realized that he did not have his lunch. He had to go back to get his lunch. He ran back home at the speed of 150 meters per minute. As soon as he got his lunch, he ran all the way to school at the same speed. It was 770 meters from his house to the school. Finally he got to school in time. What time did he get to school?

⑶　以下の説明に当てはまる歌集名を，日本語で答えなさい。

This is a collection of old Japanese poems of the Nara Period. One of the most famous poets is Kakinomoto no Hitomaro. Also, some of the poems were written by soldiers who were sent to Kyushu for the defense of the country.

⑷　以下の［　］に当てはまる言葉を，日本語で答えなさい。

Light usually goes straight, but when it goes into water, it changes its course. This is called "refraction of light" or "光の[　　　]" in Japanese. When you put a pencil in a glass of water, it doesn't look straight, or it looks shorter than it really is.

⑸　以下の問いに，英単語1語で答えなさい。

July 4 is Sunday in 2021. What day of the week is September 18 in 2021?

II　以下の各設問に答えなさい。

A　それぞれの対話を読み，Qの答えとして最も適切なものを，ア～エのうちから1つずつ選びなさい。

⑴　A：Mom, I have to take the 8:00 train tomorrow morning.
B：Shall I wake you up one hour before?
A：Well, I want to take the dog for a walk before I leave. So could you wake me up 30 minutes earlier, please?
B：OK, I will.
Q. What time is the boy probably going to get up?
ア　6:00　　イ　6:30　　ウ　7:00　　エ　7:30

(2) A：May I help you, madam?
B：How much is this meat?
A：It's $14 per kilogram. It's $2 cheaper than usual.
B：Oh, great! Then, I'll take one kilogram.
Q. How much will Ms. B pay for the meat?
ア $2　イ $12　ウ $14　エ $16

(3) A：When shall we meet at the bus station tomorrow?
B：The bus to the beach departs at 9:30. Let's get together 20 minutes earlier because we'll need to buy lunch.
A：I agree.
Q. What time are they going to get together tomorrow?
ア 9:00　イ 9:10　ウ 9:20　エ 9:30

(4) A：What's wrong, George? Are you looking for something?
B：I thought I put my wallet on the desk, but I can't find it. Didn't you see it anywhere?
A：Did you check the basket you usually put your wallet in when you come home? Or, how about the jacket you wore yesterday?
B：I looked in the basket, but .... Yes! I didn't take it out when I came home last night!
Q. Where will George probably find his wallet?
ア On the desk.　イ On the bookshelf.
ウ In the basket.　エ In the jacket.

(5) A：I can't access the music site you recommended yesterday.
B：Did you type the site name correctly? The name is Geala, g-e-a-l-a.
A：Oh, I thought it was Jeala, j-e-a-l-a. I'll try again, thank you.
B：No problem.
Q. What is the correct address of the music site?
ア http://geala_music.co.jp　イ http://geara_music.co.jp
ウ http://jeala_music.co.jp　エ http://jeara_music.co.jp

(6) A：I appreciate your help, Jack. In the summer, this garden needs a lot of work.
B：I'm glad to help. I don't get many chances to work outside.
A：I have to go into the house for a second. Can I bring you an ice cream bar?
B：No, thanks.
A：Then, would you like a cold drink instead?
Q. Where are the people talking?
ア At a gardening company.　イ In front of a vending machine.
ウ In the house.　エ Outside the house.

(7) A：Excuse me. I think one of my tires is leaking air.
B：Pull over there and let me have a look.
A：I brought the car in for new tires only a week ago. I don't understand how this could have happened.
B：Here's the problem. You drove over a nail. We're going to have to fix this tire.
A：Oh, no.
Q. Where does this conversation take place?
ア At a shopping mall.　イ At a supermarket.
ウ At a machine's garage.　エ In a hospital.

(8) A：Excuse me, could you help me with this computer? It keeps freezing.
B：Hmm, it seems something is wrong with it.
A：What should I do? I must finish writing this report in two hours.
B：Then you can use mine instead.
A：Thanks a lot.
Q. What will Ms. A do?
ア Ask Mr. B to repair her computer.
イ Use Mr. B's computer.
ウ Give up writing the report.
エ Buy a new computer.

(9) A：How do you come to school, Jane?
B：I usually come to school by bike. It takes about fifteen minutes.
A：How about this morning? It was raining heavily. I usually come to school by bike, but I walked to school today.
B：I took a bus from the station. I didn't want to get wet.
Q. How did Ms. B come to school today?
ア By bike.　イ By train.　ウ By bus.　エ On foot.

(10) A：Hi, George. What are you doing now?
B：Oh, is that you, Kenta? I'm working on the paper due next Monday. I have just checked out some websites.
A：Did you find anything useful for your paper?
B：To tell the truth, the Internet access here in my room is too slow. I'll try again tonight.
Q. What is George most likely to do from now?
ア Take a break.
イ Finish his paper.
ウ Check out websites.
エ Go to buy a new computer.

B　それぞれの対話を読み，最後の発言に対する応答として最も適切なものをア～エのうちから１つずつ選びなさい。

(11) A：How much is it to send this package to Mexico by airmail?
B：The postage depends on the weight.
A：Ah ..., I don't know the exact weight.
B：(　　　)
ア　It's light enough to send.
イ　Don't you know the exact postage?
ウ　You need a five-dollar stamp on it.
エ　Let me weigh the package.

(12) A：What seems to be the problem?
B：I think I'm catching a cold.
A：Does it hurt anywhere?
B：Oh, yes.　I have a slight headache.
A：(　　　)
ア　I don't think it's a headache.　　イ　Oh, I'm glad to hear that.
ウ　Why does it hurt so much?　　エ　Let me take your temperature.

(13) A：We have been working for a long time, haven't you?
B：I think so.　Let's see.　It's been an hour and a half since we started.
A：Why don't you take a break?
B：(　　　)
ア　Because I'm so tired.
イ　I don't know why I do that.
ウ　This is the reason why I don't want to work.
エ　That's a good idea.

(14) A：I can't get my PC screen to change.
B：Did you press both buttons at the same time?
A：No, the buttons are at either end of the keyboard.
B：(　　　)
ア　Oh, do it with both of your hands.
イ　I know it's difficult to find them.
ウ　OK.　Try each button one by one.
エ　Will you try other machines?

(15) A：Do you know where the key for my car is?　I can't find it.
B：I borrowed your car yesterday, and ...
A：Please remember where you put it!
B：(　　　)
ア　I won't forget.　　イ　I didn't mean to forget about it.
ウ　I'll try to as soon as I can.　　エ　I hope you can.

Ⅲ 以下の対話を読み，Ｑ１～Ｑ５の答えとして適切なものをそれぞれア～エの中から選びなさい。

Ken : Hi, Jane. Have you decided where to go during the summer vacation?

Jane : Yeah, I'll travel around several Asian countries for five days.

K : For five days! Sounds interesting. What are you going to do?

J : After leaving Japan, I'll stop off and stay in Shanghai, China for two nights. I'm going to see a world-famous circus on the second night there.

K : Oh, that's good. And what's next?

J : I'll go to Hong Kong the next morning and enjoy the night view there. I'm going to stay there for one night. Early the next morning, I'll visit Singapore and enjoy shopping after lunch, and then move on to Thailand the same day. I'm looking forward to the ethnic foods for dinner.

K : Won't you visit a beach in Thailand?

J : I'd like to. But I won't have enough time on the last day.

K : That's unfortunate. Anyway, have a nice trip. See you.

J : See you, Ken.

Q１. Where is Jane going to stay after leaving Japan?

ア Beijing　イ Shanghai　ウ Hong Kong　エ Singapore

Q２. What is Jane going to do in Hong Kong?

ア She is going to see a circus.

イ She is going to stay for two nights.

ウ She is going to enjoy shopping.

エ She is going to enjoy the night view.

Q３. What is Jane going to visit Singapore for?

ア For sightseeing.　イ To visit the beach.

ウ For shopping.　エ To enjoy the view.

Q４. Why can't Jane visit a beach in Thailand?

ア Because she is going to visit Singapore.

イ Because she would like to go shopping.

ウ Because she will have little time.

エ Because she can't swim.

Q５. How many days is Jane going to stay in Shanghai?

ア For two days.　イ For four days.

ウ For five days.　エ She isn't going to stay there.

Ⅳ 次の英文を読んで，後の各設問に答えなさい。

The United States has (a) least one holiday in every month except August. On the third Monday of February, Americans celebrate the birthday of two former presidents. They are George Washington and Abraham Lincoln. You may have heard of them. They were both famous U.S. presidents and they both have birthdays in February. Even though they are（ ① ）days, we celebrate both of them on the same day.

George Washington was born on February 22, 1732. He became the first president of the United States in 1789. He is sometimes called "*The Father of Our Country.*" He was ②[the / fought / one / president / people / who / of] in the Revolutionary War, which started in 1775, and later helped write the United States *Constitution. There is a famous story about George Washington when he was a young boy. It says that he cut down his father's cherry tree（ b ）an ax. When his father asked, "Who did this?" young George answered, "I cannot tell a lie. I did it." Many children have heard this story and are encouraged to always tell the（ ③ ）.

Abraham Lincoln was born on February 12, 1809. He became president in 1860. His presidency was difficult. The states in the north and the south were divided because（ c ）slavery. White people in the south owned black people. The north did not like it. A civil war began between the two sides. In the end, the northern states won and President Lincoln helped to free the slaves. He gave a very famous speech ④[right / everybody / how / about / the / was / had] to be free. After the civil war, Abraham Lincoln went to see a play. While he was there, he was shot dead.

Both George Washington and Abraham Lincoln were very famous presidents in the United States. Today you can see their faces on American money. George Washington is on the one dollar bill and Abraham Lincoln is on the five dollar bill. Many schools and some cities are named（ d ）each president. For example, the State of Washington and Washington D.C. were both named（ d ）President Washington.

注：*constitution　憲法

問１　空所（a）～（d）に入る最も適切な語を，次のア～キから１つずつ選び，記号で答えなさい。

ア by　イ with　ウ from　エ after　オ of　カ at　キ through

問２　空所（①）に入る最も適切な語を，１語で答えなさい。

問３　下線部②，④の［ ］内の語句を正しく並べかえなさい。ただし，それぞれ不要な語が１つずつある。

問４　空所（③）に入る最も適切な語を，ア～エから１つ選び，記号で答えなさい。

ア truth　イ story　ウ lie　エ answer

問５　以下の説明に当てはまる語を本文中から１語で書き抜きなさい。

"a formal talk that a person gives to an audience"

問６　本文の内容に一致するものを，次のア～エから１つ選び，記号で答えなさい。

ア George Washington became president after fighting in the civil war.

イ Abraham Lincoln was on the northern states in the civil war.

ウ Abraham Lincoln and George Washington were killed by someone.

エ You can see Abraham Lincoln's face on a U.S. one dollar bill.

Ⅴ 次の英文を読んで，後の設問に答えなさい。

There are many advantages of wind *turbines and wind farms. They are important in providing green energy. However, there are also some disadvantages. One of ① these is that the giant *blades on turbines kill thousands of birds. Many birds accidentally fly into the blades and die. Researchers have found a solution. They say painting one blade black could help birds see the rotating blades. This could cut bird strikes dramatically. Researcher Dr Roel May said: "The collision of birds ... is one of the main environmental concerns related to wind energy development." The findings of the research have been published in the *conservation journal "Ecology and Evolution".

Dr May and his team conducted research on how to reduce the death rate of birds due to wind-turbine blades. They painted one blade of four different turbines black. The data showed that over four years, the turbines with one black blade saw a reduction in bird deaths of over 71 per cent. Dr May said: "Few effective measures have been developed to reduce the risk of collision." The RSPB, a bird protection group, welcomed the idea. It stressed the importance of wind farms needing to "take place in harmony with nature". It added: "Wind turbines are the right technology when we find the right places for them." It said wind farms should be put in places where there is (②) risk to wildlife.

注：*turbine タービン（回転式の原動機） *blade （プロペラの）羽根，刃 *conservation 環境保護

問１ 下線部①が表すものとして正しいものを，次のア～エから１つ選び，記号で答えなさい。

ア the advantages イ the disadvantages
ウ the wind turbines エ the wind farms

問２ 空所（②）に入る最も適切な語を，次のア～エから１つ選び，記号で答えなさい。

ア few イ a few ウ little エ a little

問３ 以下は本文をまとめたものです。（１）～（８）に適する語を，ア～チの中から選び，記号で答えなさい。同じ記号は２回以上使用してはいけません。

Wind farms provide eco-friendly energy. However, thousands of birds are (1) due to wind-turbine blades. Researchers have tried to find out how to make wind turbines (2) for birds. They say that when one blade is (3) black, birds can see the blades. This (4) bird deaths (5) 71%. A bird protection group is (6) with the idea. It says wind farms are (7) to be in harmony with nature and that they should not (8) wildlife.

ア kind イ satisfied ウ painting エ reduced オ need
カ risky キ necessary ク killing ケ to コ damage
サ painted シ die ス by セ safe ソ welcomed
タ killed チ reduction

Ⅵ （　）内の日本語を［　］の語を用いて英語に直しなさい。その際，［　］内の語も含み英語６語になるようにしなさい。（don't などの短縮形は１語と数える。）

A：Say, "Cheese!"　Good!　No V sign, please.　I hate it.

B：Why not?　Everybody does it, Dad.

A：I want a natural shot.　No,（そんな風に両手を広げないで［like]）.

B：Yeah, yeah ... but hurry up, Dad.　It's going to close here soon.

Ⅶ 以下の会話文で，空欄に［　］の語を用いて適切と思われる４語の英語を入れなさい。その際，［　］内の単語も語数に含める。（don't などの短縮形は１語と数える。）

A：I'm thinking of buying a camera.

B：I'm not using my old one.

A：Really?　How much do you want for it?

B：＿＿[worry]＿＿ me.　You can have it.

一つ選び、記号で答えなさい。

②「子猿を負ひたるを助けむとて」

ア　子猿を背負った猿を助けようとして

イ　子猿を背負っていたのを助けまいとして

ウ　背負っていた子猿を助けようとして

エ　子猿を怪我させたのを助けまいとして

オ　負傷している子猿を助けると思って

③「母につきて離れじとしけり」

ア　母親にくっついて離れられなくなった

イ　母親にしがみついて離れまいとした

ウ　母親にしがみついたが離れそうになった

エ　母親にくっついて一緒に戦おうとした

オ　母親に関しては離れるのが難しかった

問６　傍線部④「それより長く、猿を射ることをばとどめてけり」の内容を説明したものとして最も適切なものを次の中から一つ選び、記号で答えなさい。

ア　太郎入道は、猿を射ることに魅力を感じなくなったので、しばらく猿を射ていなかった。

イ　太郎入道は、猿の親子が地面に落ちて動けなくなったので、再び動くまで射るのを待った。

ウ　太郎入道は、猿の親子を射た一件によって、しばらくの間は猿を射ることを禁止された。

エ　太郎入道は、猿の親子を仕留められなかったことを反省し、以後は猿を射ることをやめた。

オ　太郎入道は、猿の親子をあわれに思い、それ以降はずっと猿を射ることをやめてしまった。

問７　『古今著聞集』は平安時代に成立した説話集である。同じく平安時代に成立した、わが国最大の説話集の名前を漢字で書きなさい。

字を答えなさい。

　筆者はこの町のアボリジニたちは［1］と思っていたが、筆者に良くしてくれていた亡くなった町のアボリジニの男性が［2］ことを知ったから。

問6　**二重傍線部「個人の感情」、「伝統意識」とあるが、文中の亡くなったアボリジニの男性の場合、具体的にどういうものを指すか。それぞれ答えなさい。**

問7　**傍線部⑤『理屈で考えてたら、カミは決してわからないよ』と囁く声が聞こえている」とあるが、筆者は「カミ」をどのようなものと考えているか。適切でないものを次の中から一つ選び、記号で答えなさい。**

ア　視認できなくとも、人々に信じられていたもの。
イ　信仰する人々に対して、大きな制約をかけるもの。
ウ　カミへの信仰を通して、人々の世界観が見えてくるもの。
エ　信仰する人々や社会にとって、拠り所となるもの。
オ　絶対的な存在であり、他のカミを拒絶するもの。

［3］　次の文章を読んで、後の問いに答えなさい。

　注1豊前（ぶぜん）の国の住人太郎入道といふものありけり。男なりけるとき（出家する前）、常に猿を射けり。ある日山を過ぐるに、大猿ありければ、木に追ひ登せて（木の上に追って登らせて）射たりけるほどに（射たときに）、A**あやまたず**、かせぎにて射てけり（木のまたのところで射たそうだ。）。すでに木より落ちむとしけるが、なにとやらん（なんとなく）、物を木のまたにB**置く**やうにするをC**見れ**ば、子猿なりけり。①**おの**が傷を負ひて土に落ちむとすれば（地面に落ちようとするので）、②**子猿を負ひたるを助けむとて**、木のまたにD**すゑむ**としけるなり（木のまたに置こうとしたのだった。）。子猿はまた、③**母につきて離れじとしけり**。かくたびたびすれども（このように何度もしたが）、なほ（やはり）子猿つきければ（子猿がついているので）、E**もろともに**地に落ちにけり。④**それより長く、猿を射ることをばとどめてけり**。

（『古今著聞集（ここんちょもんじゅう）』）

注1　「豊前の国」……現在の福岡県と大分県にまたがっていた旧国名

問1　**波線部A「あやまたず」、E「もろともに」の文中での意味として最も適切なものを次の中からそれぞれ一つ選び、記号で答えなさい。**

A「あやまたず」
ア　殺すことなく　　イ　謝罪することもせず
ウ　だれも待たず　　エ　ねらいにたがわず
オ　申し訳ないと思わず

E「もろともに」
ア　いっしょに　　イ　直接　　ウ　完全に　　エ　かわいそうに
オ　ようやく

問2　**波線部B「置く」、C「見れ」の主語をそれぞれ文中の語で答えなさい。**

問3　**波線部D「すゑむ」を現代仮名遣いに直しなさい。**

問4　**傍線部①「おの」は何を指しているか。文中の語で答えなさい。**

問5　**傍線部②「子猿を負ひたるを助けむとて」、③「母につきて離れじとしけり」の現代語訳として最も適切なものを次の中からそれぞれ**

らしている人びとという、ふたつの異なる認識がぶつかりあったとき、きっとものすごい混乱と苦しみが生じたにちがいない……そう思ったのである。

カミを描くことは、世界観を描くこと。そのとき、その人びとがどんな目で、どんな思いで世界を見ているかを描くことだと思う。

私たちは、歴史に立ちあらわれた数々のカミと現在の世界中の人びとのカミを情報として知ることができる。そのために、その広大な視野に人びとはとまどい、カミを相対化しすぎた結果、科学という新たな世界観を拠(よ)り所とするようになった。しかし、この科学さえ相対化できることに気づきはじめた今、人びとは今度は何を拠り所にして世界を見るようになるのだろうか。……そんな理屈を考えながら、実は心の底で、⑤「理屈で考えてたら、カミは決してわからないよ」と囁(ささや)く声が聞こえている。

（『カミを見る目が変わるとき』上橋　菜穂子　一部改変）

注１「文化人類学」…諸民族の文化・社会を比較研究する学問。
注２「アボリジニ」…オーストラリアの先住民。白人の入植後、人口が激減した。
注３「アル中」………アルコール中毒を略した言葉。
注４「パブ」…………洋風の居酒屋。
注５「土地権運動」…先住民が国家に対して自らが居住、生活してきた土地に対する利用権や所有権を請求する運動。
注６「常人」…………普通一般の人。
注７「隼人」…………古代、九州南部に住んでいた人々で、大和政権に反抗していた。独自の文化・習慣を持っていたとされる。

問１　波線部ａ～ｃの語句の意味として最も適切なものを次の中からそれぞれ一つ選び、記号で答えなさい。

ａ「侮り欺いた」
ア　みくびりさげすんだ　**イ**　見下しだました
ウ　だましだまされた　**エ**　裏切り罠にかけた
オ　そそのかして罠にかけた

ｂ「冷水をあびせて」
ア　冷静さをとりもどして　**イ**　おちついて判断させて
ウ　一息つかせて　**エ**　意気込みをくじいて
オ　やる気を奮い起こして

ｃ「はにかみながら」
ア　ほほえみながら　**イ**　あせりながら
ウ　はじらいながら　**エ**　何事もないようにしながら
オ　困りはてながら

問２　傍線部①「そういう結末を書けなくなってしまった」とあるが、なぜ「書けなくなっ」たのか。分かりやすく説明しなさい。

問３　傍線部②「彼らの『今』」とあるが、アボリジニの「今」についての説明として最も適切な一文を文中から探し出し、その最初の五字を答えなさい。

問４　傍線部③「例の伝統的な『法』」とあるが、『法』とはどういうものか。文中に二十五字程度で説明している箇所がある。その最後の五字を答えなさい。

問５　傍線部④「激しい衝撃を感じずにはいられなかった」とあるが、なぜか。その理由を次のようにまとめた。空欄部１、２を埋めなさい。ただし、空欄部２は文中から二十一字で抜き出し、その最初の五

その彼女らの親族のひとりに、純血の真っ黒い肌のおじさんがいた。彼はこわそうな外見とは裏腹に、とても内気な気のいい人で、二歳の姪(めい)っ子のお守りをしがてら、しょっちゅう学校に遊びにきていた。私にも優しくて、数か月町を離れることになったときには、またもどっておいでと、町に一軒しかない小さなホテルで、パブ[注4]にいる仲間にからかわれながらディナーを奢(おご)ってくれたりもした。……その彼が、ふいの心臓発作で亡くなったことを知ったのは、別の町での数か月の滞在から帰ってきたときだった。そして、その死が、この町に住むアボリジニたちの心の中に残る、『法』のかけらを浮かびあがらせたのである。

アボリジニは、伝統的な意識の中では、土地と非常に強く結びついている。この土地は、売り買いできるような表面的な土地ではなく、人の魂が属しているとされる世界そのものをさす。民族運動として重要な土地権運動(ランド・ライツ・ムーブメント)[注5]については知っていたが、そういう意識は伝統文化がリアリティを保っているところか、政治意識が強いところで表出してくるもので、この町のアボリジニたちには、実際はあまり関わりのない意識だろうと思っていた。しかし、彼の死が浮かびあがらせたものは、その伝統的な土地への帰属意識の問題だったのである。

彼は生前、死んだら故郷ではなく、三十年以上も暮らし、仲のよい友人も埋葬されているこの町の墓地に埋めてほしいと言っていた。この町のアボリジニたちは、その願いをかなえてやりたがっていた。しかし、彼の故郷の親族たちは、彼は彼の属する土地に埋葬されねばならないと主張して譲らなかったのである。苦しんだのは、この町のアボリジニだった。……議論の末、彼の遺体は二〇〇キロも離れた故郷へと運ばれていった。彼は自分の望むところで眠ることを許されなかったのである。

こういう伝統法の厳しさについては、知識としてはよく知っていた。個人の人権の尊重という思想とはあいいれない『法』の厳しさが、自然環境を守ってきたのだと私は考えていた。……けれど、ホテルで、c**はにかみながら**食事をしていた彼の顔を思い、その死を思うと、ふいにドンッと壁に突きあたったような④**激しい衝撃を感じずにはいられなかった。**

同時に個人の感情や人権を大切にする白人社会で日常を暮らしながら、ときに、伝統意識とぶつかりあわねばならないこの町のアボリジニたちの不安定さ、苦しさに愕然(がくぜん)とした。かつて、まわりの人全員が同じ『法』の中で生活し、同じ制約や常識を持っていたときには、さほど感じなかったことが、今ふたつの世界の狭間にいる彼らには、ひどく苦しいことになってしまっているのではないか……。

『月の森に、カミよ眠れ』を書いていたときに、私の頭にあったのはそのことだった。古代、集落の社会と、朝廷が支配するもうひとつの社会との狭間で生きなければならなくなった人びとにとって、かつて自分たちを律していたカミガミの制約が、ふいにとてもつらいものに感じられるようになりはしなかったか……。

特に、カミは常人(じょうじん)[注6]の目には見えない。声も聞こえない。大蛇などの異様なモノの中に、それを感じることはあったとしても、基本的には、全員がそれがカミであるとたしかに認識できるものではない。にもかかわらず、自分が思っているカミを、他の人もそう思っているだろうと皆が思い込んでいる不思議な存在である。それだけに、当時の隼人[注7]の社会のように、都を見、異なる世界の常識を知った男たちと、かつてのまま暮

こうと思っていた。カミをａ侮り欺いた結果、自然災害としての罰が降りかかる話を思いえがいていたのだ。

ところが、ある経験を境に、①そういう結末を書けなくなってしまった。そして、気がつくと物語は、リアリティを失い力を失って見えなくなっていくカミと、カミと人との狭間で悩む人びとの話になってしまっていたのだ。……なぜ、そんなふうに変わってしまったのか。ちょっとまわりくどくなってしまうかもしれないけれど、そんな話をしてみたいと思う。

私は、文化人類学[注1]を学んでいて、現在はオーストラリアで、先住民アボリジニ[注2]に②彼らの『今』について教えていただくことを研究のテーマにしている。そういうことに興味をもったのは、彼らの『法』についての本を読んで強く心をひかれたからだった。

イギリス人が植民を開始する前、彼らは、『法』と呼ばれる、森羅万象（精霊もふくめた）すべてに関わる壮大な秩序に従って生活していたという。それは現代の法律のように人間社会の秩序を守るためだけのものではなく、宇宙の現象すべてに関わるものだった。

彼らの儀礼は、人のために獲物や作物をふやしてくれとカミに願う豊饒の儀式ではなく、極端にいえば、森羅万象が在るとおりにきちんとまわってさえいれば、この世は変わらないのだという意識からおこなわれたものだったらしい。だから、ハエやカが正しい時期にふえるようにおこなう儀礼さえあったという。

そういう話を読んだとき、私はしごく単純に感激してしまった。これこそが、四万年以上ほとんど自然環境を損なうことなく、狩猟採集で生きてきた彼らの生活規範だったのだ。こういう法を全人類が選択していれば、破滅に向かって、うなりをあげて突きすすんでいる、なんてことはなかっただろうになぁ、と思ったわけである。……そういう単純な感激に、ある経験が、ざばっとｂ冷水をあびせてくれた。

アボリジニというと、テレビでも、ブーメランを投げ、沙漠で虫などを食べているイメージがある。テレビでも「今でもこんなもの食べてる！」式の番組で登場するので、そういう印象のみがクローズアップされているが、実際は、伝統的な生活や言語をある程度でも守って生きている人びとは少数派で、多くのアボリジニたちは植民後約二百年の歴史の中で白人と混血し、言語や慣習をほとんど失い、都市や田舎の町などで暮らしている。

私は、大都市や田舎町、沙漠の中のコミュニティとさまざまなところにおじゃましたが、都市のアボリジニの小学生から、学校で習ったからアボリジニの言葉を教えてあげると言われたことがある。この子たちにとって母語は英語であり、祖先が話していた言葉はもはや、学校で紹介される程度のものでしかなくなってしまっているのだ。

私が最初に滞在した町は、人口わずか四〇〇人たらずの小さな田舎町だった。その町の小学校では、混血のアボリジニ生徒の母親たちが、先生のアシスタントとして働いており、気さくな彼女たちが、私にとってはアボリジニについて教えてくださる大切な先生だった。

彼女らは十数単語しか伝統言語を知らず、キリスト教徒だったが、おおぜいの親族と強い絆で結ばれているなど、やはり白人社会とはやや異なった人間関係を持っていた。それでも、もう精霊などは信じていないと笑い、新聞を片手にアル中[注3]の夫の愚痴をこぼしあう彼女らは、私には、もはや③例の伝統的な『法』とはほとんど関わりのない人びとに見えていた。

問４　傍線部②「民主化の進行への反作用」とあるが、それは具体的にどのようなことか。五〇字以内で説明しなさい。

問５　傍線部④「後から来た人々」とあるが、この「人々」の説明として最も適切なものを次の中から一つ選び、記号で答えなさい。

ア　白人優位の社会の中で、均質性を保持するための重要な役割を果たしてきた。

イ　積極的に政治参加した結果、社会に対し絶対的な影響力を持つようになった。

ウ　女性や移民などの少数派が自分たちの権利を主張し、平等や権利を獲得した。

エ　先に権利を持っていた人々の反発を受けたが、多数派の権利を縮小してきた。

オ　秩序や安定を嫌い、確信犯的に差別発言をするような政治家を追放してきた。

問６　傍線部⑤「支持を集める要因」とあるが、筆者が考えるトランプ大統領誕生への一連の「要因」として適切なものを次の中からすべて選び、記号で答えなさい。

ア　あらゆる権利を奪われたため、被害者意識をもつ人々が増加したこと。

イ　移民労働者などにも権利を認めようという考え方に反発が生じたこと。

ウ　白人男性が優位に立つ時代の方が良かったという考えが広まったこと。

エ　差別的な発言を繰り返したことが、話題を集める好材料になったこと。

オ　一層の民主化が強まる流れの中で民主政治を新しくしようとしたこと。

問７　傍線部⑥「情報革命は民主主義を促進するという楽観論があった」とあるが、この「楽観論」とは逆に起こったことを三〇字以内で具体的に書きなさい。

問８　この文章の内容に最も合うものを次の中から一つ選び、記号で答えなさい。

ア　白人男性が中心であるという政治的正しさは民衆から飽きられ、反発を受け、不安定な社会ができあがった。

イ　新聞やテレビなどの伝統的なメディアでは情報をすべて公開することができず、政治に対する不満が募った。

ウ　豊かな生活が継続していれば、多数派の市民が利益を得られるので政治への不満もなく、社会は安定する。

エ　旧来のマスメディアでは優秀な人材のみが発言し、人権侵害や虚偽情報は抑制されていたので平和だった。

オ　一層の民主化が追求された結果、民主主義は固定的なものでなくなり、社会は多様化することになった。

２　次の文章は、文化人類学者で小説家の上橋菜穂子が一九九二年に書いたエッセイ『カミを見る目が変わるとき』の全文である。文章を読んで、後の問いに答えなさい。

数年前、『月の森に、カミよ眠れ』（偕成社・一九九一年）という物語の最初の構想が浮かんだとき、私は『ばちを当てる畏ろしいカミ』を描

るはるか前からネット上にはあふれていた。情報伝達や言論空間についてネットの普及がもたらす弊害（へいがい）においては、民主化の両義性と似た構図がある。

旧来のマスメディアにおいては、そこで発言する機会を得たのはごく少数の、言論の世界のエリートであった。［D］、新聞における校閲（こうえつ）、テレビにおける考査というチェックや検証の仕組みがあり、人権侵害や虚偽のeルフを避けるための抑制の仕組みは幾重にも存在した。保守、革新という立場の違いはあっても、マスメディアでの発言については、一定の品質管理が加えられた。

これに対して、ネットはきわめて平等で、ある意味で民主主義的な言論空間を提供する。知名度は、ネットにおける影響力にとって必ずしも必要ではない。しかし、ネット上の言論については、校閲や考査は存在しない。感情がそのまま不特定多数の目に触れる場に陳列される。

（山口二郎『民主主義は終わるのか――瀬戸際に立つ日本』一部改変）

注1　「丸山眞男」………（一九一四～一九九六）思想家・政治学者。
注2　「テーゼ」………命題。あるまとまった考え方。
注3　「ノスタルジー」…過ぎ去った時代を懐かしむこと。

問1　波線部a～eのカタカナをそれぞれ漢字に直しなさい。なお、文字は楷書で一画ずつ丁寧に書くこと。

問2　空欄部A～Dに当てはまる語として、最も適切なものを次の中からそれぞれ選び、記号で答えなさい（ただし記号は重複しない）。

ア　こうして　**イ**　しかし　**ウ**　だから
エ　たとえば　**オ**　ところで　**カ**　また

問3　傍線部①「逆説的な事情」、③「逆説的な話」とあるが、その説明として最も適切なものをそれぞれ次の中から選び、記号で答えなさい。

①「逆説的な事情」

ア　より多くの人が民主主義に参加することによって、民主主義に問題が生じたという事情。
イ　民主主義の問題を解決するためにより多くの民主主義が必要になってしまうという事情。
ウ　そもそも政治参加は働く男性に限定されていて、少数派や移民が排除されたという事情。
エ　民主化の度合いが高まる必要があるのに、権利は白人男性だけに限られていたという事情。
オ　どんなに安定した民主主義の時代でも、そこからこぼれ落ちる人々が存在するという事情。

③「逆説的な話」

ア　民主化の度合いが高まらないのに、政治に対する満足感がもたらされた国があるということ。
イ　戦後の民主化は、政治参加に受動的な人々が豊かな生活を享受したために進んだということ。
ウ　戦後の民主化は国家間の差を生みだし、民主主義を崩壊に追い込むことになったということ。
エ　一般市民が裏取引や既得権について知ったため、政治に対して受動的でなくなったということ。
オ　新たに政治参加する人々が増えたことで、従来の民主主義システムが変化したということ。

に関する情報はすべて公開されていたわけではなかった。団体を単位とする交渉の結果、腐敗と紙一重の裏取引や既得権が生じていたが、それは一般市民からは見えなかった。一般市民はすべてを知るわけではなく、政策決定の大半は政治家、官僚、団体指導者に委任され、多数派の市民が利益を享受する反面、政治に対して受動的だったことが民主主義システムの前提の一つだった。にもかかわらず政治に対する一定の満足感をもたらしたのは、豊かな生活の継続であった。

③逆説的な話だが、戦後の民主化は、国によって時間差はあるが、安定的な民主政治システムの前提条件を掘り崩すという結果をもたらした。従来政治から疎外されていた少数民族、女性、移民その他少数者が政治参加の権利を持って自らのアイデンティティに基づいた政治行動をとるようになると、包括政党を支えていたような社会の均質性はなくなる。従来、社会の多数派だった人々、たとえばアメリカにおける白人男性は、政治的な発言権について、あとから参加を求めた女性や黒人、ヒスパニック系の人々などに追いつかれた形である。追いつかれたといっても、真の平等が実現したのであって、先に権利を持っていた人々が反発するのは筋違いである。しかし、白人労働者の中には、自分たちの政治的な消極性と「④後から来た人々」の政治的な活発さの差が広がるにつれ、自分たちの影響力が相対的に低下し、置き去りにされたような被害者意識を持つ者も出てきた。西欧では、移民労働者の増加を前にして、すべての民族、宗教、性（伝統的な異性愛者のみならずＬＧＢＴを含む）に等しく権利を認めるという普遍主義に対する反発や懐疑が広がった。男性が社会の上部に[c]クンリンし、少数者がひっそりと追い込まれていた状態の時代を、秩序があり安定した時代だとするような的外れのノスタルジー[注3]が広まりだしたのである。

女性や少数者の権利を否定したり、侮辱したりする発言を公の場で行うことは、一九七〇年以降、先進国ではタブーとなった。確信犯的に差別発言をするような政治家は、公的世界から追放されるのが常識となった（日本ではそのようなルールが遵守（じゅんしゅ）されているとは言い難いが）。トランプ大統領の新しさは、大統領候補として予備選挙において差別発言を繰り返し、それが話題となり、⑤支持を集める要因となった点である。また、差別に加えて、政治的な敵を攻撃する際に虚偽や捏造（ねつぞう）の情報が多用されるようになった。指導的政治家は嘘をついてはならないという規範も、二〇一〇年代後半には崩壊した。［Ｃ］一層の民主化への逆風が強まる中で、民主政治の前提条件としての正確な情報の共有、誠実な発話、理性的な討論などの作法が危機に陥っている。

民主主義にとって言論の自由と公平な言論空間は不可欠である。しかし、二〇一〇年代に入って多くの先進国において言論空間は[d]コウハイしている。それを促している原因の一つは、一九九〇年代から急速に進行した情報革命、ＩＴの進化である。

インターネットによってコミュニケーションや情報共有が飛躍的に拡大し始めたとき、⑥情報革命は民主主義を促進するという楽観論があった。情報伝達のコストが小さくなり、ネット上での議論が可能となり、運動やデモの呼びかけも簡単にできるようになる。ネットは人々の意思を集約して世論形成をする新しい武器になる。民主主義を支える政治運動にとって、ネットは便利な道具となった。

しかし、ネットの普及は言論空間の劣化を促進したことも確かである。トランプが公然としゃべる差別発言や虚偽情報の類は、彼が登場す

【国　語】〈五〇分〉〈満点：一〇〇点〉

1　次の文章を読んで、後の問いに答えなさい。

民主主義の変調は、二〇世紀後半に追求された一層の民主化（more democracy）によってもたらされたという①**逆説的な事情**も指摘できる。二〇世紀後半の安定した民主主義の時代でも、そのシステムからこぼれ落ちる人々が存在した。政治参加の単位が、企業、労働組合、農民団体、専門職団体など生産・ａ**キョウキュウ**側の集団であったことから、そこでの主要な登場人物は働き手の男性に限定されていた。また、人種・宗教・言語等の少数派、国によっては移民も排除されていた。

一九六〇年代以降、学生運動、女性解放運動、アメリカにおける黒人の公民権運動などが活発化した。自由や民主主義を特定のカテゴリーの人々だけに享有させるのではなく、一層の民主化によって民主政治の閉塞（へいそく）を打破するという運動が各国で広まった。その結果、民主主義国で従来権利を認められていなかった人々が権利を獲得し、社会は多様化した。民主主義は永久革命という丸山眞男（まるやままさお）[注1]のテーゼ[注2]に従うなら、先進国といえども民主主義は固定的な制度であってはならない。従来、「二級市民」と扱われた人々が権利を要求するのは当然であり、民主化の度合いが高まることは肯定すべきことである。

［Ａ］、アメリカ独立宣言には、「すべての人間（all men）は、神によって平等に造られ、奪うことのできない権利を付与されている」という一節がある。この文書が書かれてから一世紀半の間、「すべての人間」とは白人の男性だけを意味していた。その後、女性、黒人、ヨーロッパ以外から来た移民やその子孫が、自分たちも人間だと主張し、平等と権利を獲得した。民主主義とはそのようなプロセスである。

しかし、二一世紀に入って、これらの原理や建前、英語で言えば「政治的正しさ（political correctness）」に対する飽きや反発がアメリカや西欧で広がってきた。この反動は、②**民主化の進行への反作用**である。民主化と反作用の微妙な関係について、時代を追って観察してみたい。

参加の量の拡大は参加の質を高めるという期待が昔は存在した。二〇世紀初頭のアメリカでは、既成政党の腐敗に対抗する市民運動から革新主義という政治ｂ**チョウリュウ**が現れた。そのリーダーだったロバート・ラフォレット（ウィスコンシン州知事、上院議員などを歴任）は、民主主義の問題を解決するのはより多くの民主主義（more democracy）であると叫び、改革を進めた。

［Ｂ］、量の拡大は質の向上と並行しなければ、むしろ多数の専制といわれる民主主義の病理を招来する。政治参加の量の拡大とは、より多くの市民が自らの利益や主張を政治過程に対して表出することである。これに対して、政治参加の質の向上とは、参加者がそれぞれの政治共同体の課題について広い視野で考え、自分の利益や主張を表出しつつ、他者の権利や利益についても顧慮し、より多くの人々が合意できる結論に至るよう議論するということである。今の言葉で言えば、熟議ということになろう。

すでに述べたように、一九五〇年代から八〇年代までの西欧や日本においては、政治参加は、労働組合、企業団体、農民団体などの団体を単位としていた。団体を基盤とする代表者が団体メンバーに対する利益配分の政策を勝ち取ることで、人々は政治参加の効果を感じていた。新聞、テレビなどの伝統的なメディアだけが存在する時代には、政治過程

第1回

2021年度

解 答 と 解 説

《2021年度の配点は解答欄に掲載してあります。》

＜数学解答＞

1 (1) $\frac{10}{3}b^3c^4$ (2) $3x^2-16xy+25y^2$ (3) $3ac(b-2)(b-3)$ (4) 10個

(5) $a=12$, $b=13$ (6) ③, ④ (7) $\frac{32}{3}\pi-16\sqrt{3}$

2 (1) (i) 48個 (ii) 30個 (iii) 15個 (2) (i) $y=-\frac{1}{2}x+5$

(ii) C(6, 2) (iii) △OAB：四角形OBCE：△CDE＝1：3：1

3 (1) 6通り (2) 9通り (3) 19通り

4 (1) $y=x+2$ (2) C(−2, 4) (3) D(3, 9) (4) AE：ED＝3：5

5 (1) 45° (2) $5\sqrt{2}$ (3) $\frac{30}{7}$ (4) $7\sqrt{2}$

○配点○

1 各4点×7 2 各4点×6 3 各4点×3 4 (1)・(2) 各4点×2
(3)・(4) 各5点×2 5 (1)・(2) 各4点×2 (3)・(4) 各5点×2 計100点

＜数学解説＞

1 (数・式の計算，因数分解，平方根，連立方程式，円の性質，面積)

(1) $(-3abc)^2\div\frac{6}{5}a^2b\times\left(\frac{2}{3}bc\right)^2=9a^2b^2c^2\div\frac{6a^2b}{5}\times\frac{4b^2c^2}{9}=\frac{9a^2b^2c^2\times5\times4b^2c^2}{6a^2b\times9}=\frac{10}{3}b^3c^4$

(2) $4(x-2y)^2-(x+3y)(x-3y)=4(x^2-4xy+4y^2)-(x^2-9y^2)=4x^2-16xy+16y^2-x^2+9y^2=3x^2-16xy+25y^2$

(3) $3ab^2c+18ac-15abc=3ac(b^2-5b+6)=3ac(b-2)(b-3)$

(4) $\sqrt{220-3a}$が自然数kとなるためには，$220-3a=k^2$となればよい。$3a=220-k^2$となり，$a=\frac{220-k^2}{3}$である。$a>0$より$220-k^2>0$ したがって，kは14以下の自然数である。またaが自然数であることから$220-k^2$は3の倍数である。これを満たすkは，1，2，4，5，7，8，10，11，13，14の10個で，そのそれぞれに対してaが1つ決まるので，aの個数は10個

(5) $ax+by=11$…①，$bx+ay=14$…② $x+2y=0$…③，$3x+y=5$…④ ①と②の連立方程式の解が③と④の連立方程式の解に等しい。④×2−③より，$5x=10$ $x=2$ これを③に代入して，$2+2y=0$ $y=-1$ このx，yを①，②に代入して，$2a-b=11$…①′ $-a+2b=14$…②′ ①′＋②′×2より，$3b=39$ $b=13$ これを①′に代入して，$2a-13=11$ $a=12$

重要 (6) $\overset{\frown}{AB}:\overset{\frown}{BC}:\overset{\frown}{CD}:\overset{\frown}{DA}=1:2:3:4$より，∠AOB：∠BOC：∠COD：∠DOA＝1：2：3：4
∠AOB＝aとおくと∠BOC＝$2a$，∠COD＝$3a$，∠DOA＝$4a$となり，$10a=360$ $a=36$
① 弧の長さと中心角は比例するが，弧の長さと弦の長さは比例しない。
② ∠BOD＝$2a+3a=5a=180°$となり，BDは直径である。これに対し∠AOB＝a，∠BOC＝$2a$なのでAC⊥BDにはならない。 ③ ∠AOC＝∠AOB＋∠BOC＝$a+2a=3a$，∠COD＝$3a$より

∠AOC＝∠COD, OA＝OC＝ODより△OAC≡△ODCとなり, CA＝CD, ∠ACD＝$\frac{1}{2}$∠AOD＝$\frac{1}{2}$×4a＝2a＝72°　△ACDは頂角が72°の二等辺三角形である。また, △BOCも∠BOC＝2a＝72°, OB＝OCなので, 頂角72°の二等辺三角形である。したがって, ∠BOC∽△ACD　④　△OAC≡△ODCより∠OCA＝∠OCD　OCは二等辺三角形△ACDの頂角の二等分線なのでCO⊥AD
よって, 正しいものは③, ④

(7) OBとACの交点をMとする。OA＝OB＝AB＝OC＝BC＝4であり, △OAB, △OBCは1辺が4の正三角形である。△OAMは3つ角が30°, 60°, 90°の直角三角形であり, 辺の比は1：2：$\sqrt{3}$
よって, OM=4×$\frac{1}{2}$=2, AM=2$\sqrt{3}$となり, △OAB＝$\frac{1}{2}$×4×2$\sqrt{3}$＝4$\sqrt{3}$　斜線のついた4つの部分は等しいので, 合計の面積＝4×(扇形OAB－△OAB)＝4×$\left(4\times4\times\pi\times\frac{60}{360}-4\sqrt{3}\right)$＝4×$\left(\frac{8}{3}\pi-4\sqrt{3}\right)$＝$\frac{32}{3}\pi-16\sqrt{3}$

2 (場合の数, 1次関数, 図形と関数・グラフ)

基本 (1) (ⅰ) 百の位には1～4のいずれかの数字が使えるので4通り。十の位は百の位で使った数字以外の4通りが考えられ, 一の位の数字は百の位, 十の位に使った数字以外の3通りが考えられるので, 4×4×3=48(個)
(ⅱ) 一の位が0の3桁の偶数は, 百の位は1～4の4通りで十の位は残りの3通り。したがって, 4×3＝12(個)　一の位が2の偶数は百の位は0, 2以外の3通りで, 十の位は0も含めた3通り。したがって, 3×3＝9(通り)　一の位が4の偶数も同様に9通り。よって, 全部で12＋9＋9＝30(個)
(ⅲ) 4の倍数を作るためには下2桁を4の倍数にすればよい。*04となる4の倍数は*に入る数は1, 2, 3の3個, *12は*に3または4で2個。*20は3個, *24は2個, *32は2個, *40は3個。よって, 3＋2＋3＋2＋2＋3＝15(個)

(2) (ⅰ) 直線ℓと$y=2x$が直角に交わるので, ℓの傾きは$-\frac{1}{2}$　切片は5なので, 直線ℓの方程式は$y=-\frac{1}{2}x+5$
(ⅱ) 点Bはℓとmの交点なので, $2x=-\frac{1}{2}x+5$　両辺を2倍して$4x=-x+10$　$x=2$　$y=2\times2=4$　B(2, 4)　Dは$y=-\frac{1}{2}x+5$とx軸の交点なので, $0=-\frac{1}{2}x+5$　両辺を2倍して$0=-x+10$　$x=10$　D(10, 0)　CはBDの中点なので, C$\left(\frac{2+10}{2}, \frac{4+0}{2}\right)$＝(6, 2)

重要 (ⅲ) EはODの中点なので, E$\left(\frac{0+10}{2}, \frac{0+0}{2}\right)$＝(5, 0)　△OAD＝$\frac{1}{2}$×10×5＝25　△OAB＝$\frac{1}{2}$×5×2＝5　△CDE＝$\frac{1}{2}$×(10－5)×2＝5　四角形OBCE＝△OAD－△OAB－△CDE＝25－5－5＝15　△OAB：四角形OBCE：△CDE＝5：15：5＝1：3：1

3 (場合の数)

(1) Aを2つ選ぶとき, 残りの1つがBになるものはBの位置によりAAB, ABA, BAAの3通り。残りの1つがCになるものも3通り。あわせて, 6通り
(2) Aを1つ選ぶとき, 残りの2つがBBになるものが3通り, 残りの2つがBCになるものはABC, ACB, BAC, BCA, CAB, CBAの6通り。あわせて3＋6＝9(通り)
(3) Aを3つ選ぶのはAAAの1通り。Aを選ばないものはB, B, Cを選ぶもので3通り。これらをあ

わせて，$1+6+9+3=19$(通り)

4 (図形と関数・グラフの融合問題)

基本 (1) Aは$y=x^2$上の点で$x=-1$なので，A$(-1,\ 1)$，Bは$y=x^2$上の点で$x=2$なので，B$(2,\ 4)$　直線ℓの式を$y=ax+b$とおくと，Aを通ることから$-a+b=1$　Bを通ることから$2a+b=4$　2式の差より，$3a=3$　$a=1$　$-1+b=1$より，$b=2$　よって，直線ℓの方程式は$y=x+2$

(2) 直線BCとx軸が平行であることから，Cはy軸についてBと対称な点にある。C$(-2,\ 4)$

(3) 直線ℓと直線mが平行であることから，直線mの傾きは1　直線mは$y=x+c$とおくと，Cを通ることから$-2+c=4$　$c=6$　よって，直線mの方程式は$y=x+6$　点Dはこれと$y=x^2$の交点なので$x^2=x+6$　$x^2-x-6=0$　$(x-3)(x+2)=0$　点Dは$x>0$なので$x=3$　D$(3,\ 9)$

やや難 (4) 直線ADの式を$y=dx+e$とおくと，Aを通ることから$-d+e=1$　Dを通ることから$3d+e=9$　2式の差より，$4d=8$　$d=2$　$-2+e=1$より，$e=3$　よって，直線ADの式は$y=2x+3$　直線BCの式は$y=4$　Eはこの2直線の交点なので，$2x+3=4$　$x=\frac{1}{2}$　E$\left(\frac{1}{2},\ 4\right)$

AE：EDはx座標で考えればよいので，AE：ED$=\left(\frac{1}{2}+1\right):\left(3-\frac{1}{2}\right)=\frac{3}{2}:\frac{5}{2}=3:5$

5 (三平方の定理，円の性質，相似)

(1) $AB^2=36$，$AC^2=64$，$BC^2=100$より$AB^2+AC^2=BC^2$となり，△ABCは∠BAC$=90°$の直角三角形である。ADは∠BACの二等分線なので，∠BAD$=$∠DAC$=90\times\frac{1}{2}=45$　$\overset{\frown}{BD}$に対する円周角なので∠BCD$=$∠BAD$=45°$

(2) 円に内接する四角形ABDCの対角の和は$180°$なので，∠BDC$=180-$∠BAC$=90°$　∠BCD$=45°$より，△BDCは直角二等辺三角形である。辺の比は$1:1:\sqrt{2}$となるので，BD$=$CD$=\frac{10}{\sqrt{2}}=5\sqrt{2}$

(3) △ABCについて角の二等分線の定理によりBE：EC$=$AB：AC$=6:8=3:4$　BE$=10\times\frac{3}{3+4}=\frac{30}{7}$

やや難 (4) $\overset{\frown}{AC}$に対する円周角なので∠ABE$=$∠ADC　仮定より∠BAE$=$∠DAC　2組の角がそれぞれ等しいので△ABE∽△ADC　AB：AD$=$BE：CD　$6:\text{AD}=\frac{30}{7}:5\sqrt{2}$　AD$=6\times5\sqrt{2}\div\frac{30}{7}=7\sqrt{2}$

★ワンポイントアドバイス★

基本的な問題だけでなく，各単元の標準的な問題に解きなれておく必要がある。特別な難問があるわけではないが，1つ1つがしっかりしたつくりをしているので，時間配分にも気を配らないと，解き終わらない可能性がある。

＜英語解答＞

Ⅰ (1) 真 (2) 7(時)51(分) (3) 万葉集 (4) 屈折 (5) Saturday

Ⅱ (1) イ (2) ウ (3) イ (4) エ (5) ア (6) エ (7) ウ
(8) イ (9) ウ (10) ア (11) エ (12) エ (13) エ (14) ア
(15) ウ

Ⅲ (1) イ (2) エ (3) ウ (4) ウ (5) ア

Ⅳ 問1 a カ b イ c オ d エ 問2 different
問3 ② one of the people who fought ④ about how everybody had the right
問4 ア 問5 speech 問6 イ

Ⅴ 問1 イ 問2 ウ 問3 1 タ 2 セ 3 サ 4 エ 5 ス 6 イ
7 キ 8 コ

Ⅵ (例) don't open your arms like that

Ⅶ (例) Don't worry about paying

○推定配点○
Ⅰ 各2点×5 Ⅱ 各2点×15 Ⅲ 各2点×5 Ⅳ 各2点×10 Ⅴ 各2点×10
Ⅵ 5点 Ⅶ 5点 計100点

＜英語解説＞

Ⅰ （長文読解・論説文：内容吟味）

(1) （大意） A：日と月を持つ漢字はなんだ。／B：わからないな。／A：答えは「明」だよ。／B：ああ，なるほど。面白いな。／A：一と八，十と目を持つ漢字はなんだ。／B：「真」。／A：その通り。

(2) （大意） アキラは7時40分に学校へ向かって家を出た。分速70mで歩いた。4分後，彼は昼食を持っていないと気づいた。昼食を取りに戻らなければならなかった。分速150mで家へ駆け戻った。昼食を取るとすぐに，彼は学校への全ての道のりを同じ速さで走った。彼の家から学校までは770mだった。結局，彼は学校に間に合った。彼は何時に学校に着いたか。
昼食を忘れたことに気づくまでに歩いた道のりは70×4＝280mで，この道のりを駆け戻ると280÷150＝$\frac{28}{15}$分かかる。昼食を取って家から学校まで走るのには770÷150＝$\frac{77}{15}$分かかる。7時40分に家を出てから学校に着くまでに4＋$\frac{28}{15}$＋$\frac{77}{15}$＝11分かかっているから，学校に着いたのは7時40分＋11分＝7時51分である。

(3) （大意） これは奈良時代の古い日本の詩のコレクションである。最も有名な詩人の1人は柿本人麻呂である。また，詩のいくつかは，国の防衛のために九州へ送られた兵士によって書かれた。防人歌なども含む現存最古の歌集，「万葉集」である。

(4) （大意） 光はたいていは直進するが，水の中に入るとその進路を変える。これは「光の屈折」や，日本語では「光の屈折」と呼ばれる。水に鉛筆を入れると真っ直ぐには見えなかったり，実際より短く見えたりする。光や音などがある媒質から別の媒質に入るとき，境界面でその進行方向が変わる現象を「屈折」と言う。

(5) 2021年には7月4日は日曜日だ。2021年の9月18日は何曜日か。
7月4日から9月18日までは(31－4＋1)＋31＋18＝77日あり，77÷7＝11週ちょうどだから，Saturday「土曜日」である。

Ⅱ （会話文：内容吟味，英問英答，語句補充）

A （大意）

(1) A：お母さん，僕は明日の朝8時の電車に乗らなくてはいけないんだ。／B：1時間前に起こしましょうか。／A：出る前に，犬を散歩に連れていきたいんだ。30分早く起こしてください。／B：わかったわ。

Q 「少年はおそらく何時に起きる予定か」 電車に乗る8時の1時間前より30分早いのだから，6時30分である。

(2) A：いらっしゃいませ，お客様。／B：この肉はいくら。／A：1kg14ドルです。いつもより2ドル安いですよ。／B：あら，良いわね。それじゃ，1kgもらうわ。

Q 「Bさんは肉にいくら支払う予定か」 いつもより2ドル安くなって，この時点では1kg14ドルなのである。

(3) A：明日，バス停でいつ会おうか。／B：浜辺へのバスは9時30分に出発する。昼食を買う必要があるから，20分早く会おう。／A：いいよ。

Q 「彼らは明日，何時に会う予定か」 バスが出発する9時30分の20分前だから9時10分である。

(4) A：どうしたの，ジョージ。何かを探しているの。／B：財布を机の上に置いたと思うのだけれど，見つからないんだ。どこかで見なかったかい。／A：あなたが家に帰るとたいていは財布を入れるかごを調べたの。もしくは，昨日着ていた上着はどう。／B：かごの中は見たけれど…そうだ。昨夜に帰って，それを取り出していなかった。

Q 「ジョージはおそらくどこで彼の財布を見つけるか」 昨夜帰ったときに財布は上着の中に入っていたと考えられる。そこから取り出していないのなら上着の中に見つけるのである。

(5) A：あなたが昨日推薦した音楽サイトにアクセスできないの。／B：サイト名を正確に打ったのかい。名前はジーラ，g-e-a-l-a だよ。／A：あら，ジェアラ，j-e-a-l-a だと思った。もう1度やってみるわ。ありがとう。／B：どういたしまして。

Q 「音楽サイトの正確なアドレスは何か」 geala が正しいつづりである。

(6) A：君が手伝ってくれて感謝するよ，ジャック。夏には，この庭にはたくさんの作業が必要なんだ。／B：手伝えてうれしいよ。僕には外で作業する機会があまりないんだ。／A：僕は少しの間家へ入らなければならない。君に棒アイスを持ってこようか。／B：いや，結構だ。／A：代わりに冷たい飲み物はどうだい。

Q 「人々はどこで話しているか」「家の中へ入らなければならない」と言っているから，「家の外」にいるのだと考えられる。

(7) A：すみません。僕のタイヤの1つの空気が漏れていると思うのですが。／B：そこで片側に寄せて止めて，私に見せて。／A：1週間前に新しいタイヤのためにその車を持ち込んだばかりなのです。どうしてこんなことが起こったのかわかりません。／B：あなたは釘の上を運転したのです。このタイヤを修理しなければなりません。／A：ああ。

Q 「この会話はどこで行われるか」 新しいタイヤのことで車を持ち込んだり，タイヤを修理したりする場所だから，機械の修理工場である。

(8) A：すみません，このコンピューターのことで私を助けてくれませんか。動かなくなったままなのです。／B：ううん，それはどこか調子が悪いようだね。／A：どうするべきですか。2時間以内にこの報告書を書き終えなくてはなりません。／B：代わりに私の物を使っても良いよ。／A：ありがとうございます。

Q 「Aさんは何をする予定か」 2時間以内に報告書を終えるためにBさんのコンピューターを使っても良い，と許可をもらったのである。

(9) A：ジェーン，どのように学校へ来たの。／B：私はたいていは自転車で来るの。15分位かかる。／A：今朝はどうなの。激しく雨が降っていたわ。私はたいていは自転車で学校へ来るけれど，今日は歩いたわ。／B：駅からバスに乗ったの。濡れたくなかったのよ。

Q 「Bさんは今日，どのように学校へ来たか」 バスに乗ったのである。

(10) A：やあ，ジョージ。今，何をしているんだい。／B：ああ，ケンタかい。次の月曜日に締め切りのレポートのために勉強しているんだ。／A：レポートに役立つことを見つけたかい。／B：実を言えば，ここ僕の部屋ではインターネットのアクセスが遅すぎるんだ。今夜またやってみるよ。

Q 「ジョージが今から最も やりそうなことは何か」 今夜またやってみる，ということは，今からすぐはやらない，休憩する，ということだと考えられる。

B (大意)

(11) A：航空便でメキシコにこの小包を送るのにはいくらかかりますか。／B：重さによります。／A：ああ，正確な重さがわかりません。／B：私に小包の重さを量らせてください。

(12) A：何が悪そうですか。／B：風邪をひきかけていると思います。／A：どこか痛いですか。／B：ああ，はい。少し頭痛がします。／A：私にあなたの体温を計らせてください。

(13) A：僕たちは長い間働いているよね。／B：そう思うよ。始めてから1時間半になる。／A：休憩するのはどうだい。／B：それは良い考えだ。

(14) A：パソコンのスクリーンを変えることができないんだ。／B：両方のボタンを同時に押したかい。／A：いいや，ボタンはキーボードの両端にあるんだよ。／B：ああ，それを君の両手でやれよ。

(15) A：どこに僕の車の鍵があるか，知っているかい。見つからないんだ。／B：昨日，君の車を借りて，それで…／A：どこにそれを置いたか，思い出してくれよ。／B：できるだけすぐに努力するよ。

Ⅲ (会話文：内容吟味)

(大意) ケン(以下K)：やあ，ジェーン。夏休みの間にどこへ行くべきか決めたかい。／ジェーン(以下J)：5日間でアジアの国々を旅行するつもりよ。／K：面白そうだね。何をするつもりだい。／J：日本を出発した後，中国の上海に2泊滞在するつもりなの。そこでの2晩目に世界的に有名なサーカスを見る予定よ。／K：次は何だい。／J：次の朝，香港へ行ってそこの夜景を楽しむ予定よ。次の早朝，シンガポールを訪れて，昼食の後，買い物を楽しみ，同じ日にタイに移動するつもり。／K：タイでは浜辺を訪れないのかい。／J：そうしたいわ。でも，最終日には十分な時間がないのよ。

Q1.「日本を出発した後に，ジェーンはどこに滞在する予定か」 ア 「北京」(×) イ 「上海」(○) ジェーンの2番目の発言第1文参照。 ウ 「香港」(×) エ 「シンガポール」(×)

Q2.「ジェーンは香港で何をする予定か」 ア 「彼女はサーカスを見るつもりだ」(×) ジェーンの2番目の発言最終文参照。上海での予定である。 イ 「彼女は2泊滞在するつもりだ」(×) ジェーンの2番目の発言第1文参照。上海での予定である。 ウ 「彼女は買い物を楽しむつもりだ」(×) ジェーンの3番目の発言第3文参照。シンガポールでの予定である。 エ 「彼女は夜景を楽しむつもりだ」(○) ジェーンの3番目の発言第1文参照。

Q3 「ジェーンは何のためにシンガポールを訪れる予定か」 ア 「観光のため」(×) 観光についての記述はない。 イ 「浜辺を訪れるため」(×) ケンの4番目の発言・ジェーンの4番目の発言最終文参照。浜辺は訪れないのである。 ウ 「買い物のため」(○) ジェーンの3番目の発言第3文参照。 エ 「景色を楽しむため」(×) 景色についての記述はない。

Q4 「ジェーンはなぜタイで浜辺を訪れることができないのか」 ア 「彼女はシンガポールを訪れる予定だからだ」(×) ジェーンの3番目の第3文参照。シンガポールには先に行く予定である。 イ 「彼女は買い物に行きたいからだ」(×) ジェーンの3番目の第3文参照。シンガポールでの予定である。 ウ 「彼女にはほとんど時間がない予定だからだ」(○) ジェーンの4番目の発言第2文参照。 エ 「彼女は泳ぐことができないからだ」(×) そのような記述はない。

Q5 「上海ではジェーンは何日滞在する予定か」 ア 「2日間」(○) ジェーンの2番目の発言第2文参照。 イ 「4日間」(×) ウ 「5日間」(×) エ 「彼女はそこに滞在しない予定だ」(×)

Ⅳ (長文読解・伝記:語句補充,語句整序,語句解釈,内容吟味)

(大意) アメリカには8月を除いて毎月少なくとも1日の祝日がある。2月の第3月曜日には,アメリカ人は2人の元大統領の誕生日を祝う。ジョージ・ワシントンとエイブラハム・リンカンだ。彼らは2人とも有名なアメリカ大統領で,2人とも2月に誕生日がある。それらは①別の日にもかかわらず,それらの両方を同じ日に祝う。ワシントンは1732年2月22日に生まれ,1789年に合衆国の最初の大統領になった。彼は1775年に始まったアメリカ独立戦争で②戦った人々の1人だった。ワシントンが幼い少年だったときの有名な話がある。彼は父の桜の木を斧(b)で切り倒したそうだ。「誰がやったんだ」と父が尋ねたとき,幼いジョージは「僕は嘘をつくことはできない。僕がやった」と答えた。多くの子どもたちがこの話を聞き,いつも③本当のことを言うように勇気づけられる。エイブラハム・リンカンは1809年2月12日に生まれた。彼は1860年に大統領になった。大統領の任期は問題が多かった。北部と南部の州は奴隷制が原因で分裂させられた。2つの側の間で内戦が始まった。最終的に北部の州が勝ち,リンカン大統領は奴隷の解放に役に立った。彼は,④全ての人が自由になるための権利をどのように手に入れたのかついてのとても有名な演説をした。内戦の後,リンカンは劇を見に行き,そこで撃たれて死んだ。今日,ワシントンとリンカンの顔をアメリカのお金に見ることができる。ワシントンは1ドル札に,リンカンは5ドル札にある。多くの学校やいくつかの都市はそれぞれの大統領(d)にちなんで名づけられている。例えば,ワシントン州やワシントンD.C.は両方ともワシントン大統領(d)にちなんで名付けられた。

基本 問1 (a) at least「少なくとも」 (b) with ~ は道具・手段を表し「~を使って」の意味。 (c) because of ~「~が原因で」 (d) after「~にちなんで」

問2 even though「~にもかかわらず」は逆接的な意味を持つ。ここでは空欄①の1文の後半部には「同じ日」とあり,空欄①は逆接の要素を含む even though を挟んだ前半部にあるから,同じではない,という意味が述べられていると考えられる。

やや難 問3 ② (He was) one of the people who fought (in the Revolutionary War, ~.) 〈one of (+ the など)+複数名詞〉で「~の1つ[1人]」の意味。who は関係代名詞。he was one of the people と they fought in the Revolutionary War, ~ をつなげた文にする。they が who に代わる。〈one of〉の後には複数名詞を続けるから,複数扱いの名詞 people を用いる。単数名詞の

重要 president「大統領」が不要。 ④ (He gave a very famous speech) about how everybody had the right (to be free.) 間接疑問を用いた文。間接疑問文では疑問詞以降は how everybody had the right と平叙文の語順になる。be動詞 was が不要。

問4 空所④の直前の1文には「嘘をつくことはできない」(第2段落最後から3文目),つまり「本当のことを言う」のである。truth「真実」

問5 「ある人が聴衆にする正式の話」 speech「演説」(第4段落第9文)である。

問6 ア 「ジョージ・ワシントンは内戦の戦闘の後に大統領になった」(×) 第2段落第2文・第4文参照。独立戦争の後である。 イ 「エイブラハム・リンカンは内戦では北部の州で働いた」(○) 第3段落第8文参照。 ウ 「エイブラハム・リンカンとジョージ・ワシントンは誰かに殺

された」(×) 第3段落最終文参照。殺されたのはリンカンだけである。 エ 「エイブラハム・リンカンの顔を合衆国の1ドル札で見ることができる」(×) 最終段落第3文参照。リンカンは5ドル札である。

V (長文読解・論説文：指示語，語句補充，要旨把握)

(大意) 風力タービンは環境に優しいエネルギーを供給する点で重要だが，いくつかの不利な点もある。①これらの1つは，タービンの巨大な羽根は何千羽もの鳥を殺す，ということだ。多くの鳥が誤って羽根に飛び込み，死ぬ。研究者たちは，1枚の羽根を黒く塗ることが鳥が回転する羽根を見る事を助ける，と言う。研究者，ロエル・メイ博士のチームのデータは，4年にわたって，1枚の黒い羽根のあるタービンは鳥の死について71％を超える減少を達成した，と示した。英国王立鳥類保護協会はその考えを歓迎した。それは「自然との調和において行われる」ことを必要としている風力発電基地の重要性を強調した。それは，風力発電基地は野生生物への危険が②ほとんどない場所に置かれるべきだ，と言った。

問1 ア 「有利な点」(×) イ 「不利な点」(○) these は先行する文(の一部)の複数の内容を指している。ここでは直前の1文にある disadvantages である。 ウ 「風力タービン」(×) エ 「風力発電基地」(×)

問2 鳥類保護団体の発言なのだから，鳥をはじめとする野生生物への危険がないようにするべきだ，という内容であると考えられる。few「ほとんどない」と a few「少しの」は数えられる名詞につく。little「ほとんどない」と a little「少しの」は数えられない名詞につく。ここでの risk は数えられない名詞。

問3 「風力発電基地は環境に優しいエネルギーを供給する。しかしながら，何千羽もの鳥が風力タービンの羽根のために(1)殺される。研究者たちは鳥のために風力タービンを(2)安全にする方法を見つけ出そうとしている。1枚羽根が黒く(3)塗られるとき，鳥は羽根を見ることができる，と彼らは言う。これは鳥の死を71％(5)まで(4)減らした。鳥保護団体はその考えに(6)満足している。風力発電基地は自然と調和している(7)必要があり，それらは野生生物に(8)損害を与えるべきではない，とそれは言う」

VI (会話文：英作文)

A：はい，チーズ。いいね。Vサインをしなでくれ。私はそれが嫌なんだ。／B：どうして駄目なの。みんなするよ，お父さん。／A：私は自然な写真が欲しいんだよ。いいや，そんな風に両手を広げないで。／B：はいはい，でも急いで。もうすぐここは閉まるよ。

「～するな」の意味の命令文は〈Don't ＋動詞の原形〉の形。like ～で「～のように」の意味。

VII (会話文：語句補充)

A：カメラを買おうと思っているの。／B：私の古いのを使っていないわ。／A：本当に。それにいくら欲しいの。／B：私に支払おうという心配はしないで。持っていっていいわよ。

「～するな」の意味の命令文は〈Don't ＋動詞の原形〉の形。worry about ～で「～を心配する」の意味。about は前置詞。前置詞の目的語に動詞が来る場合，その動詞は原則として動名詞〈動詞の原形＋ ing〉となる。

★ワンポイントアドバイス★

月や週を表わす単語，動詞の過去形・過去分詞形などは確実に書けるようにしよう。それぞれをまとめて覚えておこう。

<国語解答>

1 問1 a 供給 b 潮流 c 君臨 d 荒廃 e 流布 問2 A エ B イ C ア D カ 問3 ① ア ③ オ 問4 (例) 従来政治から疎外されていた少数者が政治参加の権利を持つと，先に権利を持っていた人々が反発すること。
問5 ウ 問6 イ・ウ・エ 問7 (例) 差別発言や虚偽情報があふれ，言論空間が劣化したこと。 問8 オ

2 問1 a イ b エ c ウ 問2 (例) 伝統的な「法」のために希望する場所に埋葬されなかったアボリジニの男性の死に衝撃を受け，伝統的な社会とは異なる社会を知った人々の混乱や苦しみ，不安定さを考えずにはいられなくなったから。 問3 テレビでも
問4 壮大な秩序 問5 1 伝統的な「法」とはほとんど関わりがない 2 自分の望む
問6 (個人の感情) 故郷ではなく長年暮らした町の墓地に埋葬されたい。
(伝統意識) 男性の属する土地である故郷に埋葬しなくてはならない。 問7 オ

3 問1 A エ E ア 問2 B 大猿[母] C 太郎入道 問3 すえん
問4 大猿[母] 問5 ② ウ ③ イ 問6 オ 問7 今昔物語集

○推定配点○
1 問1・問2 各2点×9 問4・問7 各5点×2 問6 4点(完答) 他 各3点×4
2 問1 各2点×3 問2 8点 他 各3点×7 3 問1～問4 各2点×6 他 各3点×3
計100点

<国語解説>

1 (論説文―漢字，脱語補充，接続語，文脈把握，内容吟味，要旨)

問1 a 「供」の音読みはほかに「ク」。熟語は「供養」「供物」など。訓読みは「そな(える)」「とも」。 b 「潮」を使った熟語はほかに「風潮」「最高潮」など。訓読みは「しお」。 c 「君」を使った熟語はほかに「君主」「暴君」など。訓読みは「きみ」。 d 「荒」を使った熟語はほかに「荒涼」「荒唐無稽」など。訓読みは「あら(い)」「あ(らす)」「あ(れる)」。 e 「流」を「ル」と読む熟語はほかに「流転」「流罪」など。音読みはほかに「リュウ」。訓読みは「なが(す)」「なが(れる)」。

問2 A 直前に「民主化」とあり，直後に「アメリカ独立宣言には……」と，その具体例が示されているので，例示を表す「たとえば」が入る。 B 直前の段落の冒頭に「参加の量の拡大は参加の質を高めるという期待」とあるのに対し，直後で「量の拡大は……民主主義の病理を招来する」とリスクを示しているので，逆接を表す「しかし」が入る。 C 直前の「指導的政治家は嘘をついてはならないという規範も，2010年代後半には崩壊した」という内容を受けて，「民主政治の前提条件としての……作法が危機に陥っている」と続いているので，前の内容を受けてつなげる働きをする「こうして」が入る。 D 直前の「ごく少数の，言論の世界のエリート」と並んで，直後に「新聞における校閲，テレビにおける考査というチェックや検証の仕組み」とあるので，並立を表す「また」が入る。

問3 ① 直前に「民主主義の変調は，20世紀後半に追求された一層の民主化……によってもたらされた」と説明されているので，アが適切。「変調」は問題の発生を意味するので，イの「問題を解決するため」はあてはまらない。ウの「少数派や移民が排除された」，エの「権利は白人男性だけに限られていた」，オの「こぼれ落ちる人々がいた」は，「一層の民主化」が図られる以前の状態の説明なのであてはまらない。 ③ 直後に「戦後の民主化は，……安定的な民主政治シ

ステムの前提条件を掘り崩すという結果をもたらした」と説明されているので，オが適切。

やや難 問4 「逆説的な話だが」で始まる段落に「従来政治から除外されていた少数民族……その他少数者が政治参加の権利を持って自らのアイデンティティに基づいた政治行動をとるようになると，……従来，社会の多数派だった人々，たとえばアメリカにおける白人男性は，政治的な発言権について，あとから参加を求めた女性や黒人，ヒスパニック系の人々などに追いつかれた形である。……先に権利を持っていた人々が反発するのは筋違いである。しかし……置き去りにされたような被害者意識を持つ者も出てきた」と説明されているので，先に権利を持っていた人々が反発することをおさえてまとめればよい。

問5 前に示されている「あとから参加を求めた女性や黒人，ヒスパニック系の人々」を「後から来た人々」と言い換えているので，ウが適切。

やや難 問6 「要因」については，直前に「トランプ大統領の新しさは，大統領候補として予備選挙において差別的な発言を繰り返し，それが話題となり」とあるのでエは合致する。支持を集めた背景については，「逆説的な話だが」で始まる段落に「白人労働者の中には，……自分たちの影響力が相対的に低下し，……被害者意識を持つ者も出てきた」「少数派がひっそりと追い込まれていた状態の時代を，秩序が安定した時代だとするような的外れなノスタルジーが広まりだした」と説明されているので，イ・ウは合致する。アは「あらゆる権利が奪われた」，オは「民主政治を新しくしようとした」という部分が合致しない。

問7 直後の段落に「しかし，ネットの普及は言論空間の劣化を促進したことも確かである。……差別発言や虚偽情報の類は，彼が登場するはるか前からネット上にはあふれていた」と，ここでいう「楽観論」とは逆の内容が示されている。

やや難 問8 オは，「1960年以降……」で始まる段落に「……その結果，民主主義国では，従来権利を認められていなかった人々が権利を獲得し，社会は多様化した。……先進国といえども民主主義は固定的な制度であってはならない」と述べられていることと合致する。アは「民衆から飽きられ」，ウは「多数派の市民が利益を得られるので政治への不満もなく」，エは「平和だった」という部分が，本文にはないので合致しない。イは，本文には「にもかかわらず政治に対する一定の満足感をもたらした」とあることと合致しない。

2 （随筆―語句の意味，心情，文脈把握，内容吟味，要旨）

問1 a 「侮る」は，相手を軽く見る，馬鹿にする，という意味。「欺く」は，うそをついて相手をだます，という意味なので，イが適切。 b 「冷水を浴びせる」は，意気込む気持ちや情熱をくじくことをいうので，エが適切。 c 「はにかむ」は，恥ずかしがる，恥ずかしそうなそぶりをする，という意味なので，ウが適切。

やや難 問2 直後に「カミと人との狭間で悩む人びとの話になってしまっていた」とあり，その理由については，「彼は生前」で始まる段落に「彼は生前，……この町の墓地に埋めてほしいと言っていた。しかし，彼の親族たちは，彼は彼の属する土地に埋葬されねばならないと主張して譲らなかった」という例が示され，続いて「個人の感情や人権を大切にする白人社会で日常を暮らしながら，時に，伝統意識とぶつかりあわねばならないこの町のアボリジニたちの不安定さ，苦しさに愕然とした」と説明されている。

問3 「先住民アボリジニ」の現状については，「アボリジニというと……」で始まる段落に「実際は，伝統的な生活をある程度でも守って生きている人びとは少数派で，多くのアボリジニたちは植民地後約二百年の歴史の中で白人と混血し，言語や慣習をほとんど失い，都市や田舎の町などで暮らしている。」と端的に説明されているので，この部分を含む一文の冒頭として「テレビでも」を抜き出す。

やや難 問4 「法」については,「イギリスが……」で始まる段落に「『法』と呼ばれる,森羅万象(精霊もふくめた)すべてにかかわる壮大な秩序」と説明されている。

やや難 問5 「アボリジニ」について,筆者の考えは「もはや例の伝統的な『法』とはほとんど関りのない人びとに見えていた」とあるので,1には「伝統的な『法』とはほとんど関わりがない」などとする。「衝撃」のきっかけとなった「アボリジニの男性」の死については,「彼は自分の望むところで眠ることを許されなかったのである。」とあるので,2には「自分の望むところで眠ることを許されなかった(21字)」の冒頭「自分の望む」を入れる。

問6 「彼は生前……」で始まる段落に着目する。「個人の感想」は「彼は生前,死んだら故郷ではなく,三十年以上も暮らし,仲のよい友人も埋葬されているこの町の墓地に埋めてほしい」というものであり,「伝統意識」は「しかし,彼の故郷の親族たちは,彼は彼の属する土地に埋葬されねばならないと主張して譲らなかった」と説明されている。

問7 「カミ」については,「かつて自分たちを律していたカミガミの制約」「カミは常人の目には見えない。……自分が思っているカミを,他の人もそう思っているだろうと皆が思い込んでいる不思議な存在である」「カミを描くことは,世界観を描くこと」と表現されているので,「他のカミを拒絶するもの」とあるオはあてはまらない。

3 **(古文一語句の意味,主語,仮名遣い,指示語,現代語訳,大意,文学史)**

〈口語訳〉 豊前の国の住人に太郎入道という者がいた。(太郎入道が)出家する前,いつも猿を射ていた。ある日,山道を通りすぎると,大きな猿がいたので,木の上に居って登らせて射たときに,ねらいにたがわず,木のまたのところで射たそうだ。すぐに木から落ちようとしたが,なんとなく,物を木のまたに置くようにするのを見ると,子猿であった。自分が傷を負って地面に落ちようとするので,背負った子猿を助けようとして,木のまたに置こうとしたのだった。子猿はまた,母にしがみついて離れまいとした。このように何度もしたが,やはり子猿がついているので,いっしょに地に落ちた。(太郎入道は)それからずっと,猿を射ることをやめてしまった。

問1 A 「あやまつ」は,失敗する,しくじる,という意味。「~ず」と打ち消しているので,「ねらいにたがわず」とするエが適切。狙い通りに射ることができたのである。 E 「もろともに」は,いっしょに,そろって,という意味。母子がいっしょに落ちたのである。

問2 B 前に「大猿ありければ」とあるので,主語は「大猿」。太郎入道に射られた「大猿」が,落ちるときに子猿を木のまたに置いたのである。 C 「大猿」が置いた物を見ているので,見ているのは,大猿を射た「太郎入道」。

問3 「ゑ」は。現代仮名遣いでは「え」と表記する。語尾の「む」は「ん」と発音し,現代仮名遣いでは「ん」と表記するので,「すゑむ」は「すえん」となる。

問4 「己が」と書き,自分自身が,という意味。ここでは,射られて落ちる「大猿」を指す。

問5 ② 「助けむとて」は,助けようとして,という意味で,大猿が子猿を助けようとして,とする文脈なので,背負っていた子猿を,とするウが適切。 ③ 「離れじ」の「じ」は打ち消しの意志で,「離れじとして」は,離れまいとして,となるので,イが適切。

問6 直前に「おのが傷を負ひて土に落ちむとすれば……,もろともに地に落ちにけり」とある。子猿を助けるために置いて行こうとする母猿,母猿と離れまいとする子猿の姿に感じ入ったと考えられるので,オが適切。「それより長く(それからずっと)」とあるので,ア・イは適切でない。ウの「禁止された」,エの「反省した」は本文にないので適切でない。

問7 『今昔物語集』は平安時代末期に成立した,わが国最大の説話集。1000以上の説話を「天竺(インド)」「震旦(中国)」「本朝(日本)」の三部に分けて,全31巻に収められている。内容は大きく「仏教説話」と「世俗説話」に分類されている。

★ワンポイントアドバイス★

やや難度の高い長文を時間内に読みこなす高度な読解力を身につけよう！
筆者の主張や指示内容を要約する練習を重ね，洗練された文章を書く力をつけよう！

2020年度

★★★★★★★★★★★★★★★★★★★★★★★★

入　試　問　題

2020年度

開智高等学校入試問題（第１回）

【数　学】（50分）　＜満点：100点＞

【注意】⑴　電卓，定規，コンパス，分度器は使用してはいけない。

⑵　分数は既約分数に直し，無理数は分母を有理化し，根号内はできるだけ簡単に，比はもっとも簡単な整数値にして答えること。

1　次の各問いに答えなさい。

⑴　$(\sqrt{3}-1)(\sqrt{3}+3)+(1-\sqrt{3})^2$ を計算しなさい。

⑵　$\dfrac{3x+y}{2}+\dfrac{5x-y}{6}-\dfrac{4x-2y}{3}$ を計算しなさい。

⑶　$(x^2+5x)^2+10(x^2+5x)+24$ を因数分解しなさい。

⑷　234に３桁の自然数 n をかけて，ある整数の２乗にしたい。
このとき最も小さい自然数 n を求めなさい。

⑸　$x=\dfrac{2+\sqrt{5}}{\sqrt{3}}$，$y=\dfrac{2-\sqrt{5}}{\sqrt{3}}$ のとき，$(x+y)(x+2y)-y^2$ の値を求めなさい。

⑹　$\angle x$，$\angle y$ の大きさはそれぞれ何度になるか求めなさい。

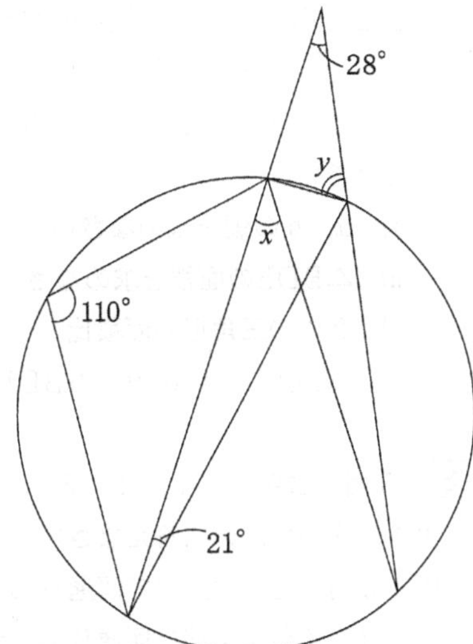

⑺　１辺10の正方形ＡＢＣＤ，およびＢＣを直径とする半円がある。
ＡＥは半円と点Ｆで接しているとき，ＡＥの長さを求めなさい。

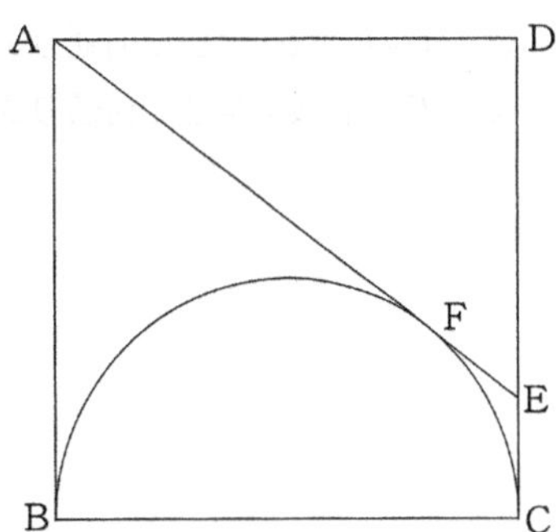

2 次の各問いに答えなさい。

(1) 右の図のように数字がならんでいる。
このとき，次の各問いに答えなさい。

(i) ８段目のすべての数の和を求めなさい。

(ii) k 段目のすべての数の和が1024であるとき，k の値を求めなさい。

(iii) $(a+b)^3=a^3+3a^2b+3ab^2+b^3$ であることと，右の図を参考にして $(a+b)^8$ を展開したときの a^5b^3 の係数を求めなさい。

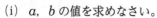

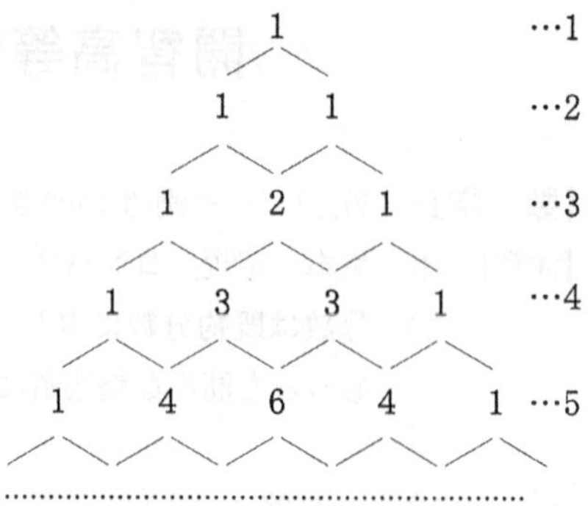

(2) ３直線

$\ell：y=2x$

$m：y=-3x+a$

$n：y=-\frac{1}{2}x+b$

の直線 ℓ，m の交点をA，
直線 m，n の交点をB，
直線 n，ℓ の交点をCとする。
また，直線 m，n と x 軸との交点をそれぞれD，E，直線 n と y 軸との交点をFとする。
$A\left(\frac{3}{2},\ 3\right)$，$C(1,\ 2)$ とするとき，次の各問いに答えなさい。

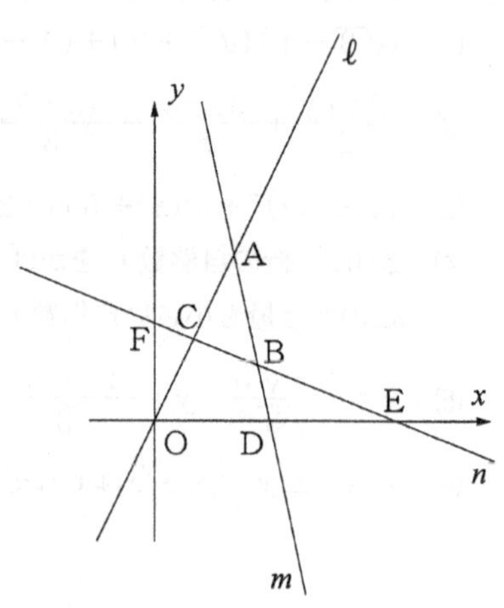

(i) a，b の値を求めなさい。

(ii) △BDEの面積を求めなさい。

(iii) ３つの三角形の面積比
△FOC：△ACB：△BDE を求めなさい。

3 ５個の数字０，１，３，５，７から異なる３個の数字をえらんで，３桁の整数をつくる。このとき，次の各問いに答えなさい。

(1) ３桁の整数は全部で何通りあるか求めなさい。

(2) ３の倍数は全部で何通りあるか求めなさい。

(3) ５の倍数は全部で何通りあるか求めなさい。

(4) 25の倍数は全部で何通りあるか求めなさい。

4 放物線 $y=x^2$ 上に点A，Bがあり，点Aの x 座標は－1，直線ABの傾きは1である。直線OA，OBと放物線 $y=\frac{3}{2}x^2$ との交点をそれぞれC，Dとする。

このとき，次の各問いに答えなさい。

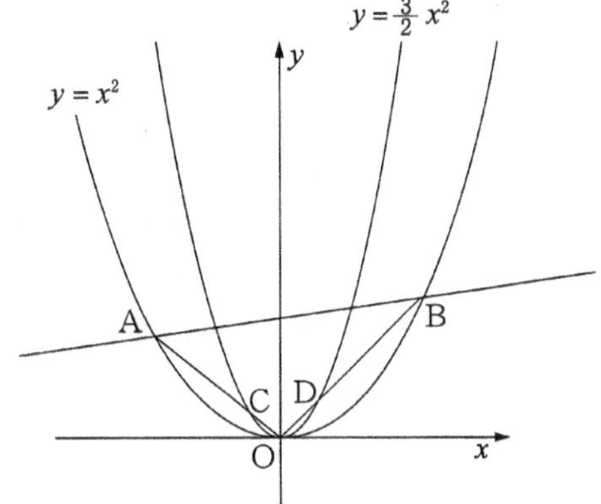

(1) 点Bの座標を求めなさい。

(2) 点Dの座標を求めなさい。

(3) △OABと△OCDの面積比を求めなさい。

(4) 原点Oを通る直線が四角形ACDBの面積を２等分するとき，その直線の方程式を求めなさい。

5 右図のような三角錐ABCDがあり，

AB＝10

AC＝８

∠ACB＝90°

△ABC≡△ABD

を満たすとする。

また，辺AB上に CH⊥AB となるように点Hをとる。∠DHC＝30° のとき，次の各問いに答えなさい。

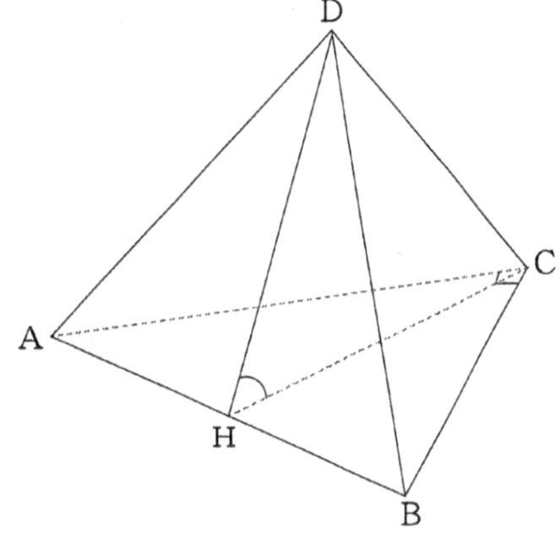

(1) BCの長さを求めなさい。

(2) CHの長さを求めなさい。

(3) △CDHの面積を求めなさい。

(4) 三角錐ABCDの体積を求めなさい。

(5) ∠DHC＝60° となったとき，新しくできた三角錐ABCDの体積は，もとの三角錐ABCDの体積の P 倍となる。

このとき P の値を求めなさい。

【英　語】（50分）　＜満点：100点＞

Ⅰ 以下の各設問に答えなさい。

⑴ 以下の英文を読んで，指示に従い数字で答えなさい。単位は解答欄に記載してある。

The figure below shows trapezoid ABCD with AD//BC and AD ⊥ DC. Find the *area of the trapezoid when AB=10 ㎝, AD=12 ㎝ and BC=18 ㎝.

注：*area　面積

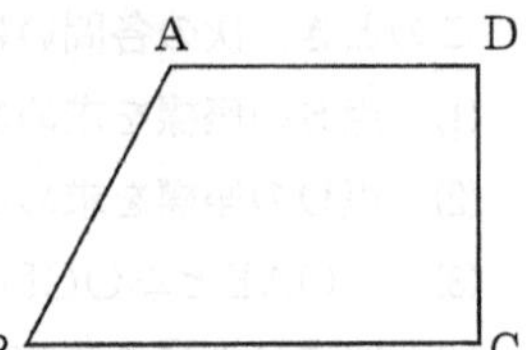

⑵ 以下の英文を読んで，質問に数字で答えなさい。単位は解答欄に記載してある。

Tom is reading a book. He has already read 90 pages, and that is 40% of the book. How many pages does the book have in total?

⑶ 以下の英文を読んで，指示に従い記号で答えなさい。

One day Kenta looked at the night sky. He saw Cassiopeia in the north sky at 21:00. One month later, he saw Cassiopeia again. It was in the same position as when he saw it last month. What time was it? Choose from the alternatives below.

ア About 19:00.　イ About 20:00.　ウ About 21:00.
エ About 22:00.　オ About 23:00.

⑷ 以下の英文を読んで，質問に日本語で答えなさい。

Amphibians are animals which can live both on land and in water. They are not fish, reptiles, birds or mammals. Frogs are amphibians. What does the word “amphibian” mean? Answer in Japanese.

⑸ 以下の英文を読んで，指示に従って日本語で答えなさい。

The woman lived in Japan about one thousand years ago and worked for the palace. She wrote a famous essay. The essay starts with the sentence: “Spring is best just before the sunrise.” Answer the name of the woman.

Ⅱ 以下の各設問に答えなさい。

A　それぞれの対話を読み，質問（Q）に対する答えとして最も適切なものを，ア～エのうちから一つずつ選びなさい。

⑴ A：How many taxis shall I call?
B：Twelve people are attending the party, but John and Paul said they’re going by bike.
A：Each taxi carries up to four, so ....
B：Oh, James said he and Tomoko will go in his car.
Q. How many taxis will Ms. A call?
ア 1　イ 2　ウ 3　エ 4

⑵ A：Mary, what time is it?

B：It's already nine thirty.
A：Then, I'll get some drinks at the kiosk.
B：No, Bill, we have only three minutes before the train leaves. Don't go out.
Q. At what time will the train leave?
ア 9：03　イ 9：27　ウ 9：30　エ 9：33

(3) A：Can I park my car in your garage?
B：Thirteen cars are parked there now, but we can accommodate five more.
A：I see. I'll show up in ten minutes.
B：OK, I'm waiting for you.
Q. How many cars is the garage able to park altogether?
ア 5　イ 18　ウ 35　エ 13

(4) A：How time flies!
B：Yes. The year 2007 is now coming to a close.
A：Next year will be our thirtieth wedding anniversary. You will remember that, don't you?
Q. When did the couple get married?
ア 1975　イ 1977　ウ 1978　エ 1998

(5) A：How often does the bus leave for City Hall?
B：Every fifteen minutes. And the trip takes about twenty minutes.
A：When is the next bus?
B：It'll leave in twelve minutes.
Q. How many buses are there each hour?
ア 3　イ 4　ウ 12　エ 15

(6) A：I need to put your name on the participants list. Is the spelling correct?
B：Almost. But you need "q" after "c", and "s" at the end.
A：Then, your name is pronounced "jacks"?
B：No, you don't pronounce the last "s".
Q. Which is the correct spelling of the man's name?
ア Jaques　イ Jacques　ウ Jacgk　エ Jacks

(7) A：It's almost April.
B：Yeah. The big project will start in a month.
A：No. Mr. Smith said that the start of that project has been put off for another two months.
B：Really? But we have to prepare for it soon anyway.
Q. About when will the project start?
ア March　イ April　ウ June　エ August

(8) A：I heard you are going to Australia to study.
B：Yes. I'm going to study English there for five months.

A：When will your school begin?

B：September the 1st.

Q. When will Mr. B finish studying abroad?

ア June　イ September　ウ January　エ April

(9) A：I'm coming to your soccer game, Bob. It's on the last day of this month, right?

B：Well, it was scheduled on that Sunday at first, but ...

A：But it was rescheduled, right?

B：Yeah, it's been put off till the next Saturday.

Q. When will Bob's soccer game take place?

ア Saturday, September 30　イ Sunday, September 30

ウ Saturday, October 6　エ Sunday, October 6

(10) A：Won't you come to the barbeque this weekend?

B：I'd love to, but I can't.

A：Why not?

B：I have to take care of my little sister. My parents are going to a concert.

Q. Where will B be on the weekend?

ア At his friend's party.　イ At a concert hall.

ウ At his house.　エ At a barbeque restaurant.

B　それぞれの対話を読み，最後の発言に対する応答として最も適切なものをア～エのうちから一つずつ選びなさい。

(11) A：How do you come to the driving school here?

B：My house is not far from here. So I walk over here.

A：(　　)

ア You had better buy a used car first.

イ You have enough time to take a walk.

ウ How lucky you are! I have to take a bus.

エ Please take care not to drive too fast.

(12) A：We'd like to stay at this hotel tonight. Do you have a twin-bed room?

B：I'm sorry. We don't have any twin-bed rooms available tonight.

A：(　　)

ア I'll pay with a credit card.

イ Do you have another twin-bed room?

ウ How about a double-bed room?

エ We don't need two single-bed rooms.

(13) A：Give me Ken's phone number.

B：I really want to, but I don't remember what it is.

A：Didn't you bring your cellphone with you?

B：(　　　)

ア　No.　I left it on the desk in my room.

イ　No.　I bought a new one about a month ago.

ウ　No.　In fact, I don't know his cellphone number.

エ　No.　I let him know your cellphone number.

⒁　A：Hi Mike, long time no see.

B：Hey Sue, will you be in English class tomorrow?

A：Of course I will.　Why?

B：(　　　)

ア　Could you take notes for me?

イ　I forgot to do the homework.

ウ　I was sick all week.

エ　Thanks!　I really appreciate it.

⒂　A：Have you been to that new Italian restaurant?

B：Not yet.　Have you?

A：I went last night for the first time.

B：(　　　)

ア　Haven't you been there yet?

イ　I did, too.　I went last weekend.

ウ　Really?　I heard it's Italian food.

エ　Did you?　How was the food?

Ⅲ　以下の対話文を読んで，設問に答えなさい。

A：Read this article.　It's about how nurses, doctors, pilots and teachers get rid of stress.

B：Well, it says that nurses like talking with others and (①) they like shopping very much.　They also like listening to music.

A：That's right.　Among doctors, shopping and sleeping are very popular.　They like playing sports, too.　How about pilots?

B：They seem to like sleeping and playing sports best.　Shopping, talking, and listening to music aren't so popular among pilots.

A：That's interesting.　Among teachers, talking with others is the most popular.　They also like listening to music.

B：So, people ②[職業が違えば方法も違う] of getting rid of stress, right?

⑴　以下の⒜，⒝，⒞はそれぞれ誰の意見か。それぞれア～エから選びなさい。

⒜　I like talking with a friend of mine and listening to classical music, not shopping.

⒝　I like sleeping and playing soccer, not going to a department store.

⒞　I like playing baseball, sleeping, and going to my favorite shop to buy something.

ア a pilot　イ a teacher　ウ a nurse　エ a doctor

⑵ （①）に入る適切な語を答えなさい。

⑶ ②の［ ］内の日本語に合うように以下の語を並べかえたとき，1語不要な語がある。その語を答えなさい。

[different / different / have / jobs / of / ways / with]

Ⅳ 次の英文を読んで，後の各設問に答えなさい。

Research at Yale and Oxford universities has shown that exercise is more important than money when it comes to mental health and happiness.

Researchers asked over ①1.2 million US adults how ②[they / many / sad / happy / times / felt], stressed, or had other emotional problems in the past 30 days. They also asked about income and physical activities.

The results showed that ③[are / stay / people / calm / who / active] usually happier. For example, people who don't exercise feel bad for 53 days a year, (a) average, while those who do exercise only feel bad for 35 days a year. The study also found that people who are physically active are as happy as people that don't exercise often but who earn around $25,000 more per year.

(④), the team found that too much exercise may be bad for mental health. To get the most benefit, you only need to exercise (b) about 30 to 60 minutes, three to five times a week. People who exercised more than five times a week had worse results. And those who exercised more than three hours a day felt more negative emotions than those who didn't exercise (c) all.

The study also showed that (⑤) sports – where players must work together with others – usually improve a person's mental and emotional health the most. However, cycling and aerobic activities, such (d) walking and running, can have almost the same positive effect.

問1 空所（a）～（d）に入る語を，次のア～キから選び，記号で答えなさい。

ア as　イ for　ウ on　エ to　オ by　カ at　キ in

問2 下線部①を漢数字で答えなさい。

問3 本文中の下線部②，③の［ ］内の語を正しく並べかえなさい。ただし，それぞれ不要な語が1つずつある。

問4 空所（④）に入る適切な語を次のア～エの中から1つ選び，記号で答えなさい。

ア So　イ Moreover　ウ Therefore　エ However

問5 空所（⑤）に入る適切な語を，本文中から探して書き抜きなさい。

問6 以下の説明に当てはまる語を本文中から1語で書き抜きなさい。

"The money that people make."

V 次の英文を読んで，後の設問に答えなさい。

New research shows that insects feel pain. The researchers say it isn't the same kind of pain that humans feel. The pain that insects feel is a sensation that is like pain. The research was conducted at the University of Sydney in Australia. Professor Greg Neely, co-author of the research report, said: "People don't really think of insects as feeling any kind of pain, but it's already been shown in lots of different *invertebrate animals that they can sense and avoid dangerous things that we think of as painful." He added: "We knew that insects could sense 'pain' but what we didn't know is that an injury could lead to long-lasting hyper-sensitivity ... in a similar way to human patients' experiences."

The researchers looked at how *fruit flies reacted to injuries. The scientists damaged one leg on the flies and (①) the leg to heal. They found that after the leg fully healed, the flies became more sensitive and tried harder to protect their legs. Professor Neely said the pain the flies felt stayed in their memory and this changed their behavior. He said: "After insects are (②) once badly, they are hypersensitive and try to protect themselves for the rest of their lives." Neely says he hopes to carry out more research to better understand how humans feel pain. He said: "We are focused on making new *stem cell therapies or drugs that target the *underlying cause and stop pain for good."

注：*invertebrate 無脊椎（セキツイ）の　*fruit fly ショウジョウバエ　*stem cell 幹細胞
*underlying 隠された

問１ 空所（①），（②）に入る適切な語を，次のア～オから選び，それぞれ記号で答えなさい。

ア hurt　イ let　ウ protected　エ allowed　オ avoided

問２ 以下は本文をまとめたものです。（１）～（８）に適する語を，ア～チの中から選び，記号で答えなさい。同じ記号は２回以上使用してはいけません。

Research shows that insects feel pain. One of the researchers said insects know (1) by pain and (2) them. He said he didn't know that an injury could make insects more (3). The researchers damaged one leg on fruit flies. After it (4), the flies were more sensitive. The flies (5) the pain and tried to protect their legs until they (6). The researcher wants to research (7) pain. He wants to make (8) to stop pain.

ア dangerous　イ human　ウ cured　エ medicines　オ dangers
カ sensitivity　キ sensitive　ク sense　ケ feel　コ remembered
サ died　シ injured　ス made　セ heal　ソ memory
タ prevent　チ insect

VI それぞれの対話文の（　）内に，［　］内の単語を用いて自然な会話文になるように５語の英文を当てはめなさい。（［　］内の単語は１語と数え，また，don't などの短縮形も１語と数える。）

(1) A：Bill, did you attend the last class yesterday?　I don't think I saw you.
B：Actually, I left early.　I felt sick then.
A：Oh, did you?　([right]) now?

(2) A：Dad, have you seen my cell phone?　I can't find it.
B：I saw it next to your computer.
A：It's not there.
B：Look again, ([probably]).

問１　二重傍線部ａ、ｂの読みをひらがなで書きなさい。

問２　二重傍線部ｃ～ｅの「失せ」のうち、一つだけ他とは意味の異なるものがある。それを選び、記号で答えなさい。

問３　傍線部①「形いつくしかりければ」、④「上りなむ」の訳として最も適切なものを次の中からそれぞれ選び、記号で答えなさい。

①「形いつくしかりければ」

ア　形がなつかしいので　　イ　容姿が整っていたので

ウ　まだ幼かったので　　エ　顔がいかめしいので

オ　愛情の深い子だったので

④「上りなむ」

ア　上がるだろう　　イ　大きくなるだろう

ウ　家に入ろう　　エ　天に昇ろう

オ　都へ帰ろう

問４　傍線部②「いみじくかなしく愛し思しける」、③「わづらひ」の主語を文中からそれぞれ抜き出して答えなさい。

問５　傍線部⑤「ここ」とあるが、どこのことか。傍線部⑤よりも後ろの文中から抜き出して答えなさい。

問６　傍線部⑥「帰らぬ人」とあるが何を指しているか。文中から二つ抜き出して答えなさい。

問５　傍線部③「それは兄のセイイチ向きの仕事だと思えた」とあるが、どういう意味か。説明として最も適切なものを次の中から選び、記号で答えなさい。

ア　女性をエスコートするような仕事は、女性慣れしている兄向きの仕事だと思えたということ。

イ　夫役として老女と過ごすような仕事は、演じることが得意な兄向きの仕事だと思えたということ。

ウ　演技力が求められるような仕事は、人をだますことに慣れている兄向きの仕事だと思えたということ。

エ　人と触れ合うような仕事は、肉体労働には向いていない兄向きの仕事だと思えたということ。

オ　他人をだましつづけていくような仕事は、頭の回転が早い兄向きの仕事だと思えたということ。

問６　傍線部④「それでもこの人は、とセイジは思った」とあるが、どのようなことを「思った」のか。分かりやすく説明しなさい。

問７　傍線部⑤「あんな妙な事件」とあるが、どのような「事件」か。説明として最も適切なものを次の中から選び、記号で答えなさい。

ア　店員がセイジを老女の「夫」ではなく「孫」だと思い込んだこと。

イ　店員が二人の関係を取り間違えて、警察沙汰にしてしまったこと。

ウ　二人がセイイチを呼び出す必要があるほどの粗相を起こしてしまったこと。

エ　二人の関係が勘違いされて、なかなか納得してもらえなかったこと。

オ　セイイチを呼び出して、三人でデートをする羽目になってしまったこと。

問８　傍線部⑥「若い男二人は、老女の両脇を持ち上げて、白い毛並みで金のたてがみの馬に乗せ」とあるが、なぜ二人はこのような行動をとったと考えられるか。理由を説明しなさい。

３　次の文章を読んで、後の問いに答えなさい。

今は昔、a紀貫之といふ歌詠みありけり。b土佐守になりてその国に下りてありけるほどに、任はての年（任期満了の年、）、七つ八つばかりなる男子（をのこご）の、①形いつくしかりければ②いみじくかなしく愛し思しける（たいそういとしくかわいく思っていた子が、）が、日ごろ③わづらひてはかなくしてc失せにければ、貫之限りなくこれを歎き（なげ）泣きまどひて（ひどく泣いて、）、病みつくばかり思ひこがれけるほどに（病気になるほどしきりに思っているうちに、）、月ごろになりにければ（何か月もたったので）、任ははてぬ（任期が終わった。）。かくてのみあるべき事にもあらねば（このようにしてばかりいられることでもないので、）、④上りなむといふほどに、かの児の⑤ここにてとかく遊びし事など思ひ出でられて、いみじく悲しく思えければ、柱にかく書きつけけり、

都へと思ふ心のわびしきは（つらいのは）⑥帰らぬ人のあればなりけり

と。上りて後もその悲しみの心d失せでありける。その館の柱に書きつけたりける歌は、今までe失せでありけりとなむ語り伝へたるとや（語り伝えたということだ。）。

（『今昔物語集』一部改変）

いつのまにかセイイチとセイジの間に割って入った小柄な老女は、来たときと同じようにスカーフを頭に巻いていた。寒いんですもの、と彼女は言った。

「兄ちゃんは俳優志望だったんですよ」

「だったってことは、過去形？」

「食えないんで『なんでも屋』を始めたんです。ちなみに弟は作家志望です」

「なに、言ってんだ、兄ちゃん」

「若いっていいわね」

頭にスカーフを巻いた老女は、遠い日を思い出すように目を細め、

「うちの主人は音楽家だったの。若い頃はうんと貧乏だったわ」

と言った。それから、

「ねえメリーゴーラウンドに乗りましょうよ」

と、両手で兄弟のそれぞれの手を握った。

あれ、子供用なんじゃないかなあ、大の大人が乗っていいのかなあと、躊躇（ちゅうちょ）するセイイチを c 一顧（いっこ）だにせず、老女は二人の手を引っ張るようにしてメリーゴーラウンドまで行き、券を買ってポニーを選んだ。⑥若い男二人は、老女の両脇を持ち上げて、白い毛並みで金のたてがみの馬に乗せ、自分たちは前後のポニーに跨（また）がった。

遊具が旋回を始め、馬が上がったり下がったりした。

メリーゴーラウンドはゆっくり回り、夜の東京に光の糸が幾本（いくほん）も流れた。

老女とセイイチとセイジは、黙ったきり、遊具が動くままに二回転した。

（『よろず化けます』中島 京子 一部改変）

問１ 二重傍線部ａ～ｃの語句の本文中での意味として最も適切なものを次の中からそれぞれ選び、記号で答えなさい。

ａ「勘繰り」

ア 勘違い　イ 第六感　ウ うたがい

エ 判断　オ 気遣い

ｂ「やにわに」

ア ゆったりと　イ 突然に　ウ やんわりと

エ やっとのことで　オ びくびくして

ｃ「一顧だにせず」

ア 相談もしないで　イ 少しも試そうとしないで

ウ 落ち着かせることもなく　エ 気に掛けることもなく

オ 一度だけしか考えないで

問２ 空欄部に漢字一字を入れて慣用表現を完成させなさい。

問３ 傍線部①「待ち合わせ場所として動物園の入り口を指定した」とあるが、なぜ老女は「動物園の入口」を指定したのか。三十字以上四十字以内で説明しなさい。

問４ 傍線部②「そんな依頼に応じるのはばかげている」とあるが、老女はどのような仕事を「依頼」したのか。説明として適切でないものを次の中から選び、記号で答えなさい。

ア 一日だけ夫の代わりとして行動を共にする仕事。

イ セイジにスーツを着させて夫の代わりをさせる仕事。

ウ 他にお願いする人がおらず、依頼した仕事。

エ 理由も説明せずに当日になって依頼した仕事。

オ 他の業者にすべて断られて、セイジに依頼した仕事。

トの中の宝石店でｂやにわに現金五十万円近くをつかみ出して、

「あなた、あの指輪を私に買って」

と言ったせいだ。

おたおたしながら札束を受け取り、妻がこれを欲しがっているので指輪を見せてくれと店員に伝えると、いったん畏まりましたと答えておきながら店員は、ショーケースのどこかに隠してある非常用のブザーを押して、警備員を呼んだのだった。

人目を避けるようにして裏の警備員室に連れて行かれた二人は、慇懃な口調で関係を問われた。困ったことに老女が「夫妻」と言い張ったため、身分証まで要求されて、果てはセイジが携帯でセイイチを呼び出して商売を説明させる羽目に至ったのだった。

「このたびはたいへんな失礼を」

と、支店長まで出てきて頭を下げたが、本当のところデパート側は、そう悪いことをしたと思ってもいないようだった。紛らわしいことをするのが悪いと言いたげだった。なんでも、「振り込め詐欺」に似た手法で、独居老人を騙して同行し、高額な買い物をさせて品物を奪う、新手の詐欺が頻出しているという話だ。「お客様の安全をお守りするために正確な事情を把握してからお買い上げいただくことになっておりまして」というわけだった。

警備員に洗いざらい事情を説明してしまうと、「夫ごっこ」はすっかり破綻した。これでは仕事が成立したとは言えないから、代金はいただきませんと、兄のセイイチは老女に頭を下げた。

「いいんですよ」

と老女は言って、二人を食事に誘った。

どのみち、本当に夫代わりが欲しいわけではなくて、誰かいっしょにいて欲しいだけなのよ、お二人に夫代をお支払いしたいくらいだわと付け加えた。

老女は、昔、主人とよく行った店に連れて行くと言って、先頭に立って歩きだした。着いたのは、駅前の大衆食堂で、三人は靴を脱いで下足箱に入れた。

（中略　食事の後、老女は「デパートの屋上の遊園地に行きたい」と言い、二人も一緒に連れて行こうとする）

タクシーを呼びとめて、これも観光地近くの老舗デパートを目指したのだが、たどり着いて屋上に上がってみると、そこはひどく間の抜けた「遊園地」で、ぱっとしないミニゴーカートや豆電車といった、幼児向けの遊具が乗る人もなく置かれているのだった。

「セイジ、知ってる？　ここ。『東京暗黒街　竹の家』のロケ地だったんだぜ」

役者崩れのセイイチは、背を丸めて煙草に火をつけ、口から煙を吐き出しながら、傍らの弟に言った。

「有名な映画？」

「うん。サミュエル・フラーって、ゴダールの『気狂いピエロ』や、アキ・カウリスマキの『ラヴィ・ド・ボエーム』に出てる、頭の爆発した映画監督が撮った。ここでＦＢＩだかなんだかとアメリカ人ギャングが、ばこんばこん銃撃戦をやるんだ。土星みたいな形のヘンな乗り物があってさ。オールカラーで昭和三十年の東京が見られる、とんでもない映画だよ」

「古い映画がお好きなの？」

うからというだけの理由で、打ち合せもなくいきなり「仕事」に入るのは間違っているとセイジも思う。けれど、兄の衣装棚からそれらしいスーツにコートを着込んであたふた出かけることにしたのは、ひょっとしたらその時点で、電話の女の声に惹かれるところがあったせいかもしれない。

セイジは玄関の鏡の前で髪を整えることすらした。

あきらかに、③**それは兄のセイイチ向きの仕事だと思えた**。なんでも屋の仕事のうちでも、頭や機転や見てくれのよさを要求されるものはセイイチが、肉体労働は主にセイジが請け負っていた。そもそもセイイチがこの仕事を始めることにしたのは、役者として芽が出なかったからで、なんでも屋の仕事の中でも演技的な要素を要求されるものは、兄の得意分野と言ってよかった。でも、このときとにかくセイイチに連絡は取れなかったし、相手がセイジでいいというのだからと自らを納得させ、女性と待ち合わせるというシチュエーションにどぎまぎしながら、息せき切って地下鉄に乗り込んだのだった。

セイジは待ち合わせの場所へ行った。十分ほど待つと、キャメルのロングコートを着た小柄な女性が頭に黒っぽいスカーフを巻いて、歩いてくるのが見えた。

「なんでも屋さんですね」

驚いたことに女のほうから話しかけてきた。

セイジは目印になるようなものは身に着けてもいなかったし、特別目立つ風貌でもなかったから驚いた。

「はい」

と答えると、

「じゃあ、行きましょう」

と言って、女はスカーフを外した。小柄で白髪の老女がそこに居た。

若々しい声にだまされたと、そのときセイジは思った。

まだ春が遠く感じられる二月のことで、動物園にあまり人はいなかった。入ったからといって、女は何をするのでもなかった。ただぐるぐると園内を巡り、檻の前に黙って佇んだ。

「夫が亡くなったのは、三年も前」

パンダの檻の前で、女はそう話した。とうのパンダは寒さに□を上げたのか隠れていて、檻はがらんどうのように見えた。

「思い出といっしょに暮していけばいいだけの話なのに、ときどき一人でいるのがものすごくさびしくなる」

「もう三年も経ってるんだったら、誰かとつきあったっていいんじゃないですか」

「若い人はおもしろいこと言うのね。私のようなおばあさんに、そういうことは起こらないのよ」

女はそう言って笑った。

「今日は結婚記念日だから、思い出の場所めぐりをしたいんだけど、一人きりではさびしいし、友達をつきあわせるのも気が引ける。私には子供がいないから、息子や孫に頼むわけにもいかない」

④**それでもこの人は、とセイジは思った**。

なんでも屋に「孫」ではなく「夫」を発注した。

寒い動物園を後にしてデパートに買い物に向かったときは、⑤**あんな妙な事件**になるとは思わなかった。

齢七十は過ぎている彼女が、二十三歳のセイジを「夫」と呼び、デパー

エ　女子学生の就職率が上昇したので、男子学生の就職率が低下している。

オ　今年は文化祭が盛り上がったので、秋の体育祭も盛り上がっている。

問９　この文章について説明したものとして最も適切なものを次の中から一つ選び、記号で答えなさい。

ア「あなたは経済産業省の職員で」のような仮定の例を提示することで、読者を空想の世界へと引き込む効果を生んでいる。

イ　過去のデータを多数提示することによって、説明が客観的であることを示し、自らの主張が正しいことを表そうとしている。

ウ　新聞記事からの例を多く用い、日常生活におけるデータ分析が非常に重要であることを読者に意識させようとしている。

エ　読者が広告やマスコミによってだまされないようにするため、なるべく極端な例を多めに挙げて、注意を喚起している。

オ　読者が読みやすく感じられるように、できるだけ簡単な表現を用いて、起承転結の流れを重視して文章を構成している。

2　次の文章を読んで、後の問いに答えなさい。

尾上セイジは、傍らでおとなしく話を聴いている五歳の男の子を一瞬忘却して、あの日のことを思い浮かべた。

兄弟が「尾上なんでも商会」を開業してまもなくのことだった。

私の夫になってくださいと、電話口で女性が言った。

その依頼自体は、珍しいものでもなかった。

しつこい男をまくために一日だけ彼氏になって欲しい、記憶障害の進んだ老人を訪ねて息子のふりをして欲しい、結婚式に兄のふりをして出席してもらいたいなどなど。どうしても何かの都合で親族代わりが必要なときに、人は金を出してでも雇おうと考えるらしい。このパターンでもっとも需要が高いのは、結婚に際しての親役だという。結納から披露宴まで数回に亘って親役を演じるベテランの中年男女もいるという話だ。いわゆるレンタル家族を商売にしている専門業者もいるけれど、都合がつかなかったり、費用が高かったりするのか、尾上兄弟にもときどきそんな依頼が来た。

けれど、「夫になってください」と突然告げられたセイジは答えに窮した。

しかもいまからすぐ、一時間後に夫の格好をしてやってこいとまで言われると、少し依頼人にからかわれているのではという a**勘繰り**も生まれる。

「夫はべつに珍しい格好をする人ではありませんでした。だから、きちんとしたスーツを着てきてくだされればいいんです」

そう言って女の声は、①**待ち合わせ場所として動物園の入り口を指定した。**何か目印になるようなものがあればと、セイジがもごもご訴えると、

「頭にスカーフを巻いて行きます」

と、女は答えた。

スカーフを巻いた頭の女性がどれくらいいるのかは測りかねたけれど、とりあえず引き受けることにして電話を切った。セイイチの携帯に連絡すると留守電だった。

②**そんな依頼に応じるのはばかげている**し、規定料金より多い謝礼を払

問１　波線部ａ～ｅのカタカナをそれぞれ漢字に直しなさい。なお、文字は楷書で一画ずつ丁寧に書くこと。

問２　空欄Ａ～Ｄに当てはまる語として、最も適切なものを次の中からそれぞれ選び、記号で答えなさい（ただし記号は重複しない）。

ア　あたかも　　イ　例えば　　ウ　ですから

エ　ところが　　オ　または

問３　空欄あに入れるのに適切な三字以内の表現を考えて答えなさい。

問４　空欄い・うにあてはまる表現として最も適切なものを次の中からそれぞれ選び、記号で答えなさい。

い　ア　電力価格の変化が電力消費量の変化をもたらした

イ　電力価格が変化するときはさまざまな要因がある

ウ　電力消費量が変化するときはさまざまな要因がある

エ　気温の変化や災害によって電力消費量が変化する

オ　節電効果を上げるには電力価格を上げる必要がある

う　ア　データが示している因果関係なのだ

イ　データが示している偶然の結果なのだ

ウ　データが示している異なる可能性なのだ

エ　データが示している危険性なのだ

オ　データが示している事実なのだ

問５　傍線部①「データ分析から因果関係を導くことの難しさ」について、ここで言う「難しさ」が生じる理由として最も適切なものを次の中から選び、記号で答えなさい。

ア　アイスクリームの例も、電力の例も、留学の例も、すべては価格がデータに反映されるもので、各家庭の経済的な状況を考慮しなければ因果関係を分析できないから。

イ　データを分析した場合にはっきり見えてくるのは相関関係の方だけであって、因果関係を明らかにするためにはデータ分析という手法に頼っていては不十分であるから。

ウ　因果関係は表やグラフのようなデータに表れるものではなく、人間が頭で考えるものなので、どんなにデータを分析しても因果関係を説明することなどできないから。

エ　ある現象について因果関係を説明するためには、さまざまな要因を考察しなければならず、ひとつのデータを分析した結果だけを見て判断することなどできないから。

オ　世の中には相関関係と因果関係を混同させた怪しい分析結果が多いため、ひとつのデータを改めて分析し直さなければならず、膨大（ぼうだい）な時間と労力がかかるから。

問６　空欄えに入れるのに適切な表現を二十字以内で考えて書きなさい。

問７　傍線部②「このような論調」とはどのような論調のことですか。四十字以内で説明しなさい。

問８　次のア～オの説明の中から、因果関係を表しているものをすべて選び、記号で答えなさい。

ア　昨日の夜からずっと雨が降っていたので、今朝は地面がぬれている。

イ　サッカーの人気が高くなったので、プロ野球の人気は低下している。

ウ　体育の授業で転んでひざをすりむいたので、今日はひざが少し痛む。

長の改革の成果である」

↓社長が代わった以外にも株価が上昇した他の要因があり得る。

「政府が数億円かけて実施した補助金政策によって、補助金交付後、各地域で消費が増加した。これは、補助金が地域経済を活性化した証である」

↓補助金以外にも消費が増加した他の要因があり得る。

「ある学校では新たなカリキュラムを導入した。すると、生徒の理解度と成績が前年に比べて向上した。よって、新カリキュラムは旧カリキュラムよりも優れていることが示された」

↓カリキュラム導入以外にも成績へ影響するような変化があった可能性がある。

「マンションの高層階に住む女性の不妊率が高いことがデータから示された。よって、子供を産みたい女性がマンションの高層階に住むのは危険である」

↓マンションの高層階に住む女性と低層階に住む女性では、所得・年齢・職業など様々な別の要因が違う可能性があり、高層階に住むことが本当の要因なのかは明らかではない。

「電力市場の自由化改革を行った国の電力価格は、行っていない国の価格よりも高い。よって、電力市場自由化改革を行うと電力価格が上がってしまう」

↓電力市場の自由化改革を行った国とそれ以外の国では様々な要素が異なるので、自由化改革自体が価格に影響したのかは明らかではない。

また、そもそも［　え　］という逆の因果関係もあり得る。

②**このような論調**は、一見すると**e**スドオりして因果関係と捉えてしまいがちです。しかし、一歩立ち止まってよく考えてみると、「XがYへ影響したと結論づけているけれども、他の要因Vも影響している可能性があるのでは？」「もしかしたらYがXへ影響している可能性もあるのでは？」という疑問が出てきます。しかし残念ながら、新聞やテレビで主張されていることの多くは、相関関係を誤って解釈して因果関係のごとく示されているものなのです。

（伊藤 公一朗『データ分析の力　因果関係に迫る思考法』）

図表1-1 広告の影響でアイスクリームの売り上げが伸びた？

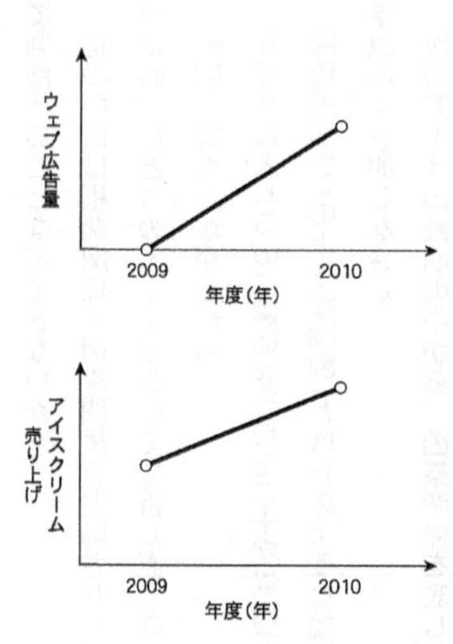

図表1-2 電力価格上昇による影響で電力消費量が下がった？

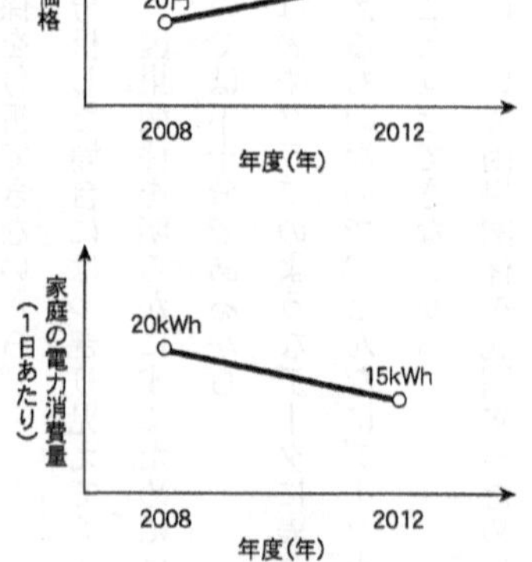

（注：ｋＷｈ＝キロワットアワーは電力消費量の単位です。日本の平均的なご家庭の使用量は、夏の間は１時間当たり20ｋＷｈほどです）。そのため、上司に対し以下のような報告をしました。

「図表１－２を見ていただくとわかるように、５円の電力価格上昇による影響で、消費量が５ｋＷｈ下がったことがわかりました。そのため、電力価格を上げれば大きな節電効果が得られると期待できます」

さてここで、なぜあなたの結論が間違っている可能性があるのか考えてみてください。

どんな可能性が考えられますか？

ここでは電力の価格が消費量に及ぼした影響を言いたいわけですが、他の要因が色々と考えられないでしょうか。

例えば、２０１２年は比較的涼しい夏だったため、エアコン利用が減った可能性があります。もしくは、２０１１年に起きた東日本大震災によって、消費者の節電意識が高まったのかもしれません。そうすると、広告とアイスクリームの例と同様、このデータ分析からでは「い」という因果関係を判定できない、という問題が残るのです。

同じようなデータ分析の問題を、教育の例を使って見てみましょう。

先日、以下の新聞記事を目にしました。

「海外留学に力を入れているある大学の調査では、留学を経験した学生が、留学を経験しなかった学生よりも就職率が高いことがわかった。このデータ分析の結果から、留学経験は就職率を向上させるのであると大学は報告している」

留学を経験した学生が、留学を経験しなかった学生よりも就職率が高かったという記事の前半部分は、う と思います。しかし、その結果から、

「留学を経験する　→　就職率が上がる」

という因果関係を導くことはできるでしょうか？

ここで、留学経験がある学生Ａさんと、留学経験がない学生Ｂさんを考えてみましょう。

問題は「留学を経験した」という点以外についても、ＡさんとＢさんは異なる可能性が高いということです。

（　Ａ　）、Ａさんは留学をできるほどの財力が家庭にあった可能性が高いかもしれません。（　Ｂ　）、留学のｃショウガク金を受けられるほど、もともと成績が良かったのかもしれません。さらに、そもそも留学をしたいという強い意志や、好奇心があった可能性もあります。

以上のように、留学をしたという点以外でＡさんとＢさんに違いがあった場合、２人の就職率に影響を与えたのは留学だったのかもしれないし、それ以外の要因だったのかもしれないのです。

（中略）

こうやって説明されてみると、①**データ分析から因果関係を導くことの難しさ**は直感的に理解できると思います。（　Ｃ　）、ニュースや新聞を見てみると相関関係と因果関係を混同させた怪しい分析結果は世の中に溢（あふ）れています。さらに問題なのは、怪しい分析結果に基づく単なる相関関係が「（　Ｄ　）因果関係のように」主張され、気をつけないと読者も頭の中で因果関係だと理解してしまっていることが多いという点です。

以下の例は、実際に著者が見かけたことのある新聞記事のｄバッスイです。

「ある企業では社長が代わった次の年に株価が上昇した。これは新社

【国　語】（五〇分）〈満点：一〇〇点〉

１　次の文章を読んで、後の問いに答えなさい。

あなたはアイスクリームを売る企業のマーケティング部に所属しています。現在社内では、ウェブサイト上で広告を表示することによって今年夏のアイスクリームの売り上げを伸ばすことができないか、ということが検討されています。あなたは上司から、広告を出すと売り上げがどれだけ伸びるのかデータ分析をしてほしいと頼まれました。

過去のデータを見てみると、次のことがわかりました。

２０１０年にあなたの会社では、あるアイスクリーム商品についてのウェブ広告を出しました。すると、広告を出さなかった２００９年と比較して、２０１０年の売り上げは40％上がっていました。そのデータの動きをグラフにしたのが図表１－１です。この図では、広告を出した影響で売り上げが伸びたように見えます。そのため、あなたは上司に対し以下のような報告をしました。

「この図を見ていただくとわかるように、広告を出した影響により２０１０年の売り上げは２００９年に比べて40％上がった、ということが分析からわかりました」

さてここで、なぜあなたの結論が間違っている可能性があるのか考えてみてください。どんな可能性が考えられますか？

ここでの問題は、

「広告を出した　→　広告の影響で売り上げが40％伸びた」

という広告から売り上げへの因果関係が、あなたのデータ分析結果から導けるかどうかです。

例えば、２０１０年の夏が２００９年の夏よりも猛暑だった場合はどうでしょうか？

実際に日本では２００９年は比較的[a]レイカで、２０１０年夏は猛暑でした。その場合、40％の売り上げ増というのは、広告の影響ではなく、単に気温が高くなったために消費者がアイスクリームを求めたから、という可能性はないでしょうか？

他にも様々な理由が考えられます。

例えば、日本では２００８年の世界[b]キンユウ危機以降、消費が冷え込みましたが、２０１０年あたりから少しずつ消費が上向きになりました。その場合、40％の売り上げ増は広告の効果ではなく、単に経済が全体的に良くなって消費者がお財布の紐（ひも）を［　あ　］始めたからだった、という可能性はないでしょうか？

２つ目の例として、政策を実施する政策担当者の抱える課題について考えてみましょう。

あなたは経済産業省の職員で、来年夏の節電対策を考えています。今回のプロジェクトの目的は、電力の価格を上げるとどれだけの節電効果につながるのかについて上司に報告することです。その目的のため、あなたは過去の電力価格と電力消費量のデータを集めました。

データを見てみると次のことがわかりました。

日本のある地域では２０１２年に電力価格の上昇がありました。仮に、２００８年の電力１単位あたりの価格は20円、２０１２年の価格は25円としましょう。一方、消費量のデータを見ると、２０１２年の電力消費量は２００８年と比較して１時間あたり５ｋＷｈ下がっていました

第1回

2020年度

解 答 と 解 説

《2020年度の配点は解答欄に掲載してあります。》

<数学解答>

1 (1) 4 (2) $x+y$ (3) $(x+1)(x+2)(x+3)(x+4)$ (4) $n=104$
(5) 5 (6) $x=49°$, $y=61°$ (7) AE$=\frac{25}{2}$

2 (1) (i) 128 (ii) $k=11$ (iii) 56 (2) (i) $a=\frac{15}{2}$, $b=\frac{5}{2}$ (ii) $\frac{15}{8}$
(iii) △FOC:△ACB:△BDE=2:1:3

3 (1) 48 (2) 20 (3) 21 (4) 5

4 (1) B(2, 4) (2) D$\left(\frac{4}{3}, \frac{8}{3}\right)$ (3) △OAB:△OCD=9:4 (4) $y=5x$

5 (1) BC=6 (2) CH$=\frac{24}{5}$ (3) $\frac{144}{25}$ (4) $\frac{96}{5}$ (5) P$=\sqrt{3}$

○配点○

1 (1)~(5) 各4点×5 (6) 各2点×2 (7) 4点 2 (1) 各4点×3
(2) (i) 各2点×2 (ii) 4点 (iii) 4点(面積を求めて2点) 3 各4点×4
4 (1)・(2) 各3点×2 (3)・(4) 各4点×2 5 (1)・(2) 各3点×2
(3)~(5) 各4点×3 計100点

<数学解説>

1 (数・式の計算,因数分解,整数の性質,平方根,円の性質,角度,三平方の定理)

基本 (1) $(\sqrt{3}-1)(\sqrt{3}+3)+(1-\sqrt{3})^2=(\sqrt{3}-1)\times\sqrt{3}(1+\sqrt{3})+(1-\sqrt{3})^2=\sqrt{3}(\sqrt{3}-1)(\sqrt{3}+1)+(1-\sqrt{3})^2=\sqrt{3}\times(3-1)+(1-2\sqrt{3}+3)=2\sqrt{3}+4-2\sqrt{3}=4$

(2) $\frac{3x+y}{2}+\frac{5x-y}{6}-\frac{4x-2y}{3}=\frac{3(3x+y)+(5x-y)-2(4x-2y)}{6}=\frac{9x+3y+5x-y-8x+4y}{6}=\frac{6x+6y}{6}=x+y$

(3) $x^2+5x=$Aとおくと,$(x^2+5x)^2+10(x^2+5x)+24=\mathrm{A}^2+10\mathrm{A}+24=(\mathrm{A}+4)(\mathrm{A}+6)=(x^2+5x+4)(x^2+5x+6)=(x+1)(x+4)(x+2)(x+3)=(x+1)(x+2)(x+3)(x+4)$

(4) $234n=2\times3^2\times13\times n=$(整数A)^{2}となるためには,$n=2\times13\times k^2$($k$は整数)であることが必要になる。$k=2$のとき,$n=104$になる。

(5) $x=\frac{2+\sqrt{5}}{\sqrt{3}}$,$y=\frac{2-\sqrt{5}}{\sqrt{3}}$のとき$x+y=\frac{2+\sqrt{5}+2-\sqrt{5}}{\sqrt{3}}=\frac{4}{\sqrt{3}}$ $xy=\frac{(2+\sqrt{5})(2-\sqrt{5})}{\sqrt{3}\times\sqrt{3}}=\frac{4-5}{3}=-\frac{1}{3}$ $(x+y)(x+2y)-y^2=x^2+3xy+2y^2-y^2=x^2+2xy+xy+y^2=(x+y)^2+xy=\frac{16}{3}+\left(-\frac{1}{3}\right)=\frac{16-1}{3}=\frac{15}{3}=5$

(6) 次ページの図のように頂点に名前をつける。△EFCについて外角の定理より∠CED=∠CFE+∠EFC=28+21=49 $\overset{\frown}{\mathrm{CD}}$に対する円周角なので,$\angle x=$∠CED=49 四角形ABCEは円に内

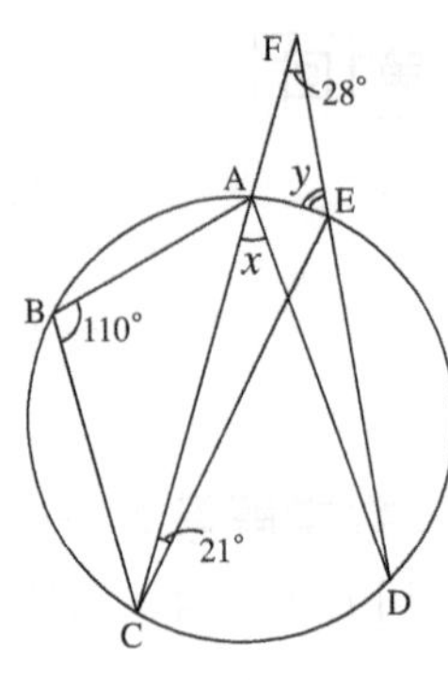

接する四角形なので対角の和は180°になる。 よって∠AEC＝180－110＝70　∠y＝180－∠AEC－∠CED＝180－70－49＝61

重要 (7) 半円の中心をOとする。AF, ABは, Aから半円Oにひいた接線なので, 長さは等しく, AF＝AB＝10　EF, ECはEから半円Oにひいた接線なので, 長さは等しくEF＝EC＝xとおく。AF＝10＋x, DE＝10－xとなり, △ADEについて三平方の定理により$10^2+(10-x)^2=(10+x)^2$　$100+100-20x+x^2=100+20x+x^2$　$40x=100$　$x=\frac{5}{2}$　AE$=10+\frac{5}{2}=\frac{25}{2}$

2 (規則性, 図形と関数・グラフの融合問題)

(1) (i) 2段目の和＝1＋1＝2＝2^1, 3段目の和＝1＋2＋1＝4＝2^2, 4段目の和＝1＋3＋3＋1＝8＝2^3, 5段目の和＝1＋4＋6＋4＋1＝16＝2^4, n段目の和＝2^{n-1}と考えられる。8段目の和＝2^{8-1}＝128

(ii) k段目の和＝$2^{k-1}=1024=2^{10}$　$k-1=10$　$k=11$

(iii) $(a+b)^3$を展開したときの係数の並びが4段目に現れていると考えられる。6段目＝(1　5　10　10　5　1), 7段目＝(1　6　15　20　15　6　1), 8段目＝(1　7　21　35　35　21　7　1), 9段目＝(1　8　28　56　70　56　28　8　1)となり, $(a+b)^8=a^8+8a^7b+28a^6b^2+56a^5b^3+70a^4b^4+56a^3b^5+28a^2b^6+8ab^7+b^8$　a^5b^3の係数は56

基本 (2) (i) A$\left(\frac{3}{2},\ 3\right)$は直線$y=-3x+a$上の点なので, $3=-3\times\frac{3}{2}+a$　$a=3+\frac{9}{2}=\frac{15}{2}$　直線mは$y=-3x+\frac{15}{2}$　C(1, 2)が直線$y=-\frac{1}{2}x+b$上の点なので, $2=-\frac{1}{2}\times1+b$　$b=2+\frac{1}{2}=\frac{5}{2}$　直線nは$y=-\frac{1}{2}x+\frac{5}{2}$となる。

(ii) Bは直線mとnの交点なので, $-\frac{1}{2}x+\frac{5}{2}=-3x+\frac{15}{2}$　$-x+5=-6x+15$　$5x=10$　$x=2$　$y=-3\times2+\frac{15}{2}=\frac{3}{2}$　B$\left(2,\ \frac{3}{2}\right)$　Dは直線mとx軸の交点なので, $-3x+\frac{15}{2}=0$　$-6x+15=0$　$x=\frac{5}{2}$　D$\left(\frac{5}{2},\ 0\right)$　Eは直線nとx軸の交点なので, $-\frac{1}{2}x+\frac{5}{2}=0$　$-x+5=0$　$x=5$　E(5, 0)　$\triangle\text{BDE}=\frac{1}{2}\times\left(5-\frac{5}{2}\right)\times\frac{3}{2}=\frac{1}{2}\times\frac{5}{2}\times\frac{3}{2}=\frac{15}{8}$

(iii) Aからy軸と平行な直線をひき, 直線nとの交点をHとすると, $x=\frac{3}{2}$と$y=-\frac{1}{2}x+\frac{5}{2}$より, $y=-\frac{1}{2}\times\frac{3}{2}+\frac{5}{2}=\frac{7}{4}$　H$\left(\frac{3}{2},\ \frac{7}{4}\right)$　$\triangle\text{ACB}=\triangle\text{ACH}+\triangle\text{ABH}=\frac{1}{2}\times\left(3-\frac{7}{4}\right)\times\left(\frac{3}{2}-1\right)+\frac{1}{2}\times\left(3-\frac{7}{4}\right)\times\left(2-\frac{3}{2}\right)=\frac{1}{2}\times\frac{5}{4}\times\frac{1}{2}+\frac{1}{2}\times\frac{5}{4}\times\frac{1}{2}=\frac{5}{8}$　Fは直線nとy軸の交点なので$y=-\frac{1}{2}\times0+\frac{5}{2}=\frac{5}{2}$　F$\left(0,\ \frac{5}{2}\right)$　$\triangle\text{FOC}=\frac{1}{2}\times\frac{5}{2}\times1=\frac{5}{4}$　△FOC：△ACB：△BDE$=\frac{5}{4}:\frac{5}{8}:\frac{15}{8}$＝10：5：15＝2：1：3

3 (場合の数)

(1) 百の位は0以外の4通り, 十の位は百の位に使った数字以外の4通り, 一の位は百の位, 十の位に使った数字以外の3通りの可能性があるので, 4×4×3＝48(通り)

(2) 各位の数字の和が3の倍数であれば, 3の倍数になるので, 各位の数字の組み合わせは(0, 1, 5), (0, 5, 7), (1, 3, 5), (3, 5, 7)の4種類が考えられる。それぞれについて並び方を考える。

(0, 1, 5), (0, 5, 7)については，百の位が0以外の2通り，そのそれぞれについて十の位の選び方が2通り，一の位は一つに決まるのでそれぞれ$2\times2\times1=4$(通り)，(1, 3, 5), (3, 5, 7)については，百の位の選び方は3通り，十の位は百の位の数字以外の2通り，一の位は一通りなので，$3\times2\times1=6$通り。よって，あわせて$4\times2+6\times2=20$(通り)

(3) 5の倍数にするためには，一の位を0または5にすればよい。一の位が5になるのは，百の位が0と5以外の3通り，十の位は残りの3通りなので$3\times3=9$(通り)，一の位が0になるのは，百の位が0以外の4通り，十の位は残りの3通りなので$4\times3=12$(通り)，あわせて$9+12=21$(通り)

やや難 (4) 25の倍数になるのは，下2ケタが50になる150, 350, 750の3通りと，下2けたが75になる175と375の2通り。あわせて$3+2=5$(通り)

4 (図形と関数・グラフの融合問題)

(1) Aは$y=x^2$上の点で，$x=-1$なので，$y=(-1)^2=1$　A$(-1, 1)$　直線ABは傾きが1なので$y=x+b$とおけるが，Aを通るので$1=-1+b$　$b=2$　直線ABは$y=x+2$　Bは$y=x^2$と$y=x+2$の交点なので，$x^2=x+2$　$x^2-x-2=0$　$(x+1)(x-2)=0$　$x=-1, 2$となるが，$x=-1$はAのx座標，Bのx座標は$x=2$　$y=2^2=4$　B$(2, 4)$

(2) 直線OBは原点を通ることから$y=dx$とおけるが，Bを通ることから　$4=2d$　$d=2$　直線OBは　$y=2x$　Dは$y=\frac{3}{2}x^2$と$y=2x$の交点なので，$\frac{3}{2}x^2=2x$　$3x^2=4x$　$x(3x-4)=0$　$x=0, \frac{4}{3}$　D$\left(\frac{4}{3}, \frac{8}{3}\right)$

重要 (3) 直線ABとy軸の交点をPとするとP$(0, 2)$　$\triangle OAB=\triangle OAP+\triangle OBP=\frac{1}{2}\times2\times1+\frac{1}{2}\times2\times2=3$　直線OAは原点を通ることから$y=cx$とおけるが，Aを通ることから$1=-c$　$c=-1$　直線OAは$y=-x$　Cは$y=\frac{3}{2}x^2$と$y=-x$の交点なので，$\frac{3}{2}x^2=-x$　$3x^2=-2x$　$x(3x+2)=0$　$x=0, -\frac{2}{3}$　C$\left(-\frac{2}{3}, \frac{2}{3}\right)$　直線CDを$y=mx+n$とおくと，Cを通ることから$-\frac{2}{3}m+n=\frac{2}{3}$…①　Dを通ることから$\frac{4}{3}m+n=\frac{8}{3}$…②　②−①は$2m=2$　$m=1$　②に代入すると$\frac{4}{3}+n=\frac{8}{3}$　$n=\frac{4}{3}$　直線CDは$y=x+\frac{4}{3}$　直線CDとy軸の交点をQとすると，Q$\left(0, \frac{4}{3}\right)$　$\triangle OCD=\triangle OCQ+\triangle ODQ=\frac{1}{2}\times\frac{4}{3}\times\frac{2}{3}+\frac{1}{2}\times\frac{4}{3}\times\frac{4}{3}=\frac{4}{3}$　$\triangle OAB:\triangle OCD=3:\frac{4}{3}=9:4$

やや難 (4) 直線ABと直線CDは傾きが等しいので平行な直線である。したがって，四角形ACDBは台形である。ABの中点Mは，$\left(\frac{-1+2}{2}, \frac{1+4}{2}\right)=\left(\frac{1}{2}, \frac{5}{2}\right)$　CDの中点Nは，$\left(\frac{-\frac{2}{3}+\frac{4}{3}}{2}, \frac{\frac{2}{3}+\frac{8}{3}}{2}\right)=\left(\frac{1}{3}, \frac{5}{3}\right)$　MNの中点をRとすると，$\left(\frac{\frac{1}{2}+\frac{1}{3}}{2}, \frac{\frac{5}{2}+\frac{5}{3}}{2}\right)=\left(\frac{5}{12}, \frac{25}{12}\right)$　求める直線は直線ORである。原点を通るので$y=rx$とおけるが，Rを通ることから，$\frac{25}{12}=\frac{5}{12}r$　$r=5$　$y=5x$

5 (立体，三平方の定理)

(1) $\triangle ABC$は$AB=10$, $AC=8$, $\angle ACB=90^\circ$の直角三角形なので，三平方の定理により，$BC^2=AB^2-AC^2=100-64=36$　$BC=6$

(2) $\triangle ABC$の面積について2通りの求め方を考える。$\frac{1}{2}\times AB\times CH=\frac{1}{2}\times AC\times BC$　$10\times CH=8\times$

6　$CH=\frac{24}{5}$

(3)　$DH=CH=\frac{24}{5}$　　DからHCに垂線をひき，その交点をIとすると△DHIは90°，60°，30°の角をもつ直角三角形なので，辺の比は$1:2:\sqrt{3}$となり，$DI=\frac{24}{5}\times\frac{1}{2}=\frac{12}{5}$　△$CDH=\frac{1}{2}\times\frac{24}{5}\times\frac{12}{5}=\frac{144}{25}$

(4)　$\frac{1}{3}\times$△$ABC\times DI=\frac{1}{3}\times\frac{1}{2}\times8\times6\times\frac{12}{5}=\frac{96}{5}$

(5)　DからHCに垂線をひき，その交点をJとすると，$DJ=\frac{24}{5}\times\frac{\sqrt{3}}{2}=\frac{12\sqrt{3}}{5}$　　新しい三角錐の体積$=\frac{1}{3}\times\frac{1}{2}\times8\times6\times\frac{12\sqrt{3}}{5}=\frac{96\sqrt{3}}{5}$　　よって，$P=\sqrt{3}$

★ワンポイントアドバイス★

基本問題だけでなく，各単元の応用問題にまでふみこんで練習しておく必要がある。1つ1つがしっかりしたつくりの問題なので解くのには時間を要する。また，2 (1)や3のようにていねいに数える必要のある問題もあるので，時間配分にも気をつけなければならない。

＜英語解答＞

Ⅰ　(1)　120(cm²)　(2)　225(ページ)　(3)　ア　(4)　両生類　(5)　清少納言

Ⅱ　(1)　イ　(2)　エ　(3)　イ　(4)　イ　(5)　イ　(6)　イ　(7)　ウ　(8)　ウ　(9)　ウ　(10)　ウ　(11)　ウ　(12)　ウ　(13)　ア　(14)　ア　(15)　エ

Ⅲ　(1)　(A)　イ　(B)　ア　(C)　エ　(2)　that　(3)　of

Ⅳ　問1　a　ウ　b　イ　c　カ　d　ア　問2　百二十万
問3　②　many times they felt sad　③　people who stay active are　問4　エ
問5　team　問6　income

Ⅴ　問1　①　エ　②　ア　問2　1　オ　2　タ　3　キ　4　ウ　5　コ　6　サ　7　イ　8　エ

Ⅵ　(1)　(例)　Do you feel all right　(2)　(例)　It's probably under your notebook

○推定配点○

Ⅰ　各2点×5　Ⅱ　各2点×15　Ⅲ　各2点×5　Ⅳ　各2点×10　Ⅴ　各2点×10
Ⅵ　各5点×2　計100点

＜英語解説＞

Ⅰ　(長文読解・論説文：内容吟味，資料読解)

1.　(大意)　下の図形は台形ABCDで，AD//BC，AD⊥DCである。AB＝10cm，AD＝12cm，BC＝18cmのとき，台形の面積を求めなさい。

AからBCに垂線を引き，この垂線とBCとの交点をPとする。△ABPで，BP＝18－12＝6cm，三平方の定理よりAP＝8cmである。台形ABCDの面積は(12＋18)×8÷2＝120cm^{2}である。

2. (大意) トムは本を読んでいる。すでに90ページ読み，それはその本の40％である。その本には合計で何ページあるか。
90÷0.4＝225ページである。

3. (大意) ある日，ケンタが空を見ると，21時にカシオペア座が北の空に見えた。1ヶ月後，彼がまたカシオペア座を見ると，先月見たときと同じ位置にあった。それは何時だったか。下の選択肢から選びなさい。
星は1ヶ月に東から西へ約30°動いて見える。また，1時間に東から西へ約15°動いて見える。したがって，「1ヶ月後」に「ある日」と同じ位置にカシオペア座を見るためには30÷15＝2時間早く見る必要があるから，19時頃である。

4. (大意) 両生類は陸上と水中の両方で生活することができる動物である。魚類，爬虫類，鳥類，哺乳類ではない。カエルは両生類だ。「両生類」という語はどういう意味か。日本語で答えなさい。

5. (大意) その女性は約1000年前に日本で生活し，宮殿で働いた。彼女は有名な随筆を書いた。その随筆は「春は日の出の直前が最も良い」の文で始まる。その女性の名前を答えなさい。
「春はあけぼの」から始まる随筆『枕草子』の筆者，「清少納言」である。

Ⅱ (会話文：内容吟味，英問英答，語句補充)

A (大意)

(1) A：何台のタクシーを呼びましょうか。／B：12人がパーティーに参加していますが，ジョンとポールは自転車で行くと言いました。／A：それぞれのタクシーには4人まで乗るから…。／B：おや，ジェームズが，彼とトモコは彼の車で行くと言いました。
Q 「Aさんは何台のタクシーを呼ぶ予定か」 パーティーの参加者は12人で，ジョン，ポール，ジェームズ，トモコの4人はタクシーに乗らないから，乗るのは12－4＝8人。タクシーは4人まで乗れるから，8÷4＝2台である。

(2) A：メアリー，何時だい。／B：もう9時30分よ。／A：それじゃ，キオスクで飲み物を買おう。／B：いいえ，ビル。電車が出発するまで3分しかないわ。出てはいけないわ。
Q 「電車は何時に出発する予定か」 会話をしているのは9時30分で，その3分後に電車は出発するのだから，9時33分である。

(3) A：君の車庫に僕の車を止めても良いかい。／B：そこには今，13台の車が止められているけれど，もう5台収容できるよ。／A：わかった。10分で来る。／B：わかった。待っているよ。
Q 「その車庫は全部で何台の車を止めることができるか」 すでに13台止められていて，あと5台収容できるのだから，13＋5＝18台である。

(4) A：時間はなんて飛ぶように過ぎるんだ。／B：そうね。2007年が終わりになる。／A：来年は僕らの30回目の結婚記念日だよ。君はそれを覚えているよね。
Q 「夫婦はいつ結婚したか」 2007年の来年は2008年。また，30回目の結婚記念日は結婚して31年後に迎えるから，2008－31＝1977年である。

(5) A：市役所へのバスはどのくらい出ますか。／B：15分ごとです。それから，移動には約20分かかります。／A：次のバスはいつですか。／B：12分で出ます。
Q 「1時間に何本のバスがあるか」 1時間は60分で，15分ごとにバスは出るから，60÷15＝4本である。

(6) A：私は参加者名簿にあなたの名前を記入する必要があります。つづりは正しいですか。／

B：ほぼ。でも「c」の後に「q」，最後に「s」が必要です。／A：それでは，あなたの名前は「ジャックス」と発音する。／B：いいえ，最後の「s」を発音しません。

Q「男性の名前の正しいつづりはどれか」 選択肢の中で「『c』の後に『q』」があり，「最後に『s』」があるのはJacquesだけである。

(7) A：もう少しで4月よ。／B：ええ。大事業が1ヶ月以内に始まる予定よ。／A：いいえ。その事業の始まりはもう2ヶ月間延期されている，とスミスさんは言ったわ。／B：本当に。でもいずれにせよ，私たちはすぐにその準備をしなくてはならないわ。

Q「事業はいつごろ始まる予定か」 会話をしているのは4月になる直前で，事業はその1ヶ月以内，つまり4月中には始まる予定だった。それが2か月延期されるのだから，6月である。

(8) A：君が勉強するためにオーストラリアへ行くつもりだ，と僕は聞いたよ。／B：そうなんだ。5ヶ月間そこで英語を勉強するつもりだ。／A：君の学校はいつ始まる予定だい。／B：9月1日だよ。

Q「Bさんはいつ海外で勉強を終える予定か」 学校が始まる9月1日を含めて5ヶ月間だから，終わるのは1月である。

(9) A：私はあなたのサッカーの試合に行くつもりよ，ボブ。今月の最終日よね。／B：ええと，最初はその日曜日に予定されていたんだけれど…。／A：でも，予定されていたわよね。／B：うん，次の土曜日まで延期されたんだ。

Q「ボブのサッカーの試合はいつ開催される予定か」 月の最終日の翌週の土曜日である。

(10) A：今週末，バーベキューに来ないかい。／B：とても行きたいけれど，行かれないよ。／A：どうして。／B：僕は妹の世話をしなくてはならない。僕の両親はコンサートへ行くんだよ。

Q「Bは週末，どこにいる予定か」 コンサートへ行く両親に代わって妹の世話をするのだから，家にいるのだと考えられる。

B (大意)

(11) A：あなたはどのようにここ，自動車教習所へ来ますか。／B：私の家はここから遠くないのです。だから，私はここへ歩いてきます。／A：あなたは何て幸運なんでしょう。私はバスに乗らなくてはなりません。

(12) A：私たちは今夜このホテルに滞在したいです。ツイン・ベッドルームはありますか。／B：ごめんなさい。今夜，ツイン・ベッドルームは1室も空いていません。／A：ダブル・ベッドルームはどうですか。

重要 (13) A：僕にケンの電話番号を教えてよ。／B：私はとても教えたいのだけれど，それが何だか思い出せないの。／A：君は携帯電話を持ってこなかったのかい。／B：そうなの。私の部屋の机の上に置いてきたのよ。

(14) A：あら，マイク，久しぶりね。／B：やあ，スー，明日，英語の授業に出るつもりかい。／A：もちろん，そのつもりよ。なぜ。／B：僕のためにノートをとってくれないかい。

(15) A：君はあの新しいイタリアンレストランへ行ったことがあるかい。／B：まだないよ。君は。／A：僕は昨夜，初めて行ったんだ。／B：そうなのかい。食事はどうだった。

Ⅲ (会話文：内容吟味，語句補充，語句整序)

(大意) A：この記事を見て。看護師や医師，パイロットや教師がどのようにストレスから抜け出すのかについてよ。／B：看護師は他の人と話すのが好き，そして，買い物が大好き，①と書いてある。音楽を聴くことも好きね。／A：医師の間では，買い物と眠ることがとても人気がある。スポーツをすることも好き。パイロットはどう。／B：眠ることとスポーツをすることが最も好きなようだわ。買い物や話すこと，音楽を聴くことはパイロットの間ではあまり人気がないわね。／

A：教師の間では，他の人と話すことが最も人気があるわ。音楽を聴くことも好きだわ。／B：それじゃ，②職業が違えばストレスから抜け出す方法も違うのよね。

(1) (A) 「私の友達の1人と話すことや，クラシック音楽を聴くことが好きで，買い物は好きではないよ」 Aの最後の発言第2文・最終文参照。「教師」である。 (B) 「私は眠ることとサッカーをすることが好きで，百貨店へ行くことは好きではないな」 Bの2番目の発言参照。「パイロット」である。 (C) 「私は野球をすることや眠ること，何かを買いに私のお気に入りの店に行くことが好きだよ」 Aの2番目の発言第2文・第3文参照。「医師」である。

(2) 直前の and は語と語，句と句，節と節などを文法上対等な関係でつなぐ。ここでは動詞 says に2つのthat節 が and を挟んで続いていると考える。

(3) (So, people) have different jobs with different ways (of getting rid of stress, right?) 「～人々は違う(ストレスから抜け出す)方法のある違う職業を持っている～」という意味である。ここでの with は所有を表し「～がある」の意味。with 以下が jobs を修飾し，of 以下が ways を修飾している。of が不要。

Ⅳ (長文読解・エッセイ：語句補充，語句整序，内容吟味，語句解釈)

(大意) イエール大学とオックスフォード大学での研究は，精神衛生や幸せという話になれば，運動はお金よりも重要だと示している。研究者は①百二十万を超える合衆国の成人に，彼らが過去30日以内に②何回悲しいとかいらいらしたとか感じたり，他の感情的な問題があったりしたか，と尋ねた。彼らは収入と身体的な運動についても尋ねた。その結果は，③活動的でいる人々はたいていは幸せだ，と示した。例えば，運動をしない人は，平均(a)して，1年に53日間しょげるが，運動をする人は1年に35日間しかしょげない。身体的に活動的でいる人は，あまりよく運動しないが，1年につき25,000ドルほど多く稼ぐ人と同じくらい幸せだ，ともその研究ではわかった。④しかしながら，運動のし過ぎは精神衛生に悪いかもしれない，とそのチームはわかった。最大の成果を得るためには，週に3～5回，30～60分(b)間程運動をする必要があるだけだ。週に5回より多く運動する人は，悪い結果となった。そして，1日に3時間より多く運動した人は，全く運動しなかった人よりも良くない感情になる。そこでは選手が他人と一緒に努力しなければならない，⑤チーム・スポーツがたいていは人の精神的，感情的な健康を最も改善する，ともその研究は示した。しかしながら，サイクリングや，歩いたり走ったりすること(d)のようなエアロビクスの運動は，ほとんど同じ前向きな結果になりうる。

問1 (a) on average「平均して」 (b) 〈for ＋期間〉「～の間」 (c) not ～ at all「全く～ない」 (d) such as ～「～のような」

基本 問2 million「100万」

問3 ② (Researchers asked over 1.2 million US adults how) many times they felt sad(～.) 「何回～ですか」と頻度を尋ねるときは How many times ～? を用いる。Researchers asked over 1.2 million US adults. と how many times do they felt sad ～? を1つにした間接疑問文にする。疑問詞以降は how many times they felt sad ～ と平叙文の語順になる。下線部②の直後には「いらいら」「感情的な問題」という悪い感情の語が続くので，sad「悲しい」を用いるのが適切。happy「幸せな」が不要。 ③ (The results showed that) people who stay active are (happier.) who は関係代名詞。the results showed that people are happier と they stay active をつなげた文にする。they が who に代わる。下線部③の直後の1文に「運動をしない人は」「1年に53日間しょげるが」「運動をする人は1年に35日間しかしょげない」と活動的に運動する人は幸せだ，という内容の記述がある。calm「静かな」が不要。

やや難

問4 空所④の直前の1文には「身体的に活動的でいる人は」「幸せだ」とあり，直後の1文それに対して予期される内容(ここでは，運動のし過ぎは良い，という内容)とは反対の「悪い」という内容がある。したがって，逆接の接続詞 However を用いるのが適切。

問5　空所⑤の直後部に「選手が他人と一緒に努力しなければならない」とあるから，team(空所④の直後)　spotrts「チーム・スポーツ」である。

問6「人々がもうけるお金」income「収入」(第2段落最終文)である。

V　(長文読解・論説文：語句補充，要旨把握)

(大意)　新しい研究は，昆虫が痛みを感じると示す。それは人が感じるのと同じ種類の痛みではない，と研究者は言う。昆虫が感じる痛みは，痛みのような感覚である。その研究はオーストラリアのシドニーの大学で行われた。その研究報告の共著者，グレッグ・ニーリー教授は言った。「人々は昆虫のことを何の痛みも感じないと考えるが，それらは感知して，私たちが痛みと思う危険なことを避けうる，とそれは多くの様々な無脊椎動物ですでに示されている。昆虫は痛みを感知しうる，と私たちはわかったが，私たちが知らなかったことは，人間の患者の経験と同じように，負傷は長く続く過敏の状態にするということだ」ショウジョウバエがどのように負傷に対応したか，を研究者は調べた。科学者はハエの1本の足を傷つけて，その足を治すこと①を可能にした。足が完全に治った後，ハエはより敏感になって一生懸命に足を守ろうとした，とわかった。ニーリー教授は，ハエが感じた痛みはそれらの記憶に留まり，これはそれらの行動を変えた，と言った。彼は言った。「昆虫は1度ひどく②けがをした後，過敏になって，その後死ぬまでそれら自身を守ろうとする」人々がどのように痛みを感じるかより良く理解するために，彼はより多くの研究をしたい，とニーリーは言う。「新しい幹細胞療法や，隠された原因や狙ったり，永久に痛みを止めたりする薬を作ることに私たちは集中する」

問1　大意参照。

問2「研究は，昆虫が痛みを感じる，と示す。研究者の1人は，昆虫は痛みによって(1)危険を知り，それらを(2)避ける，と言った。損傷は昆虫をより(3)敏感にしえた，と彼は知らなかった，と言った。研究者はショウジョウバエの1本の足を傷つけた。それが(4)治癒した後，ハエはより敏感になった。ハエは痛みを(5)覚えていて，それらが(6)死ぬまで足を守ろうとした。研究者は(7)人間の痛みを研究したい。彼は痛みを止める(8)薬を作りたい」

やや難　VI　(会話文：英作文)

1. A：ビル，君は昨日の最後の授業に出席したかい。君を見なかったと思うんだ。／B：実は，僕は早く帰った。その時具合が悪かったんだ。／A：ああ，そうだったのか。今は具合が良いのかい。

all right「具合が良い」

2. A：お父さん，私の携帯電話を見た。それが見つからないのよ。／B：お前のコンピューターの隣でそれを見たよ。／A：そこにないのよ。／B：もう1度見なさい。おそらくお前のノートの下にあるよ。

「もう1度見なさい」と言っているのだから，Bには携帯電話がどこにあるのかについて心当たりがあるのだと考えられる。probably「おそらく」

★ワンポイントアドバイス★

あまり馴染みのない内容の長文を読むときは，厳密な日本語訳をすることよりも正確な内容の把握をすることに努めよう。

<国語解答>

1 問1 a 冷夏 b 金融 c 奨学 d 抜粋 e 素通 問2 A イ B オ C エ D ア 問3 ゆるめ 問4 い ア う オ 問5 エ
問6 (例) 価格が高い国ほど自由改革に取り組んだ 問7 (例) 相関関係と因果関係を混同させた怪しい分析結果による，読者を誤解させるような論調。 問8 ア・ウ
問9 ウ

2 問1 a ウ b イ c エ 問2 音 問3 (例) 三年前に他界した夫との結婚記念日を，夫との思い出の場所で過ごしたかったから。 問4 オ 問5 イ
問6 (例) 亡き夫との思い出の場所を巡るなら孫役でも良いはずなのに，夫役を老女が依頼したのは，夫をいまだに愛している[夫のデートを味わいたかった]からだろうということ。 問7 エ 問8 (例) メリーゴーランドに乗りたがっていた老女がポニーを選ぼうとしていたので，折角ならば遠慮せずに立派な白馬に乗ってもらいたいと，二人は思ったから。

3 問1 a きのつらゆき b とさのかみ 問2 C 問3 ① イ ④ オ
問4 ② 貫之[紀貫之] ③ 男子[かの児] 問5 館[その館] 問6 男子・かの児

○推定配点○
1 問1～問4 各2点×12 問5・問8・問9 各4点×3(問8完答) 他 各5点×2
2 問1・問2 各2点×4 問4・問5・問7 各3点×3 他 各5点×3
3 問1 各1点×2 問2 2点 他 各3点×6(問6完答) 計100点

<国語解説>

1 (論説文一漢字，脱文・脱語補充，接続語，慣用句，文脈把握，内容吟味，要旨)

問1 a 「冷夏」は，例年に比べて気温の低い夏のこと。「冷」を使った熟語はほかに「冷遇」「冷静」など。訓読みは「さ(ます)」「さ(める)」「つめ(たい)」「ひ(える)」「ひ(や)」「ひ(やかす)」「ひ(やす)」。 b 「融」を使った熟語はほかに「融資」「融通」など。訓読みは「と(ける)」。 c 「奨学」は，学問をすすめ，励ますこと。「奨学金」は，そのために与えるお金。「奨」を使った熟語はほかに「奨励」「推奨」など。訓読みは「すす(める)」。 d 「抜粋」は，本や文章の中の，必要な部分を抜き出すこと。「抜」を使った熟語はほかに「抜群」「選抜」など。訓読みは「ぬ(かす)」「ぬ(かる)」「ぬ(く)」「ぬ(ける)」。 e 「素通り」は，立ち寄らないで通り過ぎること。「素」を使った熟語はほかに「素直」「素肌」など。「素」の音読みはほかに「ソ」。熟語は「素材」「素質」など。訓読みは「もと」。

問2 A 直前に「問題は……AさんとBさんは異なる可能性が高いということです」とあり，直後で「Aさんは留学をできるほどの財力が家庭にあった可能性が高いかもしれません」と，「Aさん」と「Bさん」の異なる点について，具体例を挙げているので，例示を表す「例えば」が入る。 B 直前の「財力が家庭にあった可能性が高いかもしれません」と直後の「もともと成績が良かったのかもしれません」は，文末をそろえて対比させているので，対比・選択を表す「または」が入る。 C 直前に「因果関係を導くことの難しさ」とあるのに対し，直後には「怪しい分析結果は世の中に溢れています」とあるので，逆接を表す「ところが」が入る。 D あとの「ように」に呼応する語として「あたかも」が入る。

問3 「財布の紐をゆるめる」は，浪費を多くする，という意味で，消費が上向いたからアイスクリームの消費が増えた(＝財布の紐をゆるめた)と表現している。

問4　い　前に「電力の価格が消費量に及ぼした影響」とあることから，電力の価格と消費量の因果関係に関する表現が入るとわかるので，アが適切。　う　前に「留学を経験した学生が，留学を経験しなかった学生よりも就職率が高いことがわかった。このデータ分析の結果から，留学経験は就職率を向上させるのである」とある。「前半部分」とは「留学を経験した学生が，……就職率が高い」という部分を指すので「データが示している事実」とするオが入る。

問5　これより前に，「広告とアイスクリームの売り上げ」「電力価格と消費量」「大学生の留学経験と就職率」という具体例を示して，「データ分析から因果関係を導くことの難しさ」を説明しており，それぞれ「他にも様々な理由が考えられます」「他の要因が色々と考えられないでしょうか」「留学をしたという点以外でAさんとBさんに違いがあった場合，……それ以外の要因だったのかもしれないのです」と述べられているので，エが適切である。

やや難　問6　前の「電力市場の自由化改革を行った国の電力価格は，行っていない国の価格より高い。よって，電力市場自由化改革を行うと電力価格が上がってしまう」という内容を受けて，「逆の因果関係」とあることに着目する。また，直前に「そもそも」とあることから，はじめから電力価格の高い国が市場自由化改革を行ったのではないか，とする文脈が考えられるので，20字以内にまとめて，「価格が高い国ほど自由改革に取り組んだ」などとする。

やや難　問7　直前に示されている5つの例における「因果関係」の解釈を指す。これらの内容については，「こうやって……」で始める段落に「ニュースや新聞を見てみると相関関係と因果関係を混同させた怪しい分析結果は世の中に溢れています。さらに問題なのは，怪しい分析結果に基づく単なる相関関係が……主張され，気をつけないと読者も頭の中で因果関係だと理解してしまっている」としているので，この部分を「～論調」という形に要約する。

問8　アの「雨が降った」ことと「地面がぬれている」こと，ウの「ひざをすりむいた」ことと「ひざが痛む」ことは，原因と結果の関係が明らかなのであてはまる。イの「プロ野球人気の低下」，エの「男子学生の就職率の低下」については，様々な要因が考えられるので，「サッカー人気」や「女子学生の就職率」との「因果関係」は明らかとはいえない。オの「文化祭」と「秋の体育祭」は別のものであり，予測はできるが，因果関係とはいえない。

問9　本文は，新聞記事を含むいくつかの具体例を挙げて，データ分析結果から因果関係を導くことの難しさを述べ，「ニュースや新聞を見てみると相関関係と因果関係を混同させた怪しい分析結果は世の中に溢れています」「気をつけないと読者も頭の中で因果関係だと理解してしまっていることが多い」「残念ながら，新聞やテレビで主張されていることの多くは，相関関係を誤って解釈して因果関係のごとく示される」と読者の注意を呼び掛けているのでウが適切。アは「空想の世界へと引き込む」，イは「主張が正しいことを表そうとしている」，エは「極端な例」，オは「起承転結の流れを重視」という部分が適切でない。

2　**(小説―語句の意味，慣用句，文脈把握，情景・心情，大意)**

問1　a　直前に「からかわれているのではないか」とあるので，ウが適切。「勘繰る」は，気を回して考える，邪推する，という意味。　b「やにわに」は，即座に，だしぬけに，という意味。　c「一顧」は，ちょっと顧ること。「～せず」と打ち消しているので，エが適切。

問2　「音(ね)をあげる」は，降参する，参る，という意味。ここでは，パンダが隠れていることを，寒さに堪えられなかったのか，と表現しているのである。

やや難　問3　「動物園」を指定した理由について「女」は，これより後に「『夫が亡くなったのは，三年も前』」「『今日は結婚記念日だから，思い出の場所めぐりをしたいんだけど，一人きりではさびしいし，……私には子供がいないから，息子や孫に頼むわけにもいかない』」と言っていることから，夫との思い出の場所だから待ち合わせ場所に動物園を選んだ，という内容が読み取れる。

問4 「そんな依頼」とは,「『夫になってください』と突然告げられた」「いまからすぐ,夫の格好をしてやってこいとまで言われると……」「『……だから,きちんとしたスーツを着てきてくだされればいいんです』という内容を指すので,ア・イ・エは合致する。ウは,これより後に「『今日は結婚記念日だから……息子や孫に頼むわけにもいかないし』」とあることと合致する。オは,「他の業者」に依頼したことは表現されていないのであてはまらない。

問5 直後に「なんでも屋の仕事のうちでも,頭や機転や見てくれのよさを要求されるものはセイイチが,肉体労働は主にセイジが請け負っていた」とあり,「兄のセイイチ」については,「演技的な要素を要求されるものは兄の得意分野だった」と説明されているので,イが適切。

やや難 問6 「思った」ことは,直後に「なんでも屋に『孫』ではなく『夫』を発注した」とある。亡くなった夫との「思い出の地」をめぐる相手として,「孫」役ではなく「夫」役を頼んだのは,「夫」への思いの強さであると感じていることが読み取れる。

問7 直後に「齢七十は過ぎている彼女が,二十三歳のセイジを『夫』と呼び,デパートの中の宝石店でやにわに現金五十万円近くをつかみ出して/『あなた,あの指輪を買って』/と言ったせいだ」とある。その後,二人は警備員室に連れて行かれ,「老女が『夫妻』と言い張ったため……商売を説明させる羽目に至ったのだ」とあるので,エが適切。アは「『孫』だと思い込んだ」,イは「警察沙汰にしてしまった」,ウは「粗相を起こしてしまった」,オは「三人でデート」という部分が合致しない。

やや難 問8 直前に「老女は……券を買ってポニーを選んだ」とある。「ポニー」は,立派な馬の前後に配置された小さな馬のこと。自ら「『メリーゴーランドに乗りましょうよ』」と言う老女には,小さな「ポニー」ではなく,メリーゴーランドの中心となる「白い毛並みで金のたてがみの馬」に乗ってもらいたいと思ったのである。

3 **(古文—漢字の読み,文脈把握,口語訳,指示語,大意)**

〈口語訳〉 昔,紀貫之という歌人がいた。土佐守となって,土佐に下向していたが,任期満了の年,七,八歳ほどの男の子で,容姿が整っていたので,たいそういとしくかわいく思っていた子が,数日間病気に苦しみ,あっけなく亡くなってしまったので,貫之はこれを悲しみ,ひどく泣いて,病気になるほどしきりに思っているうちに,何カ月もたったので任期が終わった。このようにしてばかりもいられないので,都に帰ろうと思うが,あの子がここで遊んでいたことなどが思い出されて,たいそう悲しかったので,柱に

都へ帰ろうと思う心がつらいのは,帰らぬわが子があるからなのだなあ

と書きつけたのであった。都に帰った後もその悲しみは消えることがなかった。(そして)その屋敷の柱に書きつけた歌は,今でも消えずに残っていると語り伝えたということだ。

問1 a 「紀貫之(きのつらゆき)」は,平安時代前期の歌人で「土佐日記」の作者とされる。また,「古今和歌集」の撰者の一人で,「古今和歌集」の序文「仮名序」を記した。 b 「土佐守(とさのかみ)」と読む。「土佐(現在の高知県)」の国司のこと。

問2 「失す」には,なくなる,消える,死ぬ,などの意味がある。cは,直前に「はかなくして」とあることから,「死」を意味するとわかる。dの「失せで」は,「悲しみの心」が消えない,という意味。eの「失せで」は,「柱に書きつけたりける歌」が消えずにある,という意味。

問3 ① 「いつくし(厳し・美し)」には,整っていて威厳がある,立派で気品がある,美しい,などの意味があるので,イが適切。 ④ 「上る」には,地方から都へ行く,という意味があるので,オが適切。前に「土佐守になりてその国に下りてありける」「任はてぬ」とあるので,土佐から都へ帰ることを「上る」と表現しているとわかる。

問4 ② 冒頭に「紀貫之」とある。「紀貫之」が,「七つ八つばかりなる男子」をたいそうかわい

がっていた，という文脈なので，主語は「紀貫之」。 ③ 直前に「男子の」とある。貫之がかわいがっていた「男子」が「わづらひて……」となる文脈なので，主語は「男子」。

問5 「ここ」と同じ場所を指す言葉は，この後に「その館」と言い換えられている。

問6 「帰らぬ人」については，前に「日ごろわづらひてはかなくして失せにければ」と表現されており，主語は「男子」で，後に「かの児」と言い換えられている。

★ワンポイントアドバイス★

現代文の読解は，本文をすみずみまで丁寧に読んで要旨を的確にとらえる練習をしておこう！ 古文は，大意をとらえる練習とともに，代表的な作品に数多くあたり，読み慣れておこう！

解答用紙集

○月×日 △曜日　天気(合格日和)

◆ご利用のみなさまへ
＊解答用紙の公表を行っていない学校につきましては、弊社の責任において、解答用紙を制作いたしました。
＊編集上の理由により一部縮小掲載した解答用紙がございます。
＊編集上の理由により一部実物と異なる形式の解答用紙がございます。

人間の最も偉大な力とは、その一番の弱点を克服したところから生まれてくるものである。 ――カール・ヒルティ――

東京学参株式会社

開智高等学校（第1回）　2024年度

◇数学◇

※ 159％に拡大していただくと，解答欄は実物大になります。

1

(1)		(2)	
(3)		(4)	
(5)		(6)	

2

(ア)		(イ)	
(ウ)		(エ)	
(オ)		(カ)	

3

(ア)		(イ)	
(ウ)		(エ)	
(オ)		(カ)	
(キ)		(ク)	

4

(1)		(2)	
(3)	【考え方】 答え		

5

(1)			
(2)	【考え方】 答え	(3)	【考え方】 答え

開智高等学校(第1回)　2024年度

◇英語◇

※ 152%に拡大していただくと，解答欄は実物大になります。

Ⅰ

1	(1)	cm²	(2)	cm²
2		3		4

Ⅱ

(1)		(2)		(3)		(4)		(5)	
(6)		(7)		(8)		(9)		(10)	
(11)		(12)		(13)		(14)		(15)	

Ⅲ

問1		問2		問3		問4		問5	

Ⅳ

問1	a		b		c		d	
問2	②							
	⑤							
問3	①		③		④			
問4								

Ⅴ

問1	①		②					
問2	(1)		(2)		(3)		(4)	
	(5)		(6)		(7)		(8)	

Ⅵ

1	
2	

◇国語◇

開智高等学校(第1回)　２０２４年度

※１３３％に拡大していただくと，解答欄は実物大になります。

1

問1　A　れば　B　C　わる　D　える

問2　a　b　c　d　e

問3

問4　。

問5

問6

問7

問8

2

問1　a　b　c

問2

問3

問4

問5

問6

問7

問8

3

問1　a　b　c

問2　①　②

問3

問4

問5

問6

開智高等学校(第2回)　2024年度

◇数学◇

※161%に拡大していただくと，解答欄は実物大になります。

1

(1)		(2)	
(3)		(4)	
(5)		(6)	

2

(ア)		(イ)	
(ウ)		(エ)	
(オ)		(カ)	
(キ)		(ク)	
(ケ)		(コ)	
(サ)			

3

(1)		(2)	
(3)		(4)	
(5)		(6)	

4

(1)

(2) 【考え方】

答え

(3) 【考え方】

答え

5

(1)

(2) 【考え方】

答え

(3) 【考え方】

答え

開智高等学校(第2回)　2024年度

◇英語◇

※ 152%に拡大していただくと，解答欄は実物大になります。

I

1	(1)		(2)		2	
3			4			

II

(1)		(2)		(3)		(4)		(5)	
(6)		(7)		(8)		(9)		(10)	
(11)		(12)		(13)		(14)		(15)	

III

問1		問2		問3		問4		問5	

IV

問1	a		b		c		d	
問2	②							
	③							
問3	①		④		⑤			
問4								

V

問1	①		②					
問2	(1)		(2)		(3)		(4)	
	(5)		(6)		(7)		(8)	

VI

1	
2	

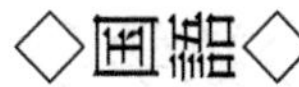

◇国語◇

開智高等学校(第2回)　2024年度

※133%に拡大していただくと、解答欄は実物大になります。

1

問1 a b c d e

問2　問3　問4

問5

問6

問7

問8

2

問1 A B C

問2

問3

問4　問5

問6

問7

問8

3

問1　問2　問3

問4　問5　問6

開智高等学校(第1回)　2023年度

◇数学◇

※ 161%に拡大していただくと，解答欄は実物大になります。

1

(1)		(2)	
(3)		(4)	
(5)	$a =$ 　　, $b =$	(6)	
(7)			

2

(1)	(i)	【考え方】 答え	(2)	(i)	
	(ii)	【考え方】 答え		(ii)	【考え方】 答え
	(iii)			(iii)	

3

(1)		(2)		(3)	

4

(1)		(3)	
(2)	【考え方】 答え	(4)	【考え方】 答え

5

(1)		(4)	【考え方】 答え
(2)			
(3)	【考え方】 答え		

開智高等学校(第1回)　2023年度

◇英語◇

※ 152%に拡大していただくと，解答欄は実物大になります。

Ⅰ

1	(1)	cm²	(2)	cm	2	
3			4			

Ⅱ

(1)		(2)		(3)		(4)		(5)	
(6)		(7)		(8)		(9)		(10)	
(11)		(12)		(13)		(14)		(15)	

Ⅲ

(1)		(2)		(3)		(4)		(5)	

Ⅳ

問1	a		b		c		d	
問2	①							
	③							
問3	②		④		⑤			
問4								

Ⅴ

問1	①		②					
問2	1		2		3		4	
	5		6		7		8	

Ⅵ

1	
2	

◇国語◇

開智高等学校(第1回)　２０２３年度

※ １３２％に拡大していただくと、解答欄は実物大になります。

1

問1 a　b　c　d　e

問2

問3

問4　問5　問6　問7

問8

2

問1 a　b　c

問2 A　B　C

問3

問4　問5

問6

問7

問8

3

問1 a　b　c　問2　問3

問4　問5

問6 ⑤　⑥　問7　問8

開智高等学校(第2回)　2023年度　◇数学◇

※ 159%に拡大していただくと，解答欄は実物大になります。

1

(1)		(2)	
(3)		(4)	
(5)	$a=$　　　　, $b=$	(6)	
(7)			

2

(1)	(i)		(ii)	
(2)	(i)		(ii)	

3

(1)		(2)	
(3)	【考え方】 答え		

4

(1)		(2)	
(3)	【考え方】 答え		

5

(1)		(2)	
(3)	【考え方】 答え		

開智高等学校(第2回)　2023年度

◇英語◇

※ 152%に拡大していただくと，解答欄は実物大になります。

Ⅰ

1	(1)	cm	(2)	cm²	2	
3				4		

Ⅱ

(1)		(2)		(3)		(4)		(5)	
(6)		(7)		(8)		(9)		(10)	
(11)		(12)		(13)		(14)		(15)	

Ⅲ

(1)		(2)		(3)		(4)		(5)	

Ⅳ

問1	a		b		c		d	
問2	①		②		⑤			
問3	③							
	④							
問4								

Ⅴ

問1	①		②					
問2	1		2		3		4	
	5		6		7		8	

Ⅵ

1	
2	

◇国語◇

開智高等学校(第2回)　2023年度

※132%に拡大していただくと、解答欄は実物大になります。

1

問1 a　b　c　d　e

問2

問3

問4

問5

問6　問7　問8

2

問1 a　b　c

問2

問3　問4　問5　問6　問7

問8

3

問1　問2 ②　④　問3

問4 A　B

問5　問6

開智高等学校（第1回）　2022年度

◇数学◇

※ 161％に拡大していただくと，解答欄は実物大になります。

1

(1)		(2)	
(3)	$x=$ 　　　　, $y=$	(4)	
(5)	$a=$ 　　　　, $b=$	(6)	
(7)			

2

(1)	(i)			(ii)	
	(iii)	【考え方】 答え			
(2)	(i)	A		B	
	(ii)				

3

(1)		(2)		(3)	

4

(1)	y, O, x, $\cdot(6,\ 6)$	(3)	【考え方】 ＿＿＿＿＿個
(2)			

5

(1)	【証 明】	(2)	【考え方】 ∠DAC＝＿＿＿＿＿
		(3)	

開智高等学校(第1回)　2022年度

◇英語◇

※ 154%に拡大していただくと，解答欄は実物大になります。

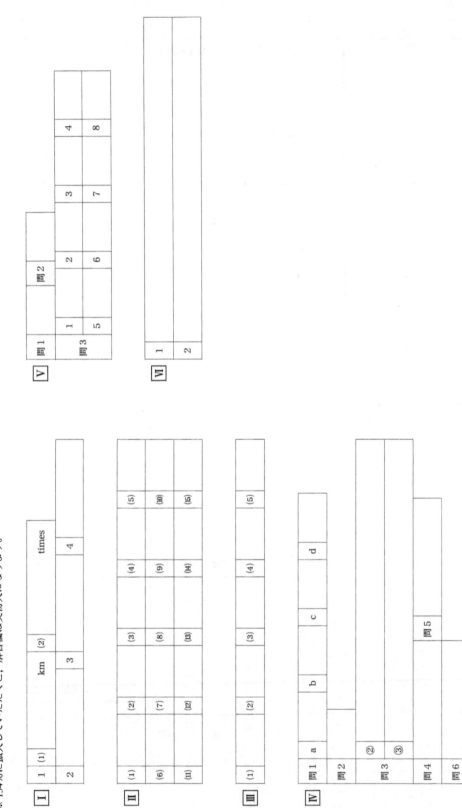

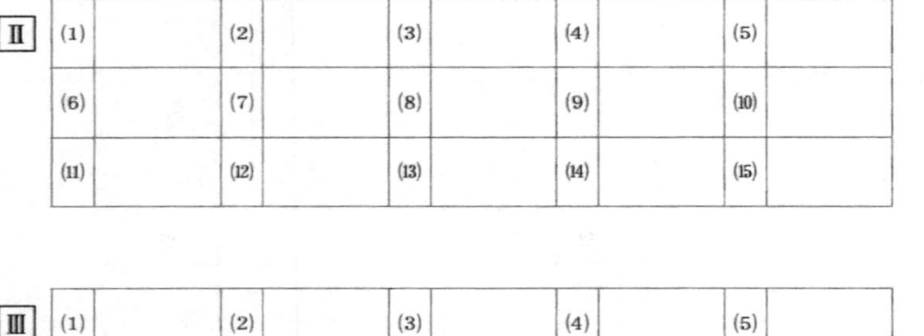

I

1	(1)	km	(2)	times		
2		3		4		

II

(1)		(2)		(3)		(4)		(5)	
(6)		(7)		(8)		(9)		(10)	
(11)		(12)		(13)		(14)		(15)	

III

(1)		(2)		(3)		(4)		(5)	

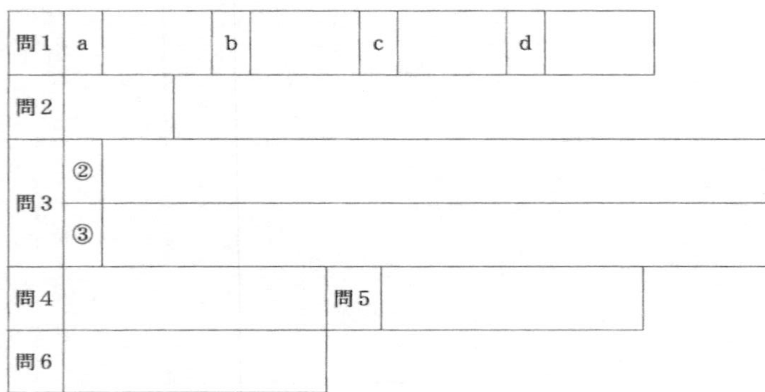

IV

問1	a		b		c		d	
問2								
問3	②							
	③							
問4			問5					
問6								

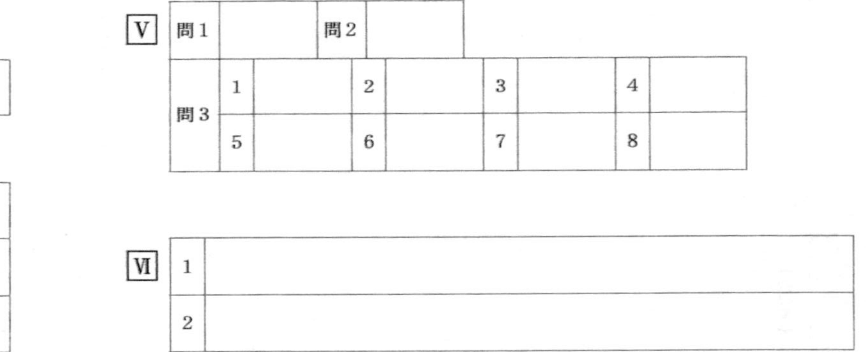

V

問1		問2						
問3	1		2		3		4	
	5		6		7		8	

VI

1	
2	

◇国語◇

開智高等学校(第1回)　２０２２年度

※ １３５%に拡大していただくと、解答欄は実物大になります。

1

問1 a　b　c　d　e

問2 A　B　C

問3

問4　問5　問6

問7

問8

2

問1 a　b

問2　問3

問4

問5

問6

問7

3

問1　問2　問3　問4

問5 ③　④

問6

問7 A　B

開智高等学校(第2回)　　2022年度

◇数学◇

※ 161％に拡大していただくと，解答欄は実物大になります。

1

(1)		(2)	
(3)		(4)	
(5)		(6)	
(7)			

2

(1)	(i)		(ii)		
	(iii)	【考え方】 答え			
(2)	(i)		(ii)		

3

(1)		(2)		(3)	

4

(1)		(2)		(3)	
(4)	【考え方】 答え				

5

ア	【考え方】 答え				
イ		ウ		エ	
オ		カ		キ	
ク		ケ		コ	

開智高等学校(第2回)　2022年度

◇英語◇

※ 154%に拡大していただくと，解答欄は実物大になります。

I

1	(1)	hours	(2)			
2		3		4		

II

(1)		(2)		(3)		(4)		(5)	
(6)		(7)		(8)		(9)		(10)	
(11)		(12)		(13)		(14)		(15)	

III

(1)		(2)		(3)		(4)		(5)	

IV

問1	a		b		c		d	
問2	②		③		④			
問3	①							
	⑤							
問4								

V

問1	①		②					
問2	1		2		3		4	
	5		6		7		8	

VI

1	
2	

◇国語◇

開智高等学校(第2回)　２０２２年度

※１３９%に拡大していただくと、解答欄は実物大になります。

1

問1 a　b　c　d　e

問2 A　B　C

問3　問4

問5 〜　問6

問7

問8

2

問1 a　b　c　問2

問3　問4

問5 1　2

問6

問7

問8　問9

3

問1

問2　問3　問4

問5　問6

開智高等学校(第1回)　2021年度　◇数学◇

※ 161%に拡大していただくと，解答欄は実物大になります。

1

(1)		(2)	
(3)			
(4)		(5)	$a=$ ， $b=$
(6)		(7)	

2

(1)	(i)			
	(ii)	【考え方】 個	(iii)	【考え方】 個
(2)	(i)		(ii)	C(，)
	(iii)	△OAB：四角形OBCE：△CDE= ： ：		

3

(1)		(2)		(3)	

4

(1)		(2)	C(,)
(3)	【考え方】 D(,)	(4)	【考え方】 AE : ED=

5

(1)		(2)	
(3)	【考え方】 BE=	(4)	【考え方】 AD=

開智高等学校(第1回)　2021年度

◇英語◇

※ 152%に拡大していただくと，解答欄は実物大になります。

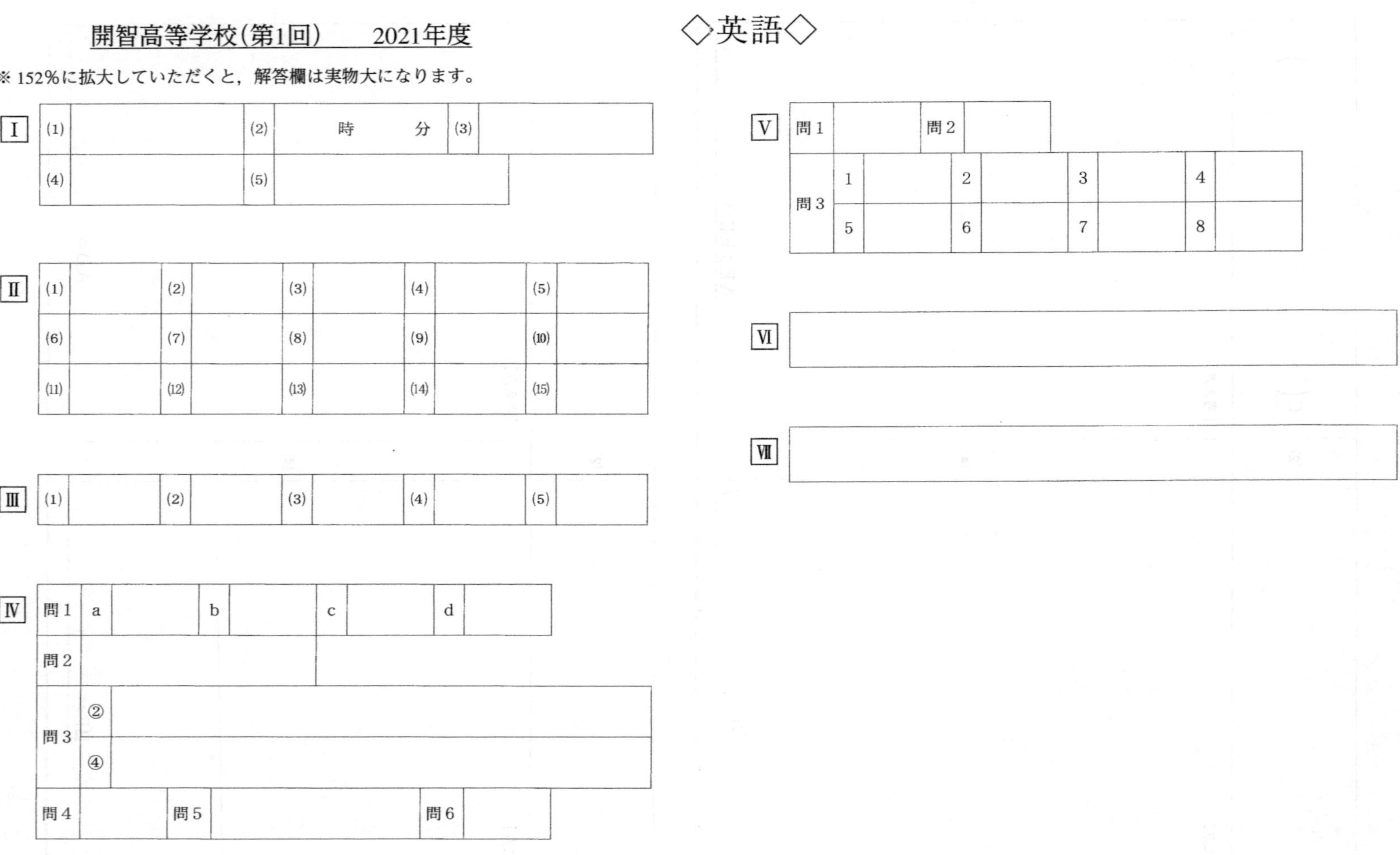

Ⅰ

(1)		(2)	時　分	(3)	
(4)		(5)			

Ⅱ

(1)		(2)		(3)		(4)		(5)	
(6)		(7)		(8)		(9)		(10)	
(11)		(12)		(13)		(14)		(15)	

Ⅲ

(1)		(2)		(3)		(4)		(5)	

Ⅳ

問1	a		b		c		d	
問2								
問3	②							
	④							
問4		問5		問6				

Ⅴ

問1		問2					
問3	1		2		3		4	
	5		6		7		8	

Ⅵ

Ⅶ

◇国語◇

開智高等学校(第一回)　２０２１年度

※１３９％に拡大していただくと、解答欄は実物大になります。

1

問1　a　b　c　d　e

問2　A　B　C　D

問3　①　③

問4

問5

問6

問7

問8

2

問1　a　b　c

問2

問3

問4

問5　1　2

問6　個人の感情　伝統意識

問7

3

問1　A　E

問2　B　C

問3

問4

問5　②　③

問6

問7

開智高等学校(第1回)　2020年度

◇数学◇

※ 162％に拡大していただくと，解答欄は実物大になります。

1

(1)		(2)		(3)	
(4)	$n=$	(5)		(6)	$x=$ 　　　　, $y=$
(7)	【考え方】 AE = ＿＿＿＿				

2

(1)	(i)		(ii)	$k=$	(iii)	
(2)	(i)	$a=$ 　　　　, $b=$	(ii)			
	(iii)	【考え方】 △FOC : △ACB : △BDE = 　　:　　:				

3

(1)		(2)		(3)		(4)	

4

(1)	B(,)	(2)	D(,)
(3)	【考え方】 △OAB：△OCD= ：	(4)	【考え方】 方程式は

5

(1)	BC=	(2)	CH=
(3)	【考え方】 面積は	(4)	【考え方】 体積は
(5)	$P=$		

開智高等学校(第1回)　2020年度

◇英語◇

※ 153％に拡大していただくと，解答欄は実物大になります。

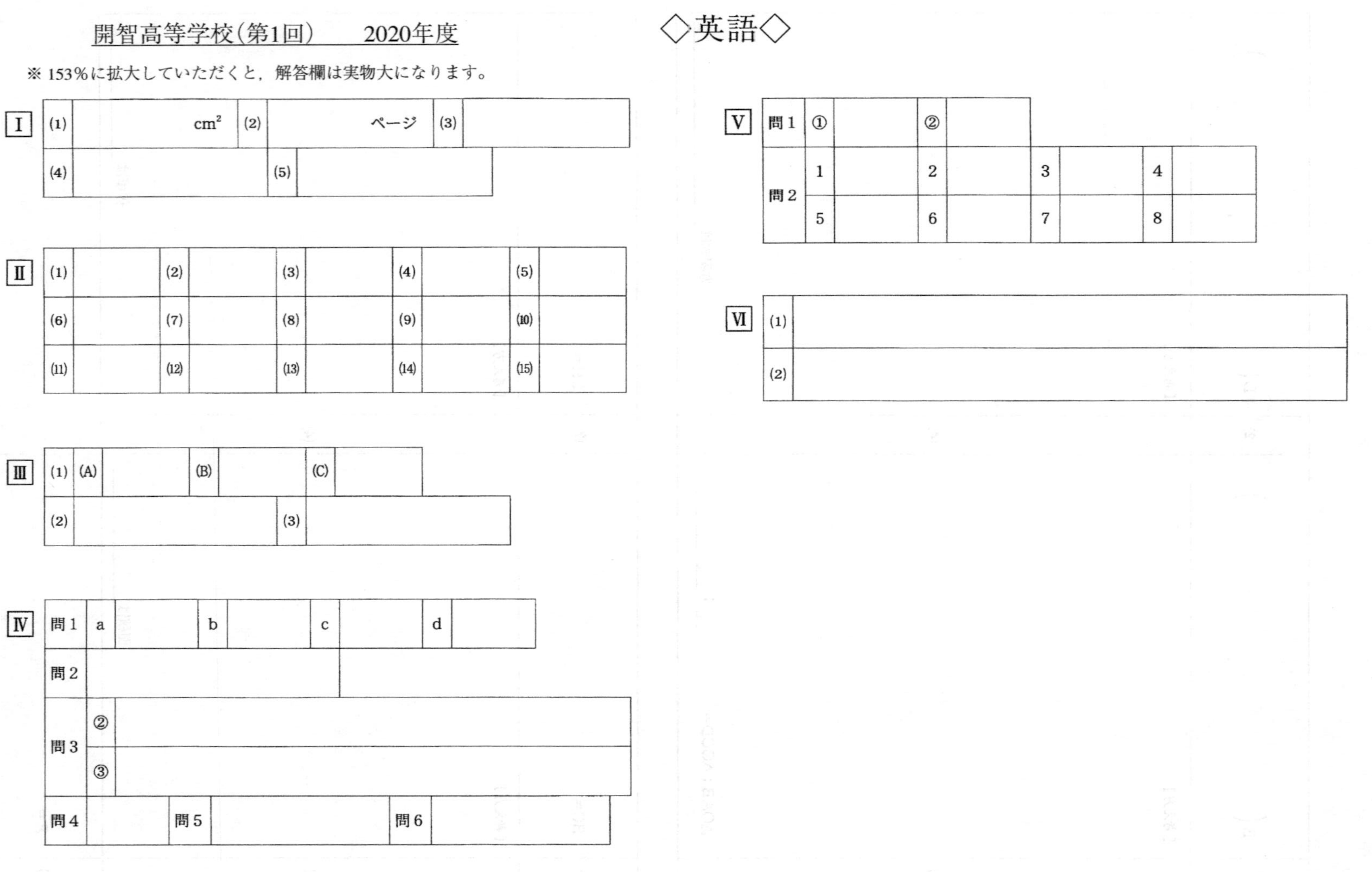

Ⅰ

(1)	cm²	(2)	ページ	(3)	
(4)		(5)			

Ⅱ

(1)		(2)		(3)		(4)		(5)	
(6)		(7)		(8)		(9)		(10)	
(11)		(12)		(13)		(14)		(15)	

Ⅲ

(1)	(A)		(B)		(C)	
(2)			(3)			

Ⅳ

問1	a		b		c		d	
問2								
問3	②							
	③							
問4		問5		問6				

Ⅴ

問1	①		②					
問2	1		2		3		4	
	5		6		7		8	

Ⅵ

(1)	
(2)	

二〇二〇年度　開智高等学校（第１回）

◇国語◇

※１３５％に拡大していただくと、解答欄は実物大になります。

1

問1　a　b　c　d　e

問2　A　B　C　D

問3

問4　い　う

問5

問6

問7

問8

問9

2

問1　a　b　c

問2

問3

問4

問5

問6

問7

問8

3

問1　a　b

問2

問3　①　④

問4　②　③

問5

問6

～公立高校志望の皆様に愛されるロングセラーシリーズ～

公立高校入試シリーズ

・全国の都道府県公立高校入試問題から良問を厳選
※実力錬成編には独自問題も！
・見やすい紙面、わかりやすい解説

数学

合格のために必要な点数をゲット

目標得点別・公立入試の数学 基礎編

- 効率的に対策できる！　30・50・70点の目標得点別の章立て
- web解説には豊富な例題167問！
- 実力確認用の総まとめテストつき

定価：1,210 円（本体 1,100 円 + 税 10%）／ ISBN：978-4-8141-2558-6

応用問題の頻出パターンをつかんで80点の壁を破る！

実戦問題演習・公立入試の数学 実力錬成編

- 応用問題の頻出パターンを網羅
- 難問にはweb解説で追加解説を掲載
- 実力確認用の総まとめテストつき

定価：1,540 円（本体 1,400 円 + 税 10%）／ ISBN：978-4-8141-2560-9

英語

「なんとなく」ではなく確実に長文読解・英作文が解ける

実戦問題演習・公立入試の英語 基礎編

- 解き方がわかる！　問題内にヒント入り
- ステップアップ式で確かな実力がつく

定価：1,100 円（本体 1,000 円 + 税 10%）／ ISBN：978-4-8141-2123-6

公立難関・上位校合格のためのゆるがぬ実戦力を身につける

実戦問題演習・公立入試の英語 実力錬成編

- 総合読解・英作文問題へのアプローチ手法がつかめる
- 文法、構文、表現を一つひとつ詳しく解説

定価：1,320 円（本体 1,200 円 + 税 10%）／ ISBN：978-4-8141-2169-4

理科

短期間で弱点補強・総仕上げ

実戦問題演習・公立入試の理科

- 解き方のコツがつかめる!　豊富なヒント入り
- 基礎～思考・表現を問う問題まで
重要項目を網羅

定価：1,045 円（本体 950 円 + 税 10%）
ISBN：978-4-8141-0454-3

社会

弱点補強・総合力で社会が武器になる

実戦問題演習・公立入試の社会

- 基礎から学び弱点を克服!　豊富なヒント入り
- 分野別総合・分野複合の融合など
あらゆる問題形式を網羅
※時事用語集を弊社HPで無料配信

定価：1,045 円（本体 950 円 + 税 10%）
ISBN：978-4-8141-0455-0

国語

最後まで解ききれる力をつける

形式別演習・公立入試の国語

- 解き方がわかる!　問題内にヒント入り
- 基礎～標準レベルの問題で
確かな基礎力を築く
- 実力確認用の総合テストつき

定価：1,045 円（本体 950 円 + 税 10%）
ISBN：978-4-8141-0453-6

東京学参の

中学校別入試過去問題シリーズ

＊出版校は一部変更することがあります。一覧にない学校はお問い合わせください。

東京ラインナップ

あ　青山学院中等部(L04)
　　麻布中学(K01)
　　桜蔭中学(K02)
　　お茶の水女子大附属中学(K07)
か　海城中学(K09)
　　開成中学(M01)
　　学習院中等科(M03)
　　慶應義塾中等部(K04)
　　啓明学園中学(N29)
　　晃華学園中学(N13)
　　攻玉社中学(L11)
　　国学院大久我山中学
　　　(一般・CC)(N22)
　　　(ＳＴ)(N23)
　　駒場東邦中学(L01)
さ　芝中学(K16)
　　芝浦工業大附属中学(M06)
　　城北中学(M05)
　　女子学院中学(K03)
　　巣鴨中学(M02)
　　成蹊中学(N06)
　　成城中学(K28)
　　成城学園中学(L05)
　　青稜中学(K23)
　　創価中学(N14)★
た　玉川学園中学部(N17)
　　中央大附属中学(N08)
　　筑波大附属中学(K06)
　　筑波大附属駒場中学(L02)
　　帝京大中学(N16)
　　東海大菅生高中等部(N27)
　　東京学芸大附属竹早中学(K08)
　　東京都市大付属中学(L13)
　　桐朋中学(N03)
　　東洋英和女学院中学部(K15)
　　豊島岡女子学園中学(M12)
な　日本大第一中学(M14)
　　日本大第三中学(N19)
　　日本大第二中学(N10)
は　雙葉中学(K05)
　　法政大学中学(N11)
　　本郷中学(M08)
ま　武蔵中学(N01)
　　明治大付属中野中学(N05)
　　明治大付属八王子中学(N07)
　　明治大付属明治中学(K13)
ら　立教池袋中学(M04)
わ　和光中学(N21)
　　早稲田中学(K10)
　　早稲田実業学校中等部(K11)
　　早稲田大高等学院中学部(N12)

神奈川ラインナップ

あ　浅野中学(O04)
　　栄光学園中学(O06)
か　神奈川大附属中学(O08)
　　鎌倉女学院中学(O27)
　　関東学院六浦中学(O31)
　　慶應義塾湘南藤沢中等部(O07)
　　慶應義塾普通部(O01)
さ　相模女子大中学部(O32)
　　サレジオ学院中学(O17)
　　逗子開成中学(O22)
　　聖光学院中学(O11)
　　清泉女学院中学(O20)
　　洗足学園中学(O18)
　　捜真女学校中学部(O29)
た　桐蔭学園中等教育学校(O02)
　　東海大付属相模高中等部(O24)
　　桐光学園中学(O16)
な　日本大中学(O09)
は　フェリス女学院中学(O03)
　　法政大第二中学(O19)
や　山手学院中学(O15)
　　横浜隼人中学(O26)

千・埼・茨・他ラインナップ

あ　市川中学(P01)
　　浦和明の星女子中学(Q06)
か　海陽中等教育学校
　　　(入試Ⅰ・Ⅱ)(T01)
　　　(特別給費生選抜)(T02)
　　久留米大附設中学(Y04)
さ　栄東中学(東大・難関大)(Q09)
　　栄東中学(東大特待)(Q10)
　　狭山ヶ丘高校付属中学(Q01)
　　芝浦工業大柏中学(P14)
　　渋谷教育学園幕張中学(P09)
　　城北埼玉中学(Q07)
　　昭和学院秀英中学(P05)
　　清真学園中学(S01)
　　西南学院中学(Y02)
　　西武学園文理中学(Q03)
　　西武台新座中学(Q02)
　　専修大松戸中学(P13)
た　筑紫女学園中学(Y03)
　　千葉日本大第一中学(P07)
　　千葉明徳中学(P12)
　　東海大付属浦安高中等部(P06)
　　東邦大付属東邦中学(P08)
　　東洋大附属牛久中学(S02)
　　獨協埼玉中学(Q08)
な　長崎日本大中学(Y01)
　　成田高校付属中学(P15)
は　函館ラ・サール中学(X01)
　　日出学園中学(P03)
　　福岡大附属大濠中学(Y05)
　　北嶺中学(X03)
　　細田学園中学(Q04)
や　八千代松陰中学(P10)
ら　ラ・サール中学(Y07)
　　立命館慶祥中学(X02)
　　立教新座中学(Q05)
わ　早稲田佐賀中学(Y06)

公立中高一貫校ラインナップ

北海道　市立札幌開成中等教育学校(J22)
宮　城　宮城県仙台二華・古川黎明中学校(J17)
　　　　市立仙台青陵中等教育学校(J33)
山　形　県立東桜学館・致道館中学校(J27)
茨　城　茨城県立中学・中等教育学校(J09)
栃　木　県立宇都宮東・佐野・矢板東高校附属中学校(J11)
群　馬　県立中央・市立四ツ葉学園中等教育学校・
　　　　市立太田中学校(J10)
埼　玉　市立浦和中学校(J06)
　　　　県立伊奈学園中学校(J31)
　　　　さいたま市立大宮国際中等教育学校(J32)
　　　　川口市立高等学校附属中学校(J35)
千　葉　県立千葉・東葛飾中学校(J07)
　　　　市立稲毛国際中等教育学校(J25)
東　京　区立九段中等教育学校(J21)
　　　　都立大泉高等学校附属中学校(J28)
　　　　都立両国高等学校附属中学校(J01)
　　　　都立白鷗高等学校附属中学校(J02)
　　　　都立富士高等学校附属中学校(J03)
　　　　都立三鷹中等教育学校(J29)
　　　　都立南多摩中等教育学校(J30)
　　　　都立武蔵高等学校附属中学校(J04)
　　　　都立立川国際中等教育学校(J05)
　　　　都立小石川中等教育学校(J23)
　　　　都立桜修館中等教育学校(J24)
神奈川　川崎市立川崎高等学校附属中学校(J26)
　　　　県立平塚・相模原中等教育学校(J08)
　　　　横浜市立南高等学校附属中学校(J20)
　　　　横浜サイエンスフロンティア高校附属中学校(J34)
広　島　県立広島中学校(J16)
　　　　県立三次中学校(J37)
徳　島　県立城ノ内中等教育学校・富岡東・川島中学校(J18)
愛　媛　県立今治東・松山西中等教育学校(J19)
福　岡　福岡県立中学校・中等教育学校(J12)
佐　賀　県立香楠・致遠館・唐津東・武雄青陵中学校(J13)
宮　崎　県立五ヶ瀬中等教育学校・宮崎西・都城泉ヶ丘高校附属中学校(J15)
長　崎　県立長崎東・佐世保北・諫早高校附属中学校(J14)

公立中高一貫校「適性検査対策」問題集シリーズ

作文問題編　資料問題編　数と図形編　生活と科学編　実力確認テスト編

私立中・高スクールガイド

THE 私立（ザ）

私立中学＆高校の学校生活がわかる！

〈ダウンロードコンテンツについて〉

本問題集のダウンロードコンテンツ、弊社ホームページで配信しております。現在ご利用いただけるのは「2025年度受験用」に対応したもので、**2025年3月末日**までダウンロード可能です。弊社ホームページにアクセスの上、ご利用ください。
※配信期間が終了いたしますと、ご利用いただけませんのでご了承ください。

高校別入試過去問題シリーズ

開智高等学校　2025年度

ISBN978-4-8141-3010-8

[発行所] 東京学参株式会社
〒153-0043　東京都目黒区東山2-6-4

書籍の内容についてのお問い合わせは右のQRコードから ⇒

※書籍の内容についてのお電話でのお問い合わせ、本書の内容を超えたご質問には対応できませんのでご了承ください。

2024年6月14日　初版